AMÉLIE BAR

Toutes les bases et les recettes de la bonne cuisine

ÉDITIONS OUEST-FRANCE

Introduction :
Ce qu'il faut savoir pour recevoir et cuisiner

Vous vous intéressez à la cuisine pour le plaisir ou la nécessité ? Peut-être pour les deux ?

Si pour vous la cuisine est un plaisir, une détente et que vous aimez partager votre gourmandise avec les autres, vous avez toutes les chances de réussite. Même si vous êtes débutante, vous passerez vite des recettes de base indispensables aux variantes originales. Vous ne manquerez pas alors d'enchanter votre entourage par votre art culinaire.

Tout en aimant faire de la bonne cuisine, vous voulez maintenir votre famille en bonne santé. C'est essentiel. Un coup d'œil sur la composition des menus et l'organisation des repas vous aidera à le réaliser sans peine.

Si pour vous la cuisine est une nécessité, parce que d'un jour à l'autre vous êtes passée de votre vie insouciante de célibataire à celle de maîtresse de maison, votre bonne volonté ne suffit plus.

Vous avez besoin de conseils pratiques pour savoir :

— choisir votre équipement ;

— cuisiner vite, bien, sans erreur, et sans fatigue ;

— présenter de jolis plats appétissants ;

— organiser les repas de chaque jour comme les réceptions.

Si vous êtes déjà une maîtresse de maison experte, vous serez heureuse :

— de pouvoir vous perfectionner en simplifiant votre travail ;

— de trouver des idées pour sortir de la routine ou de la hantise du « Qu'allons-nous manger ce soir ? »

En vous facilitant la vie de tous les jours, ce guide plein d'astuces et de tours de main aura vite fait de vous convaincre que la cuisine n'est pas si compliquée et qu'il est bien agréable de pouvoir à tout moment régaler les siens.

• SAVOIR CHOISIR SA BATTERIE DE CUISINE

Il faut choisir au début l'indispensable que l'on complétera ensuite au fur et à mesure de ses besoins.

— CASSEROLES

1) Les casseroles doivent être adaptées : à l'appareil de cuisson : gaz, électricité, micro-ondes ; à la cuisson choisie.

2) Pour les cuissons délicates (sauces, crèmes), une casserole à fond épais est conseillée. Certaines casseroles en vitrocéramique, porcelaine à feu peuvent convenir indifféremment pour le gaz, l'électricité ou le micro-ondes.

3) Si vous avez des appareils de cuisson mixtes et un four à micro-ondes, vous avez intérêt à choisir une batterie de casseroles en matières différentes.

4) Au choix, selon les goûts et les moyens : 1 en matière antiadhésive ; 1 en acier inoxydable simple ou avec fond de cuivre (meilleure répartition de la chaleur) ; 1 en acier émaillé : fragile et difficile d'entretien.

Utilisations : gaz et électricité (lait, sauces, crèmes, riz, semoule), 1 ou 2 casseroles en vitrocéramique ou porcelaine à feu avec couvercle (12 et 16 cm de diamètre).

Utilisations : gaz, électricité, micro-ondes (sauces, crèmes, fruits, légumes).

— PLAT À GRATIN

1 plat carré ou ovale (22 à 24 cm) : verre culinaire (de type Pyrex) ; vitrocéramique ; porcelaine à feu.

Utilisations : four traditionnel, électrique ou micro-ondes (gratins, gâteaux, flans, entremets au riz, clafoutis).

— COCOTTES : 2 COCOTTES AVEC COUVERCLE

1) verre culinaire ;
2) vitrocéramique ;
3) porcelaine à feu ;
4) 1 cocotte ronde pour cuire et servir : légumes, gratins ;
5) 1 cocotte longue pour cuire et servir : rôtis, volailles, poissons.

— POÊLES : DE PRÉFÉRENCE À FOND ÉPAIS

1 poêle (24 à 28 cm de diamètre) en matière antiadhésive.

Utilisations : cuissons à feu doux ou moyen (crêpes, omelettes).

1 poêle (24 à 28 cm de diamètre) en acier inoxydable ou acier émaillé.

Utilisations : cuisson à feu vif pour griller, sauter, rissoler (steaks, boulettes de viande, pommes de terre).

— AUTOCUISEUR

1 capacité de 6 à 8 l. Préférez 8 l qui permet de cuire de gros morceaux (langue de bœuf, pot-au-feu, potage) en acier inoxydable avec 2 soupapes : 1 soupape pour les cuissons rapides (viandes bouillies, rôtis) ; 1 soupape pour les cuissons douces et à la vapeur (viandes, poissons mijotés, légumes fragiles).

Les utilisations de l'autocuiseur en dehors des cuissons traditionnelles sont multiples.

Il peut servir de : faitout ; stérilisateur (conserves) ; sauteuse ; bassine à confitures ; friteuse.

— PLATS, SALADIERS, BOLS

avec couvercle hermétique en plastique alimentaire ou mieux encore plastique de haute densité, en polyester composé de résine de synthèse, qui peuvent aller du congélateur au four à micro-ondes (– 40 °C à + 210 °C).

Utilisations multiples : rangements au réfrigérateur, congélateur ; préparations, réchauffage, cuissons des aliments au micro-ondes.

— APPAREILS ÉLECTRIQUES

MIXEUR-BATTEUR : INDISPENSABLE.

Utilisations : blancs d'œufs ; potages ; purées, compotes ; pâtisserie.

MINIHACHOIR : SUFFISANT POUR 2 PERSONNES ET PRÉPARER
LES REPAS DE BÉBÉ.

Utilisations : hacher les viandes, les légumes, les oignons, le persil, les fruits ; piler la glace.

ROBOT :

Permet de préparer plus vite et en grande quantité.
Remplace le mixeur-batteur pour les pâtes à pâtisserie et le hachoir.

APPAREIL À CROQUE-MONSIEUR ET GAUFRES :

Apporte beaucoup plus de possibilités intéressantes qu'on ne le pense. Il permet de varier les entrées, plats de résistance, desserts en un clin d'œil.

FRITEUSE :

C'est un appareil conseillé pour obtenir des frites en toute sécurité, propreté et sans odeur. C'est un achat valable, à condition qu'il ne vous pousse pas à un excès de consommation de frites ou de fritures (pas plus d'une fois par semaine !).
Elle existe en différentes capacités : 2 l d'huile pour 1 kg de pommes de terre (4 personnes). 1 l d'huile pour 500 g de pommes de terre (2 personnes).

GRILLE-PAIN :

Toujours utile pour faire des toasts, mais aussi des croûtons, canapés sans matière grasse.

CAFETIÈRE :

Est d'un usage tellement courant qu'il est difficile de s'en passer.

TRANCHEUSE :

Pour trancher finement et rapidement le pain mais aussi le jambon, le saucisson. Elle peut être bien utile à partir de 4 personnes.

COUTEAU-SCIE :

Permet une présentation impeccable et avantageuse des rôtis en tranches fines.

BOUILLOIRE SANS FIL :

Porte à ébullition plus de 1,5 l en 3 mn environ.
Elle est pratique pour les amateurs de thé et de tisanes mais permet aussi d'obtenir très vite de l'eau bouillante pour cuire les légumes, les potages.

— PETITS USTENSILES

1 essoreuse à salade ; 2 passoires fines en fil tressé (10 cm et 20 cm de diamètre) ; 1 passoire à trépied en aluminium, acier émaillé ou en plastique alimentaire ; 1 robot-main (julienne, hors-d'œuvre, viande, chips, mayonnaise) ; 1 louche ; 1 écumoire ; 1 série de couteaux de qualité (couteau économe, à cuisine, à découper) ; 1 vide-pomme qui sert à évider aussi le concombre, l'ananas ; 1 presse-citron ; 1 coupe tomate ; 1 coupe œuf dur ; 1 planche à découper ; 2 spatules en bois ; 1 pinceau ; 1 pince spéciale pour saisir les plats chauds ; 1 ouvre-boîtes, ouvre-huîtres, décapsuleur ; 1 rouleau à pâtisserie qui peut être remplacé par une bouteille ; 1 grille à pâtisserie pour

déposer pains, gâteaux après cuisson ; 1 emporte-pièce pour découper les sablés, les vol-au-vent ; 1 feuille à pâtisserie en matière antiadhésive four traditionnel (résiste jusqu'à 300 °C) et micro-ondes, pour cuire (sablés, meringues...) et réchauffer (quiches, pizzas...) ; 1 verre gradué (certains en plastique ou verre vont au micro-ondes) ; 1 balance d'au moins 1 kg de portée.

— MOULES À PÂTISSERIE

1) Les moules à pâtisserie peuvent être : en matière antiadhésive dure ou, mieux, souple convenant pour four traditionnel ; en verre culinaire (de type Pyrex) ou porcelaine à feu pouvant convenir au four traditionnel ou au micro-ondes.
2) Les plus couramment utilisés sont : 1 moule à tarte (24 à 28 cm de diamètre) pour les tartes, les quiches, les galettes ; 1 moule à cake pour le pain de mie, le pain d'épices, les terrines de poisson, de viande, de légumes... 1 moule en couronne à savarin pour des turbans de viandes, de poissons, de légumes, d'entremets au riz, de semoule ; 1 moule à quatre-quarts ou à manqué ; 1 moule à soufflé (18 à 20 cm de diamètre) et 6 ramequins ; 1 moule à charlotte ou à brioche.
3) Pour les préparations sans cuisson, il est bien utile d'avoir : 1 moule à charlotte (5 à 6 personnes) en plastique alimentaire avec fond amovible (de type Ami Gourmet de Tupperware) qui permet de démouler sans difficulté charlottes et plats en gelée. Il pourra être complété par 1 moule en couronne (8 à 10 personnes) du même genre.

• SAVOIR UTILISER LES DIFFÉRENTES GRADUATIONS DES FOURS

— FOURS ÉLECTRIQUES OU À GAZ AVEC THERMOSTAT

Les graduations des thermostats (1 à 9 ou 10) correspondent à des températures différentes selon les fours, qu'ils soient électriques ou à gaz. Aussi faut-il une petite période d'adaptation pour connaître un four et l'utiliser correctement.

Fours	Graduations	Températures	Utilisations
TRÈS DOUX	1 à 2	130 à 140 °C	Meringues
	2 à 3	140 à 150 °C	Macarons
DOUX	4 à 5	160 à 180 °C	Petits-fours, gâteaux de Savoie, gâteaux au chocolat
MOYEN	5 à 6	180 à 200 °C	Soufflés, quatre-quarts, choux, cakes, biscuits roulés, sablés, rochers, savarins, flans
ASSEZ CHAUD	6 à 7	200 à 220 °C	Viandes blanches (porc, veau, lapin, volailles) gibier, pâtés, terrines, poissons, brioches, quiches, tuiles
CHAUD	7 à 8	220 à 250 °C	Tartes,
TRÈS CHAUD	8 à 9	250 à 280 °C	Bœuf, gigot, pâte feuilletée

— FOURS À MICRO-ONDES

Le variateur de puissance n'indique pas les températures de cuisson mais les niveaux de puissance électrique fournie par l'appareil.

• SAVOIR LES ÉQUIVALENCES DE POIDS ET DE MESURES

La balance, dans une cuisine, est parfois utile, mais pas indispensable. Personnellement, je la réserve pour les confitures, c'est-à-dire rarement ! En revanche, le verre mesureur est mobilisé tous les jours. S'il est en verre trempé, il peut servir à cuire directement certaines préparations au micro-ondes (sirop, crèmes, sauces). Quant à la margarine et au beurre, les mesures indiquées sur le papier d'emballage sont suffisantes.

En voyage ou en camping, on peut manquer parfois de verre mesureur. Il est intéressant alors de connaître les équivalences de poids et de mesures avec 1 verre ou 1 cuillère à soupe.

ÉQUIVALENCES DE POIDS ET DE MESURES

	1 verre à moutarde	1 cuillère à soupe rase	1 cuillère à café rase
LIQUIDE	100 g ou 1 dl ou 10 cl ou 100 ml	20 g ou 2 cl ou 20 ml	5 g ou 0,5 cl ou 5 ml
BEURRE		20 g	5 g
CACAO		10 g	3 g
CAFÉ		15 g	
FARINE	60 g	8-10 g	
FÉCULE, MAÏZENA	50 g	8-10 g	
GRUYÈRE RÂPÉ		10 g	
HUILE		15 g	5 g
LENTILLES, FLAGEOLETS	80 g	6 g	
POIS CASSÉS			
RIZ	90 g	15 g	
SEL gros		15 g	5 g
fin		10 g	4 g
SEMOULE	70 g	10 g	5 g
SUCRE fin		10 g	4 g
cristallisé		20 g	5 g
morceaux			5 g (morceau)
TAPIOCA		10 g	5 g
POUDRE (amandes, noix de coco)			5 g
ŒUF (1 moyen)	60-65 g		

• SAVOIR PRÉVOIR LES QUANTITÉS PAR PERSONNE

1) **Crudités :** 80 à 100 g.

2) **Viandes :** rôti, escalope, steak : 120 à 150 g ; côtelette : 150 à 200 g ; bouillies, en sauce : avec os : 200 à 250 g ; sans os : 180 à 200 g.

3) **Volailles :** 250 à 300 g.

4) **Poissons :** sans déchet (filet, tranche) : 120 à 150 g ; avec déchets (poisson entier) : 200 à 250 g.

5) **Fruits de mer :** moules, coques, praires : 1 l pour 2 personnes ; huîtres : 8 à 12 par personne ; bigorneaux : 1 l pour 4 personnes ; coquilles Saint-Jacques : 3 ou 4 selon la préparation ; crabes : 2 par personne ; tourteaux, araignées : 1 pour 2 ou 3 personnes ; homard ou langouste : 1 kg pour 2 à 3 personnes ; langoustines : 3 ou 4 par personne ; crevettes : 100 g pour 2 personnes.

6) **Écrevisses :** 6 par personne.

7) **Grenouilles :** 12 par personne.

8) **Escargots :** 12 par personne.

9) **Omelettes ou œufs brouillés :** 1 œuf et demi à 2 œufs par personne ; 6 œufs pour 3 personnes.

10) **Légumes :** pommes de terre : 200 à 300 g ; légumes verts frais ou congelés : 250 à 300 g.

11) **Légumes en boîte :** boîte de 1/1 (ou 4/4 contenance 850 ml) pour 4 à 5 personnes ; boîte de 1/2 (contenance 425 ml) : pour 2 personnes ; boîte de 1/4 (contenance 212 ml) : pour 1 personne.

12) **Légumes secs** (selon leur utilisation) : en potage : riz, pâtes, semoule, tapioca : 10 g par personne (1 c. à soupe rase) ; en légumes : riz, pâtes, semoule, haricots secs, pois cassés, pois chiches, fèves, lentilles : 60 g par personne ; en entrée ou en dessert : riz, pâtes, semoule, lentilles, haricots secs : 30 g par personne.

13) **Sauces :** 1/2 l (lait ou bouillon) pour 5 à 6 personnes. 1 dl ou 10 cl ou 100 ml ou 1/10 de litre pour 1 personne.

14) **Fromage :** 30 à 40 g par personne.

15) **Pain :** 50 à 100 g par personne.

16) **Desserts au lait :** 1 l pour 8 à 10 personnes (crème, flan glacé) ; 1/2 l pour 4 à 5 personnes ; 1 dl ou 10 cl ou 100 ml ou 1/10 de litre pour 1 personne.

17) **Salade de fruits :** 100 à 150 g de fruits par personne.

18) **Fruits au sirop :** boîte de 1/1 ou 4/4 (contenance 850 ml) pour 4 à 5 personnes ; boîte de 1/2 (contenance 425 ml) pour 2 personnes ; boîte de 1/4 (contenance 212 ml) : pour 1 personne.

19) **Sucre :** 120 à 150 g au litre ou au kilo de dessert.

20) **Pâtisserie :** 1 biscuit roulé : 8 à 10 personnes ; 1 cake : 8 à 10 personnes ; 1 charlotte : 6 personnes ; 1 galette des rois : 5 à 6 personnes ; 1 pizza : 4 à 6 personnes (selon la grandeur) ; 1 quatre-quarts, génoise, biscuit de Savoie : 5 à 6 personnes (20 à 22 cm de diamètre) ; 1 savarin (couronne) : 6 à 8 personnes ; 1 tarte : 5 à 6 personnes (28 à 30 cm de diamètre).

21) **Petits-fours :** salés : 4 à 5 par personne ; sucrés : 3 à 4 par personne. Canapés : 6 à 8 par personne.

22) **Boissons :** 1 l de jus de fruits pour 3 à 4 personnes ; 1 l de sangria ou de punch pour 5 à 6 personnes ; 1 l d'eau minérale pour 3 à 4 personnes ; 1 bouteille de vin doux pour 7 à 10 personnes ; 1 bouteille de whisky pour 10 à

12 personnes ; 1 bouteille de champagne pour 6 à 8 personnes ; 1 bouteille de vin pour 3 à 4 personnes.

• CONNAÎTRE SON RÉFRIGÉRATEUR ET SON CONGÉLATEUR

Avez-vous regardé les étoiles ?
1) S'il possède 1 ou 2 étoiles : sa température peut atteindre – 6 à 12 °C maximum dans la glacière.
Il permet la conservation pour une courte durée des produits frais, cuisinés et surgelés.
2) S'il possède 3 étoiles : sa température atteint – 18 °C dans la glacière.
Il peut conserver des produits surgelés pendant plusieurs mois à – 18 °C, température minimum de conservation.

Le congélateur
1) possède 4 étoiles ;
2) sa température peut atteindre – 18 à – 35 °C ;
3) permet de conserver les produits surgelés plusieurs mois à – 18 °C ;
4) de congeler les produits frais à – 35 °C.

Le combiné : réfrigérateur-congélateur
Il est composé d'une partie réfrigérateur et d'une partie congélateur.
Certains appareils comportent 2 systèmes de froid indépendants. Ceci a l'avantage de permettre d'arrêter le réfrigérateur sans avoir besoin de vider le congélateur.

— LE RÉFRIGÉRATEUR

Quelle capacité choisir ?
Le choix de la capacité varie en fonction du nombre de personnes mais reste moyenne à cause de la généralisation du congélateur.
On compte en moyenne : 50 à 150 l pour 1 personne seule ; 150 à 200 l pour 3 à 4 personnes ; 200 à 250 l pour une famille plus nombreuse.

Comment emballer les aliments ?
L'emballage est indispensable pour empêcher les aliments de se dessécher et de propager les odeurs.
On peut utiliser : des boîtes ou sachets en plastique alimentaire ; du film transparent alimentaire ; des petits bocaux de récupération en verre avec leur couvercle (pots de confitures, moutarde).
　N. B. Pour les viandes, volailles, poissons, fruits de mer, crustacés, veillez à ne pas les laisser ou les mettre dans un emballage hermétique (boîte ronde ou sachet en plastique fermé), certaines fermentations pouvant se développer à l'abri de l'air.

Zone 1 : freezer (glaces, aliments surgelés, cubes de glace).
Zone 2 : aliments crus (viandes, poissons).
Zone 3 : aliments cuits (viandes, poissons, légumes).
Produits laitiers : lait, fromage frais râpé, yaourts, petits-suisses, crème fraîche.
Zone 4 : bac à légumes crus.
Zone 5 : la porte (boissons, beurre, margarine, fromage cuit ou fermenté, œufs).

Comment ranger les aliments
Pour conserver les aliments dans les meilleures conditions, il est important de les ranger selon les différentes zones de froid qui leur conviennent. Vérifiez la température avec un thermomètre si votre réfrigérateur ne l'indique pas.
On peut mettre :
1) Zone 1 : dans la glacière (– 6 à –12 °C) surgelés à entreposer 24 à 48 h maximum (voir emballage) ; entremets à glacer 12 à 24 h maximum.
2) Zone 2 : sous la glacière (0 à 3 °C environ) sans tiroir : aliments crus : poissons, viandes, volailles ; avec tiroir garantissant 0 à 3 °C maximum, plats sous vide.
3) Zone 3 : au milieu (4 à 5 °C) aliments cuits : viandes, poissons, légumes, compotes, entremets, plats cuisinés ; produits laitiers : lait, fromage frais râpé, petits-suisses, yaourts, crème fraîche.
4) Zone 4 : dans le bac à légumes (6 °C) légumes, fruits fragiles ; fromages cuits (gruyère) ou à pâte dure (Bonbel, Port-Salut, cantal…).
5) Zone 5 : dans la porte (6 à 10 °C) beurre, margarine ; œufs ; fromages fermentés, ketchup, moutarde.

Quels aliments vaut-il mieux éviter de mettre au réfrigérateur ?
Certains aliments se conservent mieux à l'extérieur.
Il est donc préférable d'éviter de les mettre au réfrigérateur : les fromages fermentés : camembert, livarot, munster, pont-l'évêque (sauf pour en stopper la fermentation). Le roquefort, bleu des Causses, de Bresse (ils peuvent devenir granuleux) ; tous les fruits : spécialement les agrumes, orange, clémentine, pamplemousse ; la banane, car elle risque de noircir par oxydation ; l'ananas, le melon (sauf pour les rafraîchir une heure avant la consommation) ; les pommes de terre, navets, oignons, ail : ils se conservent mieux à l'extérieur.

QUELLE EST LA DURÉE MOYENNE DE CONSERVATION DES ALIMENTS AU RÉFRIGÉRATEUR

Poisson frais :	1 à 2 jours
Poisson cuit :	2 à 3 jours
Crustacés cuits :	1 à 2 jours
Viande crue (morceau ou tranche) :	2 à 3 jours
Viande hachée :	1 à 2 jours
Viande cuite :	2 à 3 jours
Abats crus (langue, foie, rognons…) :	1 à 2 jours
Abats cuits :	2 à 3 jours
Volaille crue :	4 à 5 jours
Volaille cuite :	2 à 3 jours
Charcuterie : pâté en terrine, jambon :	4 à 5 jours
pâté en tranche :	1 à 2 jours
Lait non pasteurisé, bouilli :	3 à 4 jours
Lait pasteurisé (ouvert) :	3 à 4 jours
Lait longue conservation (ouvert) :	1 à 2 jours
Beurre :	plusieurs semaines
Crème fraîche pasteurisée :	1 semaine
Fromages frais :	1 à 2 semaines

Fromages fermentés :	variable (uniquement pour arrêter leur fermentation)
Fromages cuits :	15 jours
Œufs :	plusieurs semaines
Légumes frais :	1 semaine environ
Légumes cuits :	1 à 4 jours
Fruits fragiles (fraises, cerises, groseilles) :	quelques jours
Fruits cuits :	quelques jours
Pâte à tarte (pâte brisée) :	4 à 5 jours
Restes cuits :	variable selon la nature des aliments (1 à 4 jours)
Plats préparés sous vide :	6 à 21 jours, entre 0 et 3 °C
Surgelés :	24 à 48 h maximum (voir emballage)
Entremets à glacer :	12 à 24 h maximum

— LE CONGÉLATEUR

Quelle capacité choisir ?
1) Le choix de la capacité du congélateur dépend : du mode de vie, campagne, ville, réceptions… ; de l'importance de la famille.
2) On compte en moyenne : 40 à 60 l par personne pour des préparations culinaires et stockage des surgelés ; 60 à 80 l par personne pour des produits frais en plus (jardin, volailles) ; 100 à 150 l par personne pour congeler les produits d'une exploitation agricole.
3) La capacité du congélateur-coffre va de 140 à 600 l.
4) La capacité du congélateur-armoire va de 50 à 500 l.

Quel modèle choisir ?
1) Le congélateur-coffre peut être conseillé pour des besoins de grande capacité (250 à 350 l).
2) Le congélateur-armoire conseillé pour des besoins de petite capacité.

QUELLE EST LA DURÉE MOYENNE DE CONSERVATION DES ALIMENTS AU CONGÉLATEUR ?

Poissons maigres, crustacés, coquillages :	4 à 6 mois
Poissons gras :	2 à 3 mois
Viandes, volailles grasses, charcuterie :	4 à 6 mois
Volailles maigres, gibier :	8 à 10 mois
Beurre :	6 mois
Lait, crème :	2 à 3 mois
Fromages frais, yaourt :	2 à 3 mois
Fromages fermentés, cuits :	8 mois
Légumes (blanchis) :	1 an
Fruits crus :	1 an
Fruits cuits :	6 à 8 mois
Sorbets :	3 mois
Crèmes glacées :	1 à 2 mois
Plats préparés : potages, pâtés, pain, pâtisserie (quatre-quarts), viandes cuisinées, langue :	2 mois

• **SAVOIR-VIVRE À TABLE**

Le nouveau savoir-vivre est loin des règles rigides du temps jadis. Il consiste seulement dans la pratique d'usages communs pour mettre tout le monde à l'aise.

L'accueil des invités
Dès leur arrivée, il faut : les accueillir, leur montrer la place où déposer leurs vêtements ; les présenter les uns aux autres. On présente toujours un homme à une femme, une jeune fille à une femme mariée.

L'apéritif
Il n'est pas obligatoire mais de plus en plus adopté et apprécié.
1) On peut offrir au choix : champagne pour une fête ; whisky, whisky-Perrier, gin ; vin à apéritif du type Martini ; vin doux : porto, banyuls, muscat ; cocktail et punch de votre fabrication ; jus de fruits : tomate, orange, pamplemousse.
2) On accompagne l'apéritif d'amuse-gueules : biscuits salés ; olives, cacahuètes ; cubes de fromages aromatisés : jambon, noix, épices ; canapés variés ; mini-entrées chaudes : friands, quiches, pizzas, choux au fromage, saucisses à cocktails, pruneaux au bacon...

Le passage à table
1) Pour ne pas être prise au dépourvu, il faut prévoir comment vous allez placer vos invités.
2) Le maître et la maîtresse de maison se mettent face à face.
3) À droite de la maîtresse de maison, l'invité d'honneur. Un ecclésiastique a toujours la priorité.
4) À droite du maître de maison, l'invitée d'honneur.
5) Pour les autres places, tenir compte de l'âge, de la parenté ou des affinités.
6) Pour plus de 10 personnes, il est plus facile de disposer devant les verres un petit carton avec le nom du convive.
7) Les invités attendent pour s'asseoir que la maîtresse de maison le soit. Aussi asseyez-vous sans tarder.

— **LE SERVICE DE TABLE**

Sans personnel
1) Il peut se dérouler en toute sérénité si la maîtresse de maison est bien organisée. S'il y a du potage, il peut se servir dans des bols disposés devant chaque convive ou dans une soupière déposée au centre de la table. La maîtresse de maison sert alors chacun à tour de rôle. S'il y a des hors-d'œuvre ou des crudités, ils peuvent être disposés à l'avance au centre de la table ou devant chaque convive dans une coupe ou une petite assiette : melon, avocat, pamplemousse, tomates garnies... Chacun ensuite se passe les plats suivants. Le changement d'assiette se fait au moins après le potage, le poisson, le fromage et le dessert. Le maître de maison se charge de veiller au service du vin, de l'eau et éventuellement du pain. La maîtresse de maison doit éviter de se lever ou de faire lever les membres de sa famille au cours du repas. Rien n'est plus désagréable et fatigant pour les convives que des perpétuels va-et-vient. Pour cela, elle doit prévoir une desserte ou une table roulante à portée de main.
2) Elle doit y trouver : le plat de résistance et les légumes tenus au chaud sur un chauffe-plat ; les assiettes propres de rechange ; les couverts de service ; le

pain, coupé d'avance ; la salade ; le plateau à fromages ; le dessert (sauf s'il s'agit d'un dessert glacé bien entendu !) ; les fruits...

Avec du personnel : serveur (plus cérémonieux) ou serveuse
1) Si vous avez engagé du personnel de métier, vous n'avez aucun souci à vous faire.
2) En tout cas, voici le déroulement d'un service de table classique : Le changement d'assiette doit se faire pour chaque plat. Si l'entrée est chaude, chaque assiette froide est remplacée par une assiette chaude. Les assiettes se desservent à droite. Les plats se servent à gauche. Le vin se sert à droite. On commence par servir la personne à droite du maître de maison, puis l'invitée de gauche, les autres femmes, en terminant par la maîtresse de maison. Les hommes sont servis dans le même ordre, en commençant par la droite de la maîtresse de maison et en terminant par le maître de maison. On présente les plats deux fois à l'exception : du potage, de la salade, du fromage et des fruits.
3) Après le fromage, on enlève : les assiettes, couverts, porte-couteaux ; les restes de pain, les miettes avec un ramasse-miettes ou une brosse ; la salière, le poivrier. Le café et les liqueurs ne sont pas servis à table. Quand le repas est terminé, la maîtresse de maison donne le signal pour quitter la table.

— SAVOIR METTRE LE COUVERT

Tout le monde sait mettre un couvert courant, mais pour les grandes réceptions un petit coup d'œil sur la mise d'un couvert impeccable n'est pas toujours inutile...

Les assiettes
Si elles ont un motif, il faut le placer face au convive.
L'assiette ne doit pas être posée au bord de la table mais à 3 à 4 cm en retrait.
L'espace entre deux convives doit être de 50 à 60 cm.
L'assiette de présentation la plus grande sert de décor.

14 *Introduction*

L'assiette à potage se superpose à l'assiette plate.
Si l'entrée est chaude, il faut prévoir des assiettes chaudes.
La serviette de table se pose à gauche ou sur l'assiette.

Les couverts
Ils sont alignés, non pas par le haut, mais par le bas.
1) **Les couteaux :** ils se posent à droite de l'assiette, le tranchant de la lame tourné vers l'assiette. Le couteau à poisson se pose à droite du couteau ordinaire.
2) **Les porte-couteaux :** ils sont en voie de disparition, mais si vous en possédez de jolis, en cristal, argenterie, vous pouvez les disposer à droite de l'assiette, devant les couteaux.
3) **La cuillère à potage :** elle se pose à droite du couteau, la partie creuse tournée vers la nappe.
4) **Les fourchettes :** elles se posent à gauche de l'assiette, les dents tournées vers la nappe. S'il y a une fourchette à poisson, elle se pose à gauche de la fourchette ordinaire, c'est-à-dire la première vers l'extérieur (le poisson étant consommé avant la viande).
5) **Les couverts à fromage et à dessert :** sauf en famille, ces couverts ne se posent pas sur la table, mais sur des assiettes appropriées : assiette à fromage avec couteau ; assiette à dessert avec les couverts en croix, la fourchette à gauche et la cuillère à droite.
6) **Les couverts de service :** ils ne sont jamais posés sur la table, mais préparés sur une desserte et présentés avec le plat, côté creux tourné vers le plat.

Les verres
Sont placés de gauche à droite : verre à eau, le plus grand ; verre à vin de table rouge ou blanc, le moyen ; verre à vin de dessert, le plus petit ; flûte ou coupe à champagne à l'extrémité à droite.

Les restes du couvert
De chaque côté du motif central de décoration (fleurs, fruits, objets décoratifs), disposez :
1) **Les salières,** à sel et poivre.
2) **Les carafes** à eau.
En principe, le vin est servi par le personnel. Sinon, il peut être mis sur la table, également dans des carafes. S'il est de grand cru, mieux vaut le laisser dans la bouteille d'origine débouchée.
3) **En l'absence de personnel,** prévoyez une desserte fixe ou une table roulante (certaines sont chauffantes) pour mettre à l'avance : **le chauffe-plat** (si nécessaire) ; **les couverts de service ; les assiettes de rechange ; les assiettes** à fromage et à dessert avec leurs couverts ; **la corbeille à pain** avec le pain coupé ; **le saladier** avec la salade préparée et les couverts ; **le plateau de fromages** avec couteau et beurrier avec couteau à beurre.

   • SAVOIR FAIRE DES MENUS ÉQUILIBRÉS

C'est souvent un gros souci pour la maîtresse de maison d'arriver à composer des menus équilibrés et variés.
Voici quelques conseils pratiques d'hygiène alimentaire pour l'aider à les réaliser.

— **COMMENT FAIRE UN MENU**

1) Commencer par choisir le plat principal protidique : viande rouge ou blanche, volaille, abats ; poisson, mollusques, crustacés ; œufs.
Leur richesse nutritive est équivalente.
100 g de viande = 100 g de poisson = 2 œufs et demi ;
Ils servent à renouveler nos cellules. Si leur présence est indispensable, une moyenne de 100 à 120 g par jour de viande ou équivalents est suffisante.
Il est souhaitable de consommer deux fois par semaine du poisson ou des fruits de mer (huîtres, moules, crevettes, crabes), aussi riches en protides que la viande. Il faut éviter d'introduire trop fréquemment de la charcuterie si bonne et si facile à utiliser, mais trop grasse.

2) Chercher les légumes qui vont aller avec le plat principal ou rester indépendants.
Ex. : poulet et haricots verts ; poisson seul et chou-fleur seul.
Tous les jours, il faut consommer 250 g de légumes verts.
Ce sont les petits pois, carottes, céleri, endives, haricots verts, poireaux… Ils nous apportent le fer et les minéraux indispensables au bon fonctionnement de l'organisme.
Les féculents sont : riz, pâtes, semoule, pommes de terre, légumes secs (flageolets, lentilles, pois cassés, fèves), châtaignes, bananes.
On fera bien de ne pas donner 2 fois par jour des féculents, ni 2 fois au même repas.
Exemple d'erreur à éviter : déjeuner : pommes de terre ; dîner : pâtes et riz au lait.
Généralement, on donne : 1 fois par jour des pommes de terre, remplacées 1 fois par semaine par des pâtes, du riz, des légumes secs ; 1 fois par jour des légumes verts.

3) Ajouter les compléments indispensables : un produit laitier et une crudité.
    Le produit laitier
Il peut être donné sous forme de laitages, sauces au lait, purée au lait, soufflés au fromage nature ou gratiné.
Tous les fromages sont riches en calcium mais il faut savoir que le gruyère et l'emmenthal sont trois fois plus riches que le camembert.
À chaque repas, il faut une ration de 40 g de fromage ou 1/4 l de laitage.
    La crudité se présente sous forme de légumes ou fruits crus.
Les légumes crus : salade, radis, tomate, persil, céleri-rave… (attention, la betterave rouge est généralement consommée cuite).
Les fruits crus : pomme, poire, citron, orange, pamplemousse, clémentine, fruits de saison… (sauf la banane qui est un féculent et l'avocat qui est gras).
Ils nous apportent la vitamine C qui nous protège du scorbut et des infections.
Ils contiennent tous de la cellulose (fibres) qui régularise les fonctions de l'intestin. Le kiwi et les fruits acides sont les plus riches en vitamine C. Il est donc important d'avoir un de ces fruits par jour, surtout l'hiver car les crudités sont souvent réduites. Les agrumes sans distinction sont riches en vitamine C.
La crudité doit être présente à chaque repas : 1 légume ou 1 fruit.

Quel corps gras choisir pour l'assaisonnement ou la cuisine ?

Il faut distinguer :

1) Les corps gras d'origine animale : beurre et crème fraîche, les plus riches en acides gras saturés et en cholestérol. À consommer avec modération.

Ce sont les plus riches en vitamine A (vitamine qui a un rôle important dans la croissance, la vue, la peau, les infections).

Le beurre est à utiliser de préférence cru ou fondu. La vitamine A est détruite par la chaleur.

2) Les corps gras d'origine végétale : huile d'arachide qui supporte les températures élevées convient aux cuissons à la poêle et aux fritures.

Certaines huiles végétales sont riches en acides gras essentiels à la vie cellulaire (vitamine E antivieillissement, K antihémorragique).

Les plus riches sont : l'huile d'olive, de germe de blé, de tournesol, de maïs, de soja, de pépins de raisin, de noix.

Elles sont à réserver pour les salades.

La margarine supporte la cuisson. Elle peut remplacer le beurre dans les préparations culinaires et la pâtisserie.

Ne jamais laisser fumer un corps gras à la cuisson car il se décompose en un produit toxique pour la santé.

La consommation normale de corps gras ne devrait pas dépasser par jour : 20 g de beurre et 15 g d'huile (1 cuillerée à soupe).

Exemple de menu type

Hiver	Été
Entrée chaude ou un potage pour le soir	**Entrée froide**
Pâtisserie salée garnie ou à garnir : (quiches, pizzas, bouchées, friands, crêpes...) ou mousse	Crudités ou salade composée (exotique)
Terrine de viande, volaille, poisson, légumes	Fruits au naturel ou farcis (melon, avocat pamplemousse)
Plat principal garni chaud	**Plat principal chaud ou froid**
Viande, volaille, poisson, fruits de mer, légumes	Terrine de viande, volaille, poisson, légumes
Salade (facultatif)	Charcuterie
	Viande, volaille, poisson, fruits de mer, légumes, salade (facultatif)
Fromage	**Fromage**
Fruits au sirop (ananas, abricots, pêches, kiwis, cocktail de fruits...) ou **Entremets** au lait (crème en boîte, gâteau de semoule, riz) ou **Pâtisseries** (génoise, quatre-quarts, tarte, gâteau au chocolat)	Dessert glacé : glaces, sorbets, vacherins ou fruits de saison

N. B. Pâtisserie ou entremets au lait seulement s'il n'y a pas de pâtisserie salée ni flan en entrée.

— COMMENT FAIRE LES MENUS DE LA JOURNÉE

1) L'équilibre alimentaire ne se fait pas sur un menu isolé mais par rapport à tous les repas de la journée. Il est donc intéressant de composer en même temps le déjeuner et le dîner de façon à pouvoir les compléter.

2) Avec le déjeuner choisi, voyons quel dîner complémentaire peut convenir :

Déjeuner choisi	Dîner complémentaire proposé
Tomates à la vinaigrette	Potage aux légumes (facultatif)
Poulet rôti	
Pommes de terre frites au four	Endives gratinées au jambon
Yaourt	Kiwi

3) Le dîner proposé comporte bien les compléments nécessaires pour la journée : aliment protidique : jambon ; légumes verts riches en minéraux : endives, potage ; produit laitier riche en calcium : béchamel au lait + gruyère ; crudité riche en vitamine C : kiwi.

4) Si de temps en temps, les menus ne sont pas équilibrés, cela n'a pas de conséquence pour la santé. C'est la façon habituelle de se nourrir qui est importante. Une alimentation en permanence déséquilibrée augmente les risques de maladie par exemple par excès (obésité, diabète, maladies cardio-vasculaires…) ou par manque en vitamines, minéraux (décalcification, ostéoporose).

QUELQUES PROPOSITIONS DE MENUS DU SOIR

Avec de la cuisine traditionnelle	Avec de la cuisine traditionnelle ou industrielle
Automne	
Potage de légumes	Potage de légumes
Gratin de semoule, pâtes ou riz au jambon, thon, fruits de mer, volaille	Gratin de poisson, fruits de mer ou viande
Salade	Salade
Poires au caramel	Flan aux fruits
Hiver	
Potage de légumes	Potage de légumes
Farinette	Quiche, pizza (au choix)

Avec de la cuisine traditionnelle	Avec de la cuisine traditionnelle ou industrielle
Salade	Salade
Fromage	Riz ou semoule au lait
Bananes flambées	Fruits au sirop
Été	
Potage glacé à la tomate	Terrine de poisson, fruits de mer ou de viande
Flan de tomates, courgettes au jambon	Salade composée (au choix)
Salade	Fromage blanc
Fromage	Fruits
Salade de fruit	

— COMMENT AVOIR DES IDÉES POUR COMPOSER LES MENUS DE LA SEMAINE

1) C'est souvent une obsession pour la maîtresse de maison : « Qu'allons-nous manger ce soir ? »

2) Même si vous savez faire de nombreux plats, vous pouvez vous sentir un jour ou l'autre à court d'idées. Voici un astucieux moyen pour vous en sortir. Vous pouvez classer par exemple les plats que vous connaissez en six listes. Ces listes s'allongeront au fur et à mesure des nouvelles recettes que vous découvrirez : une liste pour les crudités, salades composées ; une liste pour les plats de viandes, volailles ; une liste pour les plats de poissons, crustacés, fruits de mer ; une liste de plats avec des œufs ; une liste de plats garnis, entrées chaudes (qui conviennent bien pour le dîner) ; une liste de desserts.

3) Ensuite vous accrochez « la feuille aux idées » à l'intérieur d'un placard de cuisine. Il est à peu près certain qu'elle vous dépannera au moins une fois par semaine !

— COMMENT PRÉVOIR LES MENUS POUR LA SEMAINE

1) Autant il est contraignant et difficile de prévoir en détail les menus pour toute la semaine, autant il est facile de suivre la prévision en gros de la nature des plats principaux pour chaque semaine. À partir de cette trame, on trouve sans difficulté les compléments des menus de chaque jour : légumes, crudités.

2) On peut prévoir par exemple par semaine : 2 à 3 fois du poisson, des crustacés ou des fruits de mer (frais, surgelés ou en conserve) ; 1 fois un rôti ou des brochettes de viande, volaille ; 1 fois de la viande ou de la volaille bouillie, en sauce ; 1 fois une grillade (steak, escalope de dinde, de veau ou de poulet) ; 1 à

2 fois de la viande hachée (steak, boulettes, saucisses, farces) ; 1 fois des abats (foie, cervelle, langue ou rognons) ; 1 à 2 fois de la charcuterie (jambon, pâté, saucisson) ; 2 fois des œufs sous différentes formes (coque, au plat, durs, omelette, brouillés…).

• SAVOIR FAIRE UN DÎNER EN UN CLIN D'ŒIL

Trouver le dîner tout prêt ou presque en rentrant chez soi, c'est le rêve de beaucoup de maîtresses de maison. Ce rêve peut devenir réalité à condition qu'il soit prévu et souvent préparé dès le petit déjeuner…

Que faire ?
Le choix varie suivant les goûts, le temps et les possibilités financières.
Si vous manquez d'idées, vous pouvez consulter le paragraphe « Comment avoir des idées pour composer les menus de la semaine » p. 18.
Vous pouvez faire appel soit à :
1) **La cuisine traditionnelle** en choisissant des recettes faciles, rapides, économiques.
Voici quelques suggestions : avec de la viande crue : brochettes, boulettes, paupiettes, terrines ; avec de la viande cuite : légumes farcis (tomates, courgettes, aubergines, feuilles de chou, bettes…) ; avec du poisson : grillé, au four, brochettes, pané, paupiettes… ; avec des fruits de mer : au naturel, à la poêle, au four… ; avec des œufs : durs, cocotte, brouillés, en omelette, en gelée ; avec des légumes : ratatouille, terrine, gratin ; plats garnis : gratin de pommes de terre, semoule, pâtes au poisson, jambon, volaille, gnocchis, couscous, riz pilaf, paella, soufflés, pain de mie gratiné, crêpes farcies, farinette, quiches, pizzas au four ou à la poêle… ; desserts : crèmes, flans, clafoutis, gâteau de semoule, riz, crêpes, charlottes, fruits cuits (au sirop au four, à la poêle, compotes…).
2) **La cuisine industrielle** toujours plus onéreuse mais qui peut rendre service : avec des plats semi-préparés : pâtes à pâtisserie crues ou cuites (bouchées, choux, tartes) ; légumes épluchés, râpés ; viande hachée, jambon coupé ; brochettes, escalopes panées, paupiettes… ; avec des plats tous prêts : potages déshydratés, en boîte ; viandes, poissons, légumes, plats garnis (frais, en boîte ou surgelés) ; desserts (frais, en boîte ou surgelés).

Comment faire ?
1) **Le matin,** vous pouvez : préparer et faire cuire : potage, œufs durs, semoule, riz, plat garni, le dessert (flan, crème) ; faire la pâte pour tarte, quiche, crêpes ; laver la salade.
2) **Le soir,** il vous reste à faire : réchauffer le potage, plat garni… ; gratiner un gratin ou cuire une quiche, pizza, croque-monsieur ; assaisonner la salade.

• SAVOIR RECEVOIR À L'IMPROVISTE

1) Un jour ou l'autre une maîtresse de maison est amenée à recevoir à l'improviste. C'est bien agréable de pouvoir dire sans appréhension aux visiteurs de passage :
2) « Restez donc à déjeuner (ou à dîner) avec nous. Cela nous fait plaisir de vous recevoir à la fortune du pot. Le repas sera prêt dans un quart d'heure ! »
3) Pour que cela soit réalisable l'astuce est d'avoir : un menu type dans la tête qui varie selon les invités et la saison ; quelques plats de qualité tout prêts pour réaliser

votre repas très vite, sans être obligé de vous séparer de vos hôtes. Ce n'est pas le moment de vouloir montrer vos capacités culinaires même si cela vous tente !

— *Choix du menu*

Il varie suivant :

1) **La saison :** en hiver : les plats chauds sont à l'honneur (potages, plats garnis, plats uniques, pâtisseries salées, sucrées) ; en été : les plats froids sont les bienvenus (crudités, salades composées).

2) **Le genre et le nombre d'invités.** Tout est différent s'il s'agit du patron de votre mari ou s'il s'agit de parents ou de copains.

3) **Votre équipement :** autocuiseur, micro-ondes.

4) **Vos ressources alimentaires :** produits frais, épicerie, conserves, plats sous vide, surgelés.

5) L'**aide** sur laquelle vous pouvez compter (mari, enfants et même les invités dans l'intimité).

QUELQUES PROPOSITIONS DE MENUS POUR RECEVOIR
À L'IMPROVISTE

Menu raffiné	ÉTÉ	Menu copains
Melon		Taboulé aux fruits de mer
Truites à l'orange		
Salade		Salade
Fromage		Fromage
Vacherin		Sorbet aux framboises
Menu raffiné	HIVER	Menu copains
Velouté aux champignons ou quiche au saumon		Potage de légumes
Escalopes de veau panées à la viennoise et légumes		Risotto
Salade		Salade
Fromage		Fromage
Poires au chocolat		Crème de marrons à la chantilly

— *Comment procéder*

1) Vérifiez si vous avez bien tout ce qu'il vous faut pour réaliser votre menu.

2) S'il vous manque un élément important, mieux vaut changer de menu.

3) Commencez par les préparations qui demandent un réchauffage assez long ou une cuisson.

4) Cela vous donnera la possibilité de préparer les plats sans cuisson pendant ce temps.

5) Si vous êtes aidée, distribuez les petites tâches faciles : mettre le couvert ; préparer le vin, l'eau fraîche ; couper le pain ; préparer le plateau de fromages ; préparer le plateau pour le café : tasses, cuillères, sucrier.

• SAVOIR ORGANISER LES REPAS DE RÉCEPTION

Selon les circonstances, les goûts des convives et vos possibilités financières, le choix de votre menu peut être très différent. Il peut aussi bien se composer d'aliments rares, coûteux que d'aliments courants, pourvu que ces derniers soient de qualité, cuisinés et présentés avec art.

— Comment choisir un menu de réception

Voici quelques bons conseils à suivre pour avoir un repas sans problème :

1) **Choisissez un menu facile à réaliser :** surtout si c'est votre première réception.

Utilisez des recettes que vous connaissez bien et dont vous êtes sûre de la réussite. Écartez sans hésitation les recettes inconnues et compliquées.

Réservez-les pour votre famille et pour un jour calme...

2) **Choisissez un menu qui peut-être préparé en partie à l'avance.**

Exemple : l'entrée et le dessert.

Cela vous évitera de la fatigue et la panique du dernier moment.

3) **Choisissez un menu sans excès de graisses, féculents, sucreries.**

La tendance actuelle est aux menus gastronomiques et légers.

La plupart de vos invités vous seront reconnaissants de votre choix.

Si vous mettez une entrée riche, à base de pâtisserie : quiche, bouchées à la reine, brioches, recherchez un dessert léger et frais à base de fruits : salade de fruits, sorbet, fruits au sirop...

Exemple de menu : quiche lorraine ; gigot rôti ; haricots verts ; salade ; fromage ; sorbet aux framboises.

Inversement, si vous mettez une entrée légère : crudités, fruits farcis, plat en gelée, vous pouvez rechercher un dessert à base de pâtisserie, entremets, glaces.

Exemple de menu : pamplemousse ; pintade aux raisins ; petits pois ; salade ; fromage ; savarin à la crème Saint-Honoré.

4) **Choisissez un menu coloré :** c'est toujours plus appétissant.

Si votre menu comporte du poisson souvent pâle, n'hésitez pas à le présenter dans un plat de couleur vive, de le garnir avec des rondelles de citron, de tomate, des branches de persil...

5) **Choisissez un menu de saison.**

Au printemps, les primeurs font toujours plaisir.

Exemple : les premières asperges, fraises, tarte à la rhubarbe...

En été : mettre des entrées froides, fraîches : crudités, plats en gelée, langue à la vinaigrette, viandes grillées, poisson à la mayonnaise. Desserts à base de fruits, charlottes, glaces, sorbets...

En automne : pensez au gibier, pâtés, choux de Bruxelles, tarte aux pommes, desserts aux marrons, chocolat.

En hiver : préférez les plats cuisinés, volailles en cocotte, huîtres, saumon.

— Comment le réaliser ?

Lorsque vous avez choisi votre menu :

1) **Faites la liste des achats alimentaires** correspondant aux différents plats. Si vous n'avez pas de réserve de vins chez vous, prévoyez-les en accord avec votre menu.

2) **Faites le maximum de préparations la veille** pour être en forme le jour de la réception.

Prévoyez votre décoration de table, choix de la nappe, fleurs et si vous disposez d'une salle à manger, vous pouvez déjà dresser votre couvert.

Quant aux plats, certains peuvent être préparés entièrement à l'avance :

Entrées : plat en gelée (œufs, poisson, viande, légumes) ; pâtés, terrines, mousses, de viandes, poisson ; asperges, chou-fleur en salade...

Desserts : glaces, charlottes.

D'autres plats peuvent être en partie préparés :

Entrées à base de pâtisseries, bouchées, tartelettes, choux fourrés au dernier moment de garniture chaude.

Desserts : savarin garni de crème ou de salade de fruits le jour même, biscuit de Savoie, quatre-quarts glacés le jour même.

Pensez à retirer les vins de la cave pour les mettre à la bonne température.

3) **Réservez les finitions pour le jour de la réception :** décoration et assaisonnement des plats ; préparation de la salade, du plateau de fromages, du pain, du café (si vous voulez, gardez-le en bouteille isolante), du plateau à café, du plateau à liqueurs (facultatif), du plateau aux apéritifs et amuse-gueules.

4) **Quand les invités sont partis,** n'oubliez pas de noter sur un carnet spécial : la date de votre réception ; le nom des invités ; le menu choisi ; les erreurs commises ; les appréciations : goûts et dégoûts des convives suivant leurs réflexions et les restes...

Ce carnet est très utile pour éviter de redonner le même menu aux mêmes invités sauf bien sûr s'ils le réclament... Il permet aussi de faire des progrès et d'empêcher de refaire des erreurs.

QUELQUES PROPOSITIONS DE MENUS DE RÉCEPTION

Déjeuners de Noël
1) MENU (4 personnes)
Mousse au saumon
Faisan farci aux noix et aux raisins
Fromage
Poire Belle-Hélène
2) MENU (4 personnes)
Mousse au foie gras
Perdreaux sur canapé
Choux de Bruxelles
Fromage
Bûche glacée au chocolat
3) MENU (10 à 12 personnes)
Fruits de mer
Jambon à l'ananas
Salade
Fromage
Charlotte à la marquise au chocolat
4) MENU (10 à 12 personnes)
Terrine de saumon fumé aux asperges
Dinde rôtie à l'orange
Salade
Fromage
Vacherin glacé au café

Réveillons de Noël ou du jour de l'An
1) MENU (4 personnes)
Huîtres
Pintade en gelée au citron
Salade
Fromage
Sorbet à l'orange
2) MENU (10 à 12 personnes)
Galantine de pintade aux pommes et
raisins secs
Saumon sauce verte
Salade exotique
Fromage
Bûche roulée à la mousse au chocolat
3) MENU (4 personnes)
Terrine de foie gras

Chaud-froid de poisson
Salade
Fromage
Sorbet à l'ananas
4) MENU (10 à 12 personnes)
Poires farcies à la pomme et au jambon
de Parme (Voir melon à la pomme et
au jambon de parme)
Chaud-froid de volaille
Salade composée
Bûche glacée aux marrons

Déjeuners de Pâques
1) MENU (4 à 6 personnes)
Asperges sauce maltaise
Épaule d'agneau farcie
Pommes sautées
Salade
Fromage
Fraises en vacherin
2) MENU (4 à 6 personnes)
Carolines au jambon et au soja
Canard au miel
Petits pois
Salade
Fromage
Île flottante aux pommes
3) MENU (10 à 12 personnes)
Lieu aux épinards
Gigot d'agneau
Flageolets
Salade
Savarin rapide à la crème
Saint-Honoré
4) MENU (10 à 12 personnes)
Œufs en gelée au saumon fumé
Rôti de veau Orloff
Jardinière
Salade
Fromage
Fraisier

• CE QU'IL FAUT SAVOIR DES VINS

Le choix d'un vin est toujours une affaire délicate car tel vin ne va pas avec n'importe quel plat. C'est pourtant lui qui met en valeur la réussite culinaire. Si vous n'en faites pas grand cas, ce n'est peut-être pas la même chose pour vos invités.

Voici quelques conseils de base pour vous éviter de graves erreurs. Mais ce n'est qu'avec l'expérience de connaisseurs, selon votre région d'origine, vos goûts, vos découvertes, que vous apprendrez les subtilités de servir un vin pas forcément de grand prix mais de qualité avec le mets qui lui convient.

À vos débuts, vous pouvez demander à votre fournisseur habituel sauf si votre mari en fait son affaire.

— *Stockage et manipulations*

1) Si vous avez une cave assez fraîche (10 à 15 °C maximum), vous pouvez stocker quelques bonnes bouteilles judicieusement choisies.

2) Vous les remplacerez à mesure de leur utilisation. Ne les gardez pas plus d'un an, car peu de caves conviennent au vieillissement.

3) Vous les rangerez en les couchant pour éviter que le bouchon ne se dessèche. Manipulez vos bouteilles avec précaution. Ne les secouez pas en les débouchant car le vin présente souvent un léger dépôt qui doit rester au fond. Rien de plus désagréable que de trouver ce résidu dans son verre.

— *Comment choisir les vins*

Votre choix dépendra du style de repas que vous organiserez.

1) **S'il s'agit d'un repas courant entre amis :** il n'est pas nécessaire de servir de grands vins. Un seul suffit, qui peut être un vin de pays : vin rosé, vin gris, de bonne qualité. Il doit être jeune et s'harmoniser avec le plat principal.

2) **S'il s'agit d'un repas plus recherché avec des amis :** on peut choisir deux vins : un blanc sec pour l'entrée ou un blanc doux pour le dessert ; un rouge pour le plat principal.

3) **S'il s'agit d'un repas de réception :** classiquement, on servait autrefois plusieurs vins, mais en sachant qu'un vin délicat doit toujours précéder un vin corsé et qu'un vin sec doit toujours précéder un vin demi-sec ou moelleux.

À l'heure actuelle, on se limite généralement à un vin de très grand cru et l'on s'y tient pour tout le repas.

— *Comment marier les vins et les plats*

1) **VINS BLANCS SECS :** Bordeaux blanc : graves ; Bourgogne blanc : chablis, pouilly-fuissé ; Alsace : sylvaner ; Centre : vouvray, sancerre, quincy ; Nantes : muscadet, gros-plant.

Ces vins se marient bien avec : les huîtres (le sylvaner spécialement) ; les crustacés (muscadet) ; le poisson.

2) **VINS ROUGES ÉTOFFÉS MAIS PAS TROP CORSÉS :** Bordeaux : saint-émilion, pomerol, médoc, saint-estèphe ; Côtes du Rhône : hermitage ; Bourgueil.

Ces vins se marient bien avec les viandes rouges ou blanches, les rôtis, les grillades et les volailles.

3) **VINS ROUGES CORSÉS TRÈS PARFUMÉS :** Bourgogne : chambertin, clos-vougeot, vosne-romanée, aloxe-corton, nuits-saint-georges ; Beaujolais : beau-

jolais-village, brouilly, chiroubles, moulin-à-vent ; Bordeaux : côtes de fronsac, saint-julien ; Côtes du Rhône : châteauneuf-du-pape ; Côtes du Jura : arbois.
Ces vins se marient bien avec les viandes rouges rôties ou en sauce, le gibier, les fromages.
4) **VINS BLANCS LIQUOREUX :** Bordeaux blanc : sauternes, château-du-cros, sainte-croix-du-mont, graves supérieur moelleux ; Champagne : doux ou demi-sec ; Vouvray, saumur ; Touraine : mont-louis ; Anjou : coteaux du Layon ; Alsace : gewurztraminer.
Ces vins se marient bien avec les entremets et les desserts.
5) **VINS ROSÉS (DEMI-SECS)**
Ce sont généralement des vins de pays : Côtes de Provence ; Anjou : cabernet ; Saumur.
Ces vins se marient bien avec tous les plats, sauf les poissons, les crustacés, les huîtres qui ne peuvent être servis qu'avec un vin blanc sec.

À quelle température servir les vins ?
La température du vin a une grande importance pour sa dégustation. Il faut donc les servir à la température leur convenant.

Les vins blancs, les vins rosés seront servis frais ou frappés.

N. B. Il ne faut pas laisser séjourner un vin blanc au réfrigérateur, vous le « casseriez ».

Le champagne ou vouvray, bourgogne (méthode champenoise) seront servis frappés, mais non glacés.

N. B. L'utilisation du seau à glace les met à la bonne température, voisine de 0 °C sans les inconvénients du réfrigérateur.

Les vins rouges, beaujolais, mâconnais, languedoc seront servis à la température de la cave : 12 °C.
Le bourgogne sera servi à la température voisine de 15 à 16 °C.
Le bordeaux sera servi plus chambré de 18 à 20 °C.
N. B. Pour chambrer un vin, c'est-à-dire l'amener à la température ambiante de la pièce, il ne faut en aucun cas le mettre sur une source de chaleur. Il doit se chambrer naturellement et lentement.

Petits gâteaux salés pour l'apéritif

BOUCHÉES DE PIZZA

QUANTITÉS : **20 BOUCHÉES**

INGRÉDIENTS

Pâte à pizza :
– 300 g de farine
– 1 sachet de levure sèche de boulanger
– 3 c. à soupe d'huile d'olive
– 10 cl d'eau tiède
– 1/2 c. à café de sel
Garniture :
– 50 cl de coulis de tomates

– 150 g de fromage râpé (gruyère, parmesan, gouda, mozzarella)
– 2 boîtes de filets d'anchois ou 3 tranches de jambon
– 1 pot d'olives noires ou vertes dénoyautées, 1 c. à soupe d'huile d'olive, poivre, 1 pincée de marjolaine (origan) ou de thym

Préparation de la pâte : 10 mn • Levée de la pâte : 2 h à température ambiante (20 à 25 °C) • Cuisson : 15 à 20 mn à th. 7 ou 220 °C • Matériel : 1 terrine, 1 verre mesureur, 1 cuillère en bois, 1 tôle, 1 feuille d'aluminium, 1 planche ou 1 feuille à pâtisserie, 1 rouleau à pâtisserie

PRÉPARATION DE LA PÂTE

1) Mélanger la farine et la levure (suivant le mode d'emploi) et le sel.
2) Faire un puits dans la farine et verser l'eau tiède et l'huile d'olive.
3) À l'aide d'une cuillère, former une boule non collante.
4) Finir de pétrir la boule quelques instants à la main.
5) Laisser gonfler la pâte dans un endroit tiède (20 à 25 °C) ou près d'un radiateur, sur une yaourtière électrique.
6) Allumer le four.
7) Couvrir la tôle d'une feuille d'aluminium.

8) Beurrer et fariner la tôle.
9) Étaler la pâte au rouleau sur 1/2 cm d'épaisseur de la dimension de la plaque du four.

GARNITURE

1) Tartiner la pâte de coulis de tomates.
2) Saupoudrer de fromage râpé.
3) Disposer les filets d'anchois ou le jambon coupé en petits morceaux.
4) Saupoudrer de marjolaine et de poivre.
5) Arroser d'un filet d'huile d'olive.

CUISSON

Faire cuire à four chaud.

Service

Découper en carrés dès que la pizza est cuite et servir les bouchées pour l'apéritif.

BOUCHÉES FEUILLETÉES SALÉES

QUANTITÉS : **30 À 35** BOUCHÉES

INGRÉDIENTS

– 400 g de pâte feuilletée surgelée
Dorage : 1 jaune d'œuf
Garniture au choix :
– **fromage :** 25 cl de béchamel
+ 50 g de gruyère + noix de muscade

– **mousses :** de foie gras, de poisson
(saumon, thon, fruits de mer)
– **beurres :** anchois, crevettes.

Préparation : 15 mn • Décongélation pâte feuilletée : 1 h 30 à 2 h à l'air ou 3-4 mn au micro-ondes • Cuisson : 15 mn à th. 8 ou 240 °C • Matériel : 1 planche ou 1 feuille à pâtisserie, 1 rouleau à pâtisserie, 1 pinceau, 1 emporte-pièce de 4 cm de diamètre, 1 tôle froide, 1 grille

PRÉPARATION

1) Allumer le four.
2) Mouiller la tôle froide du four.

PRÉPARATION DES BOUCHÉES

1) Étaler la pâte feuilletée (décongelée) au rouleau sur 1 cm d'épaisseur.
2) Découper des rondelles à l'emporte-pièce.
3) Déposer les rondelles sur la tôle.
4) Les dorer au jaune d'œuf dilué avec un peu d'eau.

CUISSON

1) Faire cuire à four très chaud.
2) Dès que les bouchées sont gonflées et dorées, les sortir du four et les déposer sur une grille.

Service

Garnir les bouchées d'une garniture au choix et les servir chaudes en apéritif.

N. B. Vous pouvez les garnir avec une poche à douille fine en l'introduisant sur le côté de la bouchée.

Vous pouvez faire des bouchées avec la pâte demi-feuilletée plus facile et plus rapide à réaliser que la pâte feuilletée classique.

Vous pouvez aussi saupoudrer les bouchées avec du parmesan ou du gruyère râpé, du cumin et du paprika avant la cuisson et ne pas les garnir après la cuisson.

PETITES ALLUMETTES
AU FROMAGE

QUANTITÉS : 30 À 35 ALLUMETTES

INGRÉDIENTS

– 400 g de pâte feuilletée surgelée   **Garniture :** 100 g de gruyère râpé
Dorage : 1 jaune d'œuf

Préparation : 15 mn • Décongélation de la pâte feuilletée : à l'air : 1 h 30 à 2 h ; au micro-ondes : 3 à 4 mn • Cuisson : 15 mn à th. 8 ou 240 °C • Matériel : 1 planche ou 1 feuille à pâtisserie, 1 rouleau à pâtisserie, 1 pinceau, 1 couteau, 1 tôle, 1 grille

PRÉPARATION

1) Allumer le four
2) Mouiller la tôle froide du four.

PRÉPARATION DES ALLUMETTES

1) Étaler la pâte feuilletée (décongelée) à 1/2 cm d'épaisseur en forme de grand rectangle de 30 x 40 cm environ.
2) Dorer entièrement au jaune d'œuf dilué avec un peu d'eau.
3) Saupoudrer de gruyère râpé.
4) Découper des bandes de 5 à 6 cm de large.
5) Dans les bandes découper des allumettes de 1,5 cm de large.
6) Déposer les allumettes sur la tôle.

CUISSON

1) Faire cuire à four très chaud.
2) Dès que les allumettes sont dorées et gonflées, les sortir du four et les déposer sur une grille.

Service

Servir les allumettes au fromage chaudes pour l'apéritif.
N. B. Vous pouvez faire les petites allumettes au fromage avec de la pâte demi-feuilletée plus facile et plus rapide à réaliser que la pâte feuilletée classique.

PETITS CROISSANTS SALÉS

QUANTITÉS : **30 À 35** CROISSANTS

INGRÉDIENTS

– 400 g de pâte feuilletée surgelée
Dorage : 1 jaune d'œuf
Garnitures au choix :
– 4 à 5 tranches de jambon

– 5 tranches de saumon fumé
– 2 boîtes de filets d'anchois
– 100 g de gruyère râpé

Préparation : 15 mn • Décongélation de la pâte feuilletée : à l'air : 1 h 30 à 2 h ; au micro-ondes : 3 à 4 mn • Cuisson : 15 mn à th. 8 ou 240 °C • Matériel : 1 planche ou 1 feuille à pâtisserie, 1 rouleau à pâtisserie, 1 couteau, 1 tôle, 1 pinceau, 1 grille

PRÉPARATION

1) Allumer le four.
2) Mouiller la tôle froide du four.

PRÉPARATION DES CROISSANTS

1) Étaler la pâte feuilletée (décongelée) au rouleau à 3 mm d'épaisseur en forme de grand rectangle.
2) Couper la pâte en bandes de 7 cm de large.
3) Dans la bande, découper des triangles de 7 cm de base.
4) Poser à la base de chacun d'eux un petit triangle de jambon, un petit triangle de saumon, un filet d'anchois, une cuillerée à soupe de gruyère râpé.
5) Rouler les triangles de pâte sur eux-mêmes en partant de la base.
6) Coller la pointe du triangle avec du jaune d'œuf dilué dans un peu d'eau.
7) Disposer les croissants sur la tôle en les cintrant légèrement pour leur donner la forme de croissants de lune.

DORAGE

Dorer les croissants au pinceau avec le jaune d'œuf dilué.

CUISSON

1) Faire cuire à four très chaud.

2) Dès que les croissants sont gonflés et dorés, les sortir et les déposer sur une grille.

Service

Servir les petits croissants chauds en apéritif.

N. B. Vous pouvez faire les petits croissants avec de la pâte demi-feuilletée plus facile et plus rapide à réaliser que la pâte feuilletée classique.

POTAGES

glacés et chauds

POTAGE GLACÉ À LA TOMATE
(gaspacho espagnol)

QUANTITÉS : 4 PERSONNES

INGRÉDIENTS

– 1/4 l de bouillon de poule frais ou en cube
– 500 g de tomates
– 1 oignon
– 1 gousse d'ail
– 1 tranche de pain de mie
– 1 citron

– 2 c. à soupe de vinaigre de vin
– 1 c. à soupe d'huile d'olive
Épices : 1 pincée de poivre, de poivre de Cayenne, de cumin
Garniture : 1 concombre, 2 tomates, 1 poivron vert, croûtons, fines herbes (persil, ciboulette, cerfeuil)

Préparation : 15 mn • Pas de cuisson • Réfrigération : 1 h • Matériel : 1 mixeur

PRÉPARATION DU POTAGE

1) Ébouillanter les tomates pour les peler.
2) Mixer : les tomates coupées en morceaux, l'oignon épluché et coupé en quatre, la tranche de pain de mie sans la croûte, l'ail épluché.
3) Ajouter : le vinaigre de vin, le jus de citron, l'huile d'olive, le bouillon, les épices.
4) Vérifier l'assaisonnement.
5) Mettre à rafraîchir au réfrigérateur.

Service

1) Servir le potage glacé à la tomate dans une soupière ou dans des coupes sur des glaçons :
2) saupoudré de fines herbes ciselées

3) accompagné de : croûtons dorés au four, au gril ou à la poêle, tomates, concombre coupés en rondelles ou en cubes, poivron coupé en lanières.
    N. B. Si la tomate est trop acide, ajouter une pincée de sucre.
Vous pouvez remplacer le bouillon de poule et les tomates mixées par 1 l de jus de tomate.

BOUILLON AU VERMICELLE

QUANTITÉS : 4 PERSONNES

INGRÉDIENTS

– 1 l de bouillon de pot-au-feu ou de bouillon de poulet
– 50 g de vermicelle ou de petites pâtes (10 g ou 1 c. à soupe par personne)

Garniture (facultatif) : gruyère râpé, 1 œuf dur, croûtons

Cuisson du vermicelle : à la casserole : 10 mn ; à l'autocuiseur : 5 mn à partir de la mise en pression • Matériel : 1 cuillère à soupe

PRÉPARATION DU BOUILLON

1) Porter à ébullition le bouillon dégraissé.
2) Verser dessus le vermicelle en pluie.
3) Cuisson : selon la méthode de votre choix.

Service

Servir le potage vermicelle nature ou saupoudré de gruyère râpé, d'œuf dur écrasé, et accompagné de croûtons dorés au four, au gril ou à la poêle.
    N. B. Vous pouvez remplacer le vermicelle par du tapioca ou du riz (cuisson du riz : 20 mn à la casserole et 10 mn à l'autocuiseur).

Variantes

• **Bouillon au citron (grec)**
Faire du bouillon de poule au riz. Dans la soupière, battre 2 œufs en omelette avec un jus de citron. Verser le bouillon brûlant sur ce mélange et servir aussitôt saupoudré de fines herbes ciselées.

• **Bouillon aux œufs pochés**
Faire pocher 4 œufs (3 mn) dans le bouillon de poule frémissant et servir aussitôt.

• **Bouillon au concombre**
Faire bouillir le bouillon de poule. Ajouter la moitié d'un concombre épluché et coupé en cubes ou détaillé en boules. Verser le vermicelle lorsque le bouillon a repris l'ébullition.

Potage glacé à la tomate
(recette p. 31) ▶

CRÈME D'ASPERGES

QUANTITÉS : 4 PERSONNES

INGRÉDIENTS

– 500 g d'asperges (1 botte)
– 1 l d'eau
– 1 c. à soupe rase de gros sel ou 1 c. à café rase de sel fin (par litre d'eau)
– 1 c. à soupe de fécule de pommes de terre, de Maïzena ou de crème de riz
– poivre

Liaison (facultatif) : 1 jaune d'œuf ou 2 c. à soupe de crème fraîche

Garniture : croûtons

Préparation : 20 mn • Cuisson : en faitout : 20 à 30 mn ; à l'autocuiseur : 15 mn à partir de la mise en pression • Matériel : 1 mixeur ou 1 moulin à légumes (grille fine), 1 égouttoir, 1 tasse, 1 couteau, 1 cuillère en bois

PRÉPARATION DES ASPERGES

1) Porter l'eau à ébullition avec le sel.
2) Gratter les asperges, les mettre à mesure dans de l'eau vinaigrée (pour éviter l'oxydation) et les égoutter.
3) Cuisson : les mettre dans l'eau bouillante et les faire cuire selon la méthode de votre choix jusqu'à ce qu'elles soient tendres. Les égoutter. Couper les pointes à 2 cm environ et les réserver au chaud. Passer les tiges au moulin à légumes (grille fine) ou au mixeur. Les ajouter au bouillon.

PRÉPARATION DU POTAGE

1) Délayer la fécule, la Maïzena ou la crème de riz avec un peu d'eau froide.
2) La verser dans le bouillon et faire bouillir quelques instants en tournant sans cesse.
3) Verser la crème d'asperges sur le jaune d'œuf et la crème mélangés.
4) Ajouter les têtes d'asperge réservées.

Service

Servir la crème d'asperges nature ou avec des croûtons dorés au four, au gril ou à la poêle.

N.B. Vous pouvez procéder de la même manière :
— avec des salsifis,
— remplacer les asperges fraîches par des asperges en boîte et rallonger le jus de cuisson avec du lait,
— consommer les têtes d'asperge et utiliser seulement les queues, le bouillon de cuisson pour la crème d'asperges.

Variantes

Vous pouvez remplacer les asperges par d'autres légumes blanchis 5 à 10 mn à l'eau bouillante salée avant de les faire cuire comme les asperges : fonds d'artichaut, céleri-rave, chou-fleur (crème Du Barry).

◄ *Soupe au potiron*
(recette p. 35)

POTAGE AUX LÉGUMES

QUANTITÉS : 4 PERSONNES

INGRÉDIENTS

– 1 l d'eau
– 1 c. à soupe rase de gros sel ou 1 c. à café rase de sel fin (par litre d'eau)
– 150 g de carottes (2 ou 3 carottes)
– 150 g de poireau (1 poireau)
– 300 g de pommes de terre (2 ou 3 pommes de terre)

Aromates (facultatif) : 4 gousses d'ail, 2 tomates, 1 branche de céleri ou de fenouil, cerfeuil, persil, basilic
Liaison (facultatif) : 1 jaune d'œuf ou 2 c. à soupe de crème fraîche

Préparation : 15 mn • Cuisson : en faitout : 45 mn ; à l'autocuiseur : 20 mn à partir de la mise en rotation de la soupape • Matériel : 1 mixeur ou 1 moulin à légumes, 1 couteau économe, 1 couteau

PRÉPARATION

1) Porter l'eau à ébullition avec le sel.
2) Préparation des légumes : éplucher et laver les carottes, les pommes de terre. Les couper en cubes réguliers. Fendre la tige du poireau jusqu'à 5 cm du pied environ. Le laver soigneusement à l'eau courante en écartant les feuilles. Le couper en tronçons. Verser les légumes dans l'eau en ébullition. Ajouter les aromates au choix (facultatif).
3) Cuisson : faire cuire selon la méthode de votre choix.

Service

1) Selon les goûts servir le potage tel quel ou passé avec un moulin à légumes ou au mixeur.
2) On peut ajouter au dernier moment : du beurre, un peu de lait.
3) On peut aussi le lier avec du jaune d'œuf ou de la crème fraîche versés au préalable dans la soupière.

N. B. On compte en moyenne 100 à 150 g de légumes par personne mais vous pouvez varier les proportions selon vos possibilités ou votre inspiration. Vous pouvez ajouter d'autres légumes : navet, chou-rave, chou, laitue, cresson, haricots verts, oignon, petits pois (ou seulement quelques cosses pour donner du goût).

Variantes

• **Potage Julienne**
Couper les légumes préparés en lanières à la râpe, Moulinette ou robot.
Les ajouter à l'eau bouillante salée et les faire cuire seulement 15 mn à l'autocuiseur et 30 mn en faitout.

• **Potage poireaux-pommes de terre**
Supprimer les carottes et doubler la quantité de poireaux (300 g ou 2 poireaux).

SOUPE À L'OIGNON GRATINÉE

QUANTITÉS : 4 PERSONNES

INGRÉDIENTS

– 1 l de bouillon de bœuf frais ou en cube
– 300 g d'oignons (2 ou 3 oignons)

– 30 g de beurre ou de margarine
Garniture : 4 tranches de pain, 40 g de gruyère râpé

Préparation : 10 mn • Cuisson : à la cocotte ordinaire : 20 mn ; à l'autocuiseur : 10 mn à partir de la mise en pression ; au four à micro-ondes : 10 mn ; gratin : quelques instants sous le gril • Matériel : 4 cassolettes allant au four

PRÉPARATION

1) Émincer l'oignon et le faire blondir dans la matière grasse.
2) Ajouter le bouillon.
3) Cuisson : porter à ébullition et laisser cuire selon la méthode de votre choix.
4) Faire griller le pain.

Service

1) Disposer dans chaque cassolette une tranche de pain grillé.
2) Verser dessus la soupe à l'oignon.
3) Saupoudrer de gruyère râpé.
4) Faire gratiner quelques instants au gril.
5) Servir immédiatement.

N. B. Vous pouvez épaissir la soupe à l'oignon en ajoutant :
— 50 g de vermicelle ou de tapioca 10 mn avant la fin de la cuisson,
— 1 c. à soupe rase de fécule, Maïzena ou crème de riz délayée avec un peu d'eau froide, en fin de cuisson.

SOUPE AU POTIRON

QUANTITÉS : 4 PERSONNES

INGRÉDIENTS

– 500 g de potiron (1 kg de potiron non épluché)
– 1 l de lait
– sel, poivre, noix de muscade

Liaison (facultatif) : 2 c. à soupe de crème fraîche ou 1 jaune d'œuf
Garniture (facultatif) : persil, croûtons

Préparation : 15 mn • Cuisson : à la casserole + 2 verres d'eau : 20 mn ; à l'autocuiseur, à la vapeur : 15 mn à partir du chuchotement de la soupape ; au micro-ondes : 10 mn à la cocotte + 1 verre d'eau • Matériel : 1 couteau économe, 1 couteau de cuisine, 1 mixeur ou 1 moulin à légumes (grille fine).

PRÉPARATION DU POTIRON

1) L'éplucher : éliminer les filaments. Couper la chair en petits cubes.

2) Cuisson : le faire cuire selon la méthode de votre choix : soit à la casserole avec 2 verres d'eau, soit à l'autocuiseur, à la vapeur. Mettre 2 cm d'eau chaude dans l'autocuiseur. Disposer le potiron dans le panier et faire cuire séparé de l'eau de cuisson, soit au micro-ondes, à la cocotte, avec 1 verre d'eau.

3) Préparation de la soupe : lorsque la chair du potiron est devenue tendre, la passer au mixeur ou au moulin à légumes. Ajouter le lait bouillant. Assaisonner.

Service

Servir la soupe au potiron nature ou : liée avec la crème fraîche ou un jaune d'œuf versés au préalable dans la soupière, accompagnée de croûtons dorés au four, au gril ou à la poêle, saupoudrée de persil haché.

N. B. Vous pouvez ajouter à la cuisson du potiron 250 g de pommes de terre (2 pommes de terre) coupées en morceaux, 1 oignon en quartiers, 1 gousse d'ail.

Vous pouvez aussi faire cuire le potiron dans 1, 5 l d'eau salée et supprimer le lait. Si vous voulez présenter la soupe dans le potiron lui-même, il faut découper un chapeau et ensuite creuser délicatement l'intérieur de la coque pour récupérer la chair. Il faut souvent compléter avec la chair d'un autre potiron.

Variante

• **Soupe aux carottes**
Remplacer le potiron par 500 g de carottes épluchées, lavées et coupées en rondelles.

SOUPE DE POISSON

QUANTITÉS : 4 À 6 PERSONNES

INGRÉDIENTS

– 1 kg de poissons :
– 1 merlan ou 1 limande
– 1 petite daurade ou 1 rouget grondin
– 250 g de lieu, colin ou queue de lotte
– 250 g de congre ou la tête
– 100 g de poireau (1 blanc de poireau)
– 200 g de tomates (2 tomates)
– 1 oignon
– 2 gousses d'ail

– 4 c. à soupe d'huile d'olive ou 40 g de beurre ou margarine
– 1 l d'eau
– 1 c. à soupe rase de gros sel ou 1 c. à café rase de sel fin (par litre d'eau)
– poivre, safran (1 pincée), 1 clou de girofle
Bouquet garni : 1 branche de thym, persil, 1 feuille de laurier, 1 branche de fenouil (facultatif)
Garniture (facultatif) : croûtons

Préparation : 20 mn • Cuisson : à la cocotte ordinaire 20 mn à 30 mn ; à l'autocuiseur : 15 mn à partir de la mise en pression ; au four à micro-ondes : 8 mn •Matériel : 1 mixeur ou 1 moulin à légumes (grille fine), 1 couteau

PRÉPARATION

1) Laver et vider les poissons.

2) Les couper en tronçons. Garder les têtes.

3) Émincer l'oignon et faire blondir avec la matière grasse.

4) Ajouter : le blanc de poireau haché, les tomates coupées en quartiers, l'ail écrasé, les poissons en morceaux avec les têtes, le bouquet garni, les épices, l'eau.

5) Cuisson : porter à ébullition et faire cuire selon la méthode de votre choix.

Service

1) Passer au moulin à légumes ou au mixeur.

2) Servir la soupe de poisson nature ou accompagnée de croûtons frottés d'ail et dorés au four, au gril ou à la poêle.

N. B. Vous pouvez ajouter à la cuisson du poisson 250 g de pommes de terre coupées en morceaux, 50 g de vermicelle ajouté seulement 10 mn avant la fin de la cuisson, et remplacer le fenouil par 1 c. à soupe de pastis.

Variante

• **Bouillabaisse (soupe de poisson marseillaise)**

Suivre la recette de la soupe de poisson en choisissant de préférence des poissons de la Méditerranée (rascasse, serran, galinette, girelle, vive, rouget grondin).

Servir la bouillabaisse avec la sauce rouille composée de : 1 jaune d'œuf, 2 gousses d'ail, 2 piments rouges, 1/4 l d'huile d'olive, sel.

Piler au mortier les gousses d'ail et les piments.

Ajouter le jaune d'œuf et l'huile petit à petit comme pour une mayonnaise en tournant sans cesse.

Éclaircir la sauce avec 1 ou 2 c. à soupe de bouillon de la soupe de poisson.

VELOUTÉ AU CRESSON

QUANTITÉS : 4 PERSONNES

INGRÉDIENTS

– 1 l d'eau ou de bouillon de poule frais ou en cube
– 1 c. à soupe rase de gros sel ou 1 c. à café rase de sel fin (par litre d'eau)
– 250 g de cresson (1 botte)
– 20 g de beurre ou de margarine ou d'huile
– 20 g de farine

Liaison (facultatif) : 1 jaune d'œuf, 2 c. à soupe de crème fraîche ou de yaourt

Accompagnement : croûtons, rondelles de citron, œuf dur écrasé (facultatif)

Préparation : 10 mn • Cuisson : à la cocotte ordinaire : 20 à 30 mn ; à l'autocuiseur : 15 mn à partir de la mise en pression ; au four à micro-ondes : 10 mn • Matériel : 1 cuillère en bois, 1 couteau, 1 mixeur ou 1 moulin à légumes (grille fine)

PRÉPARATION

1) Laver le cresson et le hacher grossièrement.
2) Dans la cocotte, faire revenir le cresson avec la matière grasse.
3) Saupoudrer de farine.
4) Tourner jusqu'à ce que le mélange soit mousseux.
5) Hors du feu, verser tout le liquide froid.
6) Cuisson : remettre sur le feu en tournant sans cesse jusqu'à l'ébullition. Saler, poivrer. Faire cuire selon la méthode de votre choix. Laisser bouillir à feu doux. Passer au moulin à légumes ou au mixeur.

Service

Servir le velouté au cresson nature ou : accompagné de croûtons dorés au four, au gril ou à la poêle, de rondelles de citron ; lié avec un jaune d'œuf ou de la crème fraîche ou du yaourt versés au préalable dans la soupière ou avec 1/2 verre de lait.

N. B. Vous pouvez :
— ajouter un oignon émincé et le faire blondir dans la matière grasse avec le cresson ;
— remplacer la farine par 250 à 300 g de pommes de terre coupées en morceaux.

Vous pouvez procéder de la même manière avec toutes les feuilles vertes : bettes, épinards, fanes de radis (tiges et feuilles), laitue, oseille, poireau.

Variantes

• Velouté aux champignons

Remplacer le cresson par 250 g de champignons de Paris nettoyés, lavés coupés en lamelles et arrosés de jus de citron (pour éviter l'oxydation). On peut ajouter un oignon émincé et revenu avec les champignons. Servir le velouté de champignons avec 1 c. à soupe de madère ou de porto et : lié avec un jaune d'œuf ou de la crème fraîche, saupoudré de cerfeuil, de persil haché, d'œuf dur écrasé ou d'une tranche de jambon coupée en dés.

• Velouté aux tomates

Remplacer le cresson par 500 g de tomates (4 tomates) coupées en quatre et revenues avec 1 oignon émincé et 1 gousse d'ail écrasée. On peut ajouter au bouillon de poule 1 branche de céleri, 1 branche de basilic (soupe au pistou), 1 branche ou 1 bulbe de fenouil.

Servir le velouté de tomates : lié avec de la crème fraîche ou du yaourt, saupoudré d'œuf dur écrasé, de feuilles d'estragon ou de persil haché, accompagné de croûtons frottés d'ail et dorés au four au gril ou à la poêle.

ENTRÉES FROIDES

(mousses, crudités, légumes cuits, fruits, salades, œufs, plats en gelée)

MOUSSE AU SAUMON

QUANTITÉS : 4 À 5 PERSONNES

INGRÉDIENTS

– 200 g de saumon (frais, surgelé ou en boîte)
– 200 g de saumon fumé
– 100 g de crème fraîche
– 1 blanc d'œuf
– 1 citron

Fines herbes : estragon, aneth ou ciboulette
– 2 c. à soupe de cognac
Décoration : caviar, œufs de lump ou de saumon, feuilles de salade, rondelles de citron, cornichons, olives noires

Préparation : 15 mn • Cuisson du saumon frais : 10 mn au court-bouillon de vin blanc ; 3 mn au micro-ondes • Réfrigération : 2 à 3 h • Matériel : coupes ou ramequins

PRÉPARATION

1) Faire cuire si nécessaire le saumon, selon la méthode de votre choix.
2) L'égoutter et l'arroser de jus de citron.
3) Mixer les poissons.
4) Ajouter : la crème fouettée en chantilly avec un glaçon, le cognac, les fines herbes ciselées.
5) Battre le blanc d'œuf en neige ferme avec une pincée de sel.
6) L'incorporer délicatement à la préparation. Assaisonner.
7) Verser la mousse dans les coupes et mettre à prendre au réfrigérateur.
8) Servir la mousse de saumon fumé en entrée, décorée d'œufs de poisson, de rondelles de citron, et de feuilles de salade.

N. B. Vous pouvez remplacer la crème fraîche par du fromage blanc, du lait concentré non sucré ou du beurre. Vous pouvez supprimer le blanc d'œuf.
Vous pouvez également préparer la mousse de saumon fumé comme toutes les autres variantes en gelée. Utiliser pour cela un sachet de gelée instantanée (voir mousse de foie gras en gelée.)

Variantes

• **Mousse à la truite**
Remplacer le saumon frais par 200 g de truite saumonée et le saumon fumé par 200 g de filets de truite fumée.

• **Mousse au thon et au poivre vert**
Remplacer le saumon frais et le saumon fumé par 250 à 300 g de thon au naturel. Ajouter 1 c. à soupe de poivre vert ou à défaut 1 c. à soupe de moutarde au poivre vert et du persil haché. Décorer avec des olives noires et des rondelles de cornichon.

• **Mousse aux fruits de mer à la pistache** (crabe, surimi, crevettes, langoustines, homard)
Remplacer le saumon frais et le saumon fumé par 250 à 300 g de fruits de mer (frais, surgelés ou en boîte). Parfumer avec 1 c. à soupe de concentré de tomates ou de sauce ketchup et 100 g de pistaches broyées.

BETTERAVES ROUGES

QUANTITÉS : 4 PERSONNES

INGRÉDIENTS

– 300 à 400 g de betteraves rouges cuites
Fines herbes : persil, ciboulette
Vinaigrette :
– 2 c. à soupe d'huile
– 1/2 c. à soupe de vinaigre
– 1 c. à soupe de moutarde douce (genre Savora)
– 1 échalote ou 1/2 oignon
– sel, poivre
Décoration : 2 œufs durs

Préparation : 5 mn • Matériel : 1 bol, 1 couteau

PRÉPARATION

1) Peler les betteraves.
2) Les couper en dés.
3) Faire la vinaigrette : mélanger le vinaigre, la moutarde, l'huile, l'échalote ou l'oignon haché, sel, poivre.

Service

Arroser les betteraves avec la sauce et les servir : décorées d'œufs durs coupés en rondelles ou en quartiers, saupoudrées de persil haché et de ciboulette ciselée.

N. B. Les betteraves peuvent se servir seules ou accompagnées de carottes râpées, champignons crus, céleri rémoulade, chou-fleur...

Variantes

Rajouter des dés de gruyère et de pommes.
Les betteraves peuvent se consommer selon les goûts crues ou cuites.
On trouve généralement à l'achat des betteraves cuites. Si on veut les faire cuire, il faut compter : à la casserole, à l'eau : 1 h 30 environ ; à l'autocuiseur et à la vapeur : 40 à 60 mn, à partir de la mise en pression ; au four : 2 à 3 h (th 5-6 ou 180 °C-200 °C).

CAROTTES RÂPÉES

QUANTITÉS : 4 PERSONNES

INGRÉDIENTS

– 300 à 400 g de carottes (3 ou 4 carottes)
– 1 citron
– 1 c. à soupe d'huile

Fines herbes : persil, ciboulette
– sel, poivre
Décoration : 2 œufs durs, olives, feuilles de laitue

Préparation : 10 mn • Cuisson des œufs durs : 12 mn à l'eau bouillante salée • Matériel : 1 robot ou 1 râpe, 1 couteau économe

PRÉPARATION

1) Gratter, laver et râper les carottes.
2) Les arroser immédiatement de jus de citron (pour éviter leur oxydation).
3) Ajouter : l'huile, sel, poivre, persil haché et ciboulette ciselée.

Service

Servir les carottes râpées décorées avec : des œufs durs coupés en rondelles ou en quartiers, des olives noires ou vertes, des feuilles de laitue.

N. B. Les carottes râpées peuvent se servir seules ou accompagner des betteraves rouges, du concombre, du céleri, du chou rouge ou vert, des poivrons. Elles peuvent aussi garnir des tomates, du jambon, du riz.

Variantes

• **Carottes râpées à la banane**
Ajouter 1 banane coupée en rondelles et 40 g de raisins secs. Remplacer l'huile par 2 c. à soupe de crème fraîche ou de yaourt et ajouter 1 c. à soupe de moutarde douce (Savora).

• **Carottes râpées à la pomme**
Remplacer 100 g de carottes râpées par 100 g de pomme râpée (1 pomme verte genre granny-smith).

• **Carottes râpées à l'orange**
Remplacer l'huile par le jus d'une orange. Éplucher et couper 1 orange en quartiers. Mélanger l'orange aux carottes râpées. Remplacer la ciboulette et le

persil par un brin de coriandre fraîche ou 1 branche de céleri, fenouil ou basilic, au choix.

• **Carottes râpées au chou à l'orientale**
Remplacer 200 g de carottes râpées par 200 g de chou vert coupé en lanières. Remplacer également l'huile par 1/2 verre de jus de tomate mélangé à 1 c. à soupe de sauce au soja, 1 gousse d'ail écrasée et 1 pincée de gingembre. Servir en accompagnement de viandes et de volailles froides.

• **Carottes râpées au radis noir et aux œufs de lump**
Remplacer 200 g de carottes râpées par 200 g de radis noir râpé séparément. Présenter le radis noir au centre du plat, garni des œufs de lump et entouré d'une couronne de carottes râpées.
N. B. On peut remplacer les œufs de lump par des œufs de saumon.

CAVIAR D'AUBERGINES

QUANTITÉS : 4 PERSONNES

INGRÉDIENTS

– 2 aubergines
– 50 g d'olives noires
– 4 c. à soupe d'huile d'olive

– 1 gousse d'ail
– 1 citron
– sel, poivre

Préparation : 15 mn • Cuisson au gril : 20 à 30 mn • Réfrigération : 1 h
• Matériel : 1 fourchette, 1 cuillère à café, 1 bol

CUISSON DES AUBERGINES

1) Allumer le gril.
2) Faire griller les aubergines entières et non épluchées.
3) Surveiller la cuisson en les retournant plusieurs fois.

PRÉPARATION

1) Quand elles sont cuites, les couper en deux et les vider à l'aide d'une cuillère à café.
2) Écraser la pulpe en purée avec une fourchette.
3) Ajouter à la purée d'aubergines : les olives hachées, la gousse d'ail pilée, l'huile d'olive, le jus de citron, sel, poivre.
4) Verser la préparation dans un ravier et mettre à rafraîchir au réfrigérateur.

Service

Servir en entrée avec du pain grillé.

Variantes

• **Caviar d'aubergines aux épices**
Supprimer les olives et le citron. Faire réduire de moitié sur feu doux 3 c. à soupe de vinaigre de cidre avec 1 pincée de cumin, de paprika et de piment de Cayenne. Ajouter 1 c. à soupe d'huile d'olive hors du feu et verser la préparation dans la purée d'aubergines.

• **Caviar d'aubergines aux noix**
Remplacer l'huile d'olive par de l'huile ordinaire ou de l'huile de noix, les olives par des noix pilées et le citron par 1 c. à soupe de vinaigre de cidre.

• **Caviar d'aubergines aux anchois**
Remplacer l'ail par 2 échalotes émincées. Ajouter 4 filets d'anchois à l'huile écrasés et 1 c. à soupe de câpres.

CÉLERI RÉMOULADE

QUANTITÉS : 4 PERSONNES

INGRÉDIENTS

– 200 à 400 g de céleri-rave
– 1/2 citron
Vinaigrette rémoulade :
– 3 c. à soupe d'huile
– 1 c. à soupe de vinaigre
– 1 c. à café de moutarde forte (à volonté)
– sel, poivre
Décoration : 2 œufs durs, feuilles de salade, olives

Préparation : 10 mn • Cuisson des œufs durs : 12 mn à l'eau bouillante salée • Matériel : 1 robot ou 1 râpe, 1 couteau économe, 1 bol, 1 cuillère à soupe

PRÉPARATION

1) Éplucher et râper le céleri-rave.
2) L'arroser immédiatement de jus de citron (pour éviter l'oxydation).
3) Faire la vinaigrette en mélangeant tous les ingrédients.
4) La verser sur le céleri-rave.

Service

Servir le céleri-rave décoré avec : des œufs durs coupés en rondelles ou en quartiers, des olives noires ou vertes, des feuilles de laitue.
N. B. Vous pouvez remplacer la vinaigrette par de la mayonnaise classique ou au petit-suisse (2 jaunes d'œufs + 2 petits-suisses + 1 c. à café de moutarde).
Le céleri-rave peut se servir seul ou accompagner des betteraves rouges ou des carottes râpées.
Il peut aussi garnir des tomates, du concombre ou du jambon.

CHAMPIGNONS CRUS

QUANTITÉS : 4 PERSONNES

INGRÉDIENTS

– 250 g de champignons de Paris
– 1 citron
– 1 c. à soupe d'huile
– 1 c. à café de moutarde douce (genre Savora)
– sel, poivre
Fines herbes : persil, ciboulette ou cerfeuil
Décoration : 2 œufs durs, olives, feuilles de laitue

Préparation : 5 mn • Macération : 1 h au réfrigérateur • Cuisson des œufs durs :
12 mn à l'eau bouillante salée • Matériel : 1 égouttoir, 1 bol, 1 presse-citron,
1 couteau

PRÉPARATION

1) Nettoyer soigneusement les champignons : ôter le bout terreux et les laver
à l'eau courante. Les couper en lamelles fines. Les arroser immédiatement de
jus de citron (pour éviter l'oxydation).
2) Mélanger l'huile, la moutarde, sel, poivre.
3) Ajouter la sauce.
4) Faire macérer au réfrigérateur.

Service

Servir les champignons : saupoudrés de persil haché et de ciboulette ou de cerfeuil ciselé, décorés avec les œufs durs coupés en rondelles ou en quartiers, et
des feuilles de laitue.

N. B. Vous pouvez remplacer cette sauce par une sauce à la crème fraîche, au
yaourt, une mayonnaise classique ou au petit-suisse (2 jaunes d'œufs + 2 petits-
suisses + 1 c. à café de moutarde).

CHAMPIGNONS CUITS À LA GRECQUE

QUANTITÉS : 4 PERSONNES

INGRÉDIENTS

– 250 g de champignons de Paris
– 1 citron
– 200 g d'oignons blancs
– 1 branche de fenouil ou de céleri
– 2 dl ou 200 ml de vin blanc sec
(2 verres)

– 2 c. à soupe d'huile d'olive
– 1 gousse d'ail
– sel, poivre, coriandre (5 grains)
Fines herbes : persil et cerfeuil
Bouquet garni : 1 branche de thym,
1 feuille de laurier, du persil

Préparation : 10 mn • Cuisson : à la casserole : 10 mn ; au four à micro-ondes :
5 mn • Réfrigération : 1 h • Matériel : 1 couteau, 1 égouttoir

PRÉPARATION

1) Nettoyer soigneusement les champignons : ôter le bout terreux et les laver
à l'eau courante. Les arroser immédiatement avec le jus d'un demi-citron.
2) Mettre dans la cocotte : les oignons pelés, les champignons entiers, la
gousse d'ail entière, la branche de fenouil ou de céleri, le bouquet garni,
l'huile, le vin blanc, le sel et les épices.
3) Couvrir.
4) Cuisson : faire cuire doucement selon la méthode de votre choix. Retirer le
bouquet garni, le fenouil et l'ail.
5) Mettre au frais.

Service

Lorsque les champignons sont refroidis, les servir arrosés de jus de citron et
saupoudrés de persil haché et de cerfeuil ciselé.

N. B. Vous pouvez préparer de la même manière des blancs de poireau, des bouquets de chou-fleur, du céleri-rave, des fonds d'artichaut, des petites carottes, des rondelles de courgette.

Vous pouvez aussi ajouter 1 c. à soupe de concentré de tomates à la cuisson des champignons.

CHOU-FLEUR GRIBICHE

QUANTITÉS : 4 PERSONNES

INGRÉDIENTS

– 1 chou-fleur
Vinaigrette gribiche :
– 3 c. à soupe d'huile
– 1 c. à soupe de vinaigre
– 1 c. à café de moutarde forte
– 1 échalote

– 1 pointe d'ail
– sel, poivre
– 1 œuf dur
Fines herbes : persil, ciboulette
Décoration : 2 œufs durs, 2 tomates, 1/2 concombre

Préparation : 15 mn • Blanchiment du chou-fleur : 2 mn à l'eau bouillante salée + 2 c. à soupe de farine • Cuisson du — chou-fleur : en faitout : 15 mn ; à l'autocuiseur : 5 mn à la vapeur à partir de la mise en pression ; au four à micro-ondes : 8 à 10 mn — des œufs durs : 12 mn à l'eau bouillante salée • Matériel : 1 petite casserole, 2 bols, 1 spatule, 1 égouttoir

CUISSON DES ŒUFS

Faire durcir les œufs. Les passer sous l'eau froide et les décoquiller.

BLANCHIMENT DU CHOU-FLEUR

1) Blanchir le chou-fleur à l'eau bouillante salée avec 2 c. à soupe de farine délayée avec un peu d'eau froide.
2) L'égoutter et jeter l'eau.

CUISSON DU CHOU FLEUR

1) Le faire cuire selon la méthode de votre choix.
2) Lorsque le chou-fleur est cuit, l'égoutter.

PRÉPARATION DU CHOU-FLEUR

1) Le tasser dans un bol.
2) Démouler sur le plat de service.
3) Décorer avec des rondelles de tomate, de concombre, d'œuf dur.

PRÉPARATION DE LA SAUCE GRIBICHE

Mélanger : le vinaigre, la moutarde, l'œuf dur écrasé à la fourchette, l'échalote hachée, l'ail extrait au presse-ail, le persil haché et la ciboulette ciselée, sel, poivre.

Service

Servir le chou-fleur arrosé de sauce ou accompagné de sauce en saucière.

N. B. Le chou-fleur peut se servir également cru avec une sauce au yaourt, une mayonnaise classique ou au petit-suisse (2 jaunes d'œufs + 2 petits-suisses + 1 c. à café de moutarde).

Variante

• **Chou-fleur sauce indienne**

Remplacer la sauce gribiche par la sauce au yaourt. Mélanger 1 yaourt avec du coulis de tomates réalisé avec 250 g de tomates cuites avec 1 oignon haché, 1 gousse d'ail, 1 bouquet garni, (thym, laurier, persil), sel, poivre, 1 pincée de curry, 1 pincée de piment.

CHOU ROUGE OU BLANC

QUANTITÉS : 4 PERSONNES

INGRÉDIENTS

– 300 à 400 g de chou
– 1 citron
– 1 échalote ou 1/2 oignon
Fines herbes : persil, ciboulette
Vinaigrette :
– 2 c. à soupe d'huile

– 1/2 c. à soupe de vinaigre de cidre de préférence
– 1 c. à soupe de moutarde douce (genre Savora)
– sel, poivre
Décoration : 2 œufs durs

Préparation : 15 mn • Macération : 1 à 2 h au réfrigérateur • Cuisson des œufs durs : 12 mn à l'eau bouillante salée • Matériel : 1 robot ou 1 hachoir à main, 1 couteau, 1 presse-citron, 1 égouttoir, 1 bol, 1 cuillère à soupe

PRÉPARATION

1) Couper le chou en lanières.
2) L'arroser immédiatement de jus de citron (pour éviter l'oxydation).
3) Le saupoudrer de sel et le laisser macérer au réfrigérateur au moins 1 h.
4) Préparer la sauce vinaigrette en mélangeant tous les ingrédients.
5) À la sortie du réfrigérateur, égoutter le chou.
6) Ajouter : l'échalote ou l'oignon émincé, la sauce vinaigrette.
7) Mélanger.

Service

Servir le chou décoré d'œufs durs coupés en rondelles ou en quartiers et saupoudré de persil haché et de ciboulette ciselée.

N. B. Si vous ne pouvez attendre le temps de macération, vous avez la possibilité de blanchir le chou 2 mn à l'eau bouillante pour l'attendrir.

Pour varier, vous pouvez remplacer 200 g de chou par 2 pommes coupées en fines lamelles ou par des carottes râpées (voir variante carottes râpées au chou à l'orientale). Cette préparation peut convenir pour accompagner de la viande froide coupée en dés : poulet, bœuf, jambon, langue.

CONCOMBRE À LA CRÈME

QUANTITÉS : 4 PERSONNES

INGRÉDIENTS

– 300 à 400 g de concombre
(1 concombre)
– sel
Vinaigrette à la crème :
– 3 c. à soupe de crème fraîche

– 1 c. à soupe de vinaigre de cidre de
préférence
– sel, poivre
Fines herbes : persil, ciboulette,
estragon, marjolaine ou feuilles de
menthe

*Préparation : 5 mn • Dégorgement : 1 h • Matériel : 1 robot, 1 couteau
économe, 1 vide-pomme, 1 couteau, 1 bol, 1 égouttoir, 1 assiette*

PRÉPARATION

1) Peler le concombre avec le couteau économe.
2) Retirer au centre les pépins, de préférence avec un vide-pomme.
3) Couper le concombre en rondelles.
4) Saupoudrer de sel et laisser dégorger au moins 1 h.
5) L'égoutter.
6) Asaisonner de vinaigrette à la crème.

Service

Servir le concombre saupoudré de persil haché et des fines herbes ciselées.
*N. B. Vous pouvez remplacer la vinaigrette à la crème par de la vinaigrette au
yaourt et saupoudrer de feuilles de menthe ou de marjolaine ciselées.*

Variante

• **Concombre à l'orientale**
Remplacer la crème par du yaourt. Ajouter 1/2 oignon coupé en rondelles,
2 oranges épluchées et coupées en quartiers. Parfumer avec quelques feuilles
d'aneth ou de fenouil, ou des graines de fenouil ou de cumin.

LÉGUMES CUITS EN SALADE

QUANTITÉS : AU CHOIX POUR 4 PERSONNES

INGRÉDIENTS

– 1 botte d'asperges
– 4 artichauts
– 500 g de brocolis
– 500 g de haricots verts
– 500 g de macédoine
– 4 à 8 poireaux selon la grosseur
– 200 g de légumes secs (lentilles,

flageolets, haricots blancs et rouges,
pois chiches)
Vinaigrette :
– 2 c. à soupe d'huile
– 1/2 c. à soupe de vinaigre
– 1 c. à café de moutarde
– sel, poivre

Préparation : 5 mn • Cuisson : voir pour chaque légume le temps de cuisson respectif • Matériel : 1 bol, 1 cuillère à soupe, 1 égouttoir

PRÉPARATION DES LÉGUMES

Préparer chaque légume selon la méthode qui lui est propre.

CUISSON DES LÉGUMES

1) Faire cuire les légumes selon la méthode de votre choix.
2) Les égoutter.

PRÉPARATION DE LA VINAIGRETTE

1) Mélanger le vinaigre et la moutarde.
2) Ajouter l'huile et mélanger.
3) Saler et poivrer.

Service

Servir les légumes tièdes ou froids avec la vinaigrette en saucière.
N. B. Vous pouvez utiliser des légumes cuits en boîte (4/4).
Vous pouvez ajouter à la vinaigrette :
— 1 œuf dur écrasé,
— des fines herbes,
— 1 échalote hachée,
— 1 pointe d'ail.
Vous pouvez aussi remplacer la vinaigrette ordinaire par une vinaigrette à la crème, une mayonnaise classique ou au petit-suisse.

MELON À LA POMME
ET AU JAMBON DE PARME

QUANTITÉS : 4 PERSONNES

INGRÉDIENTS

– 2 melons
– 2 pommes vertes (granny-smith)
– 200 g de jambon de Parme de préférence
– 1 citron
– 4 c. à soupe de porto
– 1 pincée de gingembre ou de noix de muscade râpée (facultatif)

Préparation : 10 mn • Réfrigération : 1 h • Matériel : 1 presse-citron, 1 cuillère à café, 1 saladier

PRÉPARATION

1) Couper les melons en deux.
2) Les évider à la petite cuillère.
3) Couper la chair en boules ou en dés.
4) Éplucher les pommes et les couper en dés.

5) Les arroser de jus de citron.

6) Ajouter : la chair de melon, le jambon coupé en dés, le porto, le gingembre ou la noix de muscade.

7) Verser la préparation dans chaque demi-melon.

Service

Mettre à rafraîchir au réfrigérateur et servir.

N. B. Vous pouvez ajouter 200 g de fromage blanc ou 1 yaourt, 50 g de noix broyées, sel, poivre.

Vous pouvez farcir de la même manière :

— des avocats,

— des poires,

— des pommes vertes,

— des pamplemousses.

SALADE DE BETTERAVES ROUGES AUX POMMES
(salade gauloise)

QUANTITÉS : **4 PERSONNES**

INGRÉDIENTS

– 50 g de mâche ou 2 endives
– 1 betterave rouge
– 1 pomme
– 50 g de gruyère
– 1/2 citron
– quelques noix décortiquées

Vinaigrette :
– 2 c. à soupe d'huile
– 1/2 c. à soupe de vinaigre
– 1 c. à soupe de moutarde douce (genre Savora)
– 1 échalote ou 1/2 oignon
– sel, poivre

Préparation : 15 mn • Matériel : 1 égouttoir, 1 presse-citron, 1 bol, 1 couteau économe, 1 couteau, 1 saladier

PRÉPARATION

1) Laver la salade.

2) Couper les endives en tronçons.

3) Couper en dés : la betterave rouge épluchée, la pomme épluchée, le gruyère.

4) Arroser la pomme avec le jus de citron.

5) Décortiquer les noix.

6) Faire la vinaigrette.

7) Disposer tous les ingrédients dans le saladier.

Service

Arroser de vinaigrette et servir.

N. B. Vous pouvez ajouter 50 g de céleri-rave râpé ou 1 branche de céleri coupée en tronçons.

SALADE EXOTIQUE
AU PAMPLEMOUSSE ET À L'AVOCAT

QUANTITÉS : 4 PERSONNES

INGRÉDIENTS

– 1 pamplemousse
– 2 avocats
– quelques noix décortiquées
Vinaigrette :
– 2 c. à soupe d'huile

– 1 citron
– sel, poivre
Décoration : feuilles de laitue,
quelques olives noires

*Préparation : 10 mn • Matériel : 1 couteau économe, 1 bol, 1 couteau,
1 cuillère à soupe, 1 saladier*

PRÉPARATION

1) Peler le pamplemousse et le couper en morceaux.
2) Couper les avocats en deux. Retirer les noyaux. Les couper en petits morceaux ou en lanières.
3) Faire la vinaigrette.
4) Mélanger : le pamplemousse, les avocats, les noix décortiquées.
5) Arroser de vinaigrette.

Service

1) Servir dans l'assiette ou le plat garni de feuilles de laitue.
2) Décorer avec quelques olives noires.

Variante

• **Salade exotique au pamplemousse et au kiwi**
Ajouter 2 kiwis pelés et coupés en rondelles et 2 tomates coupées en quartiers.
Remplacer la vinaigrette au citron par une vinaigrette à la crème (3 c. à soupe de crème fraîche, 1 c. à soupe de vinaigre de cidre, 1 c. à café de moutarde, quelques graines de cumin, coriandre).

SALADE NIÇOISE

QUANTITÉS : 4 À 6 PERSONNES

INGRÉDIENTS

– 4 pommes de terre cuites ou 200 g de riz cuit à l'eau bouillante salée
– 2 tomates
– 200 g de haricots verts (1 boîte de 1/2)
– 1/2 poivron vert ou rouge (facultatif)
– 1 boîte de thon au naturel de 150 à 200 g
– 1 petite boîte de filets d'anchois
– 2 œufs durs
– 1 échalote ou 1 gousse d'ail

– quelques olives noires ou vertes
– 1 laitue
Fines herbes : persil, ciboulette, estragon, basilic, cerfeuil
Vinaigrette :
– 4 c. à soupe d'huile
– 1 c. à soupe de vinaigre
– 2 c. à café de moutarde forte
– sel, poivre

Préparation : 15 mn • Cuisson des œufs durs : 12 mn à l'eau bouillante salée
• Matériel : 1 petite casserole, 1 couteau, 1 bol, 1 cuillère à soupe, 1 saladier

PRÉPARATION

1) Faire durcir les œufs et les couper en rondelles ou en quartiers.
2) Couper les tomates en quartiers.
3) Éliminer les pépins.
4) Détailler le poivron en lanières.
5) Hacher le persil et l'échalote. Ciseler les autres fines herbes.
6) Laver la salade.
7) Faire la vinaigrette.
8) Mélanger : le riz ou les pommes de terre coupées en rondelles, les haricots verts égouttés, les tomates, le thon, le poivron, les fines herbes.
9) Arroser de vinaigrette. Garnir le saladier de feuilles de laitue.

Service

Décorer avec les filets d'anchois, les œufs durs, les olives et servir.

Variantes

Vous pouvez remplacer le thon par des fruits de mer (crabe en boîte ou surimi, crevettes, moules, langoustines), du poulet cuit coupé en cubes (supprimer les anchois) ou de la charcuterie (jambon, saucisses de Francfort, saucisson, museau, langue, bœuf bouilli) (supprimer les anchois).

ŒUFS MIMOSA

QUANTITÉS : 4 PERSONNES

INGRÉDIENTS

– 4 œufs
Fines herbes : persil, ciboulette, persil, estragon
Mayonnaise :
– 1 œuf

– 1 dl ou 100 ml d'huile (1 verre)
– 1 c. à café de moutarde
– quelques gouttes de vinaigre
– sel, poivre
Décoration : feuilles de salade

Préparation : 20 mn • Cuisson des œufs durs : 12 mn à l'eau bouillante salée
• Matériel : 1 casserole, 1 Moulinette, 1 cuillère à café

CUISSON DES ŒUFS

1) Faire durcir les œufs et les passer sous l'eau froide.
2) Les écaler et les couper en deux dans le sens de la longueur.
3) Ôter les jaunes et les passer à la Moulinette. Réserver une partie pour la décoration.

PRÉPARATION DE LA MAYONNAISE

1) Mettre dans un bol : le jaune, la moutarde, sel, poivre.
2) Battre avec une cuillère en bois ou un fouet électrique.
3) Quand le jaune épaissit, verser l'huile petit à petit en fouettant sans arrêt.
4) Verser à la fin quelques gouttes de vinaigre.

PRÉPARATION DES ŒUFS

1) Mélanger : les jaunes d'œufs durs, la mayonnaise, les fines herbes ciselées.
2) Remplir les blancs d'œufs avec la préparation en faisant un dôme.

Service

Servir les œufs mimosa sur un plat ou une assiette garnie de feuilles de salade et saupoudrée des jaunes d'œufs durs réservés.

N. B. Vous pouvez utiliser une mayonnaise toute prête ou la remplacer par :
— 1 dl (1 verre) de béchamel + 1 c. à café de moutarde ;
— 1 yaourt + 1 c. à café de moutarde + vinaigre ou jus de citron ou ketchup ;
— 2 petits-suisses + 2 jaunes d'œufs + 1 c. à café de moutarde + vinaigre, jus de citron ou ketchup.

Variantes

• Œufs mimosa aux anchois
Ajouter 4 filets d'anchois pilés à la garniture.

• Œufs mimosa aux fruits de mer (crabe, crevettes, langoustines, surimi)
Ajouter 100 g de crevettes ou de langoustines décortiquées, de miettes de crabe ou de surimi émietté (bâtonnets de poisson au goût de crabe).

• Œufs mimosa au poisson fumé (saumon, truite)
Ajouter 100 g de poisson fumé. Remplacer la mayonnaise classique par la mayonnaise au petit-suisse (2 petits-suisses + 2 jaunes d'œufs + 1 c. à café de jus de citron).

• Œufs mimosa aux sardines
Ajouter à la garniture 4 sardines à la tomate émiettées et 1 c. à café de jus de citron.

• Œufs mimosa au thon
Ajouter 100 g de thon émietté au naturel (1 petite boîte) et 1 c. à soupe de câpres ou 3 cornichons coupés en petits morceaux.

ROULEAUX DE JAMBON

QUANTITÉS : 4 PERSONNES

INGRÉDIENTS

– 4 tranches fines de jambon
– 250 g de fromage blanc
– 100 g de radis roses
– 4 cornichons
– 1 échalote
– sel, poivre

Fines herbes : persil, ciboulette, cerfeuil, estragon
Décoration : 2 tomates, 4 radis roses, 4 olives noires, quelques feuilles de salade

Préparation : 15 mn • Matériel : 1 saladier, 1 couteau, 1 cuillère à soupe

PRÉPARATION

1) Hacher : les radis, les cornichons, l'échalote, le persil.
2) Ciseler les autres fines herbes.
3) Mélanger avec le fromage blanc.
4) Saler et poivrer.
5) Sur chaque tranche de jambon répartir le mélange.
6) Rouler les tranches sur elles-mêmes.

Service

1) Présenter dans l'assiette ou sur un plat garni de feuilles de salade.
2) Décorer avec des rondelles de tomate, des radis roses découpés en fleurs et des olives noires.

N. B. Vous pouvez présenter aussi les rouleaux de jambon en forme de cornets ou d'aumônières attachées avec un cordon en papier d'aluminium ou un brin de ciboulette.

Variante

• **Rouleaux de jambon au roquefort et au noix**
Remplacer les radis et les cornichons par 100 g de roquefort et 50 g de noix hachées.

TABOULÉ

QUANTITÉS : 6 PERSONNES

INGRÉDIENTS

– 200 g de blé concassé ou de graines de couscous
– 3 tomates
– 1 verre de jus de tomate (en boîte)
– 2 citrons
– 2 c. à soupe d'huile d'olive
– 4 oignons blancs ou 1 échalote
– sel, poivre

Aromates au choix :
– persil, 3 ou 4 feuilles de menthe, basilic, coriandre
– 1 pincée de poivre de Cayenne ou de paprika (facultatif)
Décoration : 12 olives noires, quelques feuilles de menthe

*Préparation : 20 mn (la veille) ou 2 h au minimum • Réfrigération : 12 h
ou 2 h au minimum • Pas de cuisson • Matériel : 1 saladier, 1 presse-citron,
1 couteau, 1 fourchette*

PRÉPARATION

1) La veille.

2) Dans un saladier mettre le blé concassé ou le couscous.

3) Arroser avec le jus de tomate.

4) Remuer à la fourchette ou à la main pour séparer les grains.

5) Ajouter : les tomates coupées en dés et leur jus, les oignons ou l'échalote et
le persil hachés, les autres fines herbes ciselées, les aromates au choix, sel,
poivre, le jus de citron.

6) Laisser gonfler 10 mn et remuer encore à la fourchette ou à la main.

7) Mettre au réfrigérateur jusqu'au lendemain ou 2 h au minimum.

Service

1) Au moment de servir ajouter l'huile d'olive.

2) Décorer le saladier avec des feuilles de menthe et des olives noires.

*N. B. Le taboulé est d'origine libanaise et se fait normalement avec du blé
concassé (boulgour). À défaut, on peut le remplacer par du couscous qui se prépare de la même façon. On peut remplacer également en partie ou entièrement
l'huile d'olive par un yaourt.*

Pour varier on peut ajouter au taboulé : 1/2 concombre coupé en cubes,
200 g de miettes de crabe, surimi, crevettes, jambon ou thon, 2 œufs durs,
300 g de poisson cuit, frais ou en conserve.

FILET DE PORC EN GELÉE
(préparer la veille)

QUANTITÉS : 4 À 5 PERSONNES

INGRÉDIENTS

– 1 filet de porc
– 2 carottes
– 1 oignon
– 1 gousse d'ail
– 1 sachet de gelée instantanée
– 1 c. à soupe de madère

Fines herbes : persil, ciboulette,
estragon
Herbes de Provence : 1 feuille
de laurier, 1 branche de thym, 1 brin
de sarriette

*Préparation : 15 mn • Cuisson au four : 2 h à th. 6 ou 200 °C (en terrine)
• Matériel : 1 terrine à pâté, 1 petite casserole, 1 cuillère en bois, 1 couteau,
1 robot, 1 couteau économe*

PRÉPARATION

1) Allumer le four.
2) Préparation de la gelée : suivre le mode d'emploi et laisser tiédir. Ajouter le madère.
3) Préparation de la garniture : éplucher et couper les carottes en rondelles. Couper l'oignon en rondelles. Hacher les fines herbes et l'ail.
4) Préparation du filet de porc : Rouler le filet de porc dans le hachis d'herbes et d'ail. Disposer le rôti dans la terrine. Disposer autour les rondelles de carottes et d'oignon. Saupoudrer d'herbes de Provence. Mettre la feuille de laurier. Arroser avec la gelée au madère. Couvrir la terrine.
5) Cuisson : Faire cuire la terrine à feu modéré. Veiller à ce que la viande baigne toujours dans la gelée. En rajouter si nécessaire.
6) Réfrigération : Placer la terrine au réfrigérateur mais pas au congélateur.

Service

Servir le filet de porc en gelée dans la terrine accompagné ou non d'une salade. Cette terrine peut se servir en entrée ou en plat principal pour un buffet, pique-nique.

N. B. Vous pouvez remplacer le filet de porc par du rôti de veau.

POULET OU PINTADE EN GELÉE
(préparer la veille)

QUANTITÉS : 6 PERSONNES

INGRÉDIENTS

– 1 poulet ou 1 pintade de 1,5 kg
– 1 c. à soupe d'huile ou de moutarde forte et aromatisée
– sel, poivre
– 1 sachet de gelée instantanée
– 1 c. à soupe de madère

Herbes de Provence : thym, romarin, sarriette
Fines herbes : ciboulette, estragon
Décoration : feuilles de salade, rondelles de citron, olives noires

Préparation : 30 mn • Cuisson : au four : 1 h 15 à th. 7-8 ou 220-250 °C ; à la rôtissoire : 1 h 15 • Réfrigération : 12 h • Matériel : 1 casserole, 1 cuillère en bois, 1 moule à cake, à charlotte ou en couronne, 1 pinceau, 1 couteau

PRÉPARATION DE LA VOLAILLE

1) La badigeonner avec l'huile ou la moutarde.
2) La saupoudrer d'herbes de Provence.

CUISSON DE LA VOLAILLE

1) Faire rôtir la volaille selon la méthode de votre choix.
2) Lorsqu'elle est cuite, la découper et la désosser.

PRÉPARATION DE LA GELÉE

1) Préparer la gelée selon le mode d'emploi et la laisser tiédir.
2) Ajouter le madère.

PRÉPARATION DU MOULE

1) Mouiller le moule avec de l'eau froide.
2) Verser dans le fond 1/2 cm de gelée.
3) Placer 15 mn au congélateur.
4) Quand la gelée est prise, disposer les morceaux de volaille.
5) Remplir de gelée. Ajouter les fines herbes ciselées.

RÉFRIGÉRATION

Placer au réfrigérateur mais pas au congélateur.

LE LENDEMAIN

1) Démouler la volaille en gelée en trempant le moule quelques instants dans l'eau bouillante.
2) Décorer le plat ou l'assiette de feuilles de salade, de rondelles de citron, d'olives noires.

Service

Servir en entrée ou comme plat principal pour un buffet, un réveillon, un pique-nique.

Variantes

• **Poulet ou pintade en gelée à l'orange**
1) Préparer la gelée en utilisant le jus de 2 oranges pour compléter le liquide.
2) Remplacer le madère par 1 c. à soupe de liqueur d'orange. Quand la gelée est prise, décorer le fond et le pourtour du moule avec des rondelles d'orange et des lamelles d'olives noires (pour imiter la truffe). Décorer le plat de service ou l'assiette avec des feuilles de salade.

• **Poulet ou pintade en gelée au citron et au miel**
Faire cuire le poulet ou la pintade selon la recette du poulet ou pintade au citron et au miel. Quand la gelée est prise, décorer le fond et le pourtour du moule avec des rondelles de citron et des lamelles d'olives noires (pour imiter la truffe).

CANARD EN GELÉE À L'ORANGE
(préparer la veille)

QUANTITÉS : **6 PERSONNES**

INGRÉDIENTS

– 1 canard de 1,5 kg
– 3 oranges
– 100 g de mousse de foie gras (frais ou en boîte)
– 1 sachet de gelée instantanée

– 1 c. à soupe de liqueur d'orange
– persil, sel, poivre
Décoration : 2 oranges, 4 ou 5 olives noires, feuilles de salade

Préparation : 20 mn • Cuisson : au four : 1 h à th. 7-8 ou 220-250 °C ; à la rôtissoire : 1 h ; à l'autocuiseur : 20 mn • Réfrigération : 12 h •
Matériel : 1 casserole, 1 cuillère en bois, 1 couteau, 1 presse-citron, 1 moule à cake, à charlotte ou en couronne

PRÉPARATION DU CANARD

1) Retirer le gras libre et apparent.
2) Le farcir avec une orange pelée, coupée en morceaux et mélangée au zeste de citron râpé.

CUISSON DU CANARD

1) Faire cuire le canard selon la méthode de votre choix.
2) Lorsqu'il est cuit le découper, le désosser et ôter sa peau.

PRÉPARATION DE LA GELÉE

Préparer la gelée selon le mode d'emploi en utilisant le jus de 2 oranges pour compléter le liquide. Laisser tiédir. Ajouter la liqueur d'orange.

PRÉPARATION DU MOULE

1) Mouiller le moule avec de l'eau froide. Verser dans le fond 1/2 cm de gelée.
2) Placer 15 mn au congélateur.
3) Quand la gelée est prise, décorer le fond et le pourtour du moule avec des rondelles d'orange et des lamelles d'olives noires (pour imiter la truffe).
4) Remplir le moule en alternant : une couche de morceaux de canard, une couche de mousse de foie gras.
5) Verser dessus le reste de gelée refroidie mais non prise et le persil haché.

RÉFRIGÉRATION

Placer au réfrigérateur mais pas au congélateur.

LE LENDEMAIN

1) Démouler le canard en gelée en trempant quelques instants le moule dans l'eau bouillante.
2) Décorer le plat ou l'assiette avec des feuilles de salade.

Service

Servir en entrée ou comme plat principal pour un buffet, un réveillon, un pique-nique.

COMPOTE DE LAPIN EN GELÉE
(préparer la veille)

QUANTITÉS : 6 PERSONNES

1) Faire cuire le lapin selon la recette de la compote de lapin. Pour obtenir une bonne gelée, ajouter à la cuisson de la compote 2 pieds de veau fendus dans le sens de la longueur. Si vous n'avez pas de pieds de veau, vous pouvez

ajouter au bouillon cuit et refroidi 5 à 6 feuilles de gélatine dissoutes dans un peu d'eau tiède ou utiliser un sachet de gelée instantanée en la préparant selon le mode d'emploi avec le jus de cuisson.
2) Quand la compote est cuite et que les pieds de veau sont fondants, mettre dans une terrine : le lapin désossé, la chair des pieds de veau coupée en cubes, les rondelles de carotte, le jus de cuisson passé.
3) Placer au réfrigérateur une nuit.

LE LENDEMAIN

1) Démouler la terrine en la trempant quelques instants dans l'eau bouillante.
2) Décorer avec des feuilles de salade, des rondelles de tomate, des olives noires.
3) Servir en entrée ou comme plat principal pour un buffet, un pique-nique.
N. B. Vous pouvez préparer de la même façon du veau (épaule, flanchet), de la dinde, du dindonneau, de la poule, préalablement ébouillantée 2 mn avant la cuisson.

Variantes

• **Compote de lapin en gelée au concombre**
Ajouter à la terrine cuite 1 concombre épluché, coupé en cubes et cuit 10 mn à l'eau bouillante salée.

• **Compote de lapin en gelée aux champignons**
Ajouter à la terrine cuite 200 g de champignons de Paris coupés en lamelles et étuvés avec une gousse d'ail.

• **Compote de lapin en gelée aux pruneaux**
Ajouter à la terrine cuite 250 g de pruneaux dénoyautés.

CHAUD-FROID DE VOLAILLE
À L'ESTRAGON
(préparer la veille)

QUANTITÉS : **6 PERSONNES**

INGRÉDIENTS

– 1 poule de 1,5 kg cuite
– 1 sachet de gelée instantanée
Sauce poulette
– 25 cl de bouillon de poule
– 20 g de margarine
– 20 g de farine
– 100 g de crème fraîche

– 1 jaune d'œuf
– sel, poivre, quelques feuilles d'estragon
Décoration : rondelles de citron, d'olives noires, branches de persil, feuilles de salade

Préparation : 30 mn • Réfrigération : 12 h • Matériel : 1 moule à cake, à charlotte ou en couronne, 2 casseroles, 1 cuillère en bois, 1 couteau

PRÉPARATION ET CUISSON DE LA POULE

Préparer et cuire la poule selon la recette de la poule au riz.

PRÉPARATION DE LA GELÉE

Préparer la gelée instantanée en réduisant de moitié la quantité d'eau prévue (25 cl) et laisser tiédir.

PRÉPARATION DE LA SAUCE POULETTE

1) Faire fondre la margarine.
2) Hors du feu, ajouter d'un seul coup la farine. Bien mélanger.
3) Remettre sur le feu quelques instants.
4) Retirer du feu et verser d'un seul coup le bouillon refroidi et dégraissé. Bien diluer.
5) Ajouter les feuilles d'estragon.
6) Remettre sur feu doux et porter 5 mn à ébullition en tournant sans cesse.
7) Hors du feu, ajouter : la gelée refroidie mais non prise, le jaune d'œuf, la crème fraîche, le sel et le poivre.

PRÉPARATION DE LA POULE

1) Découper et désosser la poule cuite. Ôter la peau.
2) Mouiller le moule à l'eau froide.
3) Disposer les morceaux de poule. Verser dessus la sauce en gelée.

RÉFRIGÉRATION

Placer au réfrigérateur mais pas au congélateur.

LE LENDEMAIN

1) Démouler le chaud-froid en trempant le moule quelques instants dans l'eau bouillante.
2) Décorer le plat ou l'assiette avec des feuilles de salade, des rondelles de citron, des olives noires.

Service

Servir en entrée ou comme plat principal pour un buffet, un pique-nique.

N. B. Le chaud-froid peut se réaliser avec toute viande blanche (veau, porc, dindonneau, lapin, poulet). Vous pouvez remplacer la sauce poulette par 2 jaunes d'œufs mélangés à 2 petits-suisses. Si vous préférez faire vous-même la gelée, ajouter à la cuisson du bouillon de poule 1 pied de veau fendu et 2 feuilles de gélatine (dissoutes dans un peu d'eau tiède) à la sauce poulette.

Variantes

• **Chaud-froid de volaille à l'orange**
Remplacer l'estragon par le zeste râpé d'une orange. Décorer le plat avec des rondelles d'orange à la place de citron.

• **Chaud-froid de volaille aux champignons**
Ajouter à la sauce poulette 250 g de champignons de Paris coupés en lamelles et étuvés avec 15 g de beurre 10 mn à la casserole ou 5 mn au micro-ondes.

CHAUD-FROID DE POISSON
(préparer la veille)

QUANTITÉS : 6 PERSONNES

INGRÉDIENTS

– 1 kg de poisson (cabillaud, colin, lieu, lotte, merlan...)
– 1 sachet de court-bouillon instantané
– 1 sachet de gelée instantanée
– 2 c. à soupe de concentré de tomates
Fines herbes : persil, ciboulette, estragon
Sauce marinière :
– 25 cl de court-bouillon refroidi

– 20 g de margarine
– 20 g de farine
– 100 g de crème fraîche
– 1 jaune d'œuf
– sel, poivre
Décoration : 2 citrons, 2 tomates, olives noires ou vertes, feuilles de salade

Préparation : 30 mn • Cuisson : poisson au court-bouillon : 5 à 10 mn suivant l'épaisseur, la nature du poisson et le mode de cuisson classique ou au micro-ondes ; sauce marinière : 5 mn ; gelée : jusqu'à l'ébullition • Réfrigération : 12 h • Matériel : 1 moule à cake, à charlotte ou en couronne, 2 casseroles, 1 cuillère en bois, 1 écumoire

PRÉPARATION DU COURT-BOUILLON

Préparer le court-bouillon selon le mode d'emploi.

CUISSON DU POISSON

Faire cuire le poisson dans le court-bouillon frémissant selon la méthode de votre choix.

PRÉPARATION DE LA GELÉE

1) Préparer la gelée en réduisant de moitié la quantité de liquide prévue.
2) Laisser tiédir.

PRÉPARATION DE LA SAUCE MARINIÈRE

1) Faire fondre la margarine.
2) Hors du feu, ajouter d'un seul coup la farine. Bien mélanger.
3) Remettre sur le feu quelques instants.
4) Retirer du feu et verser d'un seul coup le court-bouillon refroidi. Bien diluer.
5) Remettre sur feu doux et porter 5 mn à ébullition en tournant sans cesse.
6) Hors du feu, ajouter : la gelée refroidie mais non prise, le jaune d'œuf, la crème fraîche, le sel, le poivre, le poisson émietté.
7) Partager la préparation en trois parts. La première part : la garder nature, la deuxième part : la parfumer avec du concentré de tomates, la troisième part : la parfumer avec des fines herbes ciselées.
8) Mouiller le moule avec de l'eau froide et le garnir avec : une couche de poisson à la tomate, une couche de poisson nature, une couche de poisson aux fines herbes.

RÉFRIGÉRATION

Placer au réfrigérateur mais pas au congélateur.

LE LENDEMAIN

Démouler le chaud-froid en trempant le moule quelques instants dans l'eau bouillante.

Service

Décorer le plat ou l'assiette avec des feuilles de salade, des rondelles de citron, des tomates, des olives vertes ou noires et servir.

N. B. Vous pouvez remplacer la sauce marinière par 2 jaunes d'œufs mélangés à 2 petits-suisses.

ŒUFS EN GELÉE AU SAUMON FUMÉ
(préparer la veille)

QUANTITÉS : 6 PERSONNES

INGRÉDIENTS

– 6 œufs
– 3 tranches de saumon fumé
– 1 citron
– 1 sachet de gelée instantanée

Fines herbes : persil, ciboulette
Décoration : feuilles de salade, olives noires, citron, poivron rouge ou tomate

Préparation : 30 mn • Cuisson : œufs mollets : 6 mn à l'eau bouillante salée, gelée : jusqu'à l'ébullition. • Réfrigération : 12 h • Matériel : 6 ramequins, 1 verre mesureur, 1 casserole, 1 cuillère en bois, 1 couteau, 1 presse-citron

PRÉPARATION DE LA GELÉE

1) Préparer la gelée selon le mode d'emploi.
2) Laisser tiédir.
3) Ajouter le jus de citron et les fines herbes ciselées.

CUISSON DES ŒUFS

1) Faire cuire les œufs mollets.
2) Les passer sous l'eau froide et les décoquiller délicatement.

PRÉPARATION DES RAMEQUINS

1) Mouiller les moules à l'eau froide.
2) Y verser 1/2 cm de gelée.
3) Placer la gelée 15 mn au congélateur.
4) Lorsque la gelée est prise, décorer le fond des moules avec un morceau de citron, poivron ou tomate, lamelles d'olives noires.
5) Garnir avec une tranche de saumon découpée selon la forme du ramequin.

6) Disposer l'œuf mollet dessus. Entourer avec le reste de saumon coupé en petits morceaux.

7) Remplir de gelée.

RÉFRIGÉRATION

Placer au réfrigérateur mais pas au congélateur.

LE LENDEMAIN

Démouler les œufs en gelée en trempant les moules quelques instants dans l'eau bouillante.

Service

Servir dans l'assiette décorée de feuilles de salade.

N. B. Vous pouvez garder au réfrigérateur l'excédent de gelée dans une boîte carrée et l'utiliser concassée pour décorer l'assiette de présentation.

Variantes

• **Œufs en gelée au jambon**

Remplacer le saumon par 3 tranches de jambon et le jus de citron par 1 c. à soupe de madère. Ajouter des feuilles d'estragon aux fines herbes.

• **Œufs en gelée aux fruits de mer**

Remplacer le saumon par 200 g de crevettes ou de langoustines décortiquées, de miettes de crabe, 1 l de moules ouvertes sur feu vif (5 mn avec 1 échalote + 1/2 verre de vin blanc + 1 feuille de laurier).

• **Œufs en gelée au thon**

Remplacer le saumon par 200 g de thon blanc au naturel.

TERRINE DE SAUMON FUMÉ
ET AUX ASPERGES
(préparer la veille)

QUANTITÉS : **6 À 8 PERSONNES**

INGRÉDIENTS

– 200 g de saumon fumé
– 250 g de pointes d'asperge cuites (fraîches, surgelées ou en boîte)
– 1/2 sachet de gelée instantanée
Mousse de poisson :
– 500 g de poisson blanc (filets de lieu, merlan)
– 1 sachet de court-bouillon instantané

– 250 g de crème fraîche ou de fromage blanc
– 2 blancs d'œufs
– sel, poivre
Fines herbes : persil, ciboulette
Décoration : rondelles de citron, caviar ou œufs de lompe ou olives noires, feuilles de salade

Préparation : 30 mn (la veille) • *Cuisson du poisson au court-bouillon : 10 mn à la casserole ; 5 mn au micro-ondes* • *Réfrigération : 12 h* • *Matériel : 1 moule à cake*

PRÉPARATION

1) Préparer la gelée selon le mode d'emploi et la laisser tiédir.

2) Mouiller le moule à cake à l'eau froide.

3) Verser dans le fond 1/2 cm de gelée.

4) Placer la gelée 15 mn au congélateur.

5) Lorsque la gelée est prise, décorer le fond du moule à cake avec des rondelles de citron, du caviar ou des œufs de lompe ou des morceaux d'olives noires.

6) Faire cuire le poisson au court-bouillon instantané selon la méthode de votre choix.

7) Préparer la mousse de poisson.

8) Mixer le poisson refroidi.

9) Ajouter : la crème fraîche fouettée en chantilly avec un glaçon ou le fromage blanc non battu, le reste de gelée (1 verre environ), le persil haché et la ciboulette ciselée.

10) Battre les blancs en neige ferme avec une pincée de sel. Les incorporer délicatement à la préparation. Assaisonner.

11) Remplir le moule à cake en alternant une couche de mousse de poisson, une couche de filets de saumon fumé, une couche de pointes d'asperge et une couche de mousse de poisson.

12) Placer au réfrigérateur mais pas au congélateur.

LE LENDEMAIN

1) Démouler la terrine en la trempant quelques instants dans l'eau bouillante.

2) Décorer avec des feuilles de salade et servir en entrée.

N. B. Vous pouvez faire la gelée instantanée avec le sachet entier, mettre l'excédent dans une boîte carrée au réfrigérateur et l'utiliser concassée pour décorer la terrine de saumon. Toutes les mousses peuvent être préparées en gelée (voir recettes de mousse au saumon ou à la truite, aux fruits de mer, au thon).

Variante

• **Terrine de saumon fumé à l'avocat**

Remplacer les asperges par deux avocats coupés en cubes et arrosés de jus de citron.

ENTRÉES CHAUDES

BOUCHÉES À LA REINE

QUANTITÉS : 6 PERSONNES

INGRÉDIENTS

– 300 g de pâte feuilletée surgelée
– 1 jaune d'œuf
Garniture :
– 200 g de ris de veau
– 150 g de quenelles de volaille
(1 boîte)
– 5 cl de vin blanc sec (1/2 verre)
Bouquet garni : 1/2 feuille de
laurier, 1 branche de thym
Sauce financière :
– 1/2 l de bouillon (jus de cuisson
des ris de veau + jus de cuisson des

champignons)
– 100 g de champignons de Paris
– 15 g de margarine
– 1 gousse d'ail (facultatif)
Court-bouillon :
– 1 carotte
– 1 oignon
– 40 g de margarine
– 40 g de farine
– 2 c. à soupe de madère
– sel, poivre

Préparation : des bouchées : 15 mn, de la sauce : 15 mn • Dégorgement du ris
de veau : 3 à 4 h • Décongélation de la pâte feuilletée : 1 h 30 à 2 h à la
température ambiante et 3 à 4 mn au micro-ondes • Cuisson : pâte feuilletée :
20 mn à th. 8 ou 240 °C ; ris de veau : 10 mn ; champignons : 10 mn à la
casserole ou 5 mn au micro-ondes ; sauce : 5 mn • Matériel : 1 planche ou
1 feuille à pâtisserie, 1 rouleau à pâtisserie, 1 pinceau, des emporte-pièces
de 3 et 6 cm de diamètre, 1 tôle froide, 1 grille, 2 casseroles, 1 spatule en bois,
1 spatule en caoutchouc, 1 couteau, 1 écumoire

PRÉPARATION

1) Allumer le four.
2) Mouiller la tôle froide du four.

Gougères bourguignonnes (ici individuelles)
(recette p. 72) ▶

PRÉPARATION DES BOUCHÉES

1) Étaler la pâte (décongelée) au rouleau sur 1,5 cm d'épaisseur.
2) Découper les bouchées avec le grand emporte-pièce (6 cm).
3) Marquer le couvercle avec le petit emporte-pièce (3 cm) sans traverser la pâte.
4) Déposer les bouchées sur la tôle.
5) À l'aide du pinceau, les dorer avec le jaune d'œuf dilué dans un peu d'eau.

CUISSON

1) Les faire cuire à four très chaud.
2) Lorsque les bouchées sont gonflées et dorées, les sortir du four et les déposer sur une grille.
3) Avec l'aide d'un couteau retirer les couvercles.

PRÉPARATION DES RIS DE VEAU

1) Faire dégorger les ris de veau dans de l'eau froide.
2) Les mettre dans le court-bouillon froid avec tous les ingrédients (carotte, oignon, vin blanc sec, thym, laurier, sel, poivre)
3) Porter doucement à l'ébullition (laisser frémir).
4) Lorsque les ris de veau sont cuits, retirer la peau qui les recouvre.

PRÉPARATION DES CHAMPIGNONS

1) Nettoyer les champignons et les couper en lamelles.
2) Les faire étuver avec l'ail écrasé et la margarine.

PRÉPARATION DE LA SAUCE

1) Faire fondre la margarine.
2) Retirer du feu et verser d'un seul coup la farine. Bien mélanger.
3) Remettre sur le feu jusqu'à ce que le mélange soit mousseux.
4) Retirer du feu et verser petit à petit le bouillon chaud. Bien diluer.
5) Remettre sur feu doux et porter 5 mn à ébullition en remuant sans cesse.
6) Hors du feu, ajouter le madère.
7) Assaisonner.

PRÉPARATION DE LA GARNITURE

1) Mélanger : les ris de veau coupés en petits morceaux, les quenelles coupées en rondelles, les champignons, la sauce.
2) Tenir au chaud.
3) Remplir les bouchées chaudes de garniture.

Service

Remettre les couvercles sur les bouchées avant de servir.

N. B. Si vous êtes pressé, vous pouvez utiliser des fonds de bouchée et de la sauce financière tout prêts.

◄ *Quiche lorraine*
(recette p. 75)

Variante

• **Vol-au-vent aux fruits de mer**

1) Remplacer les 6 bouchées à la reine par 1 bouchée géante de 15 cm de diamètre.

2) Garnir le vol-au-vent avec : 1 l de moules ouvertes sur feu vif avec 10 cl de vin blanc sec (1 verre) + 1 gousse d'ail + 1 feuille de laurier, 100 g de crevettes décortiquées, crabe ou surimi, 100 g de champignons étuvés avec 20 g de beurre 10 mn à la casserole ou 5 mn au micro-ondes, 1/2 l de sauce marinière avec le jus passé des moules.

CAKE AU JAMBON ET AUX OLIVES

QUANTITÉS : **5 à 6** PERSONNES

INGRÉDIENTS

– 100 g de farine
– 1/2 sachet de levure chimique
– 3 œufs
– 5 cl d'huile (1/2 verre) ou 50 g de beurre ou de margarine
– 100 g de jambon fumé
– 100 g de gruyère râpé

– 10 olives vertes
– 10 cl de vin blanc sec ou de lait (1 verre)
– sel, poivre, quatre-épices ou noix de muscade
Fines herbes : persil, ciboulette

Préparation : 15 mn • Cuisson à th. 5-6 ou 180-200 °C : 40 à 45 mn dans un moule à cake ; 30 mn dans un moule rectangulaire • Matériel : 1 verre mesureur, 1 saladier, 1 cuillère en bois, 1 spatule en caoutchouc, 1 couteau, 1 feuille d'aluminium, 1 moule à cake ou 1 moule rectangulaire • Allumer le four à la température indiquée • Beurrer et fariner le moule.

PRÉPARATION DU CAKE

1) Dans un saladier, mélanger la farine, la levure et le sel.

2) Faire une fontaine et y verser : les œufs entiers, le beurre fondu ou l'huile, le vin blanc ou le lait, sel, poivre, fines herbes ciselées (facultatif).

3) Ajouter : le gruyère râpé, le jambon fumé coupé en dés, les olives dénoyautées.

4) Bien mélanger.

5) Verser la pâte dans le moule.

CUISSON

1) Faire cuire à feu modéré.

2) Vérifier la cuisson avec la pointe d'un couteau. Si elle ressort nette, le cake est cuit.

3) Le sortir du four et, si nécessaire, le démouler chaud.

Service

Servir chaud ou froid en entrée ou pour l'apéritif, coupé en petits carrés.

N. B. Si vous utilisez de la farine à gâteaux avec levure incorporée, ajouter seulement 1 c. à café rase de levure chimique. Vous pouvez remplacer les olives noires par des pruneaux dénoyautés.

Variantes

• **Cake au crabe**
Remplacer le jambon fumé par 125 g de crabe ou de surimi. Parfumer au choix avec 1 pincée de paprika, du poivre de Cayenne ou de la coriandre, et des fines herbes ciselées (menthe, aneth, cerfeuil).

• **Cake au thon**
Remplacer le jambon par 125 g de thon au naturel émietté. Parfumer avec du paprika, du poivre de Cayenne et des fines herbes ciselées (aneth, cerfeuil, ciboulette)

• **Cake aux noix de Saint-Jacques et aux poireaux**
Remplacer le jambon par 200 g de noix de Saint-Jacques fraîches, en boîte ou surgelées. Les faire cuire si nécessaire à la poêle. Ajouter 200 g de blancs de poireau cuits coupés en rondelles. Parfumer avec 1 pincée de curry (facultatif).

• **Cake au jambon et aux légumes**
1) Ajouter des légumes cuits au choix : 200 g de pointes d'asperges vertes, de petits légumes en macédoine (boîte), 1 poivron vert ou rouge coupé en lanières, 1 bulbe de fenouil cuit 15 mn à la vapeur à la casserole ou au micro-ondes.
2) Parfumer avec des fines herbes ciselées (persil, cerfeuil, menthe, estragon), de la sauge, du thym ou du romarin.

• **Cake au lapin et aux pruneaux**
Remplacer le jambon par 200 g de râble de lapin cuit et coupé en dés. Ajouter 10 pruneaux dénoyautés. Parfumer avec 2 c. à soupe de madère ou de porto.

CAROLINES AU JAMBON

QUANTITÉS : **8 CAROLINES**

INGRÉDIENTS

Pâte à choux :
– 12,5 cl d'eau
– 50 g de margarine ou de beurre
– 75 g de farine à pâtisserie
– 2 œufs
– 1 pincée de sel
Béchamel au fromage :
– 1/2 l de lait

– 50 g de margarine
– 50 g de farine
– 50 g de gruyère
– sel, poivre, 1 pincée de muscade
Garniture :
– 2 tranches épaisses de jambon

Préparation : de la pâte à choux : 15 mn ; de la béchamel : 15 mn • Cuisson des choux : 30 à 35 mn au th. 6 ou 200 °C • Matériel. Pour la pâte à choux : 1 petite casserole à fond épais, 1 verre mesureur, 1 spatule en bois, 1 spatule en caoutchouc, 1 bol, 1 passoire, 1 cuillère à soupe, 1 tôle, 1 feuille d'aluminium, 1 grille, des ciseaux. Pour la béchamel : 1 petite casserole, 1 spatule en bois

1) Allumer le four à la température indiquée
2) Couvrir la tôle d'une feuille d'aluminium
3) Beurrer et fariner la tôle.

PRÉPARATION DE LA PÂTE À CHOUX (VOIR PÂTE À CHOUX)

1) Dressage
2) Déposer sur la tôle des petits tas en forme de pain allongés et bien espacés (10 cm) car ils doivent tripler de volume à la cuisson.
3) Cuisson : Faire cuire les carolines jusqu'à ce qu'elles soient gonflées et dorées. Surtout ne pas ouvrir le four pendant la cuisson.

PRÉPARATION DE LA BÉCHAMEL

1) Faire fondre la margarine.
2) Retirer du feu, ajouter d'un seul coup la farine. Bien mélanger.
3) Remettre sur le feu en tournant sans cesse jusqu'à ce que le mélange soit mousseux.
4) Retirer de nouveau du feu et verser d'un seul coup le lait froid. Bien diluer.
5) Remettre sur feu doux et porter à ébullition 5 mn en remuant sans cesse.
6) Hors du feu ajouter : le gruyère râpé, les tranches de jambon coupées en dés, sel, poivre, noix de muscade.

GARNITURE

1) À l'aide de ciseaux, fendre les carolines sur le côté.
2) Les remplir de garniture.

Service

1) Les servir aussitôt.
2) Si nécessaire, les réchauffer quelques instants.

N. B. Pour la pâte à choux, vous pouvez utiliser de la farine à gâteaux avec levure incorporée ou ajouter 1 c. à café rase de levure chimique. Pour la garniture, vous pouvez ajouter 12 olives vertes dénoyautées et coupées en morceaux.

Variantes

• **Carolines aux champignons et à la tomate**
Ajouter à la garniture 100 g de champignons de Paris revenus avec une gousse d'ail. Remplacer la béchamel par une sauce tomate réalisée avec 500 g de coulis de tomates fraîches (voir recette) ou une boîte de tomates au naturel mixée de façon à obtenir 1/2 l de purée (compléter avec du bouillon de volaille en cube), 50 g de margarine et 50 g de farine, sel, poivre et persil haché.

• **Carolines aux fruits de mer (crabe, crevettes, coquilles Saint-Jacques, moules)**
Remplacer le jambon par : 200 g de crevettes décortiquées, de crabe, de surimi, de coquilles Saint-Jacques, 1 l de moules ouvertes sur feu vif avec 10 cl

de vin blanc sec (1 verre) et 1 gousse d'ail. Vous pouvez utiliser le jus des moules et faire une sauce marinière à la place de la sauce béchamel.

CROQUE-MONSIEUR AU JAMBON

QUANTITÉS : **2** CROQUE-MONSIEUR

INGRÉDIENTS

– 4 tranches de pain de mie
– 1 tranche de jambon
– 40 g de gruyère râpé

– 20 g de margarine ou de beurre
Aromates : moutarde douce ou forte, ou ketchup (facultatif)

Préparation : 10 mn • Préchauffage de l'appareil : 5 mn environ • Cuisson du croque-monsieur : 3 à 4 mn • Matériel : 1 appareil électrique à croque-monsieur, 1 couteau

PRÉPARATION DES CROQUE-MONSIEUR

1) Beurrer seulement le côté extérieur des tranches de pain de mie.
2) Déposer sur la face non beurrée d'une tranche de pain : un peu de gruyère, la moitié du jambon, un peu de gruyère, un aromate au choix (facultatif).
3) Couvrir avec la deuxième tranche de pain, en mettant le côté beurré à l'extérieur.

CUISSON

1) Disposer les croque-monsieur dans l'appareil.
2) Laisser dorer quelques minutes.

Service

Servir aussitôt les croque-monsieur au jambon en entrée ou comme plat principal.
N. B. Si vous n'avez pas d'appareil à croque-monsieur ou si vous êtes plus de 4 personnes, vous pouvez faire dorer les croque-monsieur sous le gril du four en les retournant à mi-cuisson ou à la poêle en les retournant également à mi-cuisson.

Variantes

• **Croque-monsieur au boudin blanc et aux pommes**
1) Beurrer l'intérieur des tranches de pain de mie avec de la moutarde douce (Savora).
2) Ajouter 2 pommes coupées en fines lamelles ou râpées. Saupoudrer de cannelle.

• **Croque-monsieur au jambon et à l'ananas**
Ajouter 2 tranches d'ananas. Saupoudrer de paprika.

• **Croque-monsieur au jambon et aux pruneaux**
Remplacer le jambon de Paris par du jambon fumé ou du bacon. Ajouter 6 à 8 pruneaux dénoyautés, 1 œuf, 4 c. à soupe de crème fraîche.

- **Croque-monsieur au poisson**
Remplacer le jambon par 200 g de poisson cuit (frais, surgelé ou en boîte). Utiliser le court-bouillon pour faire 10 cl ou 1 verre de sauce marinière et l'ajouter à la préparation.

- **Croque-monsieur au poulet**
Remplacer le jambon par 200 g de poulet, dinde ou veau cuit. Ajouter 10 cl ou 1 verre de béchamel. Parfumer avec 1 pincée de noix de muscade.

- **Croque-monsieur au roquefort et aux noix**
Supprimer le gruyère. Remplacer le jambon par 40 g de roquefort mélangé à 80 g de fromage frais. Ajouter 2 c. à soupe de sauce tomate ou de ketchup et 6 noix broyées.

- **Croque-monsieur aux champignons**
Ajouter au jambon 100 g de champignons de Paris étuvés avec 20 g de beurre et 1 gousse d'ail (10 mn à la casserole ou 5 mn au micro-ondes) et 10 cl ou 1 verre de béchamel.

- **Croque-monsieur aux fruits de mer**
Remplacer le jambon par 200 g de fruits de mer cuits (crabe, surimi, crevettes, coquilles Saint-Jacques ou 1 l de moules). Utiliser le jus de cuisson pour faire une sauce marinière.

- **Croque-monsieur aux œufs à la tripe**
Remplacer le jambon par 2 œufs durs coupés en rondelles. Faire étuver 1 oignon coupé en rondelles avec 20 g de beurre 10 mn à la casserole ou 5 mn au micro-ondes. L'ajouter à 10 cl ou 1 verre de béchamel. Parfumer à la noix de muscade.

- **Croque-monsieur pizza**
Remplacer le jambon par 4 filets d'anchois en boîte, 1 tomate fraîche, 2 c. à soupe de coulis de tomates ou de ketchup, 8 olives noires ou vertes. Saupoudrer d'herbes de Provence (origan ou marjolaine, sarriette, romarin).

FARINETTE
(pachade auvergnate)

QUANTITÉS : **4** PERSONNES

INGRÉDIENTS

– 50 g de farine blanche ou complète (2 c. à soupe pleines)
– 2 œufs
– 10 cl de lait (1 verre)
– 1 c. à soupe d'huile
– sel, poivre
Fines herbes (facultatif) : persil, ciboulette, estragon

Préparation : 5 mn • Cuisson : 15 à 20 mn • Matériel : 1 verre mesureur, 1 saladier, 1 cuillère en bois, 2 poêles antiadhésives de même taille

PRÉPARATION DE LA PÂTE

1) Dans un bol, mettre la farine.
2) Faire une fontaine et y verser : l'œuf ; l'huile ; sel, poivre ; fines herbes hachées (facultatif).

3) Bien mélanger.
4) Ajouter le lait petit à petit.

CUISSON

1) Verser la préparation dans une poêle chaude et légèrement huilée.
2) Laisser cuire à feu doux 8 à 10 mn poêle couverte.
3) Lorsque la farinette est bien dorée d'un côté, la retourner soit avec une deuxième poêle, soit avec deux assiettes.
4) Laisser cuire de nouveau à feu doux à couvert 8 à 10 mn.

Service

Servir la farinette en entrée ou en plat principal, accompagnée d'une salade.

N. B. On peut ajouter à la farinette des garnitures variées cuites au préalable :
– 50 g de jambon fumé coupé en dés,
– 50 g de champignons de Paris coupés en lamelles, et étuvés avec 10 g de beurre et 1 gousse d'ail,
– 50 g de crevettes décortiquées, crabe, surimi,
– 1 oignon coupé en rondelles et étuvé avec 20 g de beurre 10 mn à la casserole ou 5 mn au micro-ondes.

GALETTES DE SARRASIN
À LA SAUCISSE

QUANTITÉS : **6 PERSONNES (12 GALETTES ENVIRON)**

INGRÉDIENTS

Pâte à galettes :
– 250 g de farine de sarrasin
– 1 c. à soupe d'huile (facultatif)
– 1 œuf
– 25 cl d'eau ou de lait
– 1 c. à café rase de sel
Garniture : 12 saucisses

Préparation : 5 mn • Repos de la pâte : 1 h au minimum • Cuisson : saucisses grillées : 30 mn au gril ou 5-6 mn au micro-ondes ; galettes : 4 mn par galette • Matériel : 1 galetière ou 1 poêle antiadhésive, 1 raclette en bois, 1 saladier, 1 cuillère en bois, 1 fourchette, 1 louche

PRÉPARATION DE LA PÂTE

1) Dans un saladier, mettre la farine. Faire une fontaine, y verser : l'œuf, l'huile, le sel.
2) Bien mélanger. Ajouter petit à petit le liquide. Mélanger jusqu'à ce que la pâte soit lisse.

REPOS

Laisser reposer au moins 1 h.

CUISSON DES SAUCISSES

Piquer les saucisses avec une fourchette et les faire cuire selon la méthode de votre choix.

CUISSON DES GALETTES

1) Faire chauffer la galetière ou la poêle huilée légèrement.
2) Verser un peu de pâte et l'étendre avec la raclette en bois.
3) Dès que la galette est dorée d'un côté, la retourner.
4) Mettre si nécessaire les galettes au chaud, au-dessus d'une casserole d'eau chaude.

Service

Rouler chaque saucisse dans une galette et la servir bien chaude en entrée ou en plat principal.

N. B. Vous pouvez tartiner de moutarde la galette avant de la fourrer d'une saucisse.

Vous pouvez garnir également les galettes avec : des andouillettes, des rondelles d'andouille, des œufs sur le plat, des tranches de saumon fumé et du beurre.

GOUGÈRE BOURGUIGNONNE

QUANTITÉS : UNE COURONNE POUR 4 PERSONNES

INGRÉDIENTS

Pâte à choux :
– 125 g d'eau
– 50 g de margarine ou de beurre
– 75 g de farine à pâtisserie
– 2 œufs
– 150 g de gruyère non râpé
– sel

Préparation de la pâte à choux : 15 mn • Cuisson de la gougère : 20 à 30 mn à th. 6-7 ou 200-220 °C • Matériel : 1 petite casserole à fond épais, 1 tôle froide, 1 verre mesureur, 1 cuillère en bois • Allumer le four à la température indiquée • Beurrer et fariner une tôle froide

PRÉPARATION DE LA PÂTE À CHOUX

1) Faire chauffer l'eau, la matière grasse et le sel.
2) Au premier bouillon, retirer du feu.
3) Jeter d'un seul coup la farine et tourner vivement de façon à obtenir une boule molle.
4) Quand la pâte est tiède, ajouter les œufs un à un en contrôlant la consistance de la pâte qui ne doit pas s'affaisser.
5) Aérer la pâte en la soulevant avec une spatule.
6) Incorporer le gruyère coupé en lamelles.

DRESSAGE

Déposer sur la tôle des tas de pâte les uns à côté des autres de façon à former une couronne de 20 cm de diamètre environ.

CUISSON

1) Faire cuire la gougère jusqu'à ce qu'elle soit gonflée et dorée.
2) Surtout ne pas ouvrir le four pendant la cuisson.

Service

Servir la gougère chaude en entrée ou froide à l'apéritif.

N. B. Vous pouvez aussi servir la gougère avec les mêmes garnitures que pour les carolines au jambon :
– béchamel au fromage et au jambon,
– aux champignons et à la tomate,
– aux fruits de mer.

PALMIERS AU JAMBON

QUANTITÉS : 5 À 6 PERSONNES

INGRÉDIENTS

– 300 g de pâte feuilletée surgelée   **Garniture :**
     – 100 g de gruyère râpé
     – 3 tranches de jambon

Préparation : 15 mn (avec la pâte toute prête) • Réfrigération : 15 mn • Cuisson des palmiers : 15 mn à th. 8 ou 250 °C • Matériel : 1 feuille d'aluminium (40 cm x 20 cm), 1 rouleau à pâtisserie, 1 couteau, 1 tôle froide et mouillée, 1 planche ou 1 feuille à pâtisserie • Allumer le four à la température indiquée

PRÉPARATION

1) Étaler la pâte décongelée en forme de rectangle (40 cm de long x 20 cm de large) sur la feuille d'aluminium.
2) Saupoudrer la pâte de gruyère râpé.
3) Étaler les tranches de jambon.
4) Rabattre les grands côtés du rectangle de pâte vers le centre.
5) Replier le nouveau rectangle en deux pour former un rouleau. Emballer dans la feuille d'aluminium, et mettre au réfrigérateur.
6) Ôter la feuille d'aluminium.
7) Découper le rouleau en tranches de 1 cm.
8) Déposer les paliers sur la tôle froide et mouillée.

CUISSON

Faire cuire à four chaud.

Service

Lorsque les palmiers sont gonflés et dorés, les servir bien chauds.

PIZZA AUX ANCHOIS

QUANTITÉS : 6 PERSONNES

INGRÉDIENTS

Pâte à pizza :
- 250 g de farine
- 10 g de levure sèche de boulanger
- 1 œuf
- 5 cl environ d'eau tiède (1/2 verre)
- 40 g de beurre ou 3 c. à soupe d'huile d'olive
- 1/2 c. à café de sel

Garniture :
- 1 petite boîte de filets d'anchois
- 50 g de fromage italien (mozzarella, fontina, parmesan) ou à défaut gruyère râpé
- 12 olives noires

Coulis de tomates :
- 500 g de tomates
- 1 oignon
- 1 gousse d'ail

Bouquet garni : persil, 1/2 feuille de laurier, 1 pincée de marjolaine ou d'origan
- sel, poivre

Préparation : 30 mn • Levée de la pâte : 30 à 60 mn à température tiède (30-40 °C) • Cuisson : coulis de tomates : 10 mn à la casserole, 5 mn à l'autocuiseur ou au micro-ondes ; pizza garnie : 20 mn à th. 7-8 ou 220-240 °C • Matériel : 1 moule à tarte de 26 cm de diamètre, 1 verre mesureur, 1 saladier, 1 bol, 1 torchon, 1 mixeur

PRÉPARATION DE LA PÂTE À PIZZA

1) Dans un saladier, mélanger la farine et la levure (suivant le mode d'emploi).
2) Ajouter : l'œuf, le beurre fondu ou l'huile, le sel.
3) Bien mélanger jusqu'à l'obtention d'une pâte souple mais non collante.
4) Pétrir la pâte quelques minutes à la main.
5) Étaler la pâte à la main dans le moule à tarte beurré et fariné.

LEVÉE

1) Recouvrir le moule d'un torchon et laisser lever la pâte dans un endroit tiède jusqu'à ce qu'elle remplisse le moule.
2) Allumer le four à la température indiquée.

PRÉPARATION DU COULIS DE TOMATES

Dans une cocotte mettre : les tomates ; l'oignon et l'ail coupés en morceaux ; le bouquet garni ; sel, poivre.

CUISSON

1) Faire cuire selon la méthode de votre choix.
2) Jeter l'excès de liquide. Mixer.
3) Verser le coulis de tomates sur la pâte gonflée en ménageant une bordure de 3 cm.
4) Disposer les anchois en étoile.
5) Garnir d'olives noires.
6) Saupoudrer de fromage râpé.

CUISSON DE LA PIZZA

Faire cuire à four chaud jusqu'à ce que la pizza soit dorée et le fond crous-tillant.

Service

Servir aussitôt.

N. B. La composition de la pâte à pizza peut varier suivant les goûts. Elle peut se rapprocher :
– de la pâte à brioche si on ajoute un œuf,
– de la pâte à pain si on supprime l'œuf et la matière grasse.

Variantes

• **Pizza au jambon**
Remplacer les anchois par 200 g de jambon coupé en dés.

• **Pizza au saucisson et aux cœurs d'artichaut**
Remplacer les anchois par 6 rondelles de saucisson sec coupées en dés et 1 boîte de cœurs d'artichaut coupés en deux.

• **Pizza au thon et aux épinards**
Remplacer les anchois par 200 g de thon au naturel (1 boîte) et 500 g d'épinards cuits ou 1 boîte d'épinards en branches. Parfumer avec 1 pincée de noix de muscade.

• **Pizza aux fruits de mer et aux champignons**
Remplacer les anchois et les olives par 200 g de crabe, surimi, crevettes ou 1 l de moules cuites et 100 g de champignons de Paris étuvés avec 20 g de beurre et 1 gousse d'ail, parfumer avec 1 pincée de noix de muscade.

QUICHE LORRAINE

QUANTITÉS : 6 À 8 PERSONNES

INGRÉDIENTS

Pâte brisée :
– 200 g de farine
– 100 g de margarine ou de beurre
– 5 cl d'eau
– 1 c. à café de levure chimique (facultatif)
– 1/2 c. à café de sel

Garniture :
– 30 cl de lait ou de crème fraîche
– 3 œufs
– 150 g de jambon fumé
– 50 g de gruyère râpé
– sel, poivre

Préparation : pâte brisée : 5 mn ; garniture : 5 mn • Cuisson de la quiche garnie : 35-40 mn à th. 6-7 ou 200-220 °C • Matériel : 1 moule à tarte de 28 cm de diamètre, 1 verre mesureur, 1 casserole, 1 spatule en bois, 1 saladier, 1 fourchette • Allumer le four à la température indiquée

PÂTE BRISÉE

Préparer la pâte brisée selon la méthode de votre choix.

PRÉPARATION DE LA GARNITURE

1) Battre les œufs en omelette.
2) Ajouter : le lait ; sel, poivre.
3) Disposer sur le fond de tarte : le jambon coupé en dés, le gruyère râpé, la préparation œufs-lait.

CUISSON

Faire cuire la quiche jusqu'à ce que la surface soit prise et la pâte dorée.

Service

Servir sans attendre en entrée ou en plat principal.

N. B. Vous pouvez ajouter à la garniture 1 c. à soupe rase de Maïzena pour éviter tout risque de décomposition de la garniture en cas de température trop élevée de cuisson.

Variantes

• **Quiche au bleu d'Auvergne, gorgonzola ou roquefort aux noix**
Remplacer le jambon fumé par 100 g de fromage émietté. Ajouter à la garniture 50 g de noix broyées. Vous pouvez aussi remplacer le reste de la garniture par 200 g de fromage blanc, 10 cl ou 1 verre de crème fraîche et 3 œufs, 1 branche de céleri ébouillantée 5 mn et coupée en petits morceaux.

• **Quiche au saumon**
Remplacer le jambon fumé par 150 à 200 g de saumon fumé.

• **Quiche aux fines herbes (persil, ciboulette, cerfeuil, estragon)**
Remplacer le jambon fumé par 1 c. à soupe de fines herbes ou 4 c. à soupe d'une seule sorte.

• **Quiche aux fruits de mer**
Remplacer le jambon fumé par 200 g de crabe, surimi, crevettes ou 1 l de moules cuites.

• **Quiche aux chipolatas**
Remplacer le jambon fumé par 2 saucisses (chipolatas) coupées en rondelles.

• **Quiche aux légumes (asperges, carottes, courgettes, choux de Bruxelles, épinards, maïs, petits pois, poivrons, tomates)**
Ajouter à la garniture au choix : 500 g de carottes, épinards, ou potiron cuits, 250 g de choux de Bruxelles, pointes d'asperge, petits pois cuits, 1 courgette, 2 tomates en rondelles, 1 poivron en lanières, 1 boîte de maïs, et 1 de macédoine de légumes.

SABLÉS AU FROMAGE

QUANTITÉS : 4 PERSONNES

INGRÉDIENTS

Pâte sablée au fromage :
– 120 g de farine
– 60 g de beurre ou de margarine
– 1 jaune d'œuf
– 75 g de gruyère râpé
– sel

Béchamel :
– 30 g de margarine
– 30 g de farine
– 25 cl de lait
– 30 g de gruyère râpé
– sel, poivre, noix de muscade

Préparation : 40 mn • Repos de la pâte : 30 mn • Cuisson : pâte sablée : 15 mn à th. 5 ou 180 °C ; béchamel : 5 mn • Matériel : Pour la pâte sablée : 1 saladier, 1 verre mesureur, 1 bol, 1 couteau, 1 fourchette, 1 palette, 1 emporte-pièce, 1 planche à pâtisserie ou 1 feuille à pâtisserie, 1 tôle, 1 grille, 1 feuille d'aluminium ; Pour la béchamel : 1 casserole, 1 cuillère en bois

PRÉPARATION DE LA PÂTE SABLÉE AU FROMAGE

1) Mélanger la farine, le sel et la matière grasse coupée en petits dés.
2) Sabler le mélange avec les paumes des mains.
3) Incorporer l'œuf. Pétrir rapidement.
4) Donner à la pâte la forme d'un rouleau de 5 à 6 cm de diamètre.
5) L'envelopper dans une feuille d'aluminium.

REPOS DE LA PÂTE

1) Laisser reposer le rouleau de pâte au réfrigérateur.
2) Découper le rouleau en rondelles de 4 à 5 mm.
3) Sur le plan de travail fariné, égaliser la forme avec l'emporte-pièce.

CUISSON

1) Faire cuire les sablés sur une tôle beurrée et farinée.
2) Dès que les sablés sont légèrement dorés, les sortir du four avec la palette et les déposer délicatement sur une grille.

PRÉPARATION DE LA BÉCHAMEL

1) Faire fondre la matière grasse.
2) Hors du feu, verser d'un seul coup la farine. Bien mélanger.
3) Remettre sur le feu jusqu'à ce que le mélange devienne mousseux.
4) Retirer du feu et verser d'un seul coup le lait froid. Bien diluer.
5) Remettre sur feu doux et porter 5 mn à ébullition en tournant sans cesse.
6) Hors du feu, ajouter le gruyère. Assaisonner de sel et de poivre et d'une pincée de noix de muscade.
7) Répartir la béchamel sur quatre sablés. Les couvrir chacun d'un sablé.

Service

Servir les sablés chauds.

N. B. Vous pouvez remplacer le jaune d'œuf par 1 œuf entier (les sablés sont moins friables) et ajouter à la pâte 1 c. à café de levure chimique ou utiliser de la farine à gâteaux avec levure incorporée.

TARTE À L'OIGNON
(pissaladière provençale)

QUANTITÉS : **6 PERSONNES**

INGRÉDIENTS

Pâte brisée :
– 200 g de farine
– 100 g de margarine ou de beurre
– 5 cl d'eau
– 1 c. à café de levure chimique (facultatif)
– 1/2 c. à café rase de sel
Garniture :
– 750 g d'oignons

– 10 cl d'eau (1 verre)
– 2 c. à soupe d'huile d'olive
– 1 petite boîte de filets d'anchois
– 12 olives noires
Béchamel :
– 10 cl de lait
– 10 g de margarine
– 10 g de farine
– sel, poivre

Préparation : de la pâte brisée : 5 mn ; de la garniture : 20 mn • Cuisson : de la tarte non garnie : 20 mn à th. 6-7 ou 200-220 °C ; des oignons : 10 mn à la casserole ou au micro-ondes ; de la béchamel : 5 mn ; de la tarte garnie : 10 mn à th. 7 ou 220 °C • Matériel : 1 moule à tarte de 28 cm de diamètre, 1 verre mesureur, 2 petites casseroles à fond épais, 1 cuillère en bois • Allumer le four à la température indiquée

PRÉPARATION DE LA PÂTE BRISÉE

Préparer la pâte brisée selon la méthode de votre choix (voir pâtes à pâtisserie).

CUISSON

Faire cuire la tarte non garnie jusqu'à ce qu'elle soit dorée.

PRÉPARATION DES OIGNONS

Faire étuver les oignons émincés avec l'eau et l'huile.

PRÉPARATION DE LA BÉCHAMEL

1) Faire fondre la margarine.
2) Hors du feu, verser la farine d'un seul coup. Bien mélanger.
3) Remettre sur le feu jusqu'à ce que le mélange soit mousseux.
4) Retirer du feu et verser d'un seul coup le lait froid. Bien diluer.
5) Remettre sur feu doux et porter quelques minutes à ébullition sans cesser de tourner.

PRÉPARATION DE LA GARNITURE

1) Mélanger la purée d'oignons avec la béchamel. Assaisonner.
2) Verser la préparation dans la tarte précuite.
3) Disposer les filets d'anchois en étoile.
4) Décorer avec les olives.

Service

Passer 5 mn au four et servir bien chaud en entrée.

N. B. Vous pouvez remplacer la béchamel par 2 œufs battus en omelette et 20 cl de lait ou de crème fraîche. Vous pouvez aussi ajouter à la garniture du coulis de tomates en boîte ou réalisé avec 500 g de tomates fraîches.

TARTE AU THON

QUANTITÉS : **6 À 8** PERSONNES

INGRÉDIENTS

Pâte brisée :
– 200 g de farine
– 100 g de margarine ou de beurre
– 5 cl d'eau
– 1 c. à café de levure chimique
(facultatif)
– 1/2 c. à café rase de sel

Garniture :
– 200 g de thon au naturel (1 boîte)
– 2 ou 3 tomates
– 50 g de gruyère râpé
– 2 c. à soupe de moutarde forte
– 2 c. à soupe de crème fraîche
– sel, poivre

Préparation : pâte brisée : 5 mn ; garniture : 5 mn • Cuisson de la tarte au thon garnie : 35-40 mn à th. 6-7 ou 200-220 °C • Matériel : 1 moule à tarte de 28 cm de diamètre, 1 verre mesureur, 1 petite casserole à fond épais, 1 spatule en bois, 1 cuillère à soupe, 1 fourchette, 1 couteau • Allumer le four à la température indiquée

PRÉPARATION DE LA PÂTE BRISÉE

Préparer la pâte brisée selon la méthode de votre choix (voir pâtes à pâtisserie)

PRÉPARATION DE LA GARNITURE

1) Tartiner le fond de tarte avec la moutarde.
2) Couvrir de thon émietté.
3) Disposer sur le thon des rondelles de tomate.
4) Saupoudrer de gruyère râpé.
5) Verser la crème fraîche.
6) Saler et poivrer avec modération.

CUISSON

Faire cuire jusqu'à ce que la tarte au thon soit dorée.

Service

Servir sans attendre en entrée ou en plat principal.

Variantes

• **Tarte aux anchois**
Remplacer le thon par une boîte de filets d'anchois.

• **Tarte à la piperade**
Remplacer les tomates et la moutarde par une boîte de piperade.

TOURTE À LA VIANDE
(tourte auvergnate)

QUANTITÉS : **6** PERSONNES

INGRÉDIENTS

Pâte brisée classique :
– 300 g de farine
– 150 g de margarine ou de beurre

– 10 cl d'eau
– 1 c. à café rase de sel (à peine)

Garniture :
- 300 g de viande hachée (bœuf, dinde, poulet, veau)
- 100 g de jambon
- 100 g de mie de pain
- 5 cl de lait (1/2 verre)
- 1 œuf
- 1 oignon
- 10 g de margarine
- 1 gousse d'ail (facultatif)
- persil
- sel, poivre, quatre-épices ou noix de muscade

Préparation : pâte brisée classique : 30 mn ; garniture : 15 mn • Repos de la pâte brisée : 30 mn • Cuisson : garniture : 5 mn ; tourte garnie : 40-45 mn à th. 7-8 ou 220-240 °C • Matériel : 1 tourtière ou 1 moule à tarte de 26 cm de diamètre, 1 verre mesureur, 1 saladier, 1 couteau, 1 cuillère en bois, 1 poêle, 1 planche ou 1 feuille à pâtisserie, 1 rouleau à pâtisserie

PRÉPARATION DE LA PÂTE BRISÉE CLASSIQUE

1) Dans un saladier, mettre la farine.
2) Ajouter la matière grasse coupée en petits morceaux.
3) L'écraser du bout des doigts jusqu'à obtenir des grains fins.
4) Faire une fontaine, y verser peu à peu l'eau salée.
5) Mélanger rapidement pour former une boule.

REPOS

1) Laisser reposer la pâte.
2) Allumer le four à la température indiquée.

PRÉPARATION DE LA GARNITURE

1) Émietter la mie de pain et verser le lait tiède dessus.
2) Faire revenir l'oignon émincé.
3) Ajouter : la viande hachée, l'ail écrasé.
4) Hors du feu ajouter : la mie de pain trempée ; le persil haché ; l'œuf ; sel, poivre, épices.
5) Bien mélanger.

PRÉPARATION DE LA TOURTE

1) Étaler les 2/3 de la pâte brisée et garnir le moule à tourte.
2) Verser la garniture dans le moule.
3) Étaler le reste de pâte brisée et couvrir la tourte. Faire une cheminée au centre.

CUISSON

Faire cuire la tourte jusqu'à ce qu'elle soit dorée.

Service

Servir sans attendre en entrée ou en plat principal.

Variantes

• **Tourte au poisson**
Vous pouvez remplacer la viande par 300 g de poisson cuit. Utiliser le court-bouillon du poisson pour faire 10 cl ou 1 verre de sauce marinière à la place de la mie de pain trempée dans du lait. Parfumer avec des graines de coriandre.

• **Tourte aux fruits de mer**
Remplacer la viande par 200 g de fruits de mer cuits (crabe, surimi, crevettes ou 1 l de moules) et utiliser le jus de cuisson pour faire 10 cl ou 1 verre de

sauce marinière à la place de la mie de pain trempée dans du lait. Ajouter 100 g de champignons de Paris étuvés avec 20 g de beurre, et 50 g de gruyère râpé. Parfumer avec des graines de coriandre ou 1 pincée de quatre-épices.

TOURTE AUX POIREAUX
ET AU JAMBON FUMÉ
(flamiche picarde)

QUANTITÉS : **6 PERSONNES**

INGRÉDIENTS

Pâte brisée classique :
– 300 g de farine,
– 150 g de margarine ou de beurre
– 10 cl d'eau
– 1 c. à café rase de sel (à peine)
Garniture :
– 1 kg de poireaux (4 ou 5 environ)

– 40 g de beurre
– 200 g de jambon fumé
– 3 œufs
– 30 cl de crème fraîche
– sel, poivre, 1 pincée de noix de muscade

Préparation : pâte brisée classique : 30 mn ; poireaux : 15 mn • Repos de la pâte brisée : 30 mn • Cuisson : poireaux : 20 mn à la casserole couverte, 10-12 mn au micro-ondes. Tourte garnie : 40-45 mn th. 6-7 ou 200-220 °C
• Matériel : tourtière ou moule à tarte de 26 cm de diamètre, 1 verre mesureur, 1 saladier, 1 planche ou 1 feuille à pâtisserie, 1 rouleau
à pâtisserie, 1 fourchette, 1 couteau

PRÉPARATION DE LA PÂTE BRISÉE CLASSIQUE

1) Dans un saladier mettre la farine.
2) Ajouter la matière grasse coupée en petits morceaux.
3) L'écraser du bout des doigts jusqu'à devoir obtenir des grains fins.
4) Faire une fontaine, y verser peu à peu l'eau salée.
5) Mélanger rapidement pour former une boule.

REPOS

1) Laisser reposer la pâte.
2) Allumer le four à la température indiquée.

PRÉPARATION DE LA GARNITURE

1) Nettoyer soigneusement les poireaux.
2) Éliminer en partie les feuilles vertes.
3) Couper les poireaux en tronçons et les faire doucement étuver : soit à la casserole couverte avec du beurre ; soit au micro-ondes avec 2 c. à soupe d'eau et en ajoutant le beurre à mi-cuisson.
4) Couper le jambon fumé en dés et faire revenir quelques instants à la poêle.
5) Battre les œufs en omelette.
6) Ajouter la crème fraîche ou le fromage blanc demi-sel. Assaisonner en conséquence.

7) Étaler les 2/3 de la pâte brisée et garnir le moule à tourte.

8) Disposer dans le fond : les poireaux étuvés ; le jambon fumé ; la préparation œufs-crème.

9) Étaler le reste de pâte brisée et couvrir la tourte. Faire une cheminée au centre.

CUISSON

Cuire la tourte jusqu'à ce qu'elle soit dorée.

Service

Servir sans attendre en entrée ou en plat principal.

N. B. La véritable tourte aux poireaux ou flamiche picarde ne se fait qu'avec des blancs de poireau.

Variante

• **Tourte aux champignons et aux foies de volailles**

1) Remplacer le jambon fumé par 250 g de foies de volailles (ou 2 rognons de veau) revenus et flambés avec 2 c. à soupe de cognac ou de rhum bouillant.

2) Remplacer également les poireaux par 200 g de champignons de Paris étuvés avec 20 g de beurre, 1 gousse d'ail et du persil.

Soufflés

SOUFFLÉ AU FROMAGE

QUANTITÉS : 2 À 3 PERSONNES

INGRÉDIENTS

Béchamel :
– 25 cl de lait
– 30 g de margarine ou de beurre
– 30 g de farine
– sel, poivre, 1 pincée de noix de muscade

Garniture :
– 2 œufs
– 50 g de gruyère râpé

Préparation : 15 mn • Cuisson : béchamel : à la casserole ou au micro-ondes : 3 à 5 mn ; gros soufflé : 25 à 30 mn à th. 5 ou 180 °C ; petits soufflés : 15 à 20 mn à th. 6 ou 200 °C • Matériel : 1 verre mesureur, 1 saladier, 1 fouet électrique, 1 casserole, 1 cuillère en bois, 1 moule à soufflé de 15 cm de diamètre ou 8 ramequins, 1 spatule en caoutchouc

PRÉPARATION

1) Allumer le four.

2) Beurrer largement le moule à soufflé.

3) Préparation de la béchamel : faire fondre la matière grasse. Retirer du feu. Verser d'un seul coup la farine. Bien mélanger. Remettre sur le feu en tournant sans cesse jusqu'à ce que le mélange soit mousseux. Retirer du feu et verser d'un seul coup le lait froid. Bien diluer. Remettre sur le feu doux et porter à ébullition quelques minutes en remuant sans cesse.

4) Hors du feu, incorporer : le gruyère râpé, les jaunes d'œufs, le sel, le poivre et la noix de muscade râpée.

5) Battre les blancs d'œufs en neige ferme avec une pincée de sel.

6) Les incorporer délicatement avec la spatule en caoutchouc en soulevant la béchamel. Ne pas tourner.

7) Garnissage du moule : verser la préparation dans le moule à soufflé beurré. Ne pas le remplir au-delà des trois quarts car le soufflé gonfle beaucoup à la cuisson.

8) Cuisson : faire cuire aussitôt. Ne pas ouvrir le four pendant la cuisson, car un coup d'air ferait retomber définitivement le soufflé. Le soufflé est cuit lorsqu'il est gonflé et légèrement bruni.

Service

Servir immédiatement car un soufflé n'attend pas.

RECOMMANDATIONS

La réussite d'un soufflé tient à deux éléments importants : les blancs d'œufs et la cuisson.

1) Les blancs d'œufs : ils ne doivent pas contenir de traces de jaune. Ils doivent être incorporés à la béchamel avec précaution, en soulevant la préparation sans la tourner. Car si les blancs retombent, ils perdent l'air qui se dilate à la chaleur et fait gonfler le soufflé. Ils doivent être utilisés immédiatement pour ne pas retomber, donc le four doit être à la température désirée.

2) La cuisson : elle doit se faire obligatoirement dans un moule à soufflé à bords hauts ou dans des ramequins. La cuisson en ramequins est plus rapide et ne présente aucun risque de retombée. Cette manière est donc à recommander pour les débutants. Elle doit se faire aussi dans un moule largement beurré. Il ne faut pas ouvrir le four pendant la cuisson car un coup d'air fait retomber définitivement le soufflé. Un soufflé ne peut attendre. Aussi si vous avez décidé de faire un soufflé pour des amis, attendez qu'ils soient arrivés et ne vous laissez pas trop distraire.

Variantes

• **Artichauts en soufflé**
Fourrer 6 fonds d'artichaut cuits avec la préparation au soufflé à fromage et les faire cuire comme le soufflé au fromage.

• **Soufflé à la bisque de homard**
Ajouter à la garniture 1/2 boîte de 300 g de bisque de homard, 1 œuf et battre les 3 blancs en neige ferme.

• **Soufflé au bleu d'Auvergne, gorgonzola ou roquefort**
Remplacer le gruyère par 50 g de fromage au choix.

• **Soufflé au jambon**
Ajouter à la garniture 100 g de jambon haché, de viande, de volaille, de foie ou de cervelle cuite.

• **Soufflé au poisson**
Remplacer le gruyère par 100 g de poisson cuit (frais, surgelé ou en boîte).

• **Soufflé aux fruits de mer**
Remplacer le gruyère par 4 langoustines ou 1 l de moules cuites ou 100 g de crevettes, crabe ou surimi.

• **Soufflé aux légumes cuits (pointes d'asperge, carottes, champignons, chou-fleur, chou vert, courgettes, aubergines, épinards, poireaux, potiron, topinambours).**
Ajouter à la garniture 100 à 200 g de légumes cuits au choix.

• **Tomates en soufflé**
Découper une calotte à 6 tomates. Les évider à la petite cuillère et les fourrer de la garniture.

Œufs

ŒUFS BROUILLÉS

QUANTITÉS : 4 PERSONNES

INGRÉDIENTS

– 6 œufs
– 40 g de beurre
– 1 c. à soupe de crème fraîche
ou de lait
– 1 c. à soupe d'eau

– sel, poivre
Fines herbes : persil, ciboulette, cerfeuil, estragon, basilic au choix
Épices : safran, paprika, poivre de Cayenne au choix

Préparation : 5 mn • Cuisson : au bain-marie : 10 à 15 mn ; au micro-ondes : 2 ou 3 mn à puissance maximum • Matériel : 1 casserole à fond épais ou cassolette (au bain-marie), 1 plat rond (cuisson au micro-ondes), 1 saladier, 1 fourchette, 1 couteau

PRÉPARATION

1) Battre les œufs en omelette avec l'eau.
2) Mettre dans le récipient de cuisson : les œufs battus, la moitié du beurre.
3) Cuisson : faire cuire selon la méthode de votre choix : soit au bain-marie (au-dessus d'une casserole d'eau chaude), tourner sans cesse lentement ; soit au micro-ondes puissance maximum en remuant toutes les 30 s. Quand les œufs sont devenus crémeux (avant la cuisson complète), les retirer du feu.

4) Ajouter : le reste de beurre, la crème fraîche ou le lait, les fines herbes ciselées.
5) Assaisonner.

Service

Servir les œufs brouillés immédiatement en entrée, seuls ou en garniture de pain de mie grillé, de tartelettes, de brioches évidées, de couronne de riz, de purée d'épinards, de ratatouille.

N. B. Vous pouvez ajouter 50 g de gruyère râpé en fin de cuisson et garnir le plat de service de croûtons.

Variantes

• **Œufs brouillés au jambon**
Juste avant de servir, ajouter aux œufs brouillés 200 g de jambon coupé en dés ou en languettes.

• **Œufs brouillés au poisson fumé (saumon ou truite)**
Juste avant de servir, ajouter aux œufs brouillés 100 g de poisson fumé coupé en lamelles.

• **Œufs brouillés aux champignons**
Juste avant de servir, ajouter 100 g de champignons de Paris étuvés avec 20 g de beurre, 1 gousse d'ail, 1 pincée de noix de muscade râpée, 10 mn à la casserole ou 5 mn au micro-ondes.

• **Œufs brouillés aux fruits de mer (crevettes, langoustines, crabe, surimi)**
Juste avant de servir, ajouter aux œufs brouillés 200 g de fruits de mer. Parfumer au safran.

• **Œufs brouillés aux foies de volailles**
Juste avant de servir, ajouter aux œufs brouillés 250 g de foies de volailles coupés en morceaux et revenus à la poêle.

• **Œufs brouillés aux pointes d'asperge**
Juste avant de servir, ajouter aux œufs brouillés 200 g d'asperges cuites fraîches ou en boîte.

ŒUFS À LA COQUE, MOLLETS, DURS

QUANTITÉS : 2 PERSONNES

INGRÉDIENTS

– 2 œufs
– sel

Cuisson : œuf à la coque : 3 à 5 mn (selon les goûts) ; œuf mollet : 5 à 6 mn ; œuf dur : 12 mn • Matériel : 1 petite casserole

CUISSON

1) Faire bouillir 25 cl d'eau avec une pincée de sel.
2) Plonger délicatement les œufs dans l'eau bouillante à l'aide d'une cuillère à soupe.
3) Laisser bouillir doucement.
4) Pour les œufs à la coque : 3 mn si vous voulez le blanc encore laiteux. 3 mn 1/2 si vous voulez le blanc pris.
5) Pour les œufs mollets : 5 à 6 mn. Le blanc est pris et le jaune doit être encore mou. Utilisations : œufs en gelée, pour accompagner une purée de pommes de terre, de carottes ou d'épinards.
6) Pour les œufs durs : 12 mn. Le blanc et le jaune sont pris. Utilisations : froids : à la vinaigrette, à la mayonnaise, farcis, pour accompagner des salades de légumes (pommes de terre, tomates, chou-fleur, poireaux, betteraves…), de poisson, de crustacés. – chauds : pour accompagner des sauces (béchamel au fromage, aux oignons, à la tomate).
7) Lorsque les œufs mollets ou durs sont cuits, les passer immédiatement sous l'eau froide et utiliser le dos d'une cuillère à café pour les décoquiller facilement.

N. B. Pour éviter aux œufs de se fendiller à la cuisson, vous pouvez :
– les sortir à l'avance du réfrigérateur (1/2 h).
– ajouter 1 c. à café de vinaigre à l'eau de cuisson.

ŒUFS COCOTTE

QUANTITÉS : 2 PERSONNES

INGRÉDIENTS

– 2 œufs
– 2 c. à soupe de crème
– 10 g de beurre
– sel, poivre

Épices (facultatif) : noix de muscade râpée, curry, paprika, safran
Fines herbes : persil, ciboulette, cerfeuil, estragon, basilic

Préparation : 5 mn • Cuisson : au four classique et au bain-marie : 6 à 8 mn à th. 8 ou 250 °C ; au micro-ondes : 1 mn à puissance moyenne • Matériel : 2 ramequins, 1 couteau, 1 cuillère à soupe

PRÉPARATION ET CUISSON DES ŒUFS

1) Beurrer les ramequins.
2) Faire cuire les œufs cocotte selon la méthode de votre choix avec la crème, les aromates et les fines herbes : soit au four, au bain-marie (tôle creuse du four remplie de 2 cm d'eau chaude), soit au micro-ondes en deux fois : d'abord le blanc seul 30 s, ensuite le blanc avec le jaune, piqué 2 fois avec une épingle 30 s.

Service

Lorsque le blanc est pris, servir aussitôt les œufs cocotte.

N. B. Vous pouvez remplacer les ramequins par des brioches, des avocats, des tomates ou des pommes de terre cuites évidées, une purée de pommes de terre creusée en nids. Vous pouvez présenter les œufs cocotte avec des garnitures variées.

Avant la cuisson :

– gruyère, crevettes, miettes de crabe, truite, saumon fumé, jambon, mousse de foie gras,

– lardons, purée de légumes, ratatouille, poireaux, épinards, tomates, oignons,

– champignons sautés, pointes d'asperge cuites.

Après la cuisson :

– œufs de saumon, de lompe.

ŒUFS POCHÉS

QUANTITÉS : **4 PERSONNES**

INGRÉDIENTS

– 4 œufs
– 1/2 l d'eau
– 2 c. à soupe de vinaigre

Préparation : 5 mn • Cuisson : 3 mn • Matériel : 1 casserole, 1 écumoire, du papier absorbant, 1 assiette, 1 tasse

CUISSON DES ŒUFS

1) Mettre à chauffer l'eau avec le vinaigre (sans sel).

2) Casser un œuf dans une tasse.

3) Quand l'eau est frémissante, glisser dedans la tasse avec l'œuf.

4) Recommencer l'opération pour chaque œuf.

5) Retourner chaque œuf délicatement avec l'écumoire en les enveloppant de façon à garder la forme de l'œuf et pour éviter que le blanc s'éparpille.

6) Laisser cuire à petit feu 3 mn.

7) Retirer les œufs pochés avec l'écumoire et les déposer sur l'assiette recouverte de papier absorbant.

Service

Servir aussitôt :

1) **sur du pain grillé** ou doré au beurre et accompagné d'une sauce béchamel au fromage, sauce tomate, sauce matelote (voir œufs meurette).

2) **sur une purée de légumes :** pommes de terre, épinards, tomates, ratatouille avec des croûtons.

N. B. Pour réussir les œufs pochés, il est important :

– que l'eau ne bouille pas mais frémisse seulement,

– de ne pas lâcher l'œuf au-dessus de l'eau de cuisson mais de le déposer doucement en glissant la tasse dans l'eau.

Si vous n'êtes pas sûre de vous, ne faites pas cuire plus de deux œufs à la fois !

ŒUFS SUR LE PLAT

QUANTITÉS : 2 PERSONNES

INGRÉDIENTS

– 2 œufs
– sel, poivre
– 10 g de beurre

Préparation : 5 mn • Cuisson : 5 mn • Matériel : 1 plat à œuf ou une petite poêle

CUISSON

1) Faire chauffer le plat de cuisson avec le beurre.
2) Quand le beurre est chaud mais non fumant, casser les œufs un à un et les verser dans le plat.
3) Laisser cuire à feu très modéré quelques minutes jusqu'à ce que le blanc d'œuf soit opaque et bien pris.

Service

Saler, poivrer et servir aussitôt.

Variantes

1) Vous pouvez saupoudrer de gruyère râpé les blancs d'œufs sur le plat en fin de cuisson.
2) Vous pouvez aussi avant de faire cuire les œufs sur le plat :
– faire revenir 2 tomates coupées par moitié, saupoudrer d'ail, persil haché, thym ;
– faire revenir 2 tranches de bacon (ou à défaut de poitrine fumée).

OMELETTE

QUANTITÉS : 4 PERSONNES

INGRÉDIENTS

– 6 œufs (compter 1 œuf 1/2 par personne)
– 2 c. à soupe d'eau (facultatif)
– sel, poivre
– huile ou beurre

Fines herbes : persil, ciboulette, cerfeuil, estragon, basilic au choix
Épices : safran, paprika, poivre de Cayenne au choix

Préparation : 5 mn • Cuisson 3 à 5 mn • Matériel : 1 saladier, 1 fourchette, 1 tasse, 1 poêle

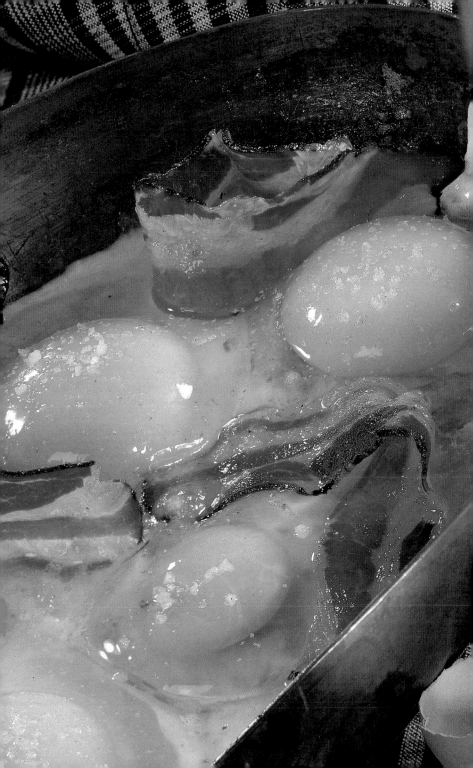

PRÉPARATION

1) Chauffer la poêle avec la matière grasse.
2) Casser les œufs un à un dans une tasse (pour vérifier s'il n'y a pas un œuf mauvais), puis les verser dans un saladier.
3) Ajouter : l'eau, le sel, le poivre, les épices au choix ou fines herbes ciselées.
4) Battre énergiquement les œufs à la fourchette.
5) Les verser dans la poêle chaude mais non fumante.

CUISSON

1) Cuire à feu assez vif en rabattant les bords de l'omelette vers le centre.
2) Suivant les goûts, laisser cuire l'omelette jusqu'à ce que le mélange soit pris ou encore un peu liquide si vous l'aimez baveuse.

Service

Servir l'omelette chaude ou froide pour un pique-nique, nature ou accompagnée de garnitures variées.

Exemples de garnitures

1) croûtons, chips, champignons,
2) foies de volailles, restes de viande, rognons,
3) légumes cuits (frais, surgelés ou en boîte) : aubergines, poivrons, ratatouille, épinards, fonds d'artichaut, oseille, laitue, petits pois, pointes d'asperge, choux de Bruxelles...

Variantes

• **Omelette au gruyère**
Ajouter aux œufs battus 50 g de gruyère râpé.

• **Omelette au jambon (blanc, fumé ou au bacon)**
Ajouter aux œufs battus 2 tranches de jambon coupées en dés.

• **Omelette au poisson fumé (saumon, truite)**
Ajouter aux œufs battus 2 tranches de poisson fumé en lanières.

• **Omelette au thon et à la tomate**
Ajouter aux œufs battus une purée de tomates fraîches ou en boîte et une petite boîte de thon au naturel émietté.

• **Omelette aux noix**
Ajouter aux œufs battus quelques noix broyées avec 50 g de gruyère râpé.

◄ *Terrine de foie gras*
(recette p. 94)

CHARCUTERIE, GALANTINES, PÂTÉS, TERRINES, RILLETTES

GALANTINE DE POULET

QUANTITÉS : **8 À 10 PERSONNES**

INGRÉDIENTS

– 1 poulet de 1,5 à 2 kg
– 2 foies de volailles
– 250 g d'échine de porc
– 250 g de collet de veau
– 100 g de mie de pain
– 5 cl ou 1/2 verre de lait
– 2 œufs
– 2 c. à soupe de cognac ou de madère
– sel : 2 c. à café rases (15 à 20 g par kg de pâté)
– poivre : 5 tours de moulin (2 g par kg de pâté)

Aromates : 1 brin de thym, 1 pincée de quatre-épices ou de noix de muscade, 1 truffe (facultatif)
Bouillon :
– 2 l d'eau
– 1 cube de bouillon de volaille
Bouquet garni : 1 feuille de laurier, 1 brin de thym et de persil
Gelée : 1 sachet de gelée instantanée, 2 c. à soupe de madère ou de porto

Préparation : 60 mn (la veille) • *Cuisson : au faitout : 1 h 15 à 1 h 30 dans un bouillon frémissant* • *Matériel : 1 faitout, 1 mousseline, 1 pinceau*

PRÉPARATION DE LA GARNITURE

Désosser le poulet. Retirer la peau et réserver les filets. Les arroser avec l'alcool au choix.

PRÉPARATION DE LA FARCE

1) Hacher ensemble la chair de la volaille restante et les autres viandes.
2) Ajouter la mie de pain trempée dans le lait tiède, les œufs battus en omelette, les aromates (thym, quatre-épices ou noix de muscade, truffe en lamelles), le sel et le poivre.
3) Bien malaxer.

MONTAGE DE LA GALANTINE

1) Monter la galantine sur la mousseline mouillée. Répartir la moitié de la farce. Disposer les blancs de poulet. Couvrir avec le reste de farce. Ficeler la mousseline comme un boudin.
2) Préparer le bouillon instantané avec le bouquet garni.

CUISSON

1) Faire cuire la galantine dans le bouillon frémissant et couvrir.
2) Lorsque la galantine est cuite, la laisser refroidir doucement dans le bouillon.
3) Retirer la mousseline.
4) Préparer la gelée instantanée selon le mode d'emploi. Ajouter le madère ou le porto.
5) Napper la galantine de gelée refroidie mais non prise à l'aide du pinceau.
6) Mettre le reste de gelée dans une boîte carrée et faire prendre au réfrigérateur.

Service

Le lendemain : décorer le plat de service avec des feuilles de salade, le reste de gelée concassée et servir en entrée avec une salade.

N. B. Vous pouvez utiliser la même recette pour préparer de la galantine de canard, de pintade, de faisan, de dinde ou de lapin.

Pour réaliser la galantine de façon traditionnelle, il faut désosser la volaille en gardant la peau le plus intact possible (opération longue et délicate). La galantine cuit dans la peau recouverte de mousseline. Le bouillon instantané est remplacé par un bouillon parfumé contenant un pied de veau (oignon, carotte, bouquet garni, céleri). Le bouillon réduit, clarifié, refroidi se transforme en gelée (grâce au pied de veau).

PÂTÉ DE CAMPAGNE

QUANTITÉS : 8 À 10 PERSONNES

INGRÉDIENTS

– 300 g de porc (échine)
– 300 g de chair à saucisse
– 300 g de foies de porc ou de volailles
– 1 barde de lard
– 100 g de mie de pain rassis
– 50 cl ou 1/2 verre de lait
– 2 œufs
– 1 oignon ou 2 échalotes
– 1 gousse d'ail
– sel : 3 c. à café rases (15 à 20 g par kg de pâté)
– poivre : 5 tours de moulin (2 g par kg de pâté)
– 50 cl ou 1/2 verre de cognac, de calvados, de madère ou de vinaigre de cidre
Aromates : 1 feuille de laurier, 1 branche de thym, 1 brin de persil, 2 feuilles de sauge, 1/2 pincée de quatre-épices ou de noix de muscade

Préparation : 15 mn (la veille) • Cuisson : au four classique : 1 h 30 à 2 h à th. 6-7 ou à 200-220 °C (au bain-marie) ; au micro-ondes : 15 mn à puissance maximum (en laissant reposer 1 mn toutes les 5 mn) et 10 mn à puissance moyenne • Matériel : 1 terrine à pâté en terre vernissée ou 1 moule à cake

PRÉPARATION DE LA GARNITURE

1) Hacher grossièrement le porc et le foie.
2) Émietter le pain rassis et le tremper dans le lait tiède.
3) Précuire l'oignon ou les échalotes coupés en morceaux en les faisant bouillir 2 mn avec un peu d'eau à la casserole ou au micro-ondes.
4) Hacher finement l'oignon ou les échalotes, l'ail et le persil.
5) Mélanger tous les ingrédients ensemble.
6) Parfumer avec les aromates et les épices (réserver la feuille de laurier).
7) Bien malaxer.
8) Remplir la terrine de la préparation.
9) Arroser avec un alcool au choix. Déposer dessus la feuille de laurier réservée.
10) Recouvrir de la barde de lard (passée au préalable 2 mn dans l'eau bouillante).
11) Fermer la terrine avec le couvercle (à défaut avec une feuille d'aluminium, film micro-ondes).

CUISSON

1) Faire cuire selon la méthode de votre choix.
2) Le pâté de campagne est cuit lorsque le jus qui entoure le pâté est devenu transparent.
3) À la sortie du four, mettre un poids pour tasser la viande et laisser refroidir doucement.

Service

Déguster le lendemain accompagné d'une salade.

N. B. Pour réaliser un pâté de campagne moins gras et aussi savoureux, il suffit de supprimer la barde de lard, de remplacer la chair à saucisse par du veau (épaule), du dindonneau ou de l'escalope de dinde ou de poulet, d'ajouter à la cuisson du pâté de la gelée instantanée préparée selon le mode d'emploi. Ceci pour éviter le dessèchement de la préparation.

TERRINE DE CANARD

QUANTITÉS : 8 À 10 PERSONNES

INGRÉDIENTS

– 1 canard de 1,5 kg
– 300 g d'échine de porc
– 300 g de veau ou d'escalope de dinde ou de poulet
– 150 g de jambon
– 1 barde de lard
– 1 œuf
– 1 oignon ou 2 échalotes
– 10 cl ou 1 verre de vin blanc, de porto ou de madère

– 50 cl ou 1/2 verre de cognac ou d'armagnac
– sel : 3 à 4 c. à café rases (15 à 20 g par kg de pâté)
– poivre : 5 tours de moulin (2 g par kg de pâté)
Aromates : 1 feuille de laurier, 1 branche de thym, 1 brin de persil, 6 à 8 baies de genièvre, 2 feuilles de sauge, 1 pincée de quatre-épices ou de noix de muscade

Préparation : 60 mn (la veille) • Marinade : 2 h • Cuisson : au four classique : 1 h 30 à 2 h à th. 6-7 ou 200-220 °C (au bain-marie) ; au micro-ondes : 15 mn à puissance maximum (en laissant reposer 1 mn toutes les 5 mn) et 10 mn à puissance moyenne • Matériel : 1 terrine à pâté en terre vernissée ou 1 moule à cake

PRÉPARATION DE LA GARNITURE

Découper le canard et le désosser. Retirer la peau et réserver les aiguillettes (filets).

PRÉPARATION DE LA MARINADE

1) Mettre dans un saladier les aiguillettes réservées, le reste de canard, de foie, de porc, de veau et le jambon coupés en cubes, l'oignon ou les échalotes coupées en rondelles et les aromates (laurier, thym, genièvre, sauge).
2) Arroser avec les alcools au choix.
3) Laisser mariner en remuant de temps en temps.

PRÉPARATION DE LA FARCE

1) Hacher ensemble les viandes (sauf les aiguillettes), l'oignon ou les échalotes et le persil.
2) Ajouter l'œuf battu en omelette, la marinade, le sel, le poivre et les aromates (réserver la feuille de laurier).
3) Bien malaxer.

MONTAGE DE LA TERRINE

1) Remplir une terrine en alternant 1 couche de farce, 1 couche d'aiguillettes et 1 couche de farce.
2) Déposer dessus la feuille de laurier réservée.
3) Recouvrir de la barde de lard (passée au préalable 2 mn à l'eau bouillante).
4) Fermer la terrine avec son couvercle (à défaut avec 1 feuille d'aluminium ou du film micro-ondes).

CUISSON

1) Faire cuire selon la méthode de votre choix.
2) La terrine de canard est cuite lorsque le jus qui entoure le pâté est devenu transparent.
3) À la sortie du four, mettre un poids pour tasser le pâté et laisser refroidir doucement.

Service

Déguster le lendemain en entrée avec une salade.

N. B. Vous pouvez précuire l'oignon ou les échalotes en les faisant bouillir 2 mn avec un peu d'eau à la casserole ou au micro-ondes.

Pour éviter le dessèchement de la terrine à la cuisson, vous pouvez ajouter de la gelée instantanée préparée selon le mode d'emploi.

Pour obtenir une terrine plus grasse, il suffit de remplacer l'échine de porc par 300 g de chair à saucisse.

Variantes

• **Terrine de canard à la mousse de foie gras**
Remplir la terrine en ajoutant à la couche d'aiguillettes une couche de 150 g de mousse de foie gras.

• **Terrine de canard à l'orange**
1) Faire la marinade avec l'oignon ou les échalotes coupés en rondelles, 1 jus d'orange, 3 c. à soupe de liqueur d'orange et de cognac.
2) Présenter la terrine débarrassée de la graisse et garnie d'une orange coupée en rondelles. Couvrir de gelée instantanée aromatisée avec 1 jus d'orange et 2 c. à soupe de liqueur d'orange.

• **Terrine de canard au poivre vert**
Ajouter à la farce 1 c. à soupe de poivre vert en grains (1 petite boîte) ou à défaut 1 c. à soupe de moutarde au poivre vert.

• **Terrine de canard aux olives**
Ajouter à la farce 20 olives vertes ou noires dénoyautées et coupées en morceaux.

• **Terrine de canard à l'ananas**
Ajouter à la farce 250 g d'ananas frais ou en boîte et coupé en cubes.

• **Terrine de canard à la truffe**
Ajouter à la farce 20 g de truffe (1 petite) coupée en lamelles ou à défaut des pelures de truffes.

• **Terrine de canard aux pistaches**
Ajouter à la farce 50 g de pistaches émondées.

TERRINE DE FOIE GRAS

QUANTITÉS : 8 À 10 PERSONNES

INGRÉDIENTS

– 1 foie gras d'oie ou de canard de 600 à 700 g (on compte 50 à 80 g par personne)
– 10 cl ou 1 verre de porto
– 5 cl ou 1/2 verre de cognac ou d'armagnac

– sucre : 1 c. à café rase
– sel : 2 c. à café rases (8 g)
– poivre : 3 tours de moulin (1 g)
Aromates : 1 pincée de quatre-épices ou de noix de muscade (facultatif)

Préparation : 15 mn (3 à 5 jours à l'avance) • Dégorgeage : 2 h • Marinade : 12 h • Réfrigération : 24 h (minimum) à 2-3 jours • Cuisson : au four classique : 25 à 30 mn à th. 3-4 ou 150 °C (au bain-marie) ; au micro-ondes : 10 à 12 mn à puissance maximum • Matériel : 1 terrine à pâté ou du film micro-ondes

Premier jour

PRÉPARATION

1) Faire dégorger le foie gras 2 h dans de l'eau froide.
2) L'égoutter. Ôter si nécessaire les traces vertes de fiel. Inciser les lobes et éliminer les nerfs et les vaisseaux.
3) Le faire mariner 12 h couvert au réfrigérateur avec les aromates (sucre, sel, poivres, épices), les alcools au choix.
4) Le retourner deux ou trois fois au cours de la marinade.

Deuxième jour

CUISSON

Égoutter le foie gras et le faire cuire selon la méthode de votre choix.

Au four classique (au bain-marie à 70 °C)

1) Bien tasser le foie gras dans la terrine et la fermer.

2) La disposer dans un plat à gratin rempli aux 3/4 d'eau à 70 °C (maintenir cette température constante pendant toute la durée de la cuisson et vérifier avec un thermomètre).

3) Le foie est cuit lorsque la graisse rendue est devenue limpide.

Au micro-ondes (sans bain-marie)

1) Ficeler très serré comme un boudin, dans une terrine couverte ou dans un film micro-ondes.

2) Laisser cuire jusqu'à ce que la graisse s'échappe du foie.

3) Lorsque le foie gras est cuit, le laisser refroidir doucement 2 à 3 h avant de le mettre dans le bas du réfrigérateur.

Troisième jour

Service

Déguster avec des toasts grillés. Si vous pouvez attendre 2 à 3 jours il n'en sera que meilleur.

N. B. Ce foie gras dit « frais » ou « mi-cuit » ne peut se conserver plus d'une semaine. Pour le conserver plus longtemps, il doit être stérilisé.

TERRINE DE FOIES DE VOLAILLES

QUANTITÉS : 8 À 10 PERSONNES

INGRÉDIENTS

– 500 g de foies de volailles
– 250 g d'échine de porc
– 250 g d'épaule de veau ou d'escalope de dinde
– 1 barde de lard
– 100 g de mie de pain rassis
– 10 cl ou 1 verre de lait
– 2 œufs
– 2 échalotes
– 1 sachet de gelée instantanée
– 10 cl ou 1 verre de porto ou de madère

– 2 c. à soupe de cognac ou d'armagnac
– sel : 3 à 4 c. à café rases (15 à 20 g par kg de pâté)
– poivre : 5 tours de moulin (2 g par kg de pâté)
Aromates : 1 feuille de laurier, 1 branche de thym, 1 brin de persil, 8 baies de genièvre, 1 pincée de quatre-épices ou de noix de muscade

Préparation : 15 mn (la veille) • Marinade : 2 h • Cuisson : au four classique : 1 h 30 à 2 h à th. 6-7 ou 200-220 °C (au bain-marie) ; au micro-ondes : 15 mn à puissance maximum (en laissant reposer 1 mn toutes les 5 mn) et 10 mn à puissance moyenne • Matériel : 1 terrine à pâté en terre vernissée, 1 moule à cake ou à soufflé

PRÉPARATION DE LA MARINADE

1) Couper le veau et le porc en cubes.
2) Ôter les nerfs des foies de volailles.
3) Couper les échalotes en rondelles.
4) Mettre tous les ingrédients dans un saladier.
5) Ajouter les aromates (laurier, thym, genièvre). Arroser avec les alcools au choix.
6) Laisser mariner en remuant de temps en temps.

PRÉPARATION DE LA FARCE

1) Hacher ensemble les viandes et la moitié des foies de volailles, les échalotes, le persil.
2) Ajouter la mie de pain trempée dans le lait tiède, les œufs battus en omelette, la marinade, le sel, le poivre et les aromates (réserver la feuille de laurier).
3) Bien malaxer.

MONTAGE DE LA TERRINE

1) Remplir la terrine en alternant 1 couche de farce, 1 couche de foies de volailles entiers restants, 1 couche de farce.
2) Disposer dessus la feuille de laurier réservée.
3) Recouvrir de barde de lard (passée au préalable 2 mn à l'eau bouillante).
4) Fermer la terrine avec son couvercle.

CUISSON

Faire cuire selon la méthode de votre choix.

PRÉPARATION DE LA GELÉE

1) Préparer la gelée selon le mode d'emploi.
2) Lorsque la terrine est cuite, l'arroser avec la gelée encore chaude.
3) Fermer la terrine et la laisser refroidir doucement jusqu'au lendemain.

Service

Déguster en entrée avec une salade.

N. B. Vous pouvez remplacer le pain rassis et le lait par 1 c. à soupe rase de fécule ajoutée à la farce. Vous pouvez aussi remplacer le porc par 250 g de chair à saucisse.

Variantes

• **Terrine de foies de volailles aux champignons**
Remplacer 250 g d'échine de porc par 150 g de champignons de Paris. Les nettoyer et les étuver (10 mn à la casserole ou 5 mn au micro-ondes) avec 1 gousse d'ail et 20 g de beurre ou de margarine. Passer au hachoir avec les ingrédients de la farce.

• **Terrine de foies de volailles aux lentilles**
1) Remplacer le veau et le porc par 150 g de jambon coupé en cubes. Ajouter 250 g de lentilles cuites et les légumes du bouillon (oignon, ail, carottes) passés à la Moulinette. Assaisonner avec 2 c. à café de moutarde forte.
2) Vous pouvez faire tremper le pain rassis (complet ou de seigle de préférence) dans le jus de cuisson des lentilles.

• **Terrine de foies de volailles aux raisins secs**
Ajouter à la farce 50 g de raisins secs trempés dans 2 c. à soupe de porto ou de madère.

TERRINE DE PINTADE AUX POMMES ET AUX RAISINS SECS

QUANTITÉS : **8 À 10** PERSONNES

INGRÉDIENTS

– 1 pintade de 1,2 à 1,5 kg
– 300 g d'échine de porc
– 300 g de veau (noix, sous-noix) ou d'escalope de veau ou de dinde
– 2 pommes
– 50 g de raisins secs
– 1 oignon
– 2 œufs
– 1 citron

– 3 c. à soupe d'armagnac, de calvados ou de cognac
– sel : 3 c. à café rases (15 à 20 g par kg de pâté)
– poivre : 5 tours de moulin (2 g par kg de pâté)
Aromates : 1 feuille de laurier, zeste de 1 citron, 1 pincée de quatre-épices ou de gingembre

Préparation : 1 h (la veille) • *Cuisson : au four classique : 1 h 30 à 2 h à th. 6-7 ou 200-220 °C (au bain-marie) ; au micro-ondes : 15 mn à puissance maximum (en laissant reposer 1 mn toutes les 5 mn) et 10 mn à puissance moyenne* • *Matériel : 1 terrine à pâté en terre vernissée ou 1 moule à cake*

PRÉPARATION DE LA GARNITURE

1) Découper la pintade et la désosser. Retirer la peau et réserver les filets.
2) Peler les pommes. Les couper en tranches fines et les arroser de jus de citron.

PRÉPARATION DE LA FARCE

1) Hacher ensemble le reste de pintade, le foie, les viandes et l'oignon.
2) Ajouter les œufs battus en omelette, les raisins secs macérés dans l'alcool, le sel, le poivre et les aromates (réserver la feuille de laurier et le zeste de citron).
3) Bien malaxer.

MONTAGE DE LA TERRINE

1) Remplir la terrine en alternant une couche de farce, une couche de pommes (saupoudrer de zeste râpé de citron), une couche de filets réservés et une couche de farce.
2) Déposer dessus la feuille de laurier réservée.
3) Fermer la terrine avec le couvercle (à défaut avec une feuille d'aluminium ou du film micro-ondes).

CUISSON

1) Faire cuire selon la méthode de votre choix.
2) La terrine est cuite lorsque le jus qui entoure le pâté est limpide.
3) À la sortie du four, mettre un poids pour tasser la viande et laisser refroidir doucement.

Service

Déguster le lendemain en entrée, avec une salade.

N. B. Vous pouvez préparer de la même façon une terrine de canard ou de poulet. Lorsque la terrine est cuite, vous pouvez la couvrir de gelée instantanée préparée selon le mode d'emploi.

La présence de pommes empêche la terrine de se dessécher et permet d'éviter l'utilisation de barde de lard.

POISSONS

POISSON CRU MARINÉ

QUANTITÉS : 4 PERSONNES

INGRÉDIENTS

– 600 à 800 g de filets de poisson très frais (truite rose, saumon, dorade, cabillaud, bar, sol, thon, merlan, sardines, lotte, maquereaux, harengs)
Marinade :
– 4 citrons jaunes ou verts
– 2 c. à soupe d'huile d'arachide ou d'olive
– 1 oignon ou 2 échalotes
– sel, poivre
Fines herbes : estragon, basilic, ciboulette, cerfeuil ou aneth, menthe
Aromates : thym, marjolaine ou origan, coriandre fraîche

Épices : fenouil, coriandre, cumin, gingembre, paprika, poivre de Cayenne
Décoration : 1 œuf dur, 2 tomates, 1 concombre, feuilles de salade, radis, quartiers de pamplemousse
Sauces d'accompagnement : sauce à la crème, au yaourt et au citron, à la moutarde, aux câpres, rémoulade au choix et facultatif
Légumes d'accompagnement : crus (carottes, tomates, concombre), cuits (fenouil, tomates, riz, couscous, poireaux, pommes de terre) au choix et facultatif

Préparation : 15 mn • Réfrigération : 2 à 3 h

PRÉPARATION DU POISSON

1) Ôter la peau si nécessaire.
2) Couper les filets de poisson en languettes fines.

PRÉPARATION DE LA MARINADE

1) Dans un plat creux, mettre : les languettes de poisson ; l'oignon ou les échalotes coupés en rondelles ; les fines herbes ciselées ; les aromates, le sel, le poivre, les épices.
2) Arroser avec le jus de citron et l'huile.
3) Remuer de temps en temps la marinade.
4) Le poisson est prêt à être consommé lorsqu'il devient blanc laiteux (comme s'il était cuit).

Service

Le servir sur une assiette garnie de feuilles de laitue, de rondelles de concombre, de tomate, d'œuf dur.

N. B. Cette manière de préparer le poisson est très courante en Extrême-Orient ou dans les pays nordiques. Elle est excellente à condition d'utiliser du poisson très frais. Sous l'action du jus de citron le poisson « cuit » et perd totalement son odeur et goût de cru.

Variantes

1) Vous pouvez aromatiser la marinade avec 1 c. à soupe de sauce au soja, de menthe, de coriandre fraîche ou en grains (poisson mariné à l'orientale).

2) Vous pouvez aussi accompagner le poisson cru mariné d'une sauce à la crème et à la noix de coco en mélangeant : 50 g de noix de coco râpée, 1 dl ou 1 verre de crème fraîche, 1 verre de lait, 1 petit piment frais, 1 pincée de poivre de Cayenne.

3) Laisser macérer 1 h 30 ce mélange avant de le filtrer et d'arroser le poisson mariné.

• **Cabillaud mariné à l'orientale**
Aromatiser la marinade avec 1 c. à soupe de sauce au soja, de la menthe fraîche ou séchée, de la coriandre fraîche ou en grains.

• **Dorade marinée à la tahitienne**
Ajouter à la marinade une gousse d'ail pilée. Aromatiser la marinade avec du citron vert, une pincée de gingembre ou de poivre de Cayenne. Servir sur une assiette décorée de feuilles de laitue, de quartiers de pamplemousse, de rondelles d'œuf dur, de tomates, d'oignon. Accompagner d'une sauce à la crème ou au yaourt et au citron vert.

• **Bar mariné à la noix de coco**
Supprimer l'huile de la marinade et l'aromatiser avec de la coriandre fraîche ou en grains. D'autre part, mélanger 50 g de noix coco râpée avec 100 g de crème fraîche, 10 cl ou 1 verre de lait, 1 petit piment frais (ou 1 pincée de poivre de Cayenne). Laisser macérer ce mélange 1 h 30 au réfrigérateur. Juste avant de servir, égoutter le poisson et l'arroser avec la crème à la noix de coco filtrée. Servir sur une assiette décorée de feuilles de laitue, de rondelles de radis, de concombre, de côte de céleri.

MAQUEREAUX MARINÉS
AU VIN BLANC

QUANTITÉS : 4 PERSONNES

INGRÉDIENTS

– 8 petits maquereaux ou lisettes
Marinade :
– 25 cl d'eau, 25 cl de vin blanc sec
– 10 cl ou 1 verre de vinaigre de vin ou de cidre
– 1 carotte, 1 oignon
– 1 branche de céleri (facultatif)
– sel, poivre

Bouquet garni : 1 feuille de laurier, 1 brin de thym, persil, 1 brin d'aneth (facultatif)
Épices : 1 clou de girofle, quelques grains de coriandre, de genièvre, 1 petit morceau de gingembre frais ou en poudre au choix

*Préparation : 15 mn • Cuisson : marinade : 15 mn ; maquereaux : aucune
• Réfrigération : 24 à 48 h • Matériel : 1 cocotte ovale avec couvercle*

PRÉPARATION DE LA MARINADE

Mettre à bouillir : les légumes coupés en rondelles ; l'eau, le vin et le vinaigre ;
le sel, le poivre, le bouquet garni et les épices au choix.

PRÉPARATION DES POISSONS

Les vider, les laver et les essuyer sur du papier absorbant.

CUISSON

1) Disposer les poissons dans la cocotte.
2) Verser dessus la marinade bouillante et couvrir aussitôt.
3) Laisser refroidir et reposer au moins 24 h au réfrigérateur.

Service

Servir les maquereaux marinés accompagnés de pommes de terre en salade
persillées.

*N. B. Vous pouvez utiliser la même recette pour préparer des harengs, des sar-
dines et même des petits merlans.*

POISSON GRILLÉ

QUANTITÉS : 4 PERSONNES

INGRÉDIENTS

Poissons sans déchets :
– 4 tranches ou 4 filets de 120
à 150 g par personne
Poissons avec déchets : poissons
entiers
– 200 à 250 g par personne
(ex : 1 merlan, maquereau, limande,
sole, truite… mais 2, 3, 4 sardines)
– 50 g de beurre
– 2 c. à soupe d'huile ou de vinaigre
de cidre
– jus de 1 citron
– persil, aneth, cerfeuil ciboulette
ou estragon
Aromates : herbes de Provence
(thym, romarin, sarriette), fenouil,
rondelles d'oignon, échalotes, curry,
poivre de Cayenne, paprika,
gingembre, coriandre, zeste de citron
ou d'orange au choix
Sauces d'accompagnement : sauce
hollandaise, tomate, à la diable,
aurore, blanche, à la crème, moutarde
Légumes d'accompagnement :
– féculents : pommes de terre,
couscous, riz
– légumes verts : concombre,
courgettes, aubergines, fenouil,
poivron, champignons, ratatouille,
choucroute, endives, poireaux,
épinards, tomates

*Préparation : 5 mn • Préchauffage : gril-barbecue (bois, charbon) :
30 à 60 mn jusqu'à l'obtention de braises ; gril électrique (indépendant
ou au four) : 15 mn environ • Cuisson au gril électrique ou au barbecue : gros
poissons : 20 à 30 mn ; petits poissons : 5 à 15 mn selon l'épaisseur*

PRÉPARATION DU POISSON (SI NÉCESSAIRE)

1) L'écailler et couper les nageoires.
2) Le vider et le passer sous l'eau courante.
3) L'éponger avec du papier absorbant.

CUISSON

1) Pratiquer quelques incisions dans la peau (pour éviter qu'elle n'éclate à la cuisson).

2) Manière de procéder selon les cas : Poissons gras (sardines, maquereaux) : les laisser nature ou les aromatiser d'herbes de Provence. Les faire cuire sur le gril à feu vif. Poissons non gras mais fragiles (merlan, truite, sole, limande, carrelet) : les huiler ou les arroser de vinaigre de cidre. Parfumer avec des aromates. Les faire cuire sous le gril dans un plat avec éventuellement des rondelles d'oignon, de tomate, de courgette, de concombre, de champignon. Poissons secs (thon, saumon) : afin qu'ils ne se dessèchent pas davantage, on peut les faire mariner avant de les griller dans de l'huile aromatisée ou les passer dans de la farine, puis de l'huile.

Service

Servir le poisson grillé arrosé de beurre fondu, de jus de citron et saupoudré de fines herbes ciselées. Selon les goûts, on peut l'accompagner de sauce et de légumes au choix.

N. B. Tous les poissons peuvent être grillés s'ils ne sont pas trop épais. Les poissons les plus souvent grillés sont :
ENTIERS :
– gros : bar ou loup, mulet, turbotin, dorade, carrelet, saumonette, carpe, alose ;
– petits : sardines, maquereau, merlan, harengs, sole, limande, truite.
EN TRANCHES (darnes) ou EN FILETS : cabillaud, colin, dorade, lotte, églefin, saumon, thon, haddock, barbue.

BROCHETTES DE THON MARINÉ

QUANTITÉS : 4 PERSONNES

INGRÉDIENTS

– 500 à 600 g de thon frais
– 2 oignons
– 2 tomates
– 1 poivron rouge ou vert
Marinade :
– 10 cl ou 1 verre de vin blanc sec ou 2 citrons
– 2 c. à soupe d'huile d'olive ou d'arachide
– 1 oignon ou 2 échalotes

– 1 gousse d'ail
– sel, poivre
Bouquet garni : 1 feuille de laurier, 1 brin de thym, persil, romarin (ou herbes de Provence)
Sauces d'accompagnement : sauce hollandaise, mayonnaise à l'ail, sauce tomate
Légumes d'accompagnement : pommes de terre, couscous, riz

Préparation : 15 mn • Marinade : 2 h • Cuisson : à la rôtissoire : 20 mn ; au gril électrique ou barbecue : 5 mn de chaque côté ; au micro-ondes : 10 à 12 mn • Matériel : piques en métal ou en bois pour le micro-ondes • Préchauffage du gril ou de la rôtissoire (si nécessaire)

PRÉPARATION DU POISSON

Retirer la peau, les arêtes et couper la chair en gros cubes.

PRÉPARATION DE LA MARINADE

1) Dans un plat creux, mettre : les cubes de poisson, le vin blanc ou le jus de citron, l'huile, l'oignon ou l'échalote coupé en rondelles, l'ail en morceaux, le bouquet garni et autres aromates, le sel et le poivre.
2) Laisser mariner en remuant de temps en temps la marinade.

PRÉPARATION DES LÉGUMES

1) Couper les oignons et les tomates en quartiers.
2) Épépiner le poivron et le couper en morceaux.

PRÉPARATION DES BROCHETTES EN ALTERNANT

Un quartier d'oignon, un quartier de tomate, un cube de thon, un carré de poivron.

CUISSON

Faire griller les brochettes selon le mode de cuisson au choix. Veiller à les arroser avec la marinade pendant la cuisson.

Service

Servir les brochettes de thon nature ou accompagnées de sauces et de légumes au choix.

N. B. Vous pouvez préparer de la même façon des brochettes de saumon. Vous pouvez ajouter aux brochettes des olives farcies, des rondelles de champignon.

POISSON À LA POÊLE
(meunière)

QUANTITÉS : 4 PERSONNES

INGRÉDIENTS

Poissons sans déchets :
– 4 tranches ou 4 filets de 120 à 150 g par personne
Poissons avec déchets (poissons entiers) :
– 200 à 250 g par personne (ex. : 1 merlan, maquereau, limande, sole, truite, mais 2, 3 sardines)
– 2 c. à soupe de farine (20 g)
– 40 g de margarine ou 3 c. à soupe d'huile
– sel, poivre
Aromates : oignon, échalotes, herbes de Provence (thym, romarin, sarriette), fenouil, coriandre, curry, poivre de Cayenne, paprika, gingembre, zeste de citron ou d'orange au choix
Décoration : 1 citron, persil haché
Légumes d'accompagnement :
– féculents : pommes de terre, couscous, riz
– légumes verts : aubergines, concombre, courgettes, fenouil, champignons, poivron, ratatouille, choucroute, endives, poireaux, épinards, tomates, oseille
Fruits : pommes, oranges, citron, banane

Préparation : 5 mn • Cuisson : 15 mn • Matériel : poêle, palette

PRÉPARATION DU POISSON (SI NÉCESSAIRE)

1) L'écailler et couper les nageoires.
2) Le vider et le laver à l'eau courante. Le sécher avec du papier absorbant.
3) Le saupoudrer de sel, poivre, aromates et épices.
4) Le rouler dans la farine.

CHAUFFAGE DE LA POÊLE

Mettre la matière grasse au dernier moment (pour éviter qu'elle ne fume).

CUISSON

1) Faire dorer le poisson à feu doux 5 à 7 mn de chaque côté.
2) Retourner le poisson à l'aide d'une palette.
3) Saupoudrer le poisson de persil haché.

Service

Le servir sur un plat ou une assiette garnie de quartiers de citron et accompagné ou non de légumes au choix.

N. B. Les poissons cuits à la meunière sont le plus souvent :
– ENTIERS MOYENS : merlan, maquereau, truite, limande, sole, carrelet, sardine ;
– EN TRANCHES (darnes) ou EN FILETS : cabillaud, barbue, églefin, lotte, saint-pierre, colin, lieu, saumon, thon, truite.

Variantes

• **Cabillaud au curry et aux noix**
Ajouter 1 oignon et 2 échalotes coupés en rondelles et revenus. Saupoudrer avec 1 c. à café de curry. Mouiller avec 1 verre de vin blanc. Saler et poivrer. Laisser mijoter 5 mn. Ajouter 20 noix broyées. Arroser de jus de citron. Lier la sauce hors du feu avec 2 c. à soupe de crème fraîche. Servir le cabillaud décoré de cerneaux de noix, rondelles de citron, persil.

• **Truites à la grenobloise**
Servir les truites garnies de croûtons, de cubes de citron, de câpres et de persil.

• **Truites aux amandes**
Supprimer le persil haché. Juste avant de servir les truites, les arroser de jus de citron, 30 à 40 g de beurre fondu et les saupoudrer de 100 g d'amandes effilées, grillées au préalable au four ou à la poêle.

POISSON EN PAPILLOTES

QUANTITÉS : 4 PERSONNES

INGRÉDIENTS

Poissons sans déchets :
– 4 filets ou 4 tranches de 120 à 150 g par personne (limande, sole, merlan, cabillaud, lieu, colin, julienne, lotte, carrelet)

Fines herbes : persil, basilic, estragon, cerfeuil, menthe, ciboulette
Aromates : moutarde forte ou douce, cumin, coriandre, curry, poivre de Cayenne, fenouil

Poissons avec déchets (poissons entiers) :
– 200 g par personne (4 merlans, 4 soles, 4 rougets, 1 ou 2 dorades)
– 2 échalotes (facultatif)
– 2 c. soupe de vinaigre ou de jus de citron
– sel, poivre
Herbes de Provence : thym, romarin, sarriette, laurier

Légumes d'accompagnement :
– féculents : pommes de terre, riz, couscous
– légumes verts : aubergine, concombre, courgette, choucroute, champignons, tomate, ratatouille
– légumes verts blanchis ou cuits séparément : épinards, oseille, laitue, endives, poireaux, fenouil, céleri

Préparation : 5 mn • Cuisson : au gril électrique : 15 mn ; au four : 15 mn à th. 7-8 ou 220-250 °C ; au micro-ondes : 4 à 5 mn puissance maximum (en 2 fois) • Matériel : feuille d'aluminium ou film transparent pour le micro-ondes ou sac à rôtir (spécial micro-ondes et four traditionnel jusqu'à th. 7 ou 220 °C) • Préchauffage du four ou du gril (si nécessaire)

PRÉPARATION DU POISSON (SI NÉCESSAIRE)

1) L'écailler, le vider, le laver et l'essuyer avec du papier absorbant.

2) Pour un poisson entier, faire quelques incisons dans la peau (pour éviter qu'elle n'éclate à la chaleur).

3) Disposer le poisson et les légumes au choix sur un rectangle d'aluminium de film transparent ou dans un sac à rôtir.

4) Parsemer : d'échalote, persil haché ou autres fines herbes, d'herbes de Provence et aromates au choix.

5) Saler et poivrer.

6) Arroser avec le vinaigre ou le jus de citron.

7) Fermer les papillotes.

CUISSON

Les faire cuire selon la méthode de votre choix.

Service

Lorsque le poisson est cuit, le servir dans sa papillote arrosé de beurre fondu ou de crème fraîche, accompagné ou non de pommes de terre vapeur, de riz ou de couscous.

Variantes

1) Vous pouvez servir le poisson en papillote avec une purée de rhubarbe faite avec : 500 g de rhubarbe et 1 pomme cuite à l'eau 10 mn. Égoutter et mixer. Ajouter 10 cl ou 1 verre de crème fraîche, 1 pincée de noix de muscade et même un peu de sucre selon les goûts.

2) Vous pouvez ajouter à la garniture des légumes variés : tronçons ou rondelles de concombre épluché avec des feuilles de menthe ; 1 tomate coupée en deux ; 2 ou 3 têtes de champignon de Paris nettoyées et coupées en lamelles et arrosées de jus de citron ; 150 g de poitrine fumée et 2 petits-suisses ou 2 c. à soupe de crème fraîche à la fin de la cuisson.

3) Vous pouvez remplacer la garniture de la papillote par 1 tranche de 30 g de fromage (genre gouda) et un mélange d'oignon, persil haché ou encore par une garniture provençale (1 tomate en quartiers, ail pilé, 1 anchois, 1 branche de

fenouil ou d'aneth ou 1 c. à café d'apéritif à l'anis, herbes de Provence). Badigeonner le poisson à cuire de moutarde forte (convient aux rougets).

• **Cabillaud en papillotes au concombre**
Disposer sur chaque papillote 1 tranche ou 1 filet de cabillaud, des rondelles de concombre épluché, sel, poivre, des feuilles de menthe. Au moment de servir, arroser de crème fraîche.

• **Carrelet en papillotes aux champignons**
1) Disposer sur chaque papillote 1 carrelet préparé, 25 à 50 g de champignons de Paris nettoyés et coupés en lamelles. Arroser de jus de citron, parsemer d'ail, de persil haché, saler et poivrer.
2) Juste avant de servir, arroser de beurre fondu.

• **Lieu en papillotes au fromage**
Disposer sur chaque papillote 1 filet ou 1 tranche de lieu, 1 tranche de fromage de 20 à 30 g (genre gouda), 1 mélange d'oignon et de persil haché, saler et poivrer.

• **Limandes en papillotes à la rhubarbe**
Disposer sur chaque papillote 1 limande entière ou 1 filet avec aromates au choix. Ajouter de la purée de rhubarbe faite avec 500 g de rhubarbe en tronçons et 1 pomme coupée en morceaux cuites à l'eau 10 mn à la casserole ou 5 mn au micro-ondes, égouttées et passées au mixeur. Parfumer la purée avec 1 pincée de noix de muscade (facultatif), sel, poivre, 1 morceau de sucre, 2 c. à soupe de crème fraîche.

• **Merlans en papillotes aux tomates**
Disposer sur chaque papillote 1 merlan préparé ou 1 filet, 1 tomate coupée en deux. Saupoudrer d'échalote, d'ail et de persil hachés, d'herbes de Provence, sel, poivre.

• **Rougets en papillotes aux anchois**
Disposer sur chaque papillote 1 rouget badigeonné de moutarde forte, sel, poivre, des herbes de Provence, 1 tomate en quartiers, de l'ail haché, 1 c. à café d'apéritif à l'anis ou du fenouil, de l'aneth, 1 anchois.

• **Truites en papillotes au lard fumé**
Disposer sur chaque papillote 1 truite préparée, parsemer d'échalote et de persil haché, de dés de poitrine fumée, saupoudrer d'herbes de Provence. Arroser d'un filet de vinaigre de cidre, saler, poivrer. Au moment de servir, lier le jus de cuisson avec 2 c. à soupe de crème fraîche ou 2 petits-suisses.

POISSON À LA VAPEUR

QUANTITÉS : **2** PERSONNES

INGRÉDIENTS

Poissons sans déchets :
– 2 filets ou 2 tranches de 120 à 150 g par personne (limande, sole, merlan, cabillaud, lieu, colin, julienne, lotte)

Poissons avec déchets (poissons entiers) :
– 200 g par personne (2 merlans, 2 soles, 2 rougets, 1 dorade)

Court-Bouillon :
– 1 l d'eau
– 10 cl ou 1 verre de vin blanc sec (ou un filet de vinaigre ou de jus de citron)
– 1 carotte
– 1 branche de céleri (facultatif)
– 1 oignon piqué d'un clou de girofle
– sel, poivre en grains
Bouquet garni : 1 feuille de laurier, 1 brin de thym, persil
Lit de cuisson du poisson : algues fraîches ou légumes (carottes, champignons, courgettes, concombre, poireaux, fenouil, céleri, tomates, petits pois, haricots verts, endives, chou, choucroute, pommes de terre, poivron)
Aromates : persil, estragon, cerfeuil, menthe, basilic, thym, citronnelle, romarin
Épices : cumin, coriandre, curry, poivre de Cayenne
Légumes d'accompagnement cuits séparément : épinards, oseille, laitue
Sauces d'accompagnement : sauce marinière, beurre blanc, sauce hollandaise

Préparation : 15 mn • Cuisson : court-bouillon : 30 mn ; légumes : 25 à 30 mn ; poisson : 10 à 15 mn • Matériel : cuit-vapeur, couscoussier ou autocuiseur avec soupape cuisson douce

PRÉPARATION DU COURT-BOUILLON

1) Éplucher et laver tous les légumes.
2) Les faire cuire avec les aromates et l'eau.

PRÉPARATION DU LIT DE CUISSON DU POISSON

1) Si vous utilisez des algues fraîches, les étaler dans le panier du cuit-vapeur. Si vous optez pour des légumes, les éplucher, les laver et les couper en morceaux, en tronçons ou en lanières.
2) Les disposer dans le panier du cuit-vapeur. Les aromatiser.
3) Les faire cuire pendant 15 mn.

PRÉPARATION DU POISSON (SI NÉCESSAIRE)

1) L'écailler, le vider, le laver et l'essuyer avec du papier absorbant.
2) Disposer les poissons ou les tranches (filets) sur le lit de cuisson.

CUISSON

Faire cuire 10 à 15 mn.

Service

Lorsque le poisson est cuit, le servir entouré des légumes au choix, arrosé de beurre fondu, parsemé de persil haché et accompagné ou non de sauce.

N. B. Vous pouvez ajouter à la cuisson du poisson à la vapeur des fruits de mer : grosses crevettes, coquilles Saint-Jacques. Pour gagner du temps, vous pouvez utiliser un court-bouillon instantané.

Variante

• **Filets de cabillaud à la choucroute et à la vapeur**
Remplacer le court-bouillon par 50 cl de vin blanc sec et 25 cl d'eau. Étaler sur le panier du cuit-vapeur 200 à 300 g de choucroute cuite. Disposer dessus les filets de cabillaud. Faire cuire 15 mn et servir.

FILETS DE LIEU EN HABIT VERT À LA VAPEUR

QUANTITÉS : 2 PERSONNES

INGRÉDIENTS

- 250 g de filet de lieu (1 ou 2 filets)
- 8 feuilles de chou
- 1 citron
- sel, poivre, cumin ou coriandre
- 1 sachet de court-bouillon instantané
- **Bouquet garni :** 1 feuille de laurier, 1 brin de thym, persil, feuilles de basilic
- sel, poivre
- 1 l d'eau

Coulis de tomate :
- 500 g de tomates
- 1 oignon ou 2 échalotes
- 1 gousse d'ail

Préparation : 30 mn • Marinade : 30 mn • Blanchiment des feuilles de chou : 2 à 3 mn • Cuisson : filets de lieu : 15 mn, coulis de tomates : à la casserole : 15 mn ; au micro-ondes : 10 mn • Matériel : cuit-vapeur, couscoussier ou autocuiseur avec soupape cuisson douce • Préparation du court-bouillon instantané (selon le mode d'emploi)

PRÉPARATION DU POISSON

1) Couper les filets de lieu en 8 morceaux. Arroser de jus de citron. Saupoudrer de cumin ou de coriandre.
2) Laisser mariner en remuant de temps en temps.

PRÉPARATION DES FEUILLES DE CHOU

1) Plonger les feuilles de chou 2 à 3 mn dans l'eau bouillante salée.
2) Les égoutter soigneusement sur du papier absorbant.
3) Enrouler chaque morceau de filet de lieu dans une feuille de chou.
4) Faire chauffer le court-bouillon.

CUISSON

Disposer les bouchées dans le cuit-vapeur et les faire cuire.

PRÉPARATION DU COULIS

1) Couper les tomates en quartiers.
2) Émincer l'oignon ou les échalotes, l'ail.
3) Mettre le bouquet garni. Faire cuire couvert selon le mode de cuisson de votre choix.
4) Passer le coulis et le saupoudrer de feuilles de basilic ciselées.

Service

Servir les bouchées de lieu nappées de sauce tomate.

N. B. Vous pouvez remplacer les feuilles de chou par des feuilles d'épinard, des bettes, de la laitue.

POISSON PANÉ

QUANTITÉS : 4 PERSONNES

INGRÉDIENTS

– 4 filets ou 4 tranches de 120 à 150 g par personne (lieu, cabillaud, merlan)
– sel, poivre
– 40 g de margarine ou 4 c. à soupe d'huile
Herbes de Provence : thym, romarin, sarriette
Épices : moutarde forte ou douce, cumin, coriandre, curry, poivre de Cayenne, paprika, safran
Panure (à l'anglaise) :
– 1 œuf ou seulement 1 blanc d'œuf
– 40 g de farine (4 c. à soupe)
– 100 g de mie de pain ou 4 c. à soupe de chapelure

Décoration : rondelles de citron, persil, cerfeuil, aneth ciselés, œuf dur
Sauces d'accompagnement : beurre de citron ou aux fines herbes, sauce hollandaise au beurre ou au petit-suisse, mayonnaise à l'huile au petit-suisse, à la tomate, sauce tomate, chutney aux agrumes au choix
Légumes d'accompagnement :
– **féculents :** purée de pommes de terre, coquillettes, riz, couscous
– **légumes verts :** fonds d'artichaut, épinards, tomates, ratatouille

Préparation : 15 mn • Cuisson : à la poêle : 10 mn ; au gril électrique ou barbecue : 5 mn • Matériel : 1 poêle, 1 palette ou 1 gril

Préchauffage de la poêle ou du gril
Assaisonner le poisson avec du sel, du poivre et les aromates.

PRÉPARATION DE LA PANURE

1) Dans trois assiettes différentes, mettre la farine, l'œuf ou le blanc d'œuf, la mie de pain émiettée ou la chapelure.
2) Passer le poisson successivement dans : la farine, l'œuf, la mie de pain ou la chapelure.

CUISSON

1) Le faire cuire selon la méthode de votre choix : soit dans la poêle chaude additionnée de matière grasse (au dernier moment), soit au gril.
2) Lorsque le poisson est doré, le retourner délicatement une fois avec l'aide d'une palette.

Service

Servir le poisson pané sur un plat ou une assiette décorée de rondelles de citron, d'œuf dur, de persil haché et accompagné ou non de sauce et de légumes.
N. B. Vous pouvez remplacer l'œuf de la panure par de la mayonnaise.

Variantes de panure

• **Panure à la diable**
Préparer une panure anglaise comme pour le poisson pané. Ajouter à l'œuf de la moutarde forte et du poivre de Cayenne.

• **Panure à l'écossaise**

Remplacer la chapelure ou la mie de pain de la panure anglaise par des flocons d'avoine ou des corn flakes écrasés.

Variante

• **Escalopes panées de cabillaud au jambon** (4 personnes)

8 tranches fines de cabillaud, 2 tranches de jambon blanc ou fumé, 4 tranches d'emmenthal ou de gouda, 1 citron, sel, poivre
Panure : 1 œuf, 40 g de farine, 4 c. à soupe de chapelure
Préparation : suivre la recette du poisson pané. Préparer les tranches de cabillaud. Les arroser de jus de citron, saler et poivrer. Préparer la panure selon la recette. Déposer sur 4 tranches de cabillaud : 1/2 tranche de jambon, 1 tranche de fromage. Recouvrir avec les tranches de cabillaud. Ficeler chaque escalope. Les passer dans la panure. Les faire cuire selon la méthode de votre choix et les présenter comme le poisson pané.

POISSON AU FOUR

QUANTITÉS : 4 PERSONNES

INGRÉDIENTS

Poissons sans déchets :
– 4 filets ou 4 tranches de 120 à 150 g par personne (limande, sole, merlan, cabillaud, lieu, colin, julienne, lotte)
Poissons avec déchets (poissons entiers) :
– 200 à 250 g par personne
(4 merlans, 4 soles, 4 maquereaux mais 1 ou 2 dorades)
– 1 oignon ou 2 échalotes
– 20 g de beurre ou de margarine
– 10 cl ou 1 verre d'eau
– 10 cl ou 1 verre de vin blanc sec, cidre ou bière
– sel, poivre

Herbes de Provence : thym, romarin, sarriette, fenouil, sauge
Épices : cumin, coriandre, curry, safran, paprika, poivre de Cayenne, gingembre, ail, zeste de citron ou d'orange
Légumes d'accompagnement :
– féculents : pommes de terre, riz, couscous
– légumes verts : aubergines, courgettes, concombres, champignons, tomates, céleri, fenouil, carottes, poivrons, ratatouille, endives, poireaux, épinards, oseille
Fruits : pomme, orange, citron, banane

Préparation : 15 mn • Cuisson : au four classique : th. 7-8 ou 220 à 250 °C ; petits poissons (200 g) : 15 mn ; gros poisson (1 kg) : 45 à 50 mn, au micro-ondes : petits poissons (200 g) : 4 à 5 mn ; gros poisson (1 kg) : 10 à 12 mn • Matériel : plat à four ovale ou, pour le micro-ondes, une cocotte avec couvercle ou film transparent pour un grand poisson • Allumer le four si nécessaire

PRÉPARATION DU POISSON (SI NÉCESSAIRE)

Couper les nageoires. L'écailler, le vider, le passer à l'eau courante et le sécher sur du papier absorbant.

PRÉPARATION DES LÉGUMES

1) Les éplucher, les laver et les couper en morceaux ou en rondelles.
2) Couper l'oignon ou les échalotes en rondelles.
3) Les étaler dans le plat à four.
4) Déposer le poisson dessus.
5) Faire quelques incisions dans la peau pour éviter qu'elle n'éclate à la cuisson.
6) Verser le vin blanc et l'eau.
7) Parsemer le poisson de quelques noisettes de beurre et de rondelles d'oignon.
8) Saler, poivrer et aromatiser au choix.

CUISSON

1) Faire cuire selon la méthode de votre choix.
2) Pour la cuisson au four d'un gros poisson, arroser de temps en temps pour éviter qu'il ne se dessèche.
3) Le poisson est cuit lorsque la pointe d'un couteau s'enfonce sans résistance dans la chair.

Service

Servir le poisson accompagné du jus de cuisson et des légumes de garniture.

N. B. La cuisson au micro-ondes suivie d'un léger dorage au gril donne le meilleur résultat : cuisson savoureuse, moelleuse (car le poisson ne se dessèche pas) qui ne nécessite aucune surveillance.

La plupart des poissons peuvent se cuire au four. Les poissons les plus souvent cuits au four sont :
ENTIERS :
– moyens : sole, limande, merlan, maquereau, rouget, barbue ;
– gros : bar, mulet, saint-pierre, colin, dorade, roussette, carpe, brochet, lotte ;
EN TRANCHES (darnes) : cabillaud, lieu, thon, congre.

Variantes

• **Daurade à la noix de coco**
Déposer la daurade préparée sur un lit de 4 pommes épluchées et râpées. Arroser avec 1 verre de vin blanc sec. Parsemer de rondelles d'oignon ou d'échalote. Faire cuire 20 mn. Saupoudrer de 100 g de noix de coco râpée (1 sachet) et remettre 20 mn à cuire avant de servir.

• **Daurade à l'orange**
1) Arroser avec le vin blanc et le jus d'un citron. Faire cuire 20 mn. Ajouter alors 4 oranges épluchées et détaillées en quartiers ou en rondelles.
2) Remettre 20 mn à cuire avant de servir.

• **Daurade aux raisins blancs**
1) Déposer la daurade sur les échalotes coupées en rondelles. Saupoudrer de thym, sel, poivre. Arroser avec le vin blanc et l'eau. Faire cuire 30 à 40 mn.

2) Lorsque la daurade est cuite, faire réduire de moitié le jus de cuisson. Lier avec 1 c. à café de fécule délayée avec un peu d'eau. Ajouter 400 g de raisin blanc. Faire réchauffer quelques instants. Hors du feu, ajouter 2 c. à soupe de crème fraîche et servir.

• **Cabillaud à la bière (une queue de 800 g environ)**
1) Entourer la queue de cabillaud avec 6 à 8 tranches de poitrine fumée. Couper en julienne (petits bâtonnets) 3 poireaux, 3 carottes et 3 navets. Déposer la queue de lotte sur les légumes. Saler, poivrer et saupoudrer de thym. Mouiller avec 25 cl de bière blonde et faire cuire.
2) Lorsque le cabillaud est cuit, faire réduire de moitié le jus de cuisson. Hors du feu, ajouter 2 c. à soupe de crème fraîche et servir la daurade entourée des légumes.

TRUITES À L'ORANGE

QUANTITÉS : 4 PERSONNES

INGRÉDIENTS

– 4 truites
– 1 oignon ou 2 échalotes
– 20 g de beurre
– 10 cl ou 1 verre de porto ou de vin blanc
– 10 cl ou 1 verre d'eau
– sel, poivre
Aromates : zeste râpé d'orange, 1 branche de thym
Sauce :
– 10 cl ou 1 verre de jus de cuisson

– 10 cl ou 1 verre de jus d'orange (frais ou en boîte)
– 1 c. à café de vinaigre de cidre ou de jus de citron
– 2 c. à café de fécule
– 2 c. à soupe de crème fraîche
– 1 jaune d'œuf
– sel, poivre
Légume d'accompagnement :
riz créole
Décoration : rondelles d'orange

Préparation : 15 mn • Cuisson : oignon ou échalote : à la casserole : 10 mn ; au micro-ondes : 3 à 4 mn ; truites : au four classique : 12 à 15 mn à th. 7-8 ou 220-240 °C ; à la cocotte ordinaire : 3 à 4 mn ; au micro-ondes : 6 mn • Matériel : 1 plat à four ou 1 cocotte avec couvercle pour la cuisson sur le feu ou au micro-ondes • Allumer le four si nécessaire

PRÉPARATION DES TRUITES

1) Les vider, les laver et les sécher sur du papier absorbant.
2) Émincer l'oignon ou les échalotes. Les faire étuver avec un peu de beurre à la casserole ou au micro-ondes.
3) Les étaler dans le plat de cuisson.
4) Déposer dessus les truites.
5) Verser le porto ou le vin blanc, l'eau.
6) Parsemer de zeste râpé d'orange, le thym.
7) Saler et poivrer.

Maquereaux marinés au vin blanc
(recette p. 100) ▶

CUISSON

1) Faire cuire selon la méthode de votre choix.
2) Lorsque les truites sont cuites, les égoutter. Ôter la peau si vous désirez une jolie présentation.

PRÉPARATION DE LA SAUCE À L'ORANGE

1) Délayer la fécule avec le jus d'orange.
2) Ajouter : le vinaigre ou le jus de citron, 1 verre du jus de cuisson.
3) Bien mélanger et porter doucement à ébullition 1 mn.
4) Hors du feu, ajouter : la crème fraîche, le jaune d'œuf, le sel et le poivre.

Service

Servir les truites nappées de sauce sur un plat décoré de rondelles d'orange accompagnées ou non de riz créole.

N. B. Vous pouvez ajouter aux aromates du jus de cuisson, 10 g de gingembre frais ou 1 pincée de gingembre.

POISSON FARCI

QUANTITÉS : 4 PERSONNES

INGRÉDIENTS

Poissons gros :
– 0,8 à 1 kg (bar, barbue, daurade, carpe, truite de mer, saint-pierre, mulet)
Poissons moyens :
– 4 poissons de 200 à 250 g (merlans, maquereaux, rougets, truites)
– 1 carotte
– 1 oignon
– 10 cl ou 1 verre de vin blanc sec
– 10 cl ou 1 verre d'eau
Farce :
– 250 à 300 g de poisson cuit au court-bouillon, frais, surgelé ou en boîte (colin, cabillaud, merlan, limande, sole, truite)

– 50 à 100 g de mie de pain rassis
– 5 cl ou 1/2 verre de lait
– 2 œufs
– 1 oignon ou 2 échalotes
– 20 g de margarine ou de beurre
– ail
– échalote
– persil
– sel, poivre
Herbes de Provence : thym, romarin, sarriette, estragon, cerfeuil, ciboulette, fenouil, aneth, oseille
Épices : curry, safran, paprika, noix de muscade

Préparation : 30 mn • Cuisson : étuvage de l'oignon : à la casserole : 10 mn ; au micro-ondes : 3 à 4 mn
Poisson : au four classique : th. 7-8 ou 220-240 °C, poisson moyen : 15 à 20 mn, gros poisson : 45 à 50 mn ; au micro-ondes : poisson moyen : 4 à 5 mn en 2 fois, gros poisson : 10 à 12 mn • Matériel : 1 plat à four ovale ou pour le micro-ondes, 1 cocotte avec couvercle • Allumer le four si nécessaire

◄ **Truite meunière**
(recette p. 103)

PRÉPARATION DU POISSON

1) Couper les nageoires.
2) L'écailler, le vider, le passer à l'eau courante et le sécher sur du papier absorbant.

PRÉPARATION DE LA FARCE

1) Émincer l'oignon ou les échalotes. Faire étuver avec un peu de matière grasse à la casserole ou au micro-ondes.
2) Mélanger : le poisson cuit effeuillé, la mie de pain émiettée et trempée dans le lait tiède, l'oignon étuvé, le persil haché, les jaunes d'œufs, le sel et le poivre.
3) Battre les blancs d'œufs en neige et les incorporer délicatement à la farce.
4) Remplir le poisson de farce. Coudre l'ouverture.

PRÉPARATION DES LÉGUMES

1) Couper la carotte et l'oignon en rondelles.
2) Les étaler dans le plat à four.
3) Y déposer le poisson farci.
4) Faire quelques incisions dans la peau pour éviter qu'elle n'éclate à la cuisson.
5) Verser le vin blanc et l'eau.
6) Parsemer le poisson de quelques noisettes de beurre. Saler, poivrer et aromatiser au choix.

CUISSON

1) Faire cuire selon la méthode de votre choix.
2) Pour la cuisson au four d'un gros poisson, arroser de temps en temps pour éviter qu'il ne se dessèche.
3) Le poisson est cuit lorsque la pointe d'un couteau s'enfonce sans résistance dans la chair.

Service

Servir le poisson farci accompagné du jus de cuisson.

Variantes

• **Alose farcie à l'oseille**
Remplacer le poisson de la farce par 2 poignées d'oseille étuvée avec 20 g de beurre.
Supprimer les herbes de Provence ou épices.

• **Bar farci aux œufs de saumon**
Remplacer la farce par un mélange de 125 g d'œufs de saumon (ou de cabillaud), 2 quenelles de brochets, 1 échalote émincée étuvée avec 20 g de beurre, 50 g de fines herbes ciselées : aneth, cerfeuil ou cresson, thym, sel, poivre.

• **Mulet farci au céleri ou au fenouil**
Ajouter à la farce du poisson 2 branches de céleri ou 200 g de bulbe de fenouil,
1 c. à soupe de concentré de tomates ou de ketchup.

• **Truites farcies aux noix**
Ajouter à la farce du poisson 100 g de noix broyées.

• **Saint-pierre farci au thon**
Remplacer le poisson de la farce par 1 boîte de thon au naturel.

MERLANS FARCIS À LA NIÇOISE

QUANTITÉS : 4 PERSONNES

INGRÉDIENTS

– 4 merlans
– 1 oignon ou 2 échalotes
– 1 c. à soupe de moutarde forte
– sel, poivre
Farce :
– 2 œufs durs
– 1 œuf cru

– 2 tomates
– 8 à 10 olives vertes
– sel, poivre
Fines herbes : estragon, persil,
ou aneth, cerfeuil
Herbes de Provence : thym
citronnelle, sarriette, romarin

*Préparation : 15 mn • Cuisson : œufs durs : 12 mn à l'eau bouillante salée ;
merlans farcis : à l'autocuiseur : 5 mn, à la cocotte ordinaire : 10 mn, au
micro-ondes : 6 à 7 mn • au four classique : 30 mn à th. 6-7 ou 200-220 °C
• Matériel : 1 plat à four ovale ou 1 cocotte avec couvercle pour le micro-ondes
• Faire durcir les œufs*

PRÉPARATION DU MERLAN

Les vider, les laver et les essuyer avec du papier absorbant.

PRÉPARATION DE LA FARCE

1) Hacher ensemble : les œufs durs, les fines herbes.
2) Couper en petits morceaux les tomates et les olives.
3) Ajouter l'œuf battu. Saler et poivrer. Saupoudrer d'herbes de Provence.
4) Bien mélanger.
5) Remplir les merlans de farce et les badigeonner de moutarde.
6) Déposer les merlans farcis dans le plat de cuisson.
7) Y disposer l'oignon coupé en rondelles. Saler et poivrer.

CUISSON

Faire cuire selon la méthode de votre choix.

Service

Lorsque les merlans sont cuits, les servir aussitôt accompagnés ou non de pommes
de terre vapeur.

POISSON AU COURT-BOUILLON

QUANTITÉS : 4 PERSONNES

INGRÉDIENTS

Poissons sans déchets :
– 4 tranches ou 4 filets de 120 à 150 g
par personne (limande, sole,
cabillaud, merlan, lieu, colin,
julienne, lotte, raie)
Poissons avec déchets (poissons
entiers) :
– 200 à 250 g par personne
(4 merlans, 4 soles, mais 1 bar,
1 mulet)
Court-bouillon au vinaigre :
– 1 l d'eau
– 5 cl ou 1/2 verre de vinaigre
– 1 carotte
– 1 oignon piqué d'un clou de girofle
– sel, poivre
Bouquet garni : 1 feuille
de laurier, 1 brin de thym, persil
Aromates : romarin, anis (sous forme
d'anis étoilé, de fenouil en grains,
en branches, d'aneth, de carvi
ou d'apéritif anisé), cumin, coriandre,
céleri en branches, curry, safran.

Légumes d'accompagnement :
– **féculents :** pommes de terre, riz,
couscous
– **légumes verts :** aubergines,
courgettes, tomates, ratatouille,
concombre, champignons, céleri,
fenouil, carottes, poivrons, endives,
épinards, poireaux, oseille
Sauces d'accompagnement :
– **poisson froid :** mayonnaise à
l'huile, au petit-suisse, vinaigrette,
rémoulade, ravigote, gribiche,
au jaune d'œuf, aïoli
– **poisson chaud :** sauce marinière
aux câpres, à la crème, à la moutarde,
sauce hollandaise, beurre maître
d'hôtel (beurre et persil maniés)
Décoration :
– **poisson froid :** rondelles de citron,
tomates, concombre, persil, olives
noires, aneth
– **poisson chaud :** citron et persil

Préparation : 5 mn • Cuisson du court-bouillon : 15 (minimum) à 30 mn
Poisson : gros : classique : 10 mn par 500 g ; au micro-ondes : 4 à 5 mn par
500 g ; petit (200 g) : classique : 10 mn ; au micro-ondes : 3 à 4 mn ; plat :
classique : 5 mn, au micro-ondes : 2 mn • Matériel : 1 poissonnière
ou 1 turbotière pour la cuisson classique ou 1 cocotte ovale pour la cuisson au
micro-ondes

PRÉPARATION DU COURT-BOUILLON

1) Mettre dans l'eau froide : l'oignon piqué d'un clou de girofle, la carotte coupée en rondelles, le bouquet garni et les aromates au choix, le vinaigre, le sel
et le poivre.
2) Faire bouillir 15 mn au minimum et si possible 30 mn.

PRÉPARATION DU POISSON (SI NÉCESSAIRE)

L'écailler, le vider, le laver et l'essuyer avec du papier absorbant.

CUISSON

1) Faire cuire le poisson dans le court-bouillon tiède et porter doucement à ébullition. Le court-bouillon doit rester frémissant (petits bouillons).

2) Vérifier la cuisson du poisson avec la pointe d'un couteau. Si le poisson est cuit, cette dernière doit s'enfoncer sans résistance jusqu'à l'arête.

3) Si l'on désire servir le poisson froid, on peut arrêter la cuisson du court-bouillon dès le premier bouillon. Couvrir. Le poisson sera cuit lorsque le court-bouillon sera refroidi.

Service

1) Servir le poisson : soit chaud sur un plat ou une assiette décorée de rondelles de citron et de persil, soit froid sur un plat ou une assiette décorée de rondelles de citron, de tomates et de concombre.

2) L'accompagner de sauces et de légumes au choix.

N. B. Pour gagner du temps, vous pouvez remplacer le court-bouillon au vinaigre par du court-bouillon instantané. Tous les poissons peuvent être cuits au court-bouillon mais cette cuisson est le plus souvent utilisée pour les poissons gros et moyens, à chair délicate : brochet, saumon, bar, mulet, saint-pierre, congre, lotte, lieu, églefin, colin, raie, rouget, merlan, cabillaud, carrelet, limande, sole, roussette (saumonette), perche, barbue.

Variantes de court-bouillon

• **Court-bouillon au champagne (cuisson très raffinée)**
Remplacer le vin blanc par du champagne.
Quantités : moitié eau, moitié champagne

• **Court-bouillon au cidre**
Remplacer le vin blanc par du cidre brut bouché.
Quantités : moitié eau, moitié cidre
Utilisations : limande, turbot, barbue, sole, brème, daurade

• **Court-bouillon au lait**
Quantités pour 1 l de court-bouillon : 1 l de lait ou 50 cl de lait et 50 cl d'eau, 1 citron en rondelles (facultatif), sel (1 c. à café par litre, sauf pour les poissons fumés), poivre (5 grains de poivre blanc).
Utilisations : poissons délicats à chair blanche : cabillaud, merlu, turbot, barbue, églefin ; poissons fumés : haddock, hareng, maquereaux, truites (voir poisson au court-bouillon).

• **Court-bouillon au vin blanc**
Quantités pour 1 l de court-bouillon : 20 cl ou 2 verres de vin blanc sec, eau (pour compléter), 1 carotte en rondelles, 1 oignon, sel (1 c. à café par litre), poivre (5 grains par litre), bouquet garni : thym, laurier, persil et autres aromates (voir poisson au court-bouillon).
Utilisations : (cuisson raffinée, fabrication de gelée claire), colin, lieu, roussette (saumonette), daurade, saumon, truite de mer, bar, loup, les poissons d'eau douce (brochet, truite, anguille).

• **Court-bouillon au vin rouge** (pour sauces relevées, fabrication de gelée rose)
Quantités pour 1 l de court-bouillon : 50 cl d'eau, 50 cl de vin rouge, 1 carotte en rondelles, 1 oignon, sel (1 c. à café par litre), poivre (5 grains par litre), bouquet garni : thym, laurier, persil et autres aromates (voir poisson au court-bouillon).
Utilisations : surtout pour les poissons d'eau douce (anguille, tanche, perche, carpe, truite, brocheton), mais aussi cabillaud, congre, colin, églefin, lieu, lotte, saumonette (roussette), daurade, thon.

HADDOCK
À LA SAUCE MOUTARDE

QUANTITÉS : 4 PERSONNES

INGRÉDIENTS

– 500 g de haddock (filets de morue fumée)
– 50 cl de lait
– 1 branche de thym, 1 feuille de laurier
Sauce moutarde :
– 50 cl de lait de cuisson complété avec du lait chaud

– 40 g de margarine ou de beurre
– 40 g de farine
– 1 jaune d'œuf
– 2 c. à soupe de crème fraîche
– 2 c. à café de moutarde forte
– 1 citron
– sel, poivre, persil haché

Préparation : 15 mn • Cuisson : haddock : 5 mn à la casserole ou au micro-ondes ; béchamel : 5 mn • Matériel : 1 casserole ou 1 cocotte avec couvercle pour la cuisson au micro-ondes, 1 verre mesureur, 1 spatule en bois, 1 cuillère à soupe, 1 couteau

POCHAGE DU HADDOCK

1) Le mettre avec le thym et le laurier.
2) Couvrir de lait froid.
3) Porter à ébullition sur feu doux. Dès que le lait frissonne, couvrir et arrêter la cuisson. Laisser tiédir.

SAUCE MOUTARDE

1) Faire fondre la matière grasse.
2) Hors du feu, verser d'un seul coup la farine. Bien mélanger.
3) Remettre sur le feu quelques instants.
4) Retirer du feu et verser petit à petit le lait chaud. Bien mélanger.
5) Remettre sur feu doux et porter quelques minutes à ébullition sans cesser de tourner.
6) Hors du feu, ajouter : le jaune d'œuf, la crème fraîche, la moutarde, le jus de citron, le sel et le poivre, le persil haché.

Service

Servir le haddock nappé de sauce et accompagné ou non de pommes de terre vapeur.
N. B. Si vous n'aimez pas le goût de fumé prononcé, vous pouvez jeter le lait de cuisson et le remplacer par un autre lait.

Variante

• **Haddock à la sauce tomate**
Remplacer la sauce moutarde par une sauce tomate faite avec 500 g de tomates fraîches, 1 oignon haché, 1 gousse d'ail écrasée et 1 bouquet garni (thym, laurier, persil), sel, poivre. Faire cuire 10 mn à la casserole et 5 mn au micro-ondes.

POISSON EN COCOTTE
(braisé)

QUANTITÉS : 4 PERSONNES

INGRÉDIENTS

– 600 à 800 g de poisson en tronçons, tranches ou filets (thon, roussette ou saumonette, congre, cabillaud, lieu, lotte, colin)
– 1 oignon ou 2 échalotes
– 50 g de jambon fumé
– 1 gousse d'ail
– 20 g de margarine ou 3 c. à soupe d'huile
– 10 cl ou 1 verre de vin blanc sec, cidre ou bière
– 10 cl ou 1 verre d'eau
– sel, poivre
Bouquet garni : 1 feuille de laurier, 1 brin de thym, persil

Aromates : herbes de Provence (romarin, sarriette, marjolaine ou origan), anis (sous forme de fenouil, d'aneth, de carvi, d'anis étoilé ou apéritif anisé), cumin, coriandre, paprika, safran, poivre de Cayenne, curry, gingembre (au choix)
Légumes d'accompagnement :
– **féculents :** pommes de terre, riz, pâtes
– **légumes verts :** champignons, céleri en branches, fenouil, chou blanc, poireaux, poivrons, endives, tomates, aubergines, courgettes
– **fruits :** pommes acidulées, bananes, raisins secs, pruneaux

Préparation : 15 mn • Cuisson : le temps est variable suivant les poissons et le matériel utilisé : cocotte ordinaire, autocuiseur, micro-ondes (voir tableau du temps de cuisson du poisson en cocotte) • Matériel : 1 cocotte avec couvercle ou 1 autocuiseur

PRÉPARATION

Dans la cocotte, mettre la matière grasse :
1) Faire revenir : l'oignon ou les échalotes coupés en rondelles, les lardons, les légumes coupés en rondelles ou en morceaux, le poisson sur toutes les faces.
2) Ajouter : l'ail écrasé, le bouquet garni et des aromates au choix, l'eau, le vin blanc, le sel, le poivre et les épices.

CUISSON

Fermer la cocotte et faire cuire doucement selon la méthode de votre choix (voir tableau de cuisson du poisson en cocotte).

Temps de cuisson du poisson en cocotte

Noms	Cocotte ordinaire	Autocuiseur	Micro-ondes
Merlan, saint-pierre, sole, limande (entier ou filet)	10 mn	5 mn	2 à 3 mn
Colin, lieu, anguille, lotte (500 g)	20 mn	10 mn	5 à 8 mn
Congre (500 g)	25 mn	12 mn	4 mn
Roussette (500 g)	30 mn	15 mn	4 mn
Cabillaud, morue (500 g)	40 mn	20 mn	5 mn
Thon (500 g)	1 h	30 mn	10 mn

Service

Servir le poisson en cocotte accompagné du jus de cuisson et des légumes d'accompagnement.

N. B. Le vin blanc peut aussi être remplacé par 2 c. à soupe de jus de citron ou de vinaigre de cidre. Pour rendre la sauce plus onctueuse, vous pouvez ajouter hors du feu du jaune d'œuf, de la crème fraîche ou du beurre par petits morceaux et en fouettant la sauce. Pour rendre la sauce plus épaisse, vous pouvez ajouter 1 c. à soupe de beurre manié (mélangé à 1 c. à soupe de farine), 1 c. à café de fécule de pommes de terre diluée au préalable dans un peu d'eau.

Variante

• **Bar aux pruneaux**
Vous pouvez ajouter 5 mn avant la fin de la cuisson 125 g de pruneaux.

MORUE AUX POMMES DE TERRE

QUANTITÉS : 4 PERSONNES

INGRÉDIENTS

– 500 g de filet de morue
– 500 g de pommes de terre
– 1 oignon
– 50 g de beurre ou de margarine
– 20 cl ou 2 verres de vin blanc sec
– sel, poivre

Préparation : 15 mn • Dessalage : 12 h • Cuisson : au four classique : 1 h à th. 5-6 ou 180-200 °C, au micro-ondes : 15 mn, à l'autocuiseur : 10 mn • Matériel : 1 plat à four ou 1 cocotte avec couvercle ou 1 autocuiseur • Pour le dessalage de la morue : 1 égouttoir, 1 bassine

La veille

DESSALAGE DE LA MORUE

1) Mettre la morue dans un égouttoir et la plonger dans une bassine d'eau froide.
2) Renouveler de temps en temps l'eau car le sel se dépose dans le fond de la bassine.

Le jour même

PRÉPARATION DES LÉGUMES

1) Éplucher les pommes de terre et l'oignon.
2) Les couper en rondelles.

PRÉPARATION DE LA MORUE AUX POMMES DE TERRE

1) Dans le plat de cuisson, mettre : les pommes de terre, l'oignon, la morue coupée en morceaux, quelques noisettes de beurre ou de margarine, le sel et le poivre.
2) Arroser de vin blanc.

CUISSON

Faire cuire selon la méthode de votre choix.

Service

Servir bien chaud.

N. B. Vous pouvez remplacer le vin blanc par 2 l de lait.

Variante

• **Morue aux pommes de terre à la portugaise**
Remplacer le beurre ou la margarine par 2 ou 3 c. à soupe d'huile d'olive. Ajouter 1 gousse d'ail, 1 œuf dur écrasé, 1 feuille de laurier, du thym, 1 c. à soupe de concentré de tomates. Servir la morue décorée avec 1 œuf dur coupé en rondelles, des olives noires et du persil haché.

POISSON EN MATELOTE

QUANTITÉS : 4 PERSONNES

INGRÉDIENTS

– 600 à 800 g de poisson en tronçons, tranches ou filets
– 1 oignon ou 2 échalotes
– 1 gousse d'ail (facultatif)
– 40 g de margarine ou 3 c. à soupe d'huile
– 20 g de farine
– 20 cl ou 2 verres de vin rouge ou blanc sec
– sel, poivre
Bouquet garni : 1 feuille de laurier, 1 brin de thym, persil,

Garnitures : champignons, tomates, olives, croûtons (au choix)
Aromates : herbes de Provence (romarin, sarriette, marjolaine ou origan), clou de girofle, paprika, poivre de Cayenne, concentré de tomates, cognac (au choix)
Légumes d'accompagnement : riz, couscous, pommes de terre

Préparation : 15 mn • Cuisson : le temps est variable suivant les poissons et le matériel utilisé : cocotte ordinaire, autocuiseur, micro-ondes (voir tableau de temps de cuisson du poisson en matelote) • Matériel : 1 cocotte avec couvercle ou 1 autocuiseur

PRÉPARATION

1) Dans la cocotte, faire revenir avec la moitié de la matière grasse l'oignon ou les échalotes.
2) Retirer l'oignon.
3) Faire dorer à la place le poisson de toutes parts.
4) Retirer le poisson.
5) Mettre le reste de matière grasse et faire un roux blond. Jeter la farine d'un seul coup. Tourner vivement. Mouiller avec le vin. Porter doucement à ébullition en tournant sans cesse.
6) Remettre l'oignon.
7) Ajouter : l'ail écrasé (facultatif), le bouquet garni et les aromates au choix, le poisson, le sel et le poivre.

CUISSON

Fermer la cocotte et faire cuire doucement selon la méthode de votre choix (voir tableau du temps de cuisson du poisson en matelote).

Temps de cuisson du poisson en matelote

Noms	Cocotte ordinaire	Autocuiseur
Brocheton, brème, carpe, truite, perche, tanche	30 mn	15 mn
Roussette, merlan, daurade	30 mn	15 mn
Anguille	12 à 15 mn	10 mn
Congre	30 mn	20 mn
Lieu, colin		10 mn
Lotte	30 mn	10 mn
Cabillaud		20 mn
Thon	1 h 30	40 mn

Service

Servir le poisson nappé de sauce accompagné ou non de garniture et de légumes au choix.

N. B. La cuisson du poisson en matelote, c'est-à-dire au vin rouge ou blanc, est surtout utilisée pour les poissons d'eau douce : anguille, brochetons, tanches, perches, brèmes, carpes, truites. Certains poissons de mer peuvent aussi s'accommoder de cette façon : colin, congre, lieu, lotte, cabillaud, roussette (saumonette), merlan, daurade, thon.

Variantes

• **Anguille en matelote :** 4 PERSONNES
1 grosse anguille ou 2 moyennes.

Autres ingrédients : les mêmes que pour la recette du poisson en matelote.
Cuisson : en cocotte ordinaire : 12 à 15 mn ; à l'autocuiseur : 10 mn ; préparation : 15 mn.
Préparation : dépouiller l'anguille, la vider, la laver et la couper en tronçons. Suivre ensuite la recette du poisson en matelote. Lorsque l'anguille est cuite, lier la sauce hors du feu avec 1 jaune d'œuf ou 2 c. à soupe de crème fraîche. Servir l'anguille nappée de sauce, garnie de croûtons dorés et accompagnée de pommes de terre vapeur.

> *N. B. Après avoir fait dorer l'anguille, vous pouvez la flamber au cognac ou à l'armagnac.*

• **Lotte ou baudroie à l'américaine :** 4 PERSONNES
800 à 1 kg de lotte en tronçons, 2 échalotes, 1 gousse d'ail, 3 tomates, 1 c. à soupe de concentré de tomates, 40 g de margarine ou 3 c. à soupe d'huile d'olive, 20 g de farine, 25 cl de vin blanc sec, sel, poivre.
Bouquet garni : 1 feuille de laurier, 1 brin de thym, persil, sarriette.
Aromates : 1 piment rouge ou 1 pincée de poivre de Cayenne, 1 c. à café de paprika, quelques graines de coriandre, 2 c. à soupe de cognac.
Garniture : persil haché, croûtons.
Préparation : 15 mn.
Cuisson : à la cocotte ordinaire : 20 mn ; à l'autocuiseur : 10 mn.
Suivre la recette du poisson en matelote. Faire flamber le poisson avec le cognac après l'avoir fait revenir. Faire un roux blond : mouiller avec le vin blanc. Ajouter : les tomates pelées et coupées en morceaux, l'ail écrasé, le bouquet garni et les aromates, le sel et le poivre. Fermer la cocotte et faire cuire doucement. Lorsque la lotte est cuite, la servir nappée de sauce, saupoudrée de persil haché. Garnir le plat de croûtons dorés et accompagner de riz créole.

POISSON AU GRATIN

QUANTITÉS : **4** PERSONNES

INGRÉDIENTS

– 400 g de poisson cuit au court-bouillon (colin, cabillaud, lieu, merlan) ou une boîte de poisson au naturel (colin, lieu, thon)
– 500 g de purée de pommes de terre ou 1 sachet de purée instantanée
– 30 g de beurre
– sel, poivre

Aromates : 1 gousse d'ail, herbes de Provence (thym, romarin, sarriette, fenouil, 1 feuille de laurier), persil haché
Gratin :
– 40 g de gruyère râpé
– 20 g de chapelure (2 c. à soupe)
– 20 g de margarine ou de beurre

Préparation : 5 mn avec la purée instantanée • Gratin : au four : 10 mn à th. 8 ou 250 °C ; au gril : quelques instants • Matériel : 1 plat à four
• Allumer le four ou le gril

PRÉPARATION

1) Préparer la purée de pommes de terre et l'aromatiser avec les aromates. Pour la purée instantanée : faire chauffer 50 cl d'eau avec les herbes de Provence et le sel.
2) Dès que l'eau commence à bouillir, la verser dans une passoire sur les flocons et le beurre.
3) Mélanger : le poisson émietté, la gousse d'ail pilée, le persil haché, le sel et le poivre.
4) Verser la préparation dans le plat à four huilé.
5) Saupoudrer de gruyère râpé et de chapelure.
6) Parsemer de quelques noisettes de margarine ou de beurre.

CUISSON

Faire gratiner selon la méthode de votre choix.

Service

Servir le poisson au gratin accompagné ou non d'une salade ou d'une sauce tomate.

POISSON FRIT

QUANTITÉS : 4 PERSONNES

INGRÉDIENTS

– 800 g de petits poissons ou 2 à 4 poissons selon leur grosseur ou 4 tranches minces de 120 g
– 100 g de farine
– 50 cl de lait
– sel, poivre
– huile pour friture
Décoration : rondelles de citron, olives, persil

Préparation : 15 mn • Cuisson : petits poissons : 4 à 5 mn (friture très chaude : 180 °C), poissons moyens ronds : 6 à 8 mn (friture chaude : 170 °C), poissons plats, filets, tranches : 5 mn (friture très chaude : 180 °C) • Matériel : 1 friteuse électrique avec thermostat, 1 écumoire, 1 assiette, 1 plat creux, papier absorbant • Brancher la friteuse électrique remplie de la quantité d'huile nécessaire

PRÉPARATION DU POISSON

1) Le vider, le laver et le faire tremper dans du lait.
2) Avant de faire frire le poisson : l'égoutter, le saler et poivrer, le passer dans la farine.

CUISSON

1) Le frire le temps nécessaire.
2) Lorsqu'il est doré et croquant, le retirer à l'aide d'une écumoire. Le déposer sur du papier absorbant.

Service

Le servir aussitôt décoré de rondelles de citron, d'olives vertes ou noires, de persil.
N. B. On cuit également à la friture : les beignets de poisson, le poisson pané, les croquettes ou les boulettes de poisson.

La friture est surtout utilisée pour cuire :
1) **des petits poissons :** lançons, éperlans, brèmes, gardons, goujons ;
2) **des poissons moyens : ronds :** anchois, harengs, merlans, sardines ;
plats : carrelet, limande, sole, raie ;
3) **des tranches ou des filets :** anguille, barbue, cabillaud, colin, congre, daurade, églefin, lieu, lotte, morue, thon

PAIN DE POISSON

QUANTITÉS : 4 PERSONNES

INGRÉDIENTS

– 400 g de poisson cuit au court-bouillon (cabillaud, colin, saumon, saumonette, merlan, lotte, daurade, maquereaux, lieu) ou une boîte de poisson au naturel (colin, cabillaud, lieu thon)
– 100 g de mie de pain rassis
– 5 cl ou 1/2 verre de lait
– 2 œufs
– 1 gousse d'ail
– sel, poivre

Fines herbes : persil, ciboulette, fenouil ou aneth, estragon, cerfeuil
Décoration : rondelles de citron, d'œuf dur, persil, olives
Sauces d'accompagnement :
– pain de poisson chaud : sauce marinière aux câpres, tomate, aurore, béchamel
– pain de poisson froid : sauce hollandaise au beurre, au petit-suisse, mayonnaise à l'huile, au citron, au petit-suisse, chutney, ketchup

Préparation : 15 mn • Cuisson : au four : 30 à 40 mn à th. 6-7 ou 200-220 °C (au bain-marie), au micro-ondes : 12 à 15 mn à puissance moyenne (50 %) • Matériel : 1 moule à cake ou en couronne, 1 verre, 2 bols, 1 fourchette, 1 couteau, 1 saladier

PRÉPARATION

1) Mélanger ensemble : le poisson effeuillé, la mie de pain émiettée et trempée dans le lait tiède, les œufs battus, l'ail écrasé, les fines herbes hachées, le sel et le poivre.
2) Verser la préparation dans le moule beurré.

CUISSON

1) Faire cuire selon la méthode de votre choix.
2) Le pain est cuit lorsque la pointe d'un couteau sort sèche.

Service

Servir le pain de poisson chaud ou froid démoulé sur un plat décoré de rondelles de citron, d'œuf dur, persil, olives noires ou vertes.
  N. B. Si l'on préfère une préparation plus légère, battre les blancs d'œufs en neige et les incorporer délicatement à la préparation.

Si on fait cuire le pain de poisson au micro-ondes, on peut ajouter 2 œufs à la préparation.

Variantes

• **Pain de poisson à la tomate**

Ajouter à la préparation 1 petite boîte de concentré de tomates, 1 oignon émincé et étuvé avec 20 g de beurre ou de margarine (10 mn à la casserole et 5 mn au micro-ondes).

• **Pain de poisson aux petits pois**

Ajouter 200 g de petits pois en boîte, 100 g de crème fraîche, 50 g de gruyère râpé, feuilles d'estragon, 1 c. à café de cognac.

• **Pain de poisson à la tomate et aux crevettes**

1) Utiliser 1 boîte de 400 g de thon au naturel. Ajouter : 200 g de crevettes décortiquées fraîches ou en boîte, 2 œufs durs écrasés, 2 échalotes hachées, le zeste râpé d'un citron.

2) Décorer le plat de service avec des rondelles de tomate, de concombre, des crevettes entières, du persil.

TERRINE DE LIEU AUX ÉPINARDS

QUANTITÉS : **8 À 10** PERSONNES

INGRÉDIENTS

– 500 g de filets de lieu
– 1 kg d'épinards frais, surgelés ou en boîte
– 6 œufs
– 1 sachet de court-bouillon instantané

– 1 gousse d'ail
– persil haché
– noix de muscade
– sel, poivre
Sauces d'accompagnement :
béchamel ou sauce tomate

Préparation : 15 mn • Blanchiment des épinards frais : 5 mn à l'eau bouillante • Cuisson : épinards frais ou surgelés : classique à l'eau bouillante salée : 20 à 30 mn ; à l'autocuiseur : 15 à 20 mn ; au micro-ondes : à la cocotte et sans eau : 8 à 10 mn ; Poisson au court-bouillon : classique : 10 mn (frémissant) ; au micro-ondes : 5 mn ; Terrine : au four classique : 30 à 40 mn à th. 6-7 ou 200-220 °C (au bain-marie) ; au micro-ondes : 8 à 10 mn • Matériel : 1 moule à cake, à soufflé ou à charlotte

PRÉPARATION DU COURT-BOUILLON

Préparer le court-bouillon instantané selon le mode d'emploi.

CUISSON DU POISSON

1) Faire cuire les filets de lieu selon la méthode de votre choix.
2) Émietter le poisson.

PRÉPARATION DES ÉPINARDS (SI NÉCESSAIRE)

1) S'ils sont frais : les blanchir, les égoutter et les faire cuire selon la méthode de votre choix.
2) S'ils sont surgelés, les cuire directement sans blanchiment.
3) S'ils sont en boîte, les égoutter.
4) Battre les œufs en omelette.
5) Ajouter l'ail et le persil haché, sel, poivre, une pincée de noix de muscade.

MONTAGE DE LA TERRINE

1) Dans la terrine beurrée, disposer : une couche de lieu, une couche d'épinards, une couche de lieu...
2) Verser dessus la préparation aux œufs.

CUISSON

Faire cuire la terrine selon la méthode de votre choix.

Service

1) Démouler la terrine chaude sur le plat de service.
2) La servir chaude ou froide accompagnée d'une sauce au choix.

COQUILLAGES, CRUSTACÉS, ESCARGOTS

COQUILLAGES

PRÉPARATIONS PRÉLIMINAIRES

Il faut toujours trier les coquillages un à un pour rejeter les défectueux : les cassés ou ceux qui bâillent et ne se referment pas lorsqu'on les pique avec la pointe d'un couteau (pour vérifier s'ils sont vivants).

Avant de les ouvrir, il faut les brosser et les gratter au couteau.

Puis on les lave plusieurs fois dans de l'eau froide salée ou vinaigrée pour éliminer le sable et la vase éventuels. Les coques, souvent sableuses, ont besoin de tremper au moins une heure dans de l'eau salée ou de l'eau de mer.

Certains coquillages se consomment généralement crus après ouverture, accompagnés ou non de jus de citron ou de vinaigrette à l'échalote.

C'est le cas des :

– huîtres plates (belons) ou creuses,
– coques,
– clams, qui ressemblent à de grosses palourdes,
– palourdes (en Atlantique) ou clovisses (en Méditerranée),
– praires,
– amandes de mer,
– pétoncles qui ressemblent à de petites coquilles Saint-Jacques au goût très fin.

BIGORNEAUX

QUANTITÉS : 4 PERSONNES

INGRÉDIENTS

– 400 g environ de bigorneaux
(1 poignée par personne)
Court-bouillon :
– 1 l d'eau froide
Bouquet garni :
– 1 feuille de laurier
– 1 branche de thym
– 1 brin de persil

– sel, poivre
Sauces d'accompagnement
(facultatif) : mayonnaise à l'huile,
au petit-suisse avec ou sans ail,
sauce tartare

Préparation : 5 mn • Cuisson au court-bouillon frémissant : 15 mn
• Matériel : 1 casserole, 1 passoire, 1 bol ou 1 saladier de service

PRÉPARATION DES BIGORNEAUX

Laver soigneusement les bigorneaux.

PRÉPARATION DU COURT-BOUILLON

Faire bouillir l'eau avec le bouquet garni, du sel et du poivre.

CUISSON DES BIGORNEAUX

1) Plonger les bigorneaux dans l'eau bouillante.
2) Laisser frémir le temps nécessaire.
3) Dès qu'ils sont cuits, les égoutter et les passer sous l'eau froide.

Service

Servir les bigorneaux nature ou accompagnés d'une sauce au choix.

Variantes

1) **Bulots** ou buccins, rans, burgans, escargots de mer : suivre la recette des bigorneaux. Les faire cuire au court-bouillon frémissant environ 20 à 25 mn (ne pas prolonger la cuisson car ils deviennent caoutchouteux). Quantités : 1 kg pour 4 personnes.
2) **Clams** : ils ressemblent à de grosses palourdes et se consomment crus mais également cuits. Voir les recettes des moules. Quantités : 1 kg pour 4 personnes.
3) **Coques** : elles se consomment crues mais aussi cuites et se préparent comme les moules. Quantités : 1 kg pour 4 personnes.
4) **Patelles** ou chapeaux chinois, berniques : se préparent comme les bigorneaux mais restent souvent coriaces.

CALMARS OU CALAMARS (ENCORNETS) À LA PROVENÇALE

QUANTITÉS : 4 PERSONNES

INGRÉDIENTS

- 800 g de calmars nettoyés
- 4 tomates
- 1 oignon
- 1 gousse d'ail
- 1 petit piment rouge
- 2 c. à soupe d'huile d'olive

- sel, poivre
Bouquet garni : 1 branche de thym, 1 feuille de laurier, 1 brin de persil, 1 branche de fenouil frais ou sec
Légumes d'accompagnement : riz, pâtes, ou couscous au choix

Préparation : 15 mn • Cuisson à la cocotte : 15 à 20 mn suivant la grosseur des calmars • Matériel : 1 cocotte avec couvercle, 1 couteau, 1 spatule en bois

PRÉPARATION DES LÉGUMES

1) Couper les tomates en quatre.
2) Éplucher l'oignon, l'ail et les émincer.

CUISSON

1) Faire revenir dans l'huile l'oignon et l'ail.
2) Ajouter : les calmars, les tomates, le piment, le bouquet garni, sel, poivre.
3) Couvrir et laisser cuire à feu doux en surveillant. Mouiller si nécessaire.

Service

Servir les calmars accompagnés de riz, pâtes ou couscous.

N. B. Les calmars entrent souvent dans la composition de la paella (voir recette). Ils peuvent aussi cuire en même temps que du riz pilaf ou au court-bouillon (10 mn). Veiller à ne pas prolonger la cuisson des calmars car ils deviennent caoutchouteux. On peut également farcir les calmars entiers (encornets) comme un poisson farci.

COQUILLES SAINT-JACQUES AU GRATIN

QUANTITÉS : 8 PERSONNES

INGRÉDIENTS

- 8 coquilles Saint-Jacques fraîches ou surgelées
Court-bouillon :
- 10 cl ou 1 verre de vin blanc sec
- 10 cl ou 1 verre d'eau
- 2 échalotes

Sauce marinière :
- 25 cl de jus de cuisson
- 20 g de margarine ou de beurre
- 20 g de farine
- 1 jaune d'œuf
- sel, poivre

Bouquet garni : 1 branche de thym, 1 feuille de laurier, persil – sel, poivre **Garniture :** 200 g de champignons de Paris + quelques gouttes de jus de citron

Gratin :
– 20 g de beurre ou de margarine
– 20 g de gruyère râpé (facultatif)
– 2 c. à soupe de chapelure

Préparation : 30 mn • Cuisson : champignons : à la casserole : 10 mn, au micro-ondes : 4 à 5 mn ; coquilles Saint-Jacques : au court-bouillon : à la casserole : 10 mn, au micro-ondes : 4 à 5 mn ; coquilles garnies : au four : 10 mn à th. 8 ou 260 °C, au gril : quelques instants ; sauce marinière : à la casserole ou au micro-ondes : 3 à 5 mn • Matériel : 2 casseroles ou 2 cocottes en verre, 1 écumoire, 1 spatule en bois, 1 couteau

PRÉPARATION DU COURT-BOUILLON

Porter à ébullition : l'eau, le vin blanc, les échalotes, le bouquet garni, sel, poivre.

PRÉPARATION DES COQUILLES

1) Détacher la chair et le corail.
2) Retirer la poche noire.
3) Laver les noix et le corail à l'eau froide.

CUISSON DES COQUILLES SAINT-JACQUES

Faire cuire les coquilles Saint-Jacques dans le court-bouillon frémissant.

PRÉPARATION ET CUISSON DES CHAMPIGNONS

1) Couper la partie terreuse du pied.
2) Laver soigneusement les champignons à l'eau vinaigrée.
3) Les couper en lamelles et les arroser de quelques gouttes de jus de citron.
4) Les faire cuire selon la méthode de votre choix.

PRÉPARATION ET CUISSON DE LA SAUCE MARINIÈRE

1) Faire fondre la matière grasse.
2) Hors du feu, ajouter d'un seul coup la farine. Bien mélanger.
3) Remettre sur le feu quelques instants.
4) Retirer du feu et verser petit à petit le court-bouillon chaud. Bien diluer.
5) Remettre sur feu doux et porter à ébullition quelques minutes en tournant sans cesse.
6) Hors du feu, ajouter le jaune d'œuf et assaisonner.

GARNISSAGE DES COQUILLES

Dans chaque coquille répartir : la chair et le corail, les champignons, la sauce, saupoudrer de chapelure, de gruyère, déposer un morceau de beurre ou de margarine.

GRATIN

Faire gratiner au four chaud ou au gril quelques instants

N. B. *On peut utiliser du court-bouillon instantané pour faire cuire les coquilles. On peut remplacer la moitié des coquilles Saint-Jacques par 100 g de poisson cuit au court-bouillon, 100 g de moules ou de crevettes cuites.*

MOULES MARINIÈRES

QUANTITÉS : 4 PERSONNES

INGRÉDIENTS

– 3 l de moules
– 2 échalotes ou 1 gousse d'ail
– 1 dl ou 1 verre de vin blanc sec (ou eau)
Bouquet garni : 1 feuille de laurier, 1 branche de thym, de persil
Aromates : 1 pincée de safran, de curry ou de paprika, au choix

Sauce marinière :
– 25 cl de jus de cuisson
– 20 g de beurre ou de margarine
– 20 g de farine
– 1 jaune d'œuf ou 2 c. à soupe de crème fraîche
– sel, poivre, persil

Préparation : 30 mn • Cuisson : moules à la casserole : 5 à 6 mn, au micro-ondes : 5 mn (en 2 fois) ; sauce marinière : 5 mn • Matériel : 1 faitout ou 1 grande casserole, 1 cocotte avec couvercle pour la cuisson au micro-ondes

PRÉPARATION DES MOULES

1) Les trier (éliminer les moules ouvertes et inertes).
2) Les gratter et les laver soigneusement.
3) Dans le plat de cuisson mettre : les moules nettoyées, les échalotes émincées ou l'ail écrasé, le bouquet garni, aromates au choix (facultatif), le vin blanc ou l'eau.
4) Couvrir.

CUISSON

1) Faire cuire selon la méthode de votre choix. Remuer de temps en temps pendant la cuisson.
2) Les moules sont cuites lorsqu'elles sont ouvertes.
3) Passer le jus de cuisson.

PRÉPARATION DE LA SAUCE MARINIÈRE

1) Faire fondre la matière grasse.
2) Hors du feu, verser d'un seul coup la farine. Bien mélanger.
3) Remettre sur feu doux un instant.
4) Retirer du feu et ajouter petit à petit le jus de cuisson chaud. Bien mélanger.
5) Remettre sur feu doux et porter quelques minutes à ébullition sans cesser de tourner.
6) Hors du feu, ajouter le jaune d'œuf ou la crème fraîche, le persil haché. Sel, poivre.

Service

Servir les moules accompagnées de la sauce marinière.

Variantes

• **Moules marinières à la tomate**
Ajouter à la sauce marinière 1 c. à soupe de concentré de tomates et parfumer avec une pincée de safran ou de paprika.

• **Moules marinières au lard**
Ajouter à la sauce 100 g de poitrine fumée coupée en dés et revenus au préalable à la poêle.

MOULES FARCIES
AU BEURRE D'ESCARGOT

QUANTITÉS : 4 PERSONNES

INGRÉDIENTS

– 3 l de moules
– 10 cl ou 1 verre de vin blanc sec
Bouquet garni : 1 feuille de laurier, 1 branche de thym, persil
Farce :
– 100 g de beurre
– 50 g de mie de pain rassis
– 2 échalotes
– 1 gousse d'ail
– 2 c. à soupe de chapelure
– persil haché
– sel, poivre

Préparation : 30 mn • Cuisson : moules : à la casserole : 5 à 6 mn, au micro-ondes : 5 mn (en 2 fois) ; gratin au four : 10 mn à th. 8 ou 260 °C ou au gril quelques instants • Matériel : 1 faitout ou 1 grande casserole, 1 cocotte pour la cuisson au micro-ondes

PRÉPARATION DES MOULES

1) Préparer les moules : les trier (éliminer les moules ouvertes et inertes). Les gratter et les laver soigneusement.
2) Dans le plat de cuisson mettre : les moules nettoyées, le vin blanc, le bouquet garni.
3) Couvrir.

CUISSON

1) Faire cuire selon la méthode de votre choix. Remuer de temps en temps pendant la cuisson.
2) Lorsque les moules sont ouvertes, les retirer du feu et les égoutter.

PRÉPARATION DE LA FARCE

1) Hacher ensemble : les échalotes, l'ail, le persil.
2) Ajouter : le beurre, la mie de pain émiettée, sel, poivre.
3) Bien mélanger.

FINITION

1) Dans chaque coquille mettre 2 moules et couvrir de farce.
2) Saupoudrer de chapelure.

Service

Faire gratiner à four chaud ou au gril et servir aussitôt.
N. B. Avant de faire gratiner les moules, vous pouvez aussi les saupoudrer de gruyère râpé. Cette recette peut être utilisée pour farcir coques, palourdes, pétoncles, praires.

Variantes

• **Moules farcies aux champignons**
Remplacer la farce au beurre d'escargot par 125 g de champignons de Paris étuvés avec 20 g de beurre, 1 oignon émincé. Ajouter 50 g de mie de pain rassis trempée dans 1/2 verre de lait chaud, 2 c. à soupe de concentré de tomates, ail écrasé, persil haché, sel, poivre.

• **Moules farcies aux épinards**
Remplacer la farce au beurre d'escargot par 500 g d'épinards cuits, hachés avec 1 oignon émincé étuvé avec 20 g de beurre. Ajouter 2 œufs durs écrasés, 1 pincée de noix de muscade râpée.

• **Moules farcies aux noix**
Remplacer la farce au beurre d'escargot par 200 g de fromage blanc avec 100 g de noix broyées, 2 échalotes hachées, 1 gousse d'ail pilée, 1 pincée de noix de muscade râpée, persil, ciboulette, cerfeuil hachés.
Remplir les moules de farce et servir aussitôt.

CRUSTACÉS AU NATUREL

QUANTITÉS : **4 PERSONNES**

INGRÉDIENTS

– 1 homard et 1 langouste de 1 kg ou 2 homards et 2 langoustes de 500 g
– 1 crabe de 1 kg ou 4 crabes de 400 à 500 g (tourteaux ou araignées) ou 8 à 12 crabes de 50 à 80 g (étrilles)
– 1 kg de langoustines (12 à 24)
– 400 à 500 g de crevettes roses ou grises

Court-bouillon :
– 2 l d'eau
Bouquet garni : 1 feuille de laurier, 1 branche de thym, persil
– sel, poivre
Sauces d'accompagnement :
mayonnaise à l'huile, au petit-suisse, sauce tartare

Préparation : 5 mn • Cuisson : temps variable suivant la grosseur (voir le tableau de temps de cuisson des crustacés) • Matériel : 1 faitout, 1 passoire, papier absorbant, 1 plat de service

PRÉPARATION DU COURT-BOUILLON

Faire bouillir l'eau avec le bouquet garni, sel, poivre.

CUISSON DES CRUSTACÉS

1) Dès que l'eau bout, y plonger les crustacés vivants.
2) Laisser frémir le temps nécessaire (voir le tableau de temps de cuisson des crustacés).
3) Dès qu'ils sont cuits, les égoutter et les passer sous l'eau froide.

Service

Servir les crustacés nature ou accompagnés de sauce au choix.

Temps de cuisson des crustacés

	Poids	**Court-bouillon**	**Cocotte**	**Micro-ondes**
Homard ou langouste	500 g	12 mn		5 mn
	750 g	15 mn		
	1 à 2 kg	20 à 25 mn		
CRABES (tourteaux)	150 à 200 g	4 à 5 mn		
	400 à 500 g	6 à 8 mn		
(étrilles)	50 à 80 g	3 à 5 mn		
Écrevisses	30 à 40 g	3 à 5 mn petites		
	50 à 60 g	10 mn moyennes		
	70 à 80 g	15 mn grosses		
Langoustines	100 à 120 g	5 à 10 mn		3 mn
CREVETTES roses	200 g	5 mn		4 mn
grises	200 g	3 mn		3 mn

ÉCREVISSES AU NATUREL

QUANTITÉS : 4 PERSONNES

INGRÉDIENTS

– 24 à 40 écrevisses moyennes
vivantes
Court-bouillon :
– 10 cl ou 1 verre de vin blanc sec
ou de vinaigre
– 10 cl ou 1 verre d'eau

– 1 échalote ou 1/2 oignon
– 1 gousse d'ail
Bouquet garni : 1 feuille de laurier,
1 branche de thym, 1 brin de persil
– sel, poivre
Décoration : persil

Préparation : 15 mn • Cuisson au court-bouillon : écrevisses petites (30 à 40 g) : 3 à 5 mn environ ; moyennes (50 à 60 g) : 10 mn environ ; grosses (70 à 80 g) : 15 mn environ • Matériel : 1 large casserole ou sauteuse, 1 plat de service

PRÉPARATION DU COURT-BOUILLON

Porter à ébullition l'eau, le vin blanc, l'échalote ou l'oignon, l'ail, le bouquet garni, sel, poivre.

PRÉPARATION DES ÉCREVISSES

1) Les laver rapidement à l'eau froide.
2) Détacher la nageoire médiane de la queue de chaque écrevisse pour enlever le boyau noir (tube intestinal) qui donne un goût amer.

CUISSON DES ÉCREVISSES

1) Plonger les écrevisses dans le court-bouillon bouillant au fur et à mesure qu'elles sont débarrassées de leur boyau noir.
2) Laisser cuire le temps nécessaire.
3) Retirer le court-bouillon du feu et laisser refroidir les écrevisses dedans.
4) Les égoutter avant de les servir.

Service

Servir les écrevisses sur un plat décoré d'un bouquet de persil.

GAMBAS GRILLÉES

QUANTITÉS : 3 À 4 PERSONNES

INGRÉDIENTS

– 500 g de gambas fraîches
ou surgelées (grosses crevettes)
– 3 c. à soupe d'huile d'olive
de préférence

– 2 c. à soupe de cognac
– 1 citron
Aromates : persil haché, thym
– sel, poivre

Préparation : 5 mn • Cuisson : au gril électrique : 5 mn préchauffé
15 mn ; barbecue : 5 mn préchauffé 30 à 60 mn

PRÉPARATION

1) Chauffer le gril.
2) Préparation des gambas : décongeler si nécessaire les gambas. Mélanger l'huile, le persil haché, le thym émietté, sel, poivre. Badigeonner les gambas avec ce mélange.
3) Cuisson : les faire griller selon le mode de cuisson en les retournant une fois. Les disposer sur le plat de service et les flamber à l'alcool.

Service

Les arroser de jus de citron et les servir aussitôt.

ESCARGOTS À LA BOURGUIGNONNE

QUANTITÉS : 2 À 3 PERSONNES

INGRÉDIENTS

– 2 douzaines d'escargots
– 2 l d'eau
– 1 dl ou 1 verre de vinaigre
– 2 c. à soupe de gros sel
Court-bouillon :
– 50 cl de vin blanc sec
– 10 g de gros sel (1 c. à soupe rase)
– poivre
Farce :
– 150 à 200 g de beurre

– 50 cl d'eau
– 1 oignon piqué d'un clou de girofle
– 1 échalote
– 1 carotte
Bouquet garni : 1 branche de thym, 1 feuille de laurier, persil
– 2 échalotes (40 g)
– 2 gousses d'ail (20 g)
– persil
– sel, poivre

Jeûne : 5 à 7 jours selon la saison • Préparation : 15 mn pour lavage à l'eau et triage • Blanchiment : 5 mn à l'eau bouillante salée et vinaigrée • Cuisson au court-bouillon : en faitout : 45 mn à 1 h (petits-gris) ; 2 h à 2 h 30 (escargots de Bourgogne) • Réchauffage : escargots farcis au four classique : 10 mn à th. 5 ou 180 °C • Matériel : 1 faitout

JEÛNE DES ESCARGOTS

Faire jeûner les escargots au moins 5 jours selon la saison (voir remarque) : les mettre dans une passoire. Les couvrir avec un couvercle surmonté d'un poids.

PRÉPARATION DES ESCARGOTS

Les laver soigneusement à l'eau claire et éliminer ceux qui sont recroquevillés au fond de leur coquille (malades ou morts).

BLANCHIMENT

1) Les blanchir 5 mn à l'eau bouillante salée et vinaigrée.
2) Les retirer de leur coquille à l'aide d'une fourchette à escargot ou d'une aiguille.

CUISSON

1) Les faire cuire doucement au court-bouillon (frémissant).
2) Pendant ce temps, laver et brosser soigneusement chaque coquille.
3) Lorsque les escargots sont devenus tendres, les égoutter sur du papier absorbant.

PRÉPARATION DE LA FARCE

1) Hacher finement ensemble : ail, échalote, persil.
2) Mélanger avec le beurre. Saler et poivrer.
3) Farcir les coquilles
4) Introduire un peu de farce dans le fond de chaque coquille.
5) Remettre l'escargot refroidi.
6) Remplir de farce sans dépasser la coquille.
7) Réchauffer les escargots dans des assiettes ou des plats spéciaux alvéolés (à défaut les placer sur un lit de gros sel).

Service

Servir les escargots en entrée lorsque la farce est fondue.

N. B. Le ramassage des escargots est très réglementé. Il est interdit de ramasser des escargots dont la coquille est inférieure à 3 cm de diamètre et du 1ᵉʳ avril au 30 juin. La meilleure période s'étend d'ailleurs de la fin octobre à la mi-mars. L'escargot est alors voilé (operculé) et ne demande que quelques jours de jeûne. Hors saison, il faut les faire jeûner au moins une semaine pour éviter le goût amer et le risque de troubles digestifs dû à des végétaux ingérés.

La recette proposée supprime volontairement le dégorgeage classique de 12 h à l'eau vinaigrée et salée, car cette méthode fait baver inutilement les escargots. Le lavage pour débarrasser les escargots des mucosités est plus long et pénible.

Si vous préférez utiliser les escargots en conserve, il faut les égoutter et les rincer à l'eau claire avant de les préparer.

VIANDES

LE BŒUF

QUEL MORCEAU DE VIANDE CHOISIR ?

Choix des morceaux de bœuf

	Morceaux	Utilisations	Caractéristiques
CUISSON RAPIDE	Filet	Rôtis au four ou à la broche. Fondue bourguignonne. Tournedos : 3 cm d'épaisseur	Très tendre mais peu de goût. Très cher car peu abondant sur une même bête (5 kg environ).
	Faux-filet ou contre-filet	Rôtis au four ou à la broche. Steaks au poivre : 2 cm d'épaisseur Chateaubriands : 3 à 4 cm	Très tendre. Très savoureuse. Déchets à prévoir.
	Rumstecks	Rôtis au four ou à la broche. Steaks au poivre Fondue bourguignonne	Très tendre. Très savoureuse. Peu de déchets.
	Tende de tranche Tranche grasse Rond de gîte	Rôtis au four ou à la broche. Steaks Fondue bourguignonne	Tendre. Pas de déchets.
	Entrecôte	Steaks	Tendre. Très savoureuse. Entrelardée.
	Côte de bœuf	Rôtie au four ou grillée (poids minimum : 1,5 kg)	Tendre. Très savoureuse avec os.
	Bavette d'aloyau Araignée. Onglet Hampe. Pièce parée	Steaks	Viande longue, juteuse. Très savoureuse. Tendre quand elle est rassise. Sans déchets.
	Gîte à la noix Aiguillette à steak Macreuse à steak	Rôtis au four ou à la broche Steaks	Assez tendre. Savoureuse. Sans déchets.

CUISSON LENTE	Dessus de côtes	Pot-au-feu (bouilli). Bœuf à la mode (braisé ou cocotte). Bœuf bourguignon (ragoût)	Morceau plat recouvert d'une légère couche de graisse sur une face
	Macreuse	d°	Maigre. Savoureuse. Gélatineuse.
	Premier et deuxième talon	d°	Plus ou moins maigre. Savoureux.
	Plate côte couverte — découverte	d°	Plus ou moins maigre. Savoureuse. Avec ou sans os.
	Poitrine. Tendron Flanchet	d°	Avec ou sans os. Entrelardés.
	Gîte-Gîte	d°	Avec ou sans os. Maigre. Gélatineux.
	Queue	d°	Morceau osseux, gras. Très savoureux. Moelleux.

1. Tête	10. Plates côtes
2. Collier (1er et 2e talon)	11. Macreuse
3. Côtes : entrecôtes	12. Pièce parée
4. Filet ; faux-filet	13. Poitrine
5. Rumsteck	14 et 17. Gîte-gîte
6. Rond de gîte	15. Tendron
7. Gîte à la noix	16. Flanchet
8. Tranche grasse ; tende de tranche	18. Jarret
9. Bavette d'aloyau ; hampe	

COMBIEN DE TEMPS FAUT-IL POUR FAIRE CUIRE DU BŒUF ?

Modes de cuisson	Steaks	Rôtis	Viande bouillie cuisson longue et lente	Viande braisée sautée ou cocotte cuisson longue et lente
À la poêle ou au gril	— **Bleu :** 1 mn sur chaque face			
	— **Saignant :** 2 mn à 2 mn 30 sur chaque face			
	— **À point :** 3 à 4 mn sur chaque face			
	— **Bien cuit :** 5 à 6 mn sur chaque face (À la poêle ou au gril préchauffé)			
À la broche		**Saignant :** 20 à 30 mn par kg		
Au four (électrique-gaz)		**Saignant :** 12 à 15 mn par kg (filet, contre-filet, rumsteck, tranche grasse)		
		— 15 à 20 mn par kg (train de côtes) à th. 8 ou 250-260 °C		
Cocotte ordinaire		**Saignant :** 20 mn pour 500 g (faire revenir en retournant toutes les 5 mn)		Bœuf mode : 3 h 30 à 3 h
				Bœuf bourguignon : 2 h 30 à 3 h
				Carbonades : 2 h à 2 h 30
				Daube : 3 h
				Goulasch : 1 h 30
Faitout			Pot-au-feu : 3 h	
			Langue de bœuf : 3 h	
			Queue de bœuf : 3 h	

Autocuiseur	À point : 5 mn par 500 g (à partir du chuchotement de la soupape)	Pot-au-feu : 1 h 30		Bœuf mode : 1 h 30
			Langue : 1 h 15 à 1 h 30	Bœuf bourguignon : 1 h
			Queue : 1 h 30	Carbonades : 1 h
				Daube : 1 h 30
				Goulasch : 45 à 50 mn
Au micro-ondes	8 à 9 mn par 500 g + 5 mn de repos (avec sac à rôtir)			

QUELLE QUANTITÉ DE BŒUF FAUT-IL ACHETER ?

On compte en moyenne par personne :
– Steaks : 100 à 120 g
– Chateaubriands : 200 à 250 g (pour 2 personnes)
– Tournedos : 110 g (épais et peu large)
– Côte de bœuf à griller ou à rôtir : 1 à 1,5 kg (pour 4 personnes)
– Rôtis : 120 à 150 g
– Bœuf à la mode, bourguignon, daube, pot-au-feu (sans os) : 180 à 200 g
– Pot-au-feu (avec os) : 250 g

STEAKS

QUANTITÉS : 1 PERSONNE

INGRÉDIENTS

– 100 à 120 g
Morceaux ordinaires : bavette d'aloyau, araignée, onglet, poire, aiguillette, hampe, tranche grasse, tende de tranche
Morceaux de choix : tournedos, cœur de filet, rumsteck
Pour 2 personnes : 200 à 250 g
Pour 3 personnes : 300 à 350 g
Morceaux de choix (épais) : chateaubriand, cœur de filet, rumsteck, tournedos, faux-filet, entrecôte
Pour 4 personnes : (avec os)
1 à 1,5 kg

Morceau de choix : côte de bœuf
– huile ou bombe à huiler (très faible en calories)
– sel, poivre
Herbes de Provence : thym, romarin, sarriette (au choix)
Garniture classique : beurre frais et persil haché
Sauces d'accompagnement : béarnaise, bercy, bordelaise, chateaubriand, aïoli, roquefort, choron, chasseur, aux raisins, madère, périgourdine, périgueux

*Préchauffage : du gril électrique (du four ou indépendant) : 5 à 10 mn ;
du barbecue (au bois ou au charbon) : 1 h (jusqu'à ce que les braises soient
rougeoyantes) ; de la poêle : 5 mn environ • Cuisson : au gril ou à la poêle.
Suivant le stade de cuisson désiré, on compte pour chaque face : 1 à 1 mn 30
(bleu) ; 2 à 2 mn 30 (saignant) ; 3 à 4 mn (à point) ; 5 à 6 mn (bien cuit)
• Matériel : 1 gril électrique, 1 barbecue ou 1 poêle, 1 pinceau ou 1 bombe
à huiler, 1 palette*

Steak au gril

PRÉPARATION

1) Préchauffer le gril.
2) Huiler les deux côtés du steak.
3) Saupoudrer d'herbes de Provence (facultatif).

CUISSON

Le faire griller à feu vif sur les deux faces selon le stade de cuisson désiré.

Service

Saler et poivrer. Servir aussitôt sur une assiette chaude avec du beurre et du
persil haché ou une sauce au choix.
   *N. B. Éviter de retourner le steak avec une fourchette. Utiliser plutôt une
palette (pour éviter la perte de jus). Saler le steak seulement une fois cuit (pour
éviter la perte de jus).*

Steak à la poêle

PRÉPARATION

1) Préchauffer la poêle avec un peu d'huile.
2) Saupoudrer le steak avec les herbes de Provence (facultatif).
3) Lorsque la poêle est très chaude mais non fumante, déposer le steak.

CUISSON

Le faire cuire à feu vif sur les deux faces selon le stade de cuisson désiré
(retourner le steak avec la palette pour éviter de le piquer avec une fourchette).

Service

Saler et poivrer au moment de servir sur une assiette chaude, avec du beurre et
du persil haché.

Variantes

• **Steaks à cheval**
Faire cuire les steaks selon la méthode de votre choix. Saler, poivrer et couvrir
chaque steak avec un œuf sur le plat.

• **Steaks à la lyonnaise**
Couper 1 oignon en rondelles et le faire étuver avec 20 g de beurre (10 mn à la
casserole ou 3 à 4 mn au micro-ondes). Ajouter 5 cl ou 1/2 verre de vin blanc
sec. Faire bouillir 2 mn. Faire cuire les steaks selon la méthode de votre choix
et les arroser de sauce.

• **Steaks au poivre**
Rouler les steaks dans du poivre concassé. Les laisser reposer 30 mn et les faire cuire selon la méthode de votre choix. Les flamber avec 2 c. à soupe de cognac. Hors du feu, ajouter 2 c. à soupe de crème fraîche. Servir les steaks nappés de sauce sur des assiettes chaudes garnies de feuilles de cresson.

• **Steaks au poivre vert et au citron**
Mélanger ensemble 1 c. à soupe de poivre vert (ou à défaut 1 c. à soupe de moutarde au poivre vert), 1 zeste de citron râpé (peau jaune d'un citron non traité), 2 c. à soupe de crème fraîche et du sel. Faire cuire les steaks selon la méthode de votre choix et les arroser de sauce avant de les servir.
N. B. Vous pouvez aussi mélanger le poivre vert avec 40 g de beurre, le zeste de citron et servir les steaks avec ce beurre aromatisé.

• **Steaks au roquefort**
Préparer la sauce au roquefort. Bien mélanger 40 à 50 g de roquefort avec 60 g de beurre, du sel et du poivre. Faire ramollir au bain-marie de façon à obtenir une crème lisse. Faire cuire les steaks et les napper de sauce au roquefort.

• **Tournedos aux champignons et au madère**
Faire dorer ou griller 2 tranches de pain de mie. Faire étuver 50 g de champignons de Paris coupés en lamelles avec 20 g de beurre ou de margarine (10 mn à la casserole ou 3à 4 mn au micro-ondes). Ajouter 5 cl ou 1/2 verre de madère. Faire bouillir 2 mn. Saler, poivrer. Faire cuire les tournedos selon la méthode de votre choix. Les servir entourés des champignons nappés de sauce madère. Les disposer sur les croûtons et servir chaud.

• **Tournedos rossini**
Faire dorer ou griller 2 tranches de pain de mie. Faire cuire les tournedos selon la méthode de votre choix, et les poser sur les tranches de pain dorées ou grillées. Faire sauter à la poêle 2 tranches de foie gras et les déposer sur les tournedos. Couvrir les tournedos de lamelles de truffe et servir.

STEAKS HACHÉS

QUANTITÉS : **2** PERSONNES

INGRÉDIENTS

– 200 à 240 g de bœuf haché (100 à 120 g par personne)
– 1 petit-suisse (facultatif)
– 1 c. à café de moutarde forte ou aromatisée à l'estragon ou au poivre vert (facultatif)
– huile ou bombe à huiler (très faible en calories)
– sel, poivre

Aromates : herbes de Provence (thym, romarin, sarriette, estragon, marjolaine), noix de muscade, cumin, poivre de Cayenne, échalotes, oignon, fines herbes (au choix)
Garniture classique : beurre frais et persil
Sauces d'accompagnement : béarnaise, bercy, tomate, ketchup, roquefort

Bœuf bourguignon
(recette p. 151) ▶

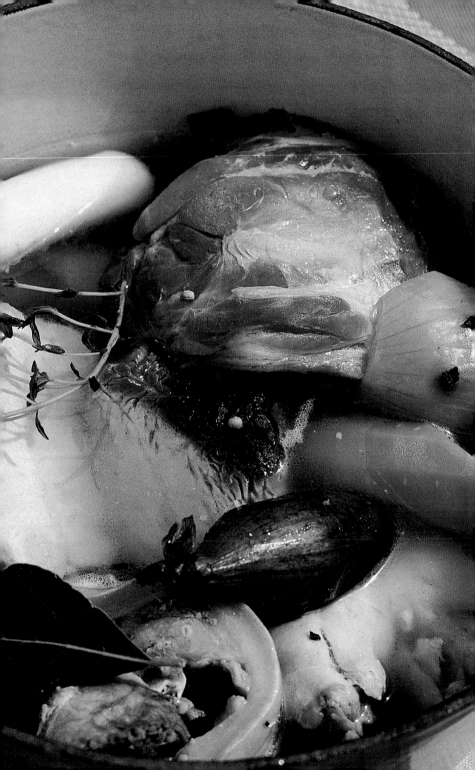

Préparation : 5 mn • Préchauffage : du gril électrique (du four ou indépendant) : 5 à 10 mn ; du barbecue (bois, charbon) : 1 h (jusqu'à ce que les braises soient rougeoyantes) ; de la poêle : 5 mn • Cuisson au gril ou à la poêle. Suivant le stade de cuisson désiré, on compte pour les deux faces : 2 mn (bleu) ; 4 mn (saignant) ; 6 mn (à point) • Matériel : 1 gril électrique, 1 barbecue, 1 poêle, 1 pinceau ou 1 bombe à huiler, 1 palette

PRÉPARATION

1) Préchauffer le gril, le barbecue ou la poêle.
2) Mélanger ensemble le bœuf haché, le petit-suisse, la moutarde, les aromates au choix, du sel et du poivre.
3) Former les steaks.
4) Les huiler sur les deux faces.
5) Les saupoudrer d'herbes de Provence.

CUISSON

Les faire cuire selon la méthode de votre choix.

Service

Servir les steaks sur des assiettes chaudes avec du beurre frais et du persil ou une sauce au choix.

N. B. L'utilisation d'un petit-suisse n'est pas indispensable mais elle évite à la viande hachée de se dessécher.

Variantes

Vous pouvez étaler sur les deux faces du steak à griller ou à poêler 1 échalote hachée ou des rondelles d'oignon, ou des cornichons coupés en fins morceaux.
Vous pouvez remplacer le petit-suisse par 50 g de champignons de Paris coupés en fins morceaux, 1 gousse d'ail et du persil haché, ou 1 poivron revenu avec 2 échalotes, 1 oignon et 2 filets d'anchois.
Servir le steak aux anchois avec des tomates à la provençale.

STEAKS HACHÉS AMÉRICAINS
(TARTARES)

QUANTITÉS : 2 PERSONNES

INGRÉDIENTS

– 200 à 240 g de bœuf haché très frais (100 à 120 g par personne)
– 1 échalote ou 1/2 oignon ou 1/2 gousse d'ail
– 1 c. à soupe de moutarde forte
– 1 c. à soupe de câpres

– sauce ketchup ou Worcester (facultatif)
– sel, poivre, poivre de Cayenne ou paprika (facultatif)
Fines herbes : persil, ciboulette
Garniture : 2 jaunes d'œufs

Préparation : 5 mn • Pas de cuisson

◄ **Pot-au-feu**
(recette p. 152)

PRÉPARATION

1) Mélanger ensemble le bœuf haché, l'échalote, l'oignon, l'ail et les fines herbes hachés, les câpres, les aromates, du sel et du poivre.
2) Former des nids avec la préparation.

Service

1) Déposer délicatement le jaune d'œuf dans le creux (éviter que le jaune d'œuf n'éclate).
2) Servir les steaks américains aussitôt, accompagnés d'une salade.
N.B. Certaines personnes n'apprécient pas la viande crue. Consulter l'avis des convives avant de servir ce plat.

HAMBURGERS

QUANTITÉS : 2 PERSONNES

INGRÉDIENTS

– 2 steaks hachés de 100 à 120 g
– huile, ou bombe à huiler (très faible en calories)
– sel, poivre
– 2 petits pains ronds

Garniture : 1 oignon, 1 tomate, 4 cornichons, feuilles de salade, moutarde forte ou aromatisée, mayonnaise ou ketchup

Préparation : 5 mn • Préchauffage : du gril électrique (du four ou indépendant) : 5 à 10 mn ; du barbecue (bois, charbon) : 1 h (jusqu'à ce que les braises soient rougeoyantes) ; de la poêle : 5 mn • Cuisson au gril ou à la poêle. Suivant le stade de cuisson désiré, on compte pour les deux faces : 2 mn (bleu) ; 4 mn (saignant) ; 6 mn (à point) • Matériel : 1 gril électrique, 1 barbecue, 1 poêle, 1 pinceau ou 1 bombe à huiler, 1 palette

PRÉPARATION

1) Préchauffer le gril, le barbecue ou la poêle.
2) Huiler les deux faces des steaks hachés.

CUISSON

Les faire cuire selon la méthode de votre choix. Saler et poivrer. Couper chaque pain en deux. Garnir une moitié d'un steak haché. Badigeonner de moutarde, mayonnaise ou ketchup. Poser dessus des rondelles de tomate, d'oignon, de cornichon et des feuilles de salade.

Service

Recouvrir avec l'autre moitié du pain et servir.

Variante

• **Hamburgers au bacon et au fromage**
Faire chauffer les petits pains. Remplacer la garniture par 2 tranches de bacon revenues et 2 portions de crème de gruyère ou de gouda.

BOULETTES DE BŒUF AUX RAISINS

QUANTITÉS : **4** PERSONNES

INGRÉDIENTS

– 200 g de bœuf haché
– 200 g de porc, dinde, ou veau hachés
– 1 petit-suisse ou 1 œuf
– 50 g de raisins secs
– 1 oignon
– 1 carotte

– 10 cl ou 1 verre de bière blonde ou de bouillon de volaille (en cube)
– 1 c. à soupe d'huile
– sel, poivre
Aromates : graines de cumin, curry, paprika ou noix hachées et zeste râpé de citron (au choix)

Préparation : 15 mn • Préchauffage : en cocotte : 5 mn • Cuisson : en cocotte : 5 mn + 5 mn • Matériel : 1 cocotte ordinaire

PRÉPARATION

1) Préchauffer la cocotte. Faire gonfler les raisins secs dans un peu d'eau chaude.
2) Préparer les boulettes : mélanger la viande hachée, le petit-suisse ou l'œuf battu, du sel et du poivre. Former des boulettes.

CUISSON

Les rouler dans la farine. Les faire dorer dans l'huile. Ajouter la carotte et l'oignon coupés en rondelles, les raisins, la bière ou le bouillon de volaille, les aromates au choix, du sel et du poivre. Laisser cuire 5 mn à couvert.

Service

Servir les boulettes aux raisins accompagnées de pâtes, de riz, de couscous, d'une purée ou de légumes verts, ou encore de ratatouille.
N. B. Vous pouvez épaissir la sauce en ajoutant en fin de cuisson 1 c. à café de fécule de pommes de terre délayée avec un peu d'eau froide.

Variante

• **Boulettes de bœuf à la tomate**
Remplacer le petit-suisse par 50 g de mie de pain trempée dans 1/2 verre de bouillon ou de lait chaud. Accompagner les boulettes d'un coulis de tomates avec ou sans poivron et parfumé d'un clou de girofle écrasé.

RÔTI DE BŒUF

QUANTITÉS : 4 PERSONNES

INGRÉDIENTS

– 500 à 600 g (sans os) et 1 à 1,5 kg
(avec os)
Morceaux ordinaires : tranche
grasse, tende de tranche, rond de gîte
Morceaux de choix : rumsteck,
filet, faux-filet, train de côtes, côte
de bœuf, aloyau
Aromates : herbes de Provence
(thym, romarin, sarriette), ail (piquer
le rôti comme un gigot), échalotes,
tranches de poitrine fumée ou bacon
(au choix)

– huile, margarine, ou bombe
à huiler (très faible en calories)
– sel, poivre
Sauce d'accompagnement : sauce
madère
Légumes d'accompagnement :
pommes de terre sautées, duchesse,
frites, chips, nouilles, haricots verts,
petits pois, salsifis, jardinière
de légumes (au choix)

*Préchauffage : du four ou de la broche : 10 à 15 mn • Cuisson du rôti saignant
(pour 500 g) : au four : 6 à 8 mn à th. 8 ou 250-260 °C ; à la cocotte ordinaire :
20 mn ; à la broche : 10 à 15 mn ; à l'autocuiseur : 5 mn (à partir du
chuchotement de la soupape) • Matériel : 1 palette, 1 pinceau ou 1 bombe à
huiler*

Variantes

• **Rôti à la broche**
Préparation : préchauffer la broche le temps nécessaire. Si le rôti n'est pas
bardé, le badigeonner d'huile et le saupoudrer d'herbes de Provence ou le
piquer avec des pointes d'ail (facultatif).
Cuisson : embrocher. Saler et poivrer à la sortie du four.
Service : découper le rôti en tranches fines et les déposer dans un plat long et
chaud pour les servir.
*N. B. Le rôti à la broche est plus moelleux qu'au four car le jus reste à l'inté-
rieur.*

*C'est la raison pour laquelle on recueille peu ou pas de sauce dans la plaque
située sous le rôti.*

*Vous pouvez aussi faire rôtir votre morceau de viande enveloppé dans un sac
à rôtir (le même qui est utilisé pour le micro-ondes). Vous obtiendrez un rôti moelleux qui peut attendre 10 à 15 mn au chaud. Le grand avantage de ce sac est de
laisser le four impeccable.*

• **Rôti à la cocotte ordinaire (à défaut de four)**
Préparation : faire dorer le morceau de viande de toutes parts avec de l'huile ou
de la margarine.
Cuisson : faire cuire doucement, saupoudré d'herbes de Provence (facultatif).
Retourner le morceau avec une palette toutes les 5 mn (ne pas fermer la cocotte).
Service : saler et poivrer au moment de servir. Découper le rôti en tranches
fines, les déposer sur un plat long et chaud pour les servir.

• **Rôti à l'autocuiseur**

Préparation : faire dorer le morceau de viande de toutes parts avec de l'huile ou de la margarine. Saler, poivrer et saupoudrer d'herbes de Provence. Accompagner ou non d'échalotes ou d'oignons coupés en morceaux.

Cuisson : fermer la cocotte et laisser cuire doucement.

N. B. À l'autocuiseur, on obtient un rôti cuit « à point » avec une croûte moins croustillante qu'au four ou à la broche. Les amateurs de vrais rôtis saignants préféreront la cuisson à la broche (la meilleure) ou au four.

• **Rôti au four**

Préparation : préchauffer le four à la température indiquée. Si le rôti n'est pas bardé, le badigeonner d'huile et le saupoudrer d'herbes de Provence (facultatif).

Cuisson : sur la tôle creuse du four, mettre une grille et y déposer le rôti (pour éviter que la viande ne baigne dans le jus qui la durcirait). À mi-cuisson, retourner le rôti avec une palette (ne pas piquer avec une fourchette qui favorise la perte de jus).

S'il est gros, l'arroser avec le jus. Rajouter de l'eau si nécessaire. Un rôti cuit « saignant » doit laisser perler une goutte de sang rosé quand on le pique. Saler et poivrer seulement au moment de servir (pour éviter au jus de s'échapper).

Service : découper le rôti en tranches fines et les déposer dans un plat long et chaud. Déglacer la tôle creuse en mettant un peu d'eau bouillante et en grattant le fond du plat. Recueillir le jus et le servir à part en saucière. Accompagner ou non le rôti de légumes au choix.

N. B. Le rôti cuit peut très bien attendre 5 à 10 mn enveloppé dans une feuille d'aluminium avant d'être servi. Cela permet à la viande de se détendre et d'être plus souple.

Vous pouvez aussi faire rôtir votre morceau de viande enveloppé dans un sac à rôtir. Vous obtiendrez un rôti moelleux qui peut attendre 10 à 15 mn au chaud. Le grand avantage de ce sac est de laisser le four impeccable.

BŒUF À LA MODE
(braisé aux carottes)

QUANTITÉS : **6 PERSONNES**

INGRÉDIENTS

– 1 kg de bœuf (macreuse, aiguillette de rumsteck, paleron, culotte)
– 1 pied de veau fendu
– 1 kg de carottes
– 1 oignon
– 10 cl ou 1 verre de vin blanc sec

– 10 cl d'eau ou 1 verre de bouillon
– 1 c. à soupe de cognac
– 1 c. à soupe d'huile
– sel, poivre
Bouquet garni : 1 branche de thym, 1 feuille de laurier, persil

Préparation : 15 mn • Cuisson : à la cocotte ordinaire : 2 h 30 à 3 h ; à l'autocuiseur : 1 h 30 • Matériel : 1 cocotte en fonte ou en aluminium ou 1 autocuiseur, 1 assiette, 2 cuillères en bois, 1 couteau économe, 1 coupe-légumes (Moulinette ou robot)

PRÉPARATION

1) Faire revenir la viande sur toutes ses faces avec les deux cuillères en bois.
2) Ajouter l'oignon coupé en rondelles.
3) Laisser dorer sans brunir.
4) Arroser avec le vin blanc, l'eau ou le bouillon.
5) Ajouter le pied de veau fendu, le bouquet garni, du sel et du poivre et les carottes coupées en rondelles (pour la cuisson à l'autocuiseur).

CUISSON

1) Pour la cuisson à la cocotte ordinaire, ajouter les carottes seulement à mi-cuisson au bout de 1 h 30 environ.
2) Fermer la cocotte et laisser cuire très doucement.

Service

Lorsque la viande est tendre, la servir chaude coupée en tranches, entourée des carottes et de la sauce.

N. B. Le bœuf à la mode peut se consommer froid en gelée (voir la recette du bœuf à la mode en gelée).

DAUBE DE BŒUF
(viande cuite à la marinade)

QUANTITÉS : 6 PERSONNES

INGRÉDIENTS

– 1 kg de bœuf (macreuse, gîte-gîte, gîte à la noix, culotte, joue de bœuf)
– 200 g de poitrine fumée
– 1 c. à soupe d'huile
– sel, poivre
Marinade : 50 cl de vin blanc ou rouge, 2 c. à soupe de cognac

(facultatif), 2 c. à soupe d'huile,
1 oignon ou 2 échalotes, 1 gousse d'ail,
2 carottes
Bouquet garni : 1 branche de thym, 1 feuille de laurier, persil

Préparation : 15 mn • Marinade : 12 h (la veille) • Cuisson : à la cocotte ordinaire : 2 h 30 à 3 h ; à l'autocuiseur : 1 h 30 • Matériel : 1 cocotte en fonte ou en aluminium ou 1 autocuiseur, 1 assiette, 2 cuillères en bois, 1 couteau, 1 couteau économe

LA VEILLE

Préparation de la marinade :
1) Couper les carottes, l'oignon ou les échalotes en rondelles.
2) Écraser l'ail.
3) Mélanger tous les ingrédients avec le vin, le cognac et l'huile.
4) Mettre la viande coupée en tranches ou en morceaux à mariner toute la nuit.

LE JOUR MÊME

1) Couper la poitrine fumée en dés.
2) Égoutter la viande.

3) La faire revenir avec la poitrine fumée en s'aidant des deux cuillères en bois.
4) Ajouter la marinade et tous les ingrédients.
5) Saler et poivrer.

CUISSON

Faire cuire très doucement selon la méthode de votre choix.

Service

1) Lorsque la viande est tendre, la servir saupoudrée de persil haché.
2) Elle peut s'accompagner de pâtes ou de pommes de terre vapeur ajoutées dans l'autocuiseur 20 mn avant la fin de la cuisson.
N. B. La daube de bœuf peut se consommer froide en gelée (voir la recette de la daube de bœuf en gelée).

Variantes

• **Daube de bœuf à la provençale**
Suivre la recette de la daube de bœuf en utilisant du vin blanc sec. Ajouter en fin de cuisson 2 tomates, 1 branche de marjolaine et 12 olives noires (dans l'autocuiseur 5 mn avant de servir et dans la cocotte ordinaire 30 mn avant de servir).

• **Daube de bœuf à la béarnaise**
Suivre la recette de la daube de bœuf en utilisant du vin rouge. Ajouter 1 clou de girofle à la marinade.

BŒUF BOURGUIGNON
(viande en sauce au vin rouge)

QUANTITÉS : 6 PERSONNES

INGRÉDIENTS

– 1 à 1,2 kg de bœuf (180 à 200 g par personne) composé moitié de morceaux maigres (macreuse, gîte-gîte, gîte à la noix, jumeau, pointe de paleron) et moitié de morceaux gras (dessus de côte, 1er et 2e talon)
– 100 g de poitrine fumée
– 1 oignon
– 1 gousse d'ail
– 2 c. à soupe d'huile ou 20 g de margarine

Bouquet garni : 1 branche de thym, 1 feuille de laurier, 1 brin de persil
Garniture : 250 g de champignons de Paris
Sauce brune (roux brun) :
– 2 c. à soupe d'huile
– 30 g de farine
– 30 cl ou 3 verres d'eau
– 30 cl ou 3 verres de vin rouge
– sel, poivre

Préparation : 15 mn • Cuisson : à la cocotte ordinaire : 2 h à 2 h 30 ; à l'autocuiseur : 1 h • Matériel : 1 cocotte ordinaire en fonte avec couvercle ou 1 autocuiseur, 2 cuillères en bois, 1 assiette

PRÉPARATION

1) Faire dorer la viande coupée en gros cubes avec 1 c. à soupe d'huile.
2) Retirer du feu et éliminer la matière grasse.

3) Faire revenir l'oignon émincé (coupé finement) et la poitrine fumée coupée en dés avec 1 c. à soupe d'huile.
4) Éliminer la matière grasse.

PRÉPARATION DU ROUX BRUN

1) Faire chauffer l'huile.
2) Hors du feu, verser d'un seul coup la farine. Bien mélanger.
3) Remettre sur le feu jusqu'à ce que le mélange devienne brun clair (couleur caramel).
4) Retirer du feu et verser le mélange froid (eau + vin) d'un seul coup sur le roux. Bien diluer.
5) Porter doucement à ébullition en tournant sans cesse.
6) Ajouter l'ail coupé en morceaux, l'oignon, la poitrine fumée, le bouquet garni, la viande, du sel et du poivre.

CUISSON

1) Couvrir et faire cuire doucement selon la méthode de votre choix.
2) Ajouter les champignons nettoyés entiers ou coupés en morceaux 5 mn avant la fin de la cuisson dans l'autocuiseur, 30 mn avant la fin de la cuisson dans la cocotte ordinaire.

Service

Servir le bœuf bourguignon nappé de sauce et accompagné de pommes de terre vapeur, de pâtes ou de riz.

N.B. Vous pouvez aussi faire dorer la viande, les oignons et la poitrine fumée dans la margarine mais, pour la sauce brune, il est préférable d'utiliser de l'huile d'arachide qui supporte mieux les températures élevées.

POT-AU-FEU
(viande bouillie)

QUANTITÉS : **6 PERSONNES**

INGRÉDIENTS

– 1,5 kg de bœuf composé de 1 kg de morceaux maigres (gîte-gîte, macreuse, bavette à pot-au-feu) et 500 g de morceaux gras (plates côtes, dessus de côtes, 1er et 2e talon, poitrine, tendron, flanchet, queue)
– 1 os à moelle
– 3 carottes
– 2 ou 3 poireaux
– 2 navets
– 1 branche de céleri

– 1 oignon piqué d'un clou de girofle
– 1 gousse d'ail
– 1 cœur de chou
Bouquet garni : 1 brin de thym, 1 feuille de laurier, persil
– 3 l d'eau (1 l d'eau par 500 g de viande)
– 3 c. à soupe rases de gros sel (1 c. à soupe de gros sel par litre)
– poivre

Préparation : 20 mn • Cuisson : en cocotte ordinaire : 3 h ; à l'autocuiseur : 1 h 30 environ • Matériel : 1 faitout ou 1 autocuiseur, 1 couteau, 1 couteau économe

PRÉPARATION

1) Mettre à bouillir l'eau avec le bouquet garni attaché avec une ficelle, l'oignon piqué d'un clou de girofle, l'ail, les légumes entiers coupés dans le sens de la longueur.

2) Attacher les poireaux avec une ficelle.

3) Quand l'eau bout, ajouter les morceaux de viande et l'os à moelle.

CUISSON

Couvrir et laisser bouillir doucement.

Service

Lorsque la viande est devenue tendre, la couper en tranches et la servir entourée des légumes et accompagnée de cornichons, moutarde et gros sel.

N. B. Le pot-au-feu peut se servir également chaud : avec des pommes de terre (ajoutées dans l'autocuiseur 20 mn avant la fin de la cuisson) et accompagné d'une sauce piquante, tomate, aux champignons ou madère ; en gratin : miroton (voir la recette du gratin de bœuf) ; en farce : hachis parmentier, croquettes ; ou froid : à la vinaigrette, en tranches ou coupé en dés ; en gelée (voir la recette du pot-au-feu en gelée).

On peut également faire cuire en pot-au-feu la queue de bœuf, la langue de bœuf, de veau ou de porc, le lapin.

Le bouillon peut se servir tel quel en potage mais il est conseillé de le laisser refroidir au réfrigérateur pour le dégraisser. Ne pas le laisser séjourner à la température ambiante, car il s'altère très vite. Vous pouvez, pour l'épaissir, le faire bouillir 5 mn avec du vermicelle ou du tapioca (10 g par personne = 1 c. à soupe).

Le veau

QUEL MORCEAU DE VIANDE CHOISIR ?

Choix des morceaux de veau			
	Morceaux	**Utilisations**	**Caractéristiques**
CUISSON RAPIDE	Noix	Rôtis	
	Sous-noix ou	Escalopes	Tendre. Maigre
	Noix pâtissière	Paupiettes	
	Quasi	Rôtis	Tendre. Légèrement entrelardé.
			Moelleux
	Longe, filet	Rôtis	
		Côtelettes dans le filet	Tendre. Légèrement entrelardé.
		Côtelettes premières	Très moelleux.
		Côtelettes secondes	
		Rôtis	

	Épaule	Braisés ou sautés	Maigre. Moelleux.
	Bas de carré ou	Rôtis	
	Côtes découvertes	Braisés ou sautés	Maigre. Moelleux.
CUISSON LENTE	Poitrine	Poitrine farcie et rôtie, ou braisée	
	Tendron	Braisés ou sautés (jardinière)	Avec os. Moelleux. Savoureux.
	Flanchet	Blanquette (bouilli)	
		Ragoût (marengo)	
		Bouilli (blanquette, pot-au-feu)	Avec os.
	Jarret	Ragoût (marengo)	Vendu entier ou en rondelles.
		Braisés ou sautés (jardinière)	Moelleux. Gélatineux.

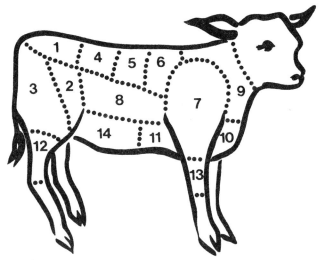

1. Quasi
2. Noix
3. Sous-noix
4. Longe
5. Côtes premières
6. Côtes secondes
7. Épaule

8. Travers de côtes
9. Collet, bas de carré
10. Poitrine
11. Tendron
12. 13. Jarret
14. Flanchet

COMBIEN DE TEMPS FAUT-IL POUR FAIRE CUIRE DU VEAU ?

Modes de cuisson	Grillades	Rôtis	Viande bouillie	Viande braisée, sautée ou en cocotte
			cuisson longue et lente	cuisson longue et lente
À la poêle	Escalope : — 4 à 5 mn sur chaque face			
	Grenadin : — 5 mn (plus épais ; 3 cm) sur chaque face			
	Côte de veau : — 5 à 7 mn sur chaque face			
Au gril	Escalope ou côte de veau — 6 à 8 mn (sur gril préchauffé) et avec panure pour éviter le dessèchement			
À la broche		1 h 30 par kg		
Au four (électrique ou gaz)		1 h par kg		
Cocotte ordinaire	Paupiettes : 1 h	1 h par kg (faire revenir en retournant toutes les 5 mn)		Sauté de veau : 1 h 30 à 2 h
				Poitrine de veau farcie : 1 h 30
Faitout		Blanquette : 1 h 30		
		Tête, pied, langue : 2 h		
Autocuiseur	Escalope, grenadin, côte de veau : 10 mn (à partir du chuchotement de la soupape)	30 à 40 mn par kg (à partir du chuchotement de la soupape)	Blanquette : 45 à 50 mn	Sauté de veau : 50 à 60 mn
			Tête, pied : 40 à 50 mn	
			Langue : 1 h 15	
	Paupiettes : 15 mn			

QUELLE QUANTITÉ DE VEAU FAUT-IL ACHETER ?

On compte en moyenne par personne :
- Escalope : 120 à 130 g
- Grenadin (épais de 3 cm) : 100 à 130 g
- Côtelette : 150 à 180 g
- Rôti (sans os) : 125 à 160 g (1 kg pour 6 à 8 personnes)
- Rôti (avec os) : 200 g
- Blanquette, sauté (sans os) : 180 à 200 g
- Blanquette, sauté, jarret (avec os) : 250 g
- Poitrine de veau à farcir : 1 kg pour 6 à 8 personnes

ESCALOPE OU CÔTE DE VEAU

QUANTITÉS : 1 PERSONNE

INGRÉDIENTS

- escalope : 120 à 130 g
- grenadin (épais au moins de 3 cm) : 100 à 130 g
- côtelette : 150 à 180 g
Choix des morceaux :
- escalope et grenadin : longe (filet, noix, sous-noix)
- côtelette : carré (côte filet, première, seconde)
- 1 c. à soupe de farine
- 1 c. à soupe d'huile ou bombe à huiler (très faible en calories)
- sel, poivre
Aromates : herbes de Provence (thym, romarin, sarriette, marjolaine, sauge, cerfeuil, ciboulette, estragon), oignon, échalote, cognac, porto, madère, xérès, moutardes aromatisées (douce, à l'ancienne, estragon, poivre vert) (au choix)

Épices : paprika, safran, poivre de Cayenne
Garniture classique : crème fraîche ou petit-suisse, rondelles de citron, persil haché
Sauces d'accompagnement : à la crème, au jaune d'œuf, au petit-suisse, tomate, ketchup, chasseur, soubise, madère, financière, béarnaise, à l'avocat, chutney aux fruits, aux légumes (au choix)
Accompagnement : légumes : champignons, carottes, petits pois, haricots verts, jardinière de légumes, épinards, ratatouille, tomates ; féculents : pâtes, pommes de terre, riz, couscous ; fruits : pommes, ananas

Préparation : 5 mn • Cuisson de l'escalope, du grenadin ou de la côtelette : à la poêle : 4 à 7 mn (selon l'épaisseur) sur chaque face ; à l'autocuiseur : 10 mn (à partir du chuchotement de la soupape) ; au gril : 10 à 15 mn (sur gril préchauffé 5 mn) • Matériel : 1 poêle, 1 gril ou 1 autocuiseur, 1 pinceau ou 1 bombe à huiler, 1 palette

Escalope ou côte de veau à la poêle

PRÉPARATION

1) Préchauffer la poêle avec un peu d'huile.
2) Saupoudrer la viande avec des herbes de Provence ou des épices, ou l'enrober de moutarde aromatisée.
3) La passer dans la farine.

CUISSON

1) Lorsque la poêle est très chaude mais non fumante, déposer l'escalope ou la côte préparée.
2) La faire dorer à feu vif puis laisser cuire 4 à 5 mn à feu modéré.
3) La retourner avec une palette et éviter ainsi de la piquer avec une fourchette (pour empêcher le jus de s'échapper).
4) La laisser de nouveau dorer et cuire 4 à 5 mn selon l'épaisseur.
5) Quand la viande est cuite, la saler et la poivrer.

Service

1) Déglacer la poêle avec un peu d'eau chaude, de crème fraîche ou de petit-suisse.
2) Disposer la viande sur une assiette chaude, nappée de sauce.
3) Saupoudrer de persil haché et garnir de rondelles de citron avant de servir.

Escalope ou côte de veau au gril

PRÉPARATION

En principe, il est déconseillé de cuire le veau au gril, car c'est une viande qui se dessèche facilement. On peut cependant éviter en partie cet inconvénient en prenant soin d'enrober l'escalope de moutarde ou de panure avant de la faire cuire.
1) Préchauffer le gril 5 mn.
2) Enrober l'escalope ou la côte avec de la moutarde aromatisée au choix.
3) Huiler au pinceau ou à la bombe.
4) Saupoudrer d'herbes de Provence.

CUISSON

Lorsque le gril est chaud, faire griller l'escalope ou la côte 10 à 15 mn et la retourner si nécessaire.

Service

Saler, poivrer et servir sur une assiette chaude avec du beurre et du persil haché.

Escalope ou côte de veau à l'autocuiseur

PRÉPARATION

L'escalope ou la côte de veau s'accommodent très bien de la cuisson à l'autocuiseur à condition de n'être pas panées.
1) Préchauffer l'autocuiseur avec un peu d'huile.
2) Saupoudrer la viande avec les herbes de Provence ou les épices.
3) Saler, poivrer.
4) La passer dans la farine.

CUISSON

1) Faire dorer la viande sur les deux faces dans l'autocuiseur.
2) La retourner avec une palette. Fermer l'autocuiseur et laisser cuire 10 mn à partir du chuchotement de la soupape, à feu très doux.

Service

Servir l'escalope ou la côte arrosée du jus de cuisson.
N. B. Comme dans la cuisson à la poêle, vous pouvez lier la sauce avec de la crème fraîche ou un petit-suisse.

ESCALOPES OU CÔTES DE VEAU PANÉES À LA VIENNOISE

QUANTITÉS : 4 PERSONNES

INGRÉDIENTS

– 4 escalopes minces de 110 à 120 g (longe, noix, sous-noix) ou 4 côtelettes de 150 g
– 4 c. à soupe d'huile ou 40 g de margarine
– sel, poivre

Épices (facultatif) : paprika, safran ou poivre de Cayenne
Panure : 1 œuf, 4 c. à soupe de farine, 100 g de mie pain ou 4 c. à soupe de chapelure
Garniture : 40 g de beurre, 1 citron, 2 œufs, persil haché

Préparation : 15 mn • Cuisson : des œufs durs à l'eau bouillante salée : 12 mn ; des escalopes à la poêle : 10 mn • Matériel : 1 poêle, 1 palette, 3 assiettes, 1 fourchette, 1 casserole, 1 Moulinette

PRÉPARATION DES ŒUFS

1) Faire durcir les œufs.
2) Les écaler.
3) Séparer les blancs des jaunes et les mouliner ou les écraser à la fourchette.

PRÉPARATION DE LA PANURE

1) Prendre trois assiettes.
2) Mettre dans la première la farine, dans la seconde l'œuf battu, dans la troisième la mie de pain émiettée ou la chapelure.

3) Assaisonner la viande de sel, de poivre et d'épices (facultatif).
4) Faire chauffer la poêle avec la matière grasse.
5) Passer les escalopes successivement dans la farine, l'œuf et la mie de pain ou la chapelure.

CUISSON DES ESCALOPES

1) Faire dorer les escalopes à feu vif puis les faire cuire 5 mn à feu modéré.
2) Les retourner délicatement avec la palette.
3) Les faire cuire encore 5 mn.
4) Saler et poivrer de nouveau.

Service

1) Servir les escalopes sur des assiettes chaudes garnies de rondelles de citron, de jaune d'œuf dur, de blanc d'œuf dur.
2) Saupoudrer de persil haché.

RÔTI DE VEAU

QUANTITÉS : 6 PERSONNES

INGRÉDIENTS

– 750 à 1 kg (sans os) et 1,2 kg (avec os)
Morceaux ordinaires : quasi, culotte, carré, bas de carré
Morceaux de choix : longe (rognon), noix, sous-noix, noix pâtissière
Aromates : herbes de Provence (thym, romarin, sarriette, estragon, sauge, marjolaine), échalotes, oignons, poitrine fumée ou bacon (au choix)
Épices : curry, paprika, poivre de Cayenne, safran, gingembre, zeste de citron, d'orange, noix de muscade, moutarde forte aromatisée au poivre vert, à l'estragon
Alcools : cognac, rhum, porto
– huile, margarine ou bombe à huiler (très faible en calories)

– sel, poivre
Sauces
d'accompagnement chaudes : sauce blanche, normande, béchamel, aux oignons, au raifort, au curry, à la noix de muscade, au paprika, tomate, financière ; froides : mayonnaise, sauce à l'avocat, chutney aux légumes, aux fruits
Accompagnement : légumes : carottes, petits pois, champignons, haricots verts, épinards, jardinière de légumes, tomates ; féculents : purée de pommes de terre, pâtes, riz pilaf ; fruits : oranges, citrons, raisins, prunes, coings, figues, pommes ; fruits secs ou gras : pruneaux, abricots, noix, olives

Préparation : 5 mn • Préchauffage : du four ou de la broche : 10 à 15 mn • Cuisson du rôti (pour 1 kg) : au four : 1 h à th. 7 ou 220 °C ; à la broche : 1 h 15 à 1 h 30 ; à l'autocuiseur : 30 mn à 40 mn ; à la cocotte ordinaire : 50 à 60 mn • Matériel : 1 pinceau ou 1 bombe à huiler, 1 palette

Variantes

• Rôti au four

1) Préparation : préchauffer le four à la température indiquée. Si le rôti n'est pas bardé, le badigeonner d'huile et le saupoudrer d'herbes de Provence (facultatif).

2) Cuisson : sur la tôle creuse du four, mettre une grille et y déposer le rôti (pour éviter que la viande ne baigne dans le jus qui la durcirait). À mi-cuisson, retourner le rôti avec une palette (ne pas le piquer avec une fourchette qui favorise la perte de jus). L'arroser de temps en temps avec le jus de cuisson. Rajouter de l'eau si nécessaire. Le rôti de veau est cuit lorsqu'il laisse échapper un jus incolore quand on le pique.

3) Service : saler et poivrer seulement au moment de servir (pour éviter au jus de s'échapper). Découper le rôti en tranches fines et le déposer dans un plat long et chaud. Déglacer la tôle creuse en mettant un peu d'eau bouillante et en grattant le fond du plat. Recueillir le jus et le servir en saucière. Accompagner ou non le rôti de légumes au choix.

N. B. Vous pouvez cuire aussi votre rôti de veau enveloppé dans un sac à rôtir (le même qui est utilisé pour le micro-ondes). Le grand avantage de ce sac est de laisser le four impeccable. Si le rôti cuit doit attendre 10 à 15 mn, il restera chaud et moelleux en le laissant dans le sac à rôtir ou en l'enveloppant d'une feuille d'aluminium.

• Rôti à la broche

1) Préparation : préchauffer la broche le temps nécessaire. Si le rôti n'est pas bardé, le badigeonner d'huile et le saupoudrer d'herbes de Provence (facultatif).

2) Cuisson : embrocher. Saler et poivrer à la sortie du four.

3) Service : découper le rôti en tranches fines, les déposer dans un plat long et chaud et servir.

N. B. Le rôti à la broche est plus moelleux qu'au four car le jus reste à l'intérieur. C'est la raison pour laquelle on recueille peu ou pas de sauce.

• Rôti à la cocotte ordinaire (à défaut de four)

1) Préparation : faire dorer le morceau de viande de toutes parts avec de l'huile ou de la margarine.

2) Cuisson : faire cuire doucement, saupoudrer d'herbes de Provence (facultatif). Retourner le morceau avec une palette toutes les 5 mn (ne pas fermer la cocotte).

3) Service : saler et poivrer au moment de servir. Découper le rôti en tranches fines, les déposer sur un plat long et chaud et servir.

• Rôti à l'autocuiseur

1) Préparation : faire dorer le morceau de viande de toutes parts avec de l'huile ou de la margarine. Saler, poivrer, saupoudrer d'herbes de Provence (facultatif). Accompagner ou non d'échalotes ou d'oignons coupés en morceaux.

2) Cuisson : fermer la cocotte et laisser cuire doucement.

N. B. La cuisson à l'autocuiseur convient très bien au rôti de veau qui reste moelleux et juteux.

RÔTI DE VEAU ORLOFF

QUANTITÉS : 6 PERSONNES

INGRÉDIENTS

– 1 kg de veau (noix, sous-noix, noix
pâtissière)
– 1 barde de lard, huile, margarine ou
bombe à huiler (faible en calories)
– sel, poivre
Garniture : 250 g de champignons
de Paris (ou 1 boîte de 4/4), 1 citron,
20 g de beurre ou de margarine,
1 c. à soupe de crème fraîche, sel,
poivre

Béchamel au fromage :
– 50 cl de lait
– 50 g de margarine
– 50 g de farine
– 50 g de gruyère râpé
– sel, poivre, 1 pincée de noix
de muscade
Gratin : 50 g de gruyère râpé

*Préparation : 30 mn • Cuisson du rôti : au four : 1 h à th. 7 ou 220 °C ;
à l'autocuiseur : 30 à 40 mn ; à la cocotte ordinaire : 1 h ; cuisson
des champignons : à la casserole : 10 mn ; au micro-ondes : 4 à 5 mn ;
cuisson de la béchamel : 5 mn ; cuisson du gratin : quelques minutes
sous le gril • Matériel : 1 plat à four*

CUISSON DU RÔTI

Faire cuire le rôti selon le mode de cuisson de votre choix.

PRÉPARATION DE LA GARNITURE

1) Hacher finement les champignons nettoyés.
2) Les arroser de jus de citron.
3) Les faire cuire avec la matière grasse selon la méthode de votre choix.
4) Ajouter la crème fraîche, du sel et du poivre.

PRÉPARATION DE LA BÉCHAMEL

1) Faire fondre la margarine.
2) Hors du feu, verser d'un seul coup la farine. Bien mélanger.
3) Remettre sur le feu jusqu'à ce que le mélange soit mousseux.
4) Retirer du feu et verser d'un seul coup le lait froid. Bien diluer.
5) Remettre sur feu doux et porter 5 mn à ébullition sans cesser de tourner.
6) Hors du feu, ajouter le gruyère râpé, du sel, du poivre et de la noix de muscade.

PRÉPARATION DU RÔTI

1) Lorsqu'il est cuit, le prédécouper incomplètement en tranches fines.
2) Tartiner chaque tranche de purée de champignons.
3) Reconstituer le rôti et le remettre dans le plat à four.
4) Napper de sauce béchamel au fromage.
5) Saupoudrer de gruyère râpé.
6) Faire gratiner quelques instants sous le gril et servir aussitôt.

Service

Recueillir le jus de cuisson du rôti et le servir en saucière.

Variantes

• **Rôti de veau Orloff au bacon**
Lorsque le rôti est cuit, le prédécouper en tranches fines et intercaler entre chaque tranche 1 tranche de bacon ou de jambon et 1 tranche de gruyère ou de fromage fondu. Reconstituer le rôti et le faire gratiner. Servir nappé de 2 c. à soupe de crème fraîche.

• **Rôti de veau au lait**
Voir la recette du rôti de porc au lait.

• **Rôti de veau aux pruneaux**
Voir la recette du rôti de porc aux pruneaux.

SAUTÉ DE VEAU

QUANTITÉS : 4 PERSONNES

INGRÉDIENTS

– 800 g de veau (épaule, tendron, flanchet, poitrine, carré, bas de carré, jarret (osso-buco)
– margarine ou huile
– 1 oignon
– 1 gousse d'ail
Bouquet garni : 1 feuille de laurier, 1 branche de thym, 1 brin de persil
Aromates : herbes de Provence (cerfeuil, estragon, marjolaine ou origan, romarin, sauge, sarriette) (au choix)

Épices : genièvre, paprika, poivre de Cayenne, safran au choix
Roux blond :
– 20 g de margarine
– 20 g de farine ou 1 c. à soupe
– 10 cl ou 1 verre d'eau
– 10 cl ou 1 verre de vin blanc sec
– sel, poivre
Accompagnement : légumes : carottes, champignons, tomates, poivrons ; féculents : riz, pâtes, couscous, pommes de terre ; fruits : oranges, pruneaux, citron, pommes

Préparation : 15 mn • Cuisson : à la cocotte ordinaire : 1 h 30 à 2 h ; à l'autocuiseur : 30 à 40 mn (à partir du chuchotement de la soupape) • Matériel : 1 cocotte ordinaire en fonte avec couvercle ou 1 autocuiseur, 2 cuillères en bois, 1 assiette

PRÉPARATION DE LA SAUCE

1) Faire revenir les morceaux de viande avec un peu de matière grasse.
2) Retourner les morceaux avec les cuillères en bois.
3) Éliminer la matière grasse.
4) Faire blondir l'oignon coupé en rondelles avec un peu de matière grasse.

PRÉPARATION DU ROUX BLOND

1) Faire fondre la matière grasse.

2) Hors du feu, verser la farine. Bien mélanger.

3) Remettre sur le feu jusqu'à ce que le mélange devienne blond doré.

4) Retirer du feu et verser le mélange froid (eau + vin) d'un seul coup sur le roux. Bien diluer.

5) Remettre sur le feu et porter doucement à ébullition en tournant sans cesse.

6) Ajouter l'ail coupé en morceaux, l'oignon, le bouquet garni et les aromates (facultatif), les morceaux de viande, du sel, du poivre, des épices (facultatif).

CUISSON

Couvrir et faire cuire doucement selon la méthode de votre choix.

Service

Lorsque le sauté de veau est cuit, le servir nappé de sauce et accompagné ou non de légumes au choix.

Variantes

• **Sauté de veau à l'orange**
Ajouter le jus et le zeste râpé d'une orange (non traitée), 50 g de raisins secs gonflés dans 2 c. à soupe de cognac, 1 pincée de cannelle, safran ou quatre-épices et 2 feuilles de sauge. Lier la sauce avec 1 c. à café de Maïzena, 2 c. à soupe de crème fraîche, 2 c. à soupe de liqueur d'orange (facultatif). Servir avec 2 oranges coupées en rondelles ou en quartiers.

• **Sauté de veau à l'italienne (osso-buco) avec 4 morceaux épais de jarret.**
Parfumer au safran. Servir avec des pâtes, du riz ou de la polenta.

• **Sauté de veau à la provençale**
Ajouter 500 g de tomates coupées en morceaux, 2 poivrons en lanières et 10 olives vertes.

• **Sauté de veau à la rhubarbe**
Ajouter 200 g de rhubarbe épluchée et coupée en dés, et 4 tranches de pain d'épices.

• **Sauté de veau à la tomate (Marengo)**
Ajouter 500 g de tomates coupées en morceaux et 125 g de champignons 30 mn avant la fin de la cuisson ordinaire.

• **Sauté de veau au chou rouge et aux pommes (alsacien)**
Remplacer le vin blanc par du vin rouge. Ajouter 1 chou rouge coupé en laniè-res et blanchi 10 mn à l'eau bouillante, 2 pommes (boskoop) épluchées et cou-pées en cubes et 1 sucre.

• **Sauté de veau au citron**
Remplacer le vin blanc par le jus d'un citron. Ajouter au bouquet garni 1 carotte, 1 pied de céleri (facultatif) coupé en morceaux, 2 clous de girofle, 2 feuilles de sauge, 1 brin de romarin, 1 pincée de gingembre. À mi-cuisson, ajouter 2 citrons (non traités) coupés en rondelles. Servir avec les rondelles de citron.

• **Sauté de veau au paprika (hongrois)**
Parfumer avec 1 c. à café de paprika et 1 c. à soupe de concentré de tomates.
Lier la sauce avec 2 c. à soupe de crème fraîche. Servir avec du riz créole, des
pâtes ou du couscous.

• **Sauté de veau aux amandes et aux pruneaux**
Ajouter 125 g de poudre d'amandes. Remuer vivement. Ajouter, 10 mn avant
la fin de la cuisson ordinaire, 250 g de pruneaux non dénoyautés.

• **Sauté de veau aux carottes**
Ajouter 1 kg de carottes en rondelles (voir la recette du bœuf à la mode).

• **Sauté de veau aux figues**
Ajouter 8 figues violettes fraîches et saupoudrer de cannelle (facultatif) 10 mn
avant la fin de la cuisson.

• **Sauté de veau aux pommes (à la normande)**
Remplacer le vin blanc par du cidre. Servir avec 1 kg de pommes cuites en
quartiers avec 50 g de beurre. Parfumer à la cannelle (facultatif).

• **Sauté de veau en matelote (au vin rouge)**
Remplacer le vin blanc par du vin rouge. Ajouter, 10 mn avant la fin de la
cuisson, 250 g de pruneaux non dénoyautés et 50 g de raisins secs gonflés
dans 2 c. à soupe de cognac.

PAUPIETTES DE VEAU

QUANTITÉS : 4 PERSONNES

INGRÉDIENTS

– 4 escalopes fines de 120 g chacune
– huile ou margarine
– farine
– 10 cl ou 1 verre d'eau
ou de bouillon
– 10 cl ou 1 verre de vin blanc sec
– sel, poivre
Bouquet garni : 1 feuille
de laurier, 1 branche de thym, 1 brin
de persil
Farce :
– 200 g de chair à saucisse

– 100 g de champignons de Paris
– 50 g de mie de pain rassis
– 5 cl ou 1/2 verre de lait
– 1/2 oignon
– 1 gousse d'ail
– 1 œuf
– 20 g de margarine
– persil haché
Légumes d'accompagnement :
pommes de terre, riz, pâtes, tomates,
courgettes, choux de Bruxelles,
ratatouille (au choix)

*Préparation : 15 mn • Cuisson des champignons : à la casserole : 10 mn ;
au micro-ondes : 3 à 4 mn ; cuisson des paupiettes : à la cocotte ordinaire :
30 à 40 mn ; à l'autocuiseur : 15 mn (à partir du chuchotement de la soupape) ;
au micro-ondes : 15 mn • Matériel : 1 cocotte ordinaire en fonte avec couvercle
ou 1 cocotte en verre avec couvercle (micro-ondes) ou 1 autocuiseur*

PRÉPARATION DE LA FARCE

1) Nettoyer les champignons et les faire étuver avec la gousse d'ail et 20 g de margarine.
2) Hacher l'oignon et le faire blondir avec 20 g de margarine.
3) Ajouter la chair à saucisse, les champignons hachés, la mie de pain trempée dans le lait chaud, le persil haché, l'œuf, du sel, du poivre et la noix de muscade. Mélanger le tout.

PRÉPARATION DES PAUPIETTES

1) Fariner les escalopes.
2) Mettre sur chacune d'elles une cuillère de farce.
3) Rouler chaque paupiette sur elle-même et la ficeler en croix.

CUISSON

1) Faire dorer les paupiettes avec un peu de matière grasse.
2) Ajouter l'eau ou le bouillon, le vin blanc (facultatif), le bouquet garni, du sel et du poivre. Couvrir.
3) Laisser cuire doucement selon la méthode de votre choix.

Service

Servir les paupiettes de veau accompagnées ou non de légumes au choix et arrosées de jus de cuisson.

N. B. Hors du feu, vous pouvez lier la sauce avec 2 c. à soupe de crème fraîche.

Si vous accompagnez les paupiettes de tomates ou de courgettes, elles peuvent cuire en même temps.

Vous pouvez cuire de la même façon des paupiettes de dinde, de poulet, de lapin.

Variantes

• **Paupiettes de veau à l'orange**
Supprimer le bouquet garni et ajouter le jus et le zeste d'une orange.
Lorsque les paupiettes de veau sont cuites, les retirer du feu et lier la sauce avec 2 c. à soupe de crème fraîche.

• **Paupiettes de veau au bacon**
Remplacer la farce par 4 tranches de bacon, poitrine fumée ou jambon.
N. B. Vous pouvez ajouter au bacon une lamelle de gruyère ou 3 pruneaux dénoyautés par paupiette.

• **Paupiettes de veau aux champignons et aux olives**
Supprimer la chair à saucisse et préparer la farce avec 200 g de champignons de Paris et ajouter 10 olives noires ou vertes dénoyautées.

• **Paupiettes de veau aux œufs durs (nids d'oiseaux)**
Poser sur chaque escalope 1 c. de farce et 1 œuf dur au centre. Rouler et ficeler l'escalope et faire cuire selon la méthode de votre choix. Servir la paupiette coupée en deux, chaque moitié représentant un nid.

BLANQUETTE DE VEAU
(viande bouillie)

QUANTITÉS : 4 À 5 PERSONNES

INGRÉDIENTS

– 1 kg de veau (200 à 250 g
par personne) composé par moitié
de morceaux maigres (épaule, côtes
découvertes, bas de carré)
et de morceaux gélatineux (poitrine,
tendron, flanchet, collet, jarret)
Bouillon :
– 1 carotte
– 1 oignon piqué d'un clou de girofle
– 2 l d'eau
– 2 c. à soupe de gros sel
(1 c. à soupe de gros sel par litre)
– 10 cl ou 1 verre de vin blanc sec
– poivre

Bouquet garni : 1 feuille de laurier,
1 branche de thym, 1 brin de persil
Sauce poulette :
– 50 cl de jus de cuisson
– 30 g de margarine
– 30 g de farine
– 2 jaunes d'œufs
– sel, poivre
Aromates : quelques feuilles
d'estragon frais ou sec, un filet de jus
de citron, ou une pincée de curry
au choix
Garniture : 150 à 200 g
de champignons de Paris, pommes
de terre vapeur, riz créole

Préparation : 30 mn • Cuisson : en faitout ordinaire : 1 h 30 ;
à l'autocuiseur : 45 à 50 mn (à partir du chuchotement de la soupape)
• Matériel : 1 faitout ou 1 autocuiseur, 1 casserole à fond épais
(antiadhérente), 1 cuillère en bois

PRÉPARATION DU BOUILLON

Faire chauffer l'eau avec la carotte coupée en rondelles, l'oignon (piqué d'un
clou de girofle), le bouquet garni, du sel et du poivre.

CUISSON

1) Quand le bouillon est chaud, ajouter le vin blanc et les morceaux de viande.
2) Couvrir et laisser cuire doucement selon le mode de cuisson de votre choix.

PRÉPARER LA SAUCE POULETTE

1) Lorsque la viande est cuite, prélever 50 cl de jus de cuisson.
2) Faire fondre la margarine.
3) Hors du feu, verser d'un seul coup la farine. Bien mélanger.
4) Remettre sur le feu jusqu'à ce que le mélange soit mousseux (roux blanc) ou
blond (roux blond) selon les goûts.
5) Retirer du feu et verser petit à petit le bouillon chaud jusqu'à ce que la sauce
ait une bonne consistance.
6) Remettre sur le feu et porter quelques minutes à ébullition en tournant sans
cesse.
7) Ajouter à ce moment-là les aromates au choix : estragon ou curry.
8) Hors du feu, verser la sauce sur les jaunes d'œufs.
9) Ajouter selon les goûts un filet de citron.

Service

Servir la blanquette de veau nature ou garnie de champignons de Paris coupés en lamelles et revenus et de riz créole ou de pommes de terre vapeur.

TÊTE DE VEAU

QUANTITÉS : 5 À 6 PERSONNES

INGRÉDIENTS

– 1 tête de veau roulée prête à cuire (1 kg environ)
– 200 g de carottes (2 carottes)
– 1 oignon piqué d'un clou de girofle
– 5 cl ou 1/2 verre de vinaigre
– 2 l d'eau
– 2 c. à soupe rases de gros sel (1 c. à soupe par litre d'eau)

– poivre
– 1 c. à soupe de farine
Bouquet garni : 1 feuille de laurier, 1 branche de thym, 1 brin de persil
Sauces d'accompagnement : poulette, vinaigrette, ravigote, gribiche au choix

Préparation : 15 mn • Blanchiment de la tête de veau : 10 mn • Cuisson : en faitout : 2 h ; à l'autocuiseur : 40 à 50 mn (à partir du chuchotement de la soupape) • Matériel : 1 faitout ou 1 autocuiseur

BLANCHIMENT DE LA TÊTE

1) Délayer la farine avec un peu d'eau.
2) Couvrir la tête d'eau froide et ajouter la farine délayée.
3) Porter à ébullition 10 mn et jeter l'eau.

CUISSON

1) Faire cuire la tête avec les carottes entières, l'oignon piqué d'un clou de girofle, le bouquet garni, du sel, du poivre et le vinaigre.
2) Couvrir d'eau froide et faire cuire doucement selon la méthode de votre choix.
3) La tête de veau est cuite lorsqu'une aiguille entre facilement dans la peau.

Service

Servir la tête de veau tiède ou froide avec une sauce au choix, de la moutarde et des cornichons.

PIED DE VEAU

QUANTITÉS : 1 PERSONNE

INGRÉDIENTS

– 1 pied de veau fendu
Sauces d'accompagnement :

poulette, normande, vinaigrette, ravigote, gribiche, tartare (au choix)

Préparation : 15 mn (voir la recette de la tête de veau) • *Blanchiment*
du pied : 10 mn • *Cuisson : en faitout : 2 h ; à l'autocuiseur : 40 à 50 mn*

PRÉPARATION

1) Faire blanchir et cuire le pied de veau comme la tête de veau.

2) Quand il est cuit, le servir tiède ou froid nature et accompagné d'une sauce au choix, ou pané et grillé (voir panure).

QUEUE DE VEAU
(voir langue de bœuf au chapitre des abats)

La queue de veau se cuit comme la langue de bœuf.

L'agneau

QUEL MORCEAU DE VIANDE CHOISIR ?

Choix des morceaux d'agneau			
	Morceaux	**Utilisations**	**Caractéristiques**
CUISSON RAPIDE	Gigot	Rôtis	Maigre. Tendre. Souvent vendu en gigot raccourci et selle qui, à son tour, est vendue entière ou en tranches dans le gigot.
	Côtelettes dans le filet		
	Côtelettes premières		
	Côtelettes secondes		
	Côtes découvertes	Grillades	Côtelettes dans le filet (sans manche) grassouillettes.
			Savoureuses.
	Selle anglaise	Rôtis	Morceau composé des deux filets.
	Épaule	Rôtis	Vendue avec os ou sans os.
			Désossée et roulée, elle se coupe diffici- lement en tranches une fois cuite.
		Braisés	**Rôtie avec os**, elle est plus savoureuse et se découpe comme le gigot.
			Coupée en morceaux pour les braisés.

CUISSON LENTE	Poitrine	Ragoûts (navarin)	Morceaux entre-lardés.
	Collet	Braisés ou sautés	Collet est un peu plus maigre.
	Haut de côtelettes		

1. Gigot
2. Selle
3. Côtes dans le filet, selle anglaise
4. Côtes premières, côtes secondes

5. Côtes découvertes
6. Épaule
7. Collet
8. Poitrine

COMBIEN DE TEMPS FAUT-IL POUR FAIRE CUIRE DE L'AGNEAU ?

Modes de cuisson	Grillades ou côtelettes	Rôtis	Viande bouillie cuisson longue et lente	Viande braisée sautée ou en cocotte cuisson longue et lente
Poêle ou gril	3 à 4 mn sur chaque face (poêle ou gril préchauffés)			
Broche		**Saignant :** 12 mn par 500 g		
		Rosé : 15 mn par 500 g (gigot, selle, carré, épaule)		
Four (électrique-gaz)		**Très saignant :** 10 mn par 500 g		
		Rosé : 12 à 15 mn par 500 g (gigot, selle, carré, épaule) th. 7-8 ou 240-260 °C		
Cocotte ordinaire				**Sauté d'agneau :** 1 h à 1 h 30 (collet, haut de côtes, épaule)
				Épaule d'agneau braisée : 1 h à 1 h 30
				Navarin : 1 h 30 (collet, basses côtes, poitrine)
Faitout			Gigot à l'anglaise : 15 mn par 500 g	
			Poitrine farcie : 2 h 30	
Autocuiseur			Gigot à l'anglaise : 5 mn par 500 g	**Sauté d'agneau :** 30 à 40 mn (collet, haut de côtes, épaule)
				Épaule d'agneau braisée : 30 à 40 mn
				Navarin : 35 mn

QUELLE QUANTITÉ D'AGNEAU FAUT-IL ACHETER ?

On compte en moyenne par personne :
– Grillade : 120-130 g
– Côtelette : 150-180 g
– Rôti (avec os) 200-300 g
Gigot :
– 1 à 1,5 kg (4 personnes)
– 2 à 2,5 kg (8 personnes)
– 3,5 à 4 kg (10 à 12 personnes)
Carré : 3 à 4 personnes
– Rôti (sans os) – Selle : 150-180 g (soit 1 selle pour 4 à 5 personnes)
– Épaule : 150-180 g (soit 1 épaule pour 4 à 5 personnes)
– Sauté, braisé, navarin (sans os) : 150-200 g (épaule)
– Sauté braisé, navarin (avec os) : 250 g (collet, poitrine, haut de côtelettes, basses côtes)

GRILLADE
OU CÔTELETTE D'AGNEAU

QUANTITÉS : 1 PERSONNE

INGRÉDIENTS

– Grillade : 120-130 g
– Côtelette : 150-180 g
Choix des morceaux :
– Grillade : haut de gigot
– Côtelette : dans le filet, première, seconde, découverte
– 1 c. à soupe d'huile ou bombe à huiler (très faible en calories)
– sel, poivre
Aromates : ail, oignon, échalote, madère, xérès (au choix)
Herbes de Provence : thym, romarin, marjolaine, basilic, sarriette (au choix)

Épices : curry, paprika
Garniture : beurre frais, persil, beurre maître d'hôtel, beurre d'escargot, d'estragon, crème
Sauces d'accompagnement : béarnaise, soubise, aux raisins
Accompagnement : légumes : champignons, haricots verts, tomates, fenouil, céleri ; féculents : pommes de terre, pâtes, riz, couscous ; légumes secs (haricots blancs, flageolets, pois cassés, fèves)

Préparation : 5 mn • Cuisson de la grillade ou de la côtelette : à la poêle : 2 à 4 mn (selon l'épaisseur) sur chaque face ; au gril : 2 à 4 mn (sur gril préchauffé 5 mn) sur chaque face • Matériel : 1 poêle ou 1 gril, 1 pinceau ou 1 bombe à huiler, 1 palette en bois

Variantes

• **Grillade ou côtelette à la poêle**
1) Cuisson : préchauffer la poêle avec un peu d'huile. Saupoudrer la viande avec des herbes de Provence ou des épices. Si vous mettez de l'ail, ne l'ajouter

pas avant la fin de la cuisson pour éviter qu'il ne devienne amer. Lorsque la poêle est chaude mais non fumante, déposer la grillade ou la côtelette préparée. La faire dorer à feu vif puis la laisser cuire 2 à 4 mn. La retourner avec une palette et non avec une fourchette (pour empêcher le jus de s'échapper). La laisser de nouveau dorer et cuire 2 à 4 mn selon l'épaisseur. Quand la viande est cuite, la saler et poivrer.

2) Service : servir sur une assiette chaude avec du beurre, du persil haché ou une garniture au choix.

• **Grillade ou côtelette au gril**
1) Cuisson : préchauffer le gril (5 mn). Saupoudrer la viande avec des herbes de Provence ou des épices. Huiler au pinceau ou à la bombe. Si vous mettez de l'ail, ne l'ajouter pas avant la fin de la cuisson pour éviter qu'il ne devienne amer. Lorsque le gril est chaud, faire griller la viande 4 à 8 mn et la retourner si nécessaire à mi-cuisson.

2) Service : saler, poivrer et servir sur une assiette chaude avec du beurre, du persil haché ou une autre garniture au choix.

• **Grillades ou côtelettes à la crème d'ail : 4 PERSONNES**
1) Faire cuire les grillades ou les côtelettes selon la recette de base.
Crème d'ail : 1 verre de lait, 5 gousses d'ail (1 tête), 4 c. à soupe de crème fraîche.
2) Préparer la crème d'ail. Éplucher les gousses d'ail et les mettre à blanchir dans le lait (10 mn à la casserole ou 3 à 4 mn au micro-ondes). Les égoutter et les mixer. Ajouter à la purée d'ail le jus de cuisson des grillades et côtelettes, la crème fraîche, du sel et du poivre.
3) Service : servir les grillades ou côtelettes nappées de crème d'ail.

• **Grillades ou côtelettes panées : 4 PERSONNES**
Panure : 1 œuf, 4 c. à soupe de chapelure.
Tremper les grillades ou les côtelettes dans l'œuf battu puis les passer dans la chapelure et les faire cuire selon la recette de base.

RÔTI D'AGNEAU

INGRÉDIENTS

– Rôti avec os : 200-300 g (gigot, carré, faux carré)
– Rôti sans os : 150-180 g (gigot désossé, selle, épaule désossée)
Morceaux ordinaires :
– 1 épaule (4 à 5 personnes)
– Faux carré : 8 côtes secondes, découvertes (4 à 5 personnes)

Morceaux de choix :
– 1 gigot de lait : 1 à 1,5 kg (4 à 5 personnes)
– 1 gigot de laiton : 2 à 2,5 kg (8 personnes)
– 1 gigot de broutard : 3,5 à 4 kg (10 à 12 personnes)
– 1 selle d'agneau (4 à 5 personnes)

– 1 carré de 8 côtes (4 personnes)
– huile, margarine ou bombe à huiler (très faible en calories)
– sel, poivre
Sauces d'accompagnement : beurre d'escargot, estragon, fines herbes (persil, menthe, sauge), béarnaise au choix

Aromates : herbes de Provence (thym, romarin, sarriette), ail (1 gousse), cognac au choix
Accompagnement : légumes : haricots verts, tomates, fenouil, céleri, champignons ; féculents : pommes de terre, pâtes, riz, couscous ; légumes secs (haricots blancs, flageolets, pois cassés, fèves)

Préparation : 5 mn • Préchauffage : du four ou de la broche : 10 à 15 mn • Cuisson : au four : 10 mn par 500 g à th. 8 ou 250-260 °C (très saignant) ; 12 à 15 mn par 500 g (rosé) ; à la broche : 12 mn par 500 g (saignant) ; 15 mn par 500 g (rosé) • Matériel : 1 palette, 1 pinceau ou 1 bombe à huiler

Variantes

• Rôti au four

1) Préparation : préchauffer le four à la température indiquée. Piquer le gigot avec l'ail à la naissance de l'os (entre le manche et la souris). Pour les autres rôtis, piquer l'ail entre le gras et la chair. Badigeonner le rôti d'huile et le saupoudrer d'herbes de Provence (facultatif).

2) Cuisson : sur la tôle creuse du four, mettre une grille et y déposer le rôti (pour éviter que la viande ne baigne dans le jus qui la durcirait). À mi-cuisson, retourner le rôti avec une palette (ne pas piquer avec une fourchette qui favorise la perte de jus). S'il est gros, l'arroser avec le jus. Un rôti cuit « saignant » doit laisser perler une goutte de sang rosé quand on le pique. Saler et poivrer seulement au moment de servir (pour éviter au jus de s'échapper).

3) Service : découper le rôti en tranches et les déposer dans un plat long et chaud. Prévoir également des assiettes chaudes car la graisse d'agneau fige instantanément. Déglacer la tôle creuse avec un peu d'eau bouillante en grattant le fond du plat.

4) Recueillir le jus (dégraisser si nécessaire) et le servir à part en saucière chaude. Accompagner ou non le rôti de légumes au choix.

N. B Le rôti cuit peut très bien attendre 10 à 15 mn enveloppé dans une feuille d'aluminium avant d'être servi. Cela permet à la viande de se détendre et d'être plus souple. Vous pouvez aussi faire rôtir votre morceau de viande enveloppé dans un sac à rôtir (le même qui est utilisé pour le micro-ondes). Vous obtiendrez un rôti moelleux qui peut attendre 10 à 15 mn au chaud. Le grand avantage de ce sac est de laisser le four propre.

• Rôti à la broche

1) Préparation : préchauffer la broche le temps nécessaire. Piquer le gigot avec l'ail à la naissance de l'os (entre le manche et la souris). Pour les autres rôtis, piquer l'ail entre le gras et la chair. Badigeonner le rôti d'huile et le saupoudrer d'herbes de Provence (facultatif).

2) Cuisson : embrocher. Saler et poivrer à la sortie du four.

3) Service : découper le rôti en tranches et les déposer dans un plat long et chaud. Prévoir également des assiettes chaudes car la graisse d'agneau fige instantanément.

N. B. Le rôti à la broche est plus moelleux qu'au four car le jus reste à l'intérieur. C'est la raison pour laquelle on recueille peu ou pas de sauce dans la tôle creuse située sous le rôti.

GIGOT À LA CRÈME D'AIL

QUANTITÉS : **8 à 10** PERSONNES

INGRÉDIENTS

– 1 gigot de laiton de 2 à 2,5 kg
– huile ou bombe à huiler
Crème d'ail :
– 1 verre de lait

– 10 gousses d'ail (2 têtes environ)
– 2 c. à soupe de chapelure
ou 2 biscottes écrasées
– sel, poivre

Préparation : 15 mn • Blanchiment de l'ail : à la casserole : 10 mn ; au microondes (couvert) : 3 à 4 mn • Préchauffage : du four ou de la broche : 10 à 15 mn à th. 8 ou 250-260 °C • Cuisson du gigot : au four : 50 mn (très saignant) ; 1 h 10 (rosé) ; à la broche : 1 h (saignant) ; 1 h 15 à 1 h 30 (rosé) ; au micro-ondes : 20 mn (saignant) ; 25 mn (à point) • Matériel : 1 palette, 1 pinceau ou 1 bombe à huiler, 1 feuille d'aluminium, 1 mixeur

PRÉPARATION

1) Allumer le four si nécessaire à la température désirée.
2) Huiler le gigot.

CUISSON

Mettre à cuire selon la méthode de votre choix.

PRÉPARATION DE LA CRÈME D'AIL

1) Éplucher l'ail.
2) Le mettre à blanchir avec le lait.
3) L'égoutter.
4) Le passer au mixeur.
5) Mélanger la purée d'ail avec la chapelure ou les biscottes écrasées et du poivre.
6) À mi-cuisson du gigot, l'enduire de crème d'ail avec un pinceau.
7) Le remettre à cuire selon le degré de cuisson désiré.
8) Lorsque le gigot est cuit, l'envelopper dans une feuille d'aluminium.
9) Le laisser reposer 5 à 10 mn.

Service

1) Le découper en tranches et les servir sur un plat long chaud.
2) Prévoir également des assiettes chaudes.
3) Accompagner de légumes : haricots verts, tomates poêlées, fenouil, jardinière de légumes, pommes de terre dauphine au choix.

ÉPAULE D'AGNEAU BRAISÉE

QUANTITÉS : 5 À 6 PERSONNES

INGRÉDIENTS

– 1 épaule d'agneau de 1 à 1,5 kg (désossée et roulée)
– 1 oignon
Bouillon de bœuf frais ou en cube instantané :
– 10 cl ou 1 verre pour la cuisson à l'autocuiseur
– 50 cl pour la cuisson à la cocotte ordinaire

– sel, poivre
– 1 c. à soupe d'huile
Bouquet garni : 1 feuille de laurier, 1 branche de thym, 1 brin de persil
Aromates : coriandre, cumin, curry, gingembre, paprika, poivre de Cayenne, safran (au choix)

Préparation : 15 mn • Cuisson : à la cocotte ordinaire : 1 h à 1 h 30 ; à l'autocuiseur : 30 à 40 mn • Matériel : 1 cocotte en fonte ou en aluminium ou 1 autocuiseur, 1 assiette, 2 cuillères en bois

PRÉPARATION

1) Faire revenir l'épaule sur toutes ses faces avec les deux cuillères en bois.
2) Ajouter l'oignon coupé en rondelles.
3) Laisser dorer sans brunir.
4) Arroser avec le bouillon.
5) Ajouter le bouquet garni et les aromates (facultatif), du sel et du poivre.

CUISSON

1) Fermer la cocotte et laisser cuire doucement.
2) Lorsque la viande est cuite, l'égoutter.

Service

1) La couper en tranches et servir sur un plat long et chaud.
2) Prévoir également des assiettes chaudes.
3) Dégraisser le jus de cuisson et le servir en saucière.

N. B. Si vous voulez épaissir la sauce, il suffit d'ajouter 1 c. à café rase de fécule délayée dans un peu d'eau froide et de porter à ébullition quelques instants en tournant jusqu'à épaississement.

Variantes

• **Épaule d'agneau braisée aux raisins**
Ajouter au bouillon 200 g de raisins secs arrosés de 1 c. à soupe de cognac. Quand l'épaule d'agneau est cuite, vous pouvez lier la sauce avec 2 c. à soupe de crème fraîche (hors du feu). L'épaule d'agneau aux raisins peut se servir seule ou accompagnée de riz créole.

• **Gigot braisé**
Préparer et faire cuire comme dans la recette de l'épaule d'agneau braisée. La cuisson est moins longue. Pour 1 gigot de 2 à 2,5 kg, compter 50 à 60 mn à la cocotte ordinaire, 30 mn à l'autocuiseur.

SAUTÉ D'AGNEAU

QUANTITÉS : 4 PERSONNES

INGRÉDIENTS

– 1 kg d'agneau avec os ou 800 g
d'agneau sans os
Morceaux gras : haut de côtes
(8 côtes), collier
Morceaux maigres : épaule
– 2 c. à soupe d'huile
– 10 cl ou 1 verre de vin blanc
– 10 cl ou 1 verre d'eau
– 1 oignon ou 2 échalotes

– 2 c. à soupe d'huile,
Bouquet garni : 1 feuille
de laurier, 1 branche de thym, 1 brin
de persil, romarin
Aromates : ail, cumin, curry,
gingembre, coriandre, paprika, poivre
de Cayenne, genièvre, menthe,
concentré de tomates, poitrine fumée
(au choix)

*Préparation : 15 mn • Cuisson : à la cocotte ordinaire : 1 h ; à l'autocuiseur :
30 à 40 mn (à partir du chuchotement de la soupape) • Matériel : 1 cocotte en
fonte ou en aluminium ou 1 autocuiseur, 1 cuillère en bois, 1 assiette*

PRÉPARATION

1) Couper la viande en morceaux (si nécessaire).
2) La faire revenir avec un peu d'huile et la réserver sur une assiette.
3) Hacher l'oignon ou les échalotes et les faire dorer avec un peu d'huile (sans
les laisser brunir).
4) Arroser avec l'eau et le vin.
5) Ajouter le bouquet garni et des aromates (facultatif), du sel et du poivre.

CUISSON

Fermer la cocotte et laisser cuire doucement selon la méthode de votre choix.

Service

1) Lorsque la viande est cuite, l'égoutter.
2) La couper en tranches et servir dans un plat long et chaud arrosée de sauce.
3) Prévoir également des assiettes chaudes.

*N. B. Vous pouvez épaissir la sauce en ajoutant 2 c. à café de fécule de pommes
de terre ou de Maïzena délayée dans un peu d'eau froide et porter à ébullition
quelques instants en tournant jusqu'à épaississement.*

Variantes

• **Sauté d'agneau au citron**
Couper en cubes une épaule d'agneau. Ajouter 1 gousse d'ail. Remplacer
l'huile d'arachide par de l'huile d'olive et le vin blanc par le jus de 2 citrons.

• **Sauté d'agneau au curry (indien)**
Couper en cubes une épaule d'agneau. Remplacer le vin blanc et l'eau par
3 yaourts (bulgares de préférence). Ajouter au bouquet garni 2 gousses d'ail. Parfumer avec 1 c. à café de curry et 1 c. à café de coriandre. Servir avec du riz créole.

• **Sauté d'agneau au paprika (hongrois)**
Parfumer avec 1 c. à café de paprika (ne pas poivrer). Ajouter au bouquet garni
4 tomates ou 1 c. à café de concentré de tomates. Lier la sauce avec 2 c. à soupe
de crème fraîche. Servir avec des pommes de terre vapeur, des pâtes ou du riz.

*Côte de veau
(recette p. 156)* ▶

NAVARIN

QUANTITÉS : 4 PERSONNES

INGRÉDIENTS

– 1 kg d'agneau (collet, haut de
côtelettes, basses côtes, poitrine)
– 1 oignon
– 1 gousse d'ail
– 2 c. à soupe d'huile ou 20 g
de margarine
Bouquet garni : 1 feuille
de laurier, 1 branche de thym, 1 brin
de persil

Légumes d'accompagnement :
– 1 kg de navets
– 400 g de carottes (4 carottes)
Sauce blonde ou brune :
– 50 cl de bouillon de bœuf frais
ou en cube
– 2 c. à soupe d'huile
– 30 g de farine
– sel, poivre

Préparation : 15 mn • Cuisson : à la cocotte ordinaire : 1 h 30 ;
à l'autocuiseur : 35 à 40 mn • Matériel : 1 cocotte en fonte ou en aluminium ou
1 autocuiseur, 1 assiette, 2 cuillères en bois

PRÉPARATION DE LA VIANDE ET DES LÉGUMES

1) Faire dorer la viande coupée en morceaux avec un peu d'huile
ou de margarine.
2) Retirer du feu et éliminer la matière grasse.
3) Faire revenir l'oignon coupé en morceaux.
4) Retirer du feu et éliminer la matière grasse.

PRÉPARATION DE LA SAUCE

1) Faire chauffer l'huile.
2) Hors du feu verser d'un seul coup la farine. Bien mélanger.
3) Remettre sur le feu jusqu'à ce que le mélange devienne blond ou brun clair
(couleur caramel).
4) Retirer du feu et verser le bouillon d'un seul coup sur le roux. Bien diluer.
5) Ajouter l'ail coupé en morceaux, l'oignon, le bouquet garni, la viande, du sel
et du poivre.

CUISSON

Fermer la cocotte et faire cuire doucement selon la méthode de votre choix.

PRÉPARATION DES LÉGUMES

1) Les éplucher, les laver et les couper en dés.
2) Les ajouter 30 mn avant la fin de la cuisson pour la cocotte ordinaire, 20 mn
avant la fin de la cuisson pour l'autocuiseur.

Service

Servir le navarin entouré des légumes et de la sauce.
N. B. La moitié du bouillon peut être remplacée par du vin blanc, de la bière.
Pour les légumes riches en glucides comme les féculents (pommes de terre, hari-
cots blancs, pois chiches, etc.), le roux blond ou brun n'est pas indispensable car
la sauce sera naturellement onctueuse.

◄ *Blanquette de veau*
(recette p. 166)

Le porc

QUEL MORCEAU DE VIANDE CHOISIR ?

Choix des morceaux de porc			
	Morceaux	**Utilisations**	**Caractéristiques**
CUISSON RAPIDE	Jambon	Vendu cuit en jambon blanc ou salé, fumé	Maigre avec couverture de gras
		Rôtis	
	Côtes dans le filet		— **Côtes dans le filet** maigres tendres, peu d'os
	Côtes premières	Rôtis désossés ou côtelettes	— **Côtes premières :** maigres
	Échine		— **Échine :** assez grasse, plus ferme, savoureuse
	Épaule	Rôtis	Maigre
	Pointe	Braisés	**Palette :** gélatineux et moelleux
	Palette		
CUISSON LENTE	Poitrine	Ragoût	**Poitrine :** se vend salée ou fraîche. Morceaux entrelardés
	Jarret	Bouilli (potée)	plus maigre

1. Jambon
2. Filet ou côtes dans le filet
3. Côtes premières
4. Échine
5. Épaule

6. Palette
7. Pointe
8. Poitrine
9 et 10. Jarret

COMBIEN DE TEMPS FAUT-IL POUR FAIRE CUIRE DU PORC ?

Modes de cuisson	Grillades ou côtelettes	Rôtis	Viande bouillie cuisson longue et lente	Viande brai-sée, sautée ou cocotte cuisson longue et lente
À la poêle	3 à 4 mn sur cha-que face			
Au gril	3 à 4 mn sur cha-que face (gril préchauffé 5 mn)			
À la broche		1 h 15 à 1 h 30 par kg		
Au four (éléctrique-gaz)		1 h 15 à 1 h 30 par kg		th. 7 ou 240 °C
				Préchauffé 10 à 15 mn
Cocotte ordinaire		1 h 15à 1 h 30 par kg		1 h 30
Faitout			Potée : 2 h 30	Jambon : 1 h par kg
Autocuiseur	10 à 15 mn à partir du chu-chotement de la soupape	40 à 50 mn	Potée : 50 à 60 mn	30 à 40 mn

QUELLE QUANTITÉ DE PORC FAUT-IL ACHETER ?

On compte en moyenne par personne :
– Grillade : 120-130 g
– Côtelette : 150-180 g
– Rôti (sans os) 150-180 g
– Rôti (avec os) 200 g
– Potée, braisé, sauté, ragoût (sans os) 150-200 g
– Potée, braisé, sauté, ragoût (avec os) 250 g

GRILLADE OU CÔTE DE PORC

QUANTITÉS : 1 PERSONNE

INGRÉDIENTS

– grillade : 120-130 g
– côtelette : 150-180 g
Choix des morceaux :
– grillade : filet, carré, échine
– côtelette : carré (côte dans le filet, première, échine)
– 1 c. à soupe d'huile ou bombe à huiler (très faible en calories)
– sel, poivre
Aromates : herbes de Provence (thym, romarin, marjolaine, basilic, sauge, sarriette) ciboulette, oignon, ail, échalote, cognac, porto, madère, xérès, moutardes aromatisées (douce, à l'ancienne, à l'estragon, au poivre vert) (au choix)

Épices : curry, paprika, poivre de Cayenne
Garniture : crème fraîche ou petit-suisse, beurre, persil
Sauces d'accompagnement : normande, tomate, chasseur, charcutière, soubise, financière, bercy, robert, ketchup, aigre-douce, chutney aux fruits, aux légumes (au choix)
Accompagnement : légumes : champignons, fenouil, céleri, choux, tomate (au choix) ; féculents : pommes de terre, pâtes, riz, couscous ; légumes secs : lentilles, haricots, pois cassés ; fruits : pomme, orange, ananas, banane, pruneaux

Préparation : 5 mn • Cuisson de la grillade ou de la côtelette : à la poêle : 3 à 4 mn (selon l'épaisseur) sur chaque face ; à l'autocuiseur : 10 à15 mn (à partir du chuchotement de la soupape) ; au gril : 3 à 4 mn (sur gril préchauffé 5 mn) • Matériel : 1 poêle, 1 gril, 1 autocuiseur, 1 pinceau ou bombe à huiler

Variantes

• **Grillade ou côte de porc à la poêle**
1) Préparation : préchauffer la poêle avec un peu d'huile. Saupoudrer la viande avec des herbes de Provence ou des épices ou l'enrober de moutarde aromatisée.
2) Cuisson : lorsque la poêle est chaude mais non fumante, déposer la grillade ou la côte préparée. La faire dorer à feu vif puis la laisser cuire 3 à 4 mn à feu modéré. La retourner avec une palette et non avec une fourchette (pour empêcher le jus de s'échapper). La laisser de nouveau dorer et cuire 3 à 4 mn selon l'épaisseur. Quand la viande est cuite, la saler et poivrer. Déglacer la poêle avec un peu d'eau chaude, de crème fraîche ou de petit-suisse.
3) Service : servir la viande sur une assiette chaude, arrosée du jus de cuisson.

• **Grillade ou côte de porc au gril**
1) Préparation : préchauffer le gril (5 mn). Enrober la grillade ou la côte avec de la moutarde aromatisée au choix (facultatif). Saupoudrer d'herbes de Provence. Huiler au pinceau ou à la bombe.
2) Cuisson : lorsque le gril est chaud, la faire griller 6 à 8 mn et la retourner si nécessaire à mi-cuisson.
3) Service : saler, poivrer et servir sur une assiette chaude avec du beurre et du persil haché.

• **Grillade ou côte de porc à l'autocuiseur**
1) Préparation : la grillade ou la côte de porc s'accommode très bien de la cuisson à l'autocuiseur, à condition de n'être pas panée. Préchauffer l'autocui-

seur avec un peu d'huile. Saupoudrer la viande avec des herbes de Provence ou des épices. Saler, poivrer.

2) Cuisson : faire dorer la viande sur les deux faces dans l'autocuiseur. La retourner avec une palette. Fermer l'autocuiseur et laisser cuire 10 à 15 mn (à partir du chuchotement de la soupape) à feu très doux.

3) Service : servir la grillade ou la côte, arrosée du jus de cuisson.

N. B. Comme dans la cuisson à la poêle, vous pouvez lier la sauce avec de la crème fraîche ou un petit-suisse.

• **Grillades ou côtes de porc à la tomate**
Lorsque les côtes de porcs sont cuites, déglacer la poêle avec 1 verre de vin blanc sec et ajouter 2 c. à soupe de concentré de tomates, du thym, 1 c. à soupe de moutarde, 20 g de beurre, des fines herbes et des rondelles de cornichon, et servir.

• **Grillades ou côtes de porc au bacon**
Voir la recette de l'escalope ou de la côte de veau au bacon.

• **Grillades ou côtes de porc aux oignons (à la lyonnaise)**
Déglacer la poêle avec 1 verre de vin blanc sec et du thym. Ajouter 1 oignon coupé en rondelles et revenu.

• **Grillades ou côtes de porc à la milanaise ou à la viennoise**
Voir les recettes des escalopes ou des côtes de veau à la milanaise ou à la viennoise.

RÔTI DE PORC

QUANTITÉS : 6 PERSONNES

INGRÉDIENTS

– 1 kg (sans os) et 1,2 kg (avec os)
Morceaux ordinaires : épaule, échine, pointe de filet
Morceaux de choix : filet, filet mignon (350-400 g), carré, jambon (2-3 kg)
– huile, margarine ou bombe à huiler (très faible en calories)
– sel, poivre
Aromates : herbes de Provence (thym, romarin, marjolaine, basilic, sauge, sarriette) oignon, ail, échalote, cognac, porto, madère, xérès, moutardes aromatisée (forte, douce, à l'ancienne, à l'estragon, au poivre vert), tranches de poitrine fumée ou bacon (au choix)

Épices : curry, paprika, poivre de Cayenne, baies de genièvre
Sauces d'accompagnement : normande, tomate, chasseur, charcutière, soubise, financière, bercy, robert, aigre-douce, chutney aux fruits, aux légumes
Accompagnement : légumes : champignons, fenouil, céleri, choux, choux de Bruxelles tomates ; féculents : pommes de terre, pâtes, riz, couscous ; légumes secs : lentilles, haricots, pois cassés (au choix) ; fruits : pommes, orange, ananas, banane, pruneaux, marrons

Préparation : 5 mn • *Préchauffage : du four ou de la broche : 10 à 15 mn* • *Cuisson du rôti (pour 1 kg) : au four : 1 h à 1 h 15 à th. 7 ou 220 °C ; à la broche : 1 h 15 à 1 h 30 ; à l'autocuiseur : 40 à 50 mn (à partir du chuchotement de la soupape) ; à la cocotte ordinaire : 1 h 15 à 1 h 30* • *Matériel : 1 pinceau ou 1 bombe à huiler, 1 palette*

Variantes

• **Rôti au four**
1) Préparation : préchauffer le four à la température indiquée. Badigeonner le rôti avec un peu d'huile et le saupoudrer d'herbes de Provence ou d'autres épices.
2) Cuisson : sur la tôle creuse du four, mettre une grille et y déposer le rôti (pour éviter que la viande ne baigne dans le jus qui la durcirait). À mi-cuisson, retourner le rôti avec une palette (ne pas le piquer avec une fourchette qui favorise la perte de jus). L'arroser de temps en temps avec le jus de cuisson. Rajouter de l'eau si nécessaire. Le rôti de porc est cuit lorsqu'il laisse échapper un jus incolore quand on le pique. Saler et poivrer seulement au moment de servir (pour éviter au jus de s'échapper).
3) Service : découper le rôti en tranches fines et servir dans un plat long chaud. Déglacer la tôle creuse en mettant un peu d'eau bouillante et en grattant le fond du plat. Recueillir le jus et le servir en saucière. Accompagner ou non le rôti de légumes au choix.
    N. B. Vous pouvez cuire aussi le rôti de porc enveloppé dans un sac à rôtir. Le grand avantage de ce sac est de laisser le four impeccable. Si le rôti doit attendre 10 à 15 mn il restera chaud et moelleux en le laissant dans le sac à rôtir ou en l'enveloppant d'une feuille d'aluminium.

• **Rôti à la broche**
1) Préparation : préchauffer la broche le temps nécessaire. Badigeonner le rôti avec un peu d'huile et le saupoudrer d'herbes de Provence ou d'autres épices
2) Cuisson : embrocher. Saler et poivrer à la sortie du four.
3) Service : découper le rôti en tranches fines et servir dans un plat long et chaud.
    N. B. Le rôti à la broche est plus moelleux qu'au four car le jus reste à l'intérieur. C'est la raison pour laquelle on recueille peu ou pas de sauce.

• **Rôti à la cocotte ordinaire**
1) Préparation : faire dorer le morceau de viande de toutes parts avec de l'huile ou de la margarine. Saupoudrer d'herbes de Provence, d'épices ou d'autres aromates. Mouiller avec 20 cl ou 2 verres de liquide (bouillon, vin blanc, bière, cidre, lait). Saler et poivrer.
2) Cuisson : couvrir et laisser cuire à feu doux.
3) Service : quand le rôti est cuit, le découper en tranches et servir arrosé du jus de cuisson.

• **Rôti à l'autocuiseur**
1) Préparation : faire dorer le morceau de viande de toutes parts avec l'huile ou la margarine. Saler, poivrer et saupoudrer d'herbes de Provence (facultatif). Accompagner ou non d'échalotes et d'oignons coupés en morceaux.
2) Cuisson : fermer la cocotte et laisser cuire doucement.
    N. B. La cuisson à l'autocuiseur convient très bien au rôti de porc qui reste moelleux et juteux.

RÔTI DE PORC AUX PRUNEAUX

QUANTITÉS : 6 PERSONNES

INGRÉDIENTS

– 1 kg de porc (sans os)
– 6 pruneaux
– huile ou margarine, ou bombe à huiler

– sel, poivre
Garniture : 1 kg de pommes (6 belles pommes), 12 pruneaux, 30 g de beurre

Préparation : 15 mn • Cuisson : au four : 1 h à 1 h 15 mn à th. 7 ou 220 °C ; à la broche : 1 h 15 à 1 h 30 ; à la cocotte ordinaire : 1 h 15 à 1 h 30 ; à l'autocuiseur : 40 à 50 mn (à partir du chuchotement de la soupape) • Cuisson des pommes : au four : 30 mn à th. 5 ou 200 °C • Matériel : 1 pinceau ou 1 bombe à huiler, 1 palette, 1 cuillère en bois, 1 vide-pomme

PRÉPARATION ET CUISSON DU RÔTI

1) Transpercer le rôti dans toute sa longueur avec la cuillère en bois.
2) Introduire les 6 pruneaux dénoyautés les uns après les autres et les pousser dans le trou.
3) Huiler le rôti et le faire cuire selon la méthode de votre choix.

PRÉPARATION ET CUISSON DES POMMES

1) À l'aide du vide-pomme, ôter le cœur de chaque pomme.
2) Farcir les pommes non épluchées avec 2 pruneaux dénoyautés et un petit morceau de beurre.
3) Faire cuire les pommes au four.

Service

Servir le rôti accompagné des pommes aux pruneaux.
N. B. Vous pouvez utiliser la même recette pour un rôti de veau ou de dindonneau.

Pour donner un air exotique à votre rôti aux pruneaux, vous pouvez le parfumer avec des épices en faisant gonfler les pruneaux (2 mn au micro-ondes ou 5 mn à la casserole) dans le mélange suivant : 10 cl de vin rouge ou de porto, 1 zeste de citron jaune, 1 pincée de cannelle ou quelques grains de coriandre, 1 clou de girofle, 2 morceaux de sucre. Conserver le jus des pruneaux et en arroser le rôti au cours de la cuisson.

Variantes

Voir la variante du rôti de porc au lait et aux pruneaux. Autres variantes (voir la recette du sauté de veau).

SAUTÉ DE PORC
(Voir la recette du sauté de veau et ses variantes)

LA POTÉE

QUANTITÉS : 6 PERSONNES

INGRÉDIENTS

- 500 g de petit salé (poitrine, palette, collet, jarret, jambonneau)
- 250 g de poitrine fumée
- 6 petites saucisses
- 1 saucisson fumé à cuire
- 6 carottes
- 3 poireaux
- 1 navet
- 1 chou
- 1 branche de céleri

- 6 grosses pommes de terre
- 1 oignon piqué d'un clou de girofle
- 1 gousse d'ail
- 2 l d'eau
- poivre, 5 à 6 baies de genièvre, quelques grains de coriandre (facultatif)
- **Bouquet garni :** 1 feuille de laurier, 1 branche de thym, 1 brin de persil,

Préparation : 20 mn • Trempage : 12 h • Cuisson : en faitout : 2 h 30 ; à l'autocuiseur : 50 à 60 mn • Matériel : 1 faitout ou 1 autocuiseur, 1 écumoire

PRÉPARATION DU PETIT SALÉ

La veille

1) Faire tremper le petit salé pour le dessaler.
2) Renouveler l'eau trois ou quatre fois.

PRÉPARATION DE LA POTÉE

Le jour même

1) Dans le faitout ou l'autocuiseur, mettre le petit salé et la poitrine fumée.
2) Couvrir d'eau froide.
3) Porter à ébullition quelques minutes et écumer.
4) Ajouter les poireaux attachés avec une ficelle, les carottes et le navet épluchés, le céleri, l'oignon piqué d'un clou de girofle, l'ail, le bouquet garni attaché avec une ficelle, du poivre, des baies de genièvre ou de la coriandre (facultatif).

CUISSON

1) Couvrir et faire cuire doucement selon la méthode de votre choix.
2) Ajouter les saucisses, le saucisson, les pommes de terre et le chou 1 h avant la fin de la cuisson au faitout, 20 mn avant la fin de la cuisson en autocuiseur.
3) Rectifier l'assaisonnement.

Service

Servir la potée garnie de légumes et accompagnée de moutarde et de cornichons.

N. B. Vous pouvez servir le bouillon tel quel en potage mais il est conseillé de le laisser refroidir au réfrigérateur pour le dégraisser. Ne le laissez jamais séjourner à la température ambiante car il s'altère très vite. Vous pouvez pour l'épaissir le faire bouillir 5 mn avec du vermicelle ou du tapioca (10 g = 1 c. à soupe par personne).

Variantes

• **Potée alsacienne**
Remplacer le petit salé par un jambonneau fumé et le saucisson fumé par un saucisson à l'ail.

• **Potée auvergnate**
Remplacer les légumes par 350 g de lentilles et les saucisses par une farce composée de 200 g de chair à saucisse, 100 g de mie de pain rassis, 1/2 verre de bouillon, 1 œuf, 1 échalote, 1 gousse d'ail, du persil, de la ciboulette, du sel et du poivre. Ajouter quelques tiges de bettes.

• **Potée berrichonne**
Remplacer les pommes de terre par 250 g de haricots rouges cuits séparément avec 25 cl de vin rouge et 2 ou 3 oignons.

• **Potée périgourdine**
Ajouter au bouillon 300 g de potiron, épluché et coupé en cubes.

• **Potée lorraine**
Remplacer les pommes de terre par 250 g de haricots blancs secs.

JAMBON À L'ANANAS
(à la louisiane)

QUANTITÉS : **10** PERSONNES

INGRÉDIENTS

– 1 jambon type York de 2 kg environ
Court-bouillon :
– 2 l d'eau environ
– 1 oignon
– **Bouquet garni :** 1 branche de thym, 1 feuille de laurier
– **Aromates :** 5 à 6 baies de genièvre ou quelques grains de coriandre
Cuisson au four :
– 30 clous de girofle environ

– 5 cl ou 1/2 verre de vinaigre de Xérès ou à défaut du vinaigre de cidre
– 2 c. à soupe de sucre de canne liquide ou de miel
– sel, poivre
Aromates : 1 pincée de cannelle ou de noix de muscade râpée
Garniture : 2 boîtes de 10 tranches d'ananas + 2 c. à soupe de vinaigre de Xérès

Préparation : le premier jour : dessalage du jambon dans l'eau froide : 12 h ; le deuxième jour : court-bouillon : 5 mn ; le troisième jour : élimination de la peau grasse et piquetage des clous de girofle : 30 mn • Cuisson : le deuxième jour : en faitout : 2 h à 2 h 30 au court-bouillon frémissant ; à l'autocuiseur : 1 h 30 (à partir du chuchotement de la soupape) ; le troisième jour : au four : 1 h à th. 6-7 ou 200-220 °C ; à la broche : 1 h 30 à 2 h • Matériel : pour le court-bouillon : 1 faitout ou 1 autocuiseur ; pour la cuisson au four : 1 plat à four

PRÉPARATION

Premier jour : dessalage du jambon

Mettre le jambon à dessaler une nuit dans de l'eau froide.

Deuxième jour : préparation du court-bouillon
Mettre ensemble l'oignon, le jambon égoutté, le bouquet garni et les aromates : genièvre ou coriandre.

Précuisson du jambon
Couvrir de court-bouillon et faire cuire doucement le jambon selon la méthode de votre choix.
Laisser le jambon tiédir avant de l'égoutter.

Troisième jour : préparation du jambon précuit

1) Ôter la peau grasse.
2) À l'aide d'un couteau, quadriller le jambon de carrés de 2 à 3 cm de côté.
3) Piquer un clou de girofle au centre de chaque carré.
4) Saupoudrer de cannelle ou de noix de muscade râpée.

CUISSON

1) Faire cuire le jambon selon la méthode de votre choix au four ou à la broche.
2) Arroser de temps en temps au cours de la cuisson avec le vinaigre.
3) Lorsque le jambon commence à dorer, l'arroser de sucre de canne liquide ou de miel.

Service

Servir le jambon chaud entouré de tranches d'ananas réchauffées au préalable avec un peu de sirop de canne et de vinaigre.
N.B. Le jambon peut être acheté dessalé et précuit, il suffit alors de le faire cuire au four.

Variantes

• **Jambon à la choucroute (à l'alsacienne)**
Faire cuire le jambon si nécessaire au court-bouillon avec des baies de genièvre et ensuite au four en supprimant les clous de girofle, la cannelle ou la muscade. Remplacer la garniture d'ananas par 1,5 kg de choucroute préparée et réchauffée.

• **Jambon au madère**
Faire cuire le jambon si nécessaire au court-bouillon (sans genièvre ni coriandre). Ensuite, le faire cuire au four (sans clou de girofle ni cannelle ou muscade). Arroser de temps en temps avec 1 verre de madère (à la place du vinaigre de Xérès et de la cassonade). Servir avec du céleri, des épinards, des endives, des poireaux ou des choux de Bruxelles

PIED DE COCHON
(voir pied de veau)

Le pied de cochon se prépare et se cuit comme le pied de veau.

OREILLES DE PORC
(voir tête de veau)

Les oreilles de porc se préparent et se cuisent comme la tête de veau.

LANGUE DE PORC
(voir langue de bœuf au chapitre des abats)

La langue de porc se prépare et se cuit comme la langue de bœuf mais la cuisson est moins longue.

TRIPERIE

ANDOUILLETTES À LA POÊLE

QUANTITÉS : 4 PERSONNES

INGRÉDIENTS

– 4 andouillettes
– 1 c. à soupe d'huile
Accompagnement : purée
de pommes de terre à la lyonnaise,
pois cassés, marrons, choucroute,
pommes de terre Anna
Condiment : moutarde

*Préparation : 5 mn • Cuisson à la poêle : 10 mn • Matériel : 1 poêle,
1 fourchette, 1 spatule en bois*

PRÉPARATION

Piquer les andouillettes.

CUISSON

Faire chauffer l'huile. Faire revenir les andouillettes à feu doux jusqu'à ce qu'elles soient dorées.

Service

Servir les andouillettes avec de la moutarde et accompagnées de légumes au choix.

ANDOUILLETTES GRILLÉES

QUANTITÉS : 4 PERSONNES

INGRÉDIENTS

– 4 andouillettes
Accompagnement : pommes de
terre vapeur, frites, chips ou purée

de pommes de terre
Condiment : moutarde forte

Préparation : 5 mn • Préchauffage du gril électrique du four ou indépendant : 5 à 10 mn ; du barbecue (au bois ou au charbon) : 1 h environ (jusqu'à ce que les braises soient rougeoyantes) • Cuisson au gril ou au barbecue : 15 mn environ sur chaque face • Matériel : 1 gril électrique ou 1 barbecue, 1 fourchette à barbecue

PRÉPARATION

Piquer les andouillettes.

CUISSON

Faire griller les andouillettes en les retournant à mi-cuisson.

Service

Servir les andouillettes accompagnées de légumes au choix et de moutarde.

ANDOUILLETTES EN COCOTTE

QUANTITÉS : 4 PERSONNES

INGRÉDIENTS

– 4 andouillettes
– 10 cl ou 1 verre de vin blanc sec
– 1 c. à soupe de moutarde forte
– 2 c. à soupe de crème fraîche

– sel, poivre
Accompagnement : pommes
de terre vapeur, en purée, chou vert,
choucroute

Préparation : 5 mn • Cuisson : à la cocotte ordinaire : 30 à 40 mn ; à l'autocuiseur : 15 mn (à partir du chuchotement de la soupape) ; au micro-ondes : 15 mn à puissance moyenne 50 % • Matériel : 1 cocotte ordinaire, 1 cocotte en verre (micro-ondes) ou 1 autocuiseur, 1 verre mesureur, 1 cuillère à soupe, 1 fourchette

PRÉPARATION

Piquer les andouillettes. Les tartiner de moutarde. Les disposer dans la cocotte. Les arroser de vin blanc. Saler et poivrer. Couvrir.

CUISSON

Faire cuire les andouillettes selon la méthode de votre choix. Hors du feu ajouter la crème fraîche.

Service

Servir les andouillettes accompagnées d'un légume au choix.

BOUDIN NOIR OU BOUDIN BLANC À LA POÊLE

QUANTITÉS : 4 PERSONNES

INGRÉDIENTS

– 4 parts de boudin noir ou blanc
– 1 c. à soupe d'huile
Accompagnement : compote de pommes, tranches de pomme poêlées

Condiment : moutarde forte ou douce

Préparation : 5 mn • Cuisson à la poêle : 10 mn à feu doux • Matériel : 1 poêle, 1 fourchette, 1 spatule en bois

PRÉPARATION

Piquer les boudins à la fourchette.

CUISSON

Faire chauffer l'huile. Faire revenir les boudins à feu doux.

Service

1) Servir les boudins noirs ou blancs avec de la moutarde et accompagnés de compote de pommes au beurre (non sucrée) ou de tranches de pomme poêlées ou cuites au micro-ondes.
2) Le boudin noir se sert également avec de la purée de pommes de terre.
N. B. Vous pouvez ajouter à la compote de pommes 50 g de raisins secs gonflés dans un peu d'eau tiède et parfumer la compote au quatre-épices ou à la cannelle.

Variante :

• **Boudin noir ou boudin blanc grillé**
Faire griller les boudins en les retournant à mi-cuisson.

SAUCISSES À LA POÊLE

QUANTITÉS : 4 PERSONNES

INGRÉDIENTS

– 4 saucisses
– 1 c. à soupe d'huile
Accompagnement : pommes de terre à la poêle, en purée, à la lyonnaise, frites, chips, pommes Anna, carottes et pommes de terre à la lyonnaise, riz, pâtes, couscous, chou, ratatouille, choucroute, tomates à la provençale, purée de pois cassés, galettes de sarrasin.
Condiment : moutarde forte

Préparation : 5 mn • Cuisson à la poêle : 10 mn • Matériel : 1 poêle, 1 fourchette, 1 spatule en bois

PRÉPARATION

Piquer les saucisses avec la fourchette.

CUISSON

Faire chauffer l'huile. Faire revenir les saucisses et laisser cuire à feu doux en les retournant.

Service

Servir les saucisses à la poêle avec de la moutarde et accompagnées d'un légume au choix.

Variante :

• **Saucisses grillées**
Faire griller les saucisses en les retournant à mi-cuisson.

ABATS

ABATS

1) Les abats doivent être d'abord choisis très frais et être consommés rapidement, car ce sont des morceaux très fragiles qui ne se conservent pas longtemps (1 jour ou 2 au maximum).

2) Le goût et la qualité des abats varient aussi suivant l'animal, son espèce, son âge.

3) On peut classer les abats en deux catégories :

Les abats de choix

Ce sont les abats de veau les plus réputés à cause de la finesse du grain, de la couleur plus pâle (foie, cœur, rognon), de leur goût plus délicat.

Ce sont les plus chers mais dignes de paraître à des repas de fête, à condition de connaître bien le goût des invités...

Ensuite viennent les abats d'agneau qui sont goûteux et fins mais de petite taille.

Les abats ordinaires

Ce sont les abats de la génisse et du porc qui ont un goût plus prononcé, une couleur plus foncée (foie, cœur, rognon).

Ce sont les moins chers mais aussi le plus souvent les moins appréciés. Selon les goûts, on peut les réserver pour des plats familiaux.

CERVELLE

QUANTITÉS : 1 PERSONNE

INGRÉDIENTS

On compte 100 g de cervelle
par personne :
– 1 cervelle de génisse : 500-700 g
pour 5 à 7 personnes
– 1 cervelle de veau : 250-300 g
pour 2 à 3 personnes
– 1 cervelle de porc : 150-200 g
pour 1 à 2 personnes
– 10 g de beurre pour 100 g
de cervelle
– persil
– citron (facultatif)
Court-bouillon :
– 1 l d'eau

– 4 c. à soupe de vinaigre
– sel, poivre
Bouquet garni : 1 branche
de thym, 1 feuille de laurier, 1 brin de
persil
Légumes d'accompagnement :
carottes, champignons, tomates,
épinards, pommes de terre (vapeur,
purée) (au choix)
Sauces d'accompagnement : sauce
financière, sauce aux câpres, sauce
poulette, sauce tomate, tartare

Préparation : 5 mn • Dégorgement : 30 mn à 2 h selon la grosseur
• Cuisson au court-bouillon : cervelle de génisse : 30 mn environ ; cervelle de
veau : 15 à 20 mn ; cervelle de porc : 15 à 20 mn ; cervelle d'agneau : 10 mn ;
cuisson au micro-ondes : 3 à 4 mn pour 300 g de cervelle (veau, porc, agneau)
• Matériel : 1 casserole ou 1 cocotte avec couvercle pour la cuisson au micro-
ondes

PRÉPARATION

Faire dégorger la cervelle dans l'eau froide. Compter 30 mn si elle est petite et
2 h si elle est grosse. Retirer les parties sanguinolentes et les petites peaux
sous l'eau courante froide.

CUISSON

Faire cuire la cervelle au court-bouillon en portant doucement à ébullition (le
court-bouillon doit rester frémissant), ou au micro-ondes avec un filet de vinaigre et un peu de beurre.

Service

Lorsque la cervelle est cuite, la servir entière ou coupée en morceaux. L'arroser
de beurre fondu, jus de citron (facultatif) et la saupoudrer de persil haché.
   N. B. La cervelle peut être présentée sur canapés (tranches de pain de mie
grillées au grille-pain, au four ou à la poêle).
   La cervelle peut servir de base à des préparations de beignets, rissoles, souf-
flés, tartelettes et gratin (gruyère râpé, chapelure, persil).

CŒUR

QUANTITÉS : 1 PERSONNE

INGRÉDIENTS

– 150 g de cœur par personne (veau, génisse, porc)
– 1 cœur de veau pour 3 à 4 personnes
– 1 cœur d'agneau par personne
– huile ou margarine, sel, poivre, persil

Aromates : ail, oignon, échalote, crème fraîche, petit-suisse, cognac, madère, porto, rhum
Herbes de Provence : thym, romarin, sarriette

Préparation : 15 mn • Cuisson à la poêle : 10 mn sur chaque face ; au gril : 10 mn (gril préchauffé 5 mn) ; à l'autocuiseur : 30 mn (à partir du chuchotement de la soupape) • Matériel : 1 poêle, 1 gril, autocuiseur, 1 pinceau ou 1 bombe à huiler, 1 palette

Variantes

• **Cœur à la poêle**
1) Préparation : préchauffer la poêle avec un peu d'huile. Couper le cœur en tranches. Saupoudrer avec des herbes de Provence.
2) Cuisson : lorsque la poêle est chaude mais non fumante, déposer les tranches de cœur. Les faire dorer à feu modéré et les laisser cuire 5 mn. Les retourner avec une palette et non avec une fourchette (pour empêcher le jus de s'échapper). Laisser de nouveau dorer et cuire 4 à 5 mn suivant l'épaisseur. Le cœur est cuit lorsqu'il ne laisse plus échapper de sang. Saler et poivrer. Déglacer la poêle avec un peu d'eau chaude, de crème fraîche ou de petit-suisse.
3) Service : servir les tranches de cœur sur une assiette chaude, nappées de sauce et saupoudrées de persil haché.

• **Cœur au gril**
1) Préparation : préchauffer le gril 5 mn. Couper le cœur en tranches. Huiler les tranches au pinceau ou à la bombe à huiler. Saupoudrer d'herbes de Provence.
2) Cuisson : lorsque le gril est chaud, les faire griller 10 mn et les retourner si nécessaire. Saler et poivrer.
3) Service : servir les tranches de cœur sur une assiette chaude, garnies de beurre et saupoudrées de persil haché.

• **Cœur à l'autocuiseur**
1) Préparation : préchauffer l'autocuiseur avec un peu d'huile. Saupoudrer les tranches de cœur d'herbes de Provence. Saler et poivrer.
2) Cuisson : les faire dorer sur les deux faces à l'autocuiseur. Les retourner avec une palette et non avec une fourchette (pour empêcher le jus de s'échapper). Fermer l'autocuiseur et laisser cuire 10 mn à partir du chuchotement de la soupape, à feu très doux.
3) Service : lorsque le cœur est cuit, le servir nappé de jus de cuisson.

N. B. Vous pouvez lier la sauce hors du feu avec 1 c. à soupe de crème fraîche. Vous pouvez aussi ajouter à la cuisson du cœur un oignon, des échalotes coupés en rondelles ou une gousse d'ail écrasée.

La cuisson sautée ou grillée convient bien au cœur de veau ou d'agneau qui sont tendres. Par contre le cœur de génisse plus ferme s'accommode mieux de la cuisson braisée (voir la recette du cœur braisé aux carottes).

• **Braisé aux carottes**
Voir la recette du bœuf à la mode.

FOIE

QUANTITÉS : **1** PERSONNE

INGRÉDIENTS

– 100 à 120 g de foie (veau, génisse, porc, agneau)
– 1 c. à soupe de farine
– 1 c. à soupe d'huile ou 1 bombe à huiler (très faible en calories)
– 10 à 15 g de beurre
– sel, poivre, persil
Aromates : oignon, échalote, cognac, porto, xérès, rhum, bacon, poitrine fumée, gruyère, zeste de citron, orange, au choix
Herbes de Provence : thym, romarin, sarriette, marjolaine, sauge, cerfeuil, ciboulette, estragon

Épices : gingembre, paprika
Garniture : crème fraîche, petits-suisses, citron, persil
Sauces d'accompagnement au choix : à la crème, au petit-suisse, tomate, ketchup, brune au madère, aux raisins, bercy, chutney aux fruits ou aux légumes
Accompagnement : légumes : champignons, carottes, ratatouille, haricots verts, jardinière de légumes, épinards, tomates ; féculents : pâtes, pommes de terre, riz, couscous ; fruits : oranges, citron

Préparation : 5 mn • Cuisson : à la poêle : 10 mn sur chaque face ; au gril : 10 mn (sur gril préchauffé) ; à l'autocuiseur : 10 mn (à partir du chuchotement de la soupape) • Matériel : 1 poêle, gril, autocuiseur, 1 pinceau ou 1 bombe à huiler, 1 palette

Variantes

• **Foie à la poêle**
1) Préparation : préchauffer la poêle avec un peu d'huile. Saupoudrer la tranche de foie avec des herbes de Provence ou d'épices. La passer dans la farine.
2) Cuisson : lorsque la poêle est chaude mais non fumante, déposer la tranche de foie. La faire dorer à feu modéré et la laisser cuire 5 mn. La retourner avec une palette et non avec une fourchette (pour empêcher le jus de s'échapper). Laisser de nouveau dorer et cuire 4 à 5 mn suivant l'épaisseur. Le foie est cuit lorsqu'il ne laisse plus échapper de sang. Saler et poivrer. Mélanger le persil haché et le beurre. Déglacer la poêle avec un peu d'eau chaude, de crème fraîche ou de petit-suisse.

3) Service : présenter la tranche de foie sur une assiette chaude, nappée de sauce, garnie de beurre de persil et de rondelles de citron.

N. B. Vous pouvez aussi déglacer la poêle avec un filet de vinaigre.

• **Foie au gril**

1) Préparation : préchauffer le gril 5 mn. Huiler la tranche de foie au pinceau ou à la bombe. Saupoudrer d'herbes de Provence ou d'épices. La passer dans la farine (facultatif).

2) Cuisson : lorsque le gril est chaud, la faire griller 10 mn et la retourner si nécessaire. Saler et poivrer. Mélanger le persil haché avec le beurre.

3) Service : servir la tranche de foie sur une assiette chaude garnie de beurre de persil et de rondelles de citron.

• **Foie à l'autocuiseur**

1) Préparation : préchauffer l'autocuiseur avec un peu d'huile. Passer la tranche de foie dans la farine.

2) Cuisson : la faire dorer sur les deux faces dans l'autocuiseur. La retourner avec une palette et non avec une fourchette (pour empêcher le jus de s'échapper). Fermer l'autocuiseur et laisser cuire 10 mn à partir du chuchotement de la soupape, à feu très doux.

3) Service : servir la tranche de foie sur une assiette chaude, garnie de beurre, de persil, et de rondelles de citron.

N. B. Le passage du foie dans la farine n'est pas indispensable mais, en séchant la viande, il permet une cuisson plus moelleuse et plus dorée. Le foie se cuit toujours à feu modéré. Si la poêle est trop chaude et le feu trop vif, la viande se racornit et durcit. Le foie se sert bien cuit sauf le foie de veau qui doit rester légèrement rosé mais pas saignant.

• **Foie à la provençale**
Servir le foie cuit entouré de 4 tomates revenues à l'huile d'olive parfumées aux herbes de Provence (thym, sarriette, romarin, marjolaine), 1 gousse d'ail, du persil haché, 2 c. à soupe de chapelure, du sel et du poivre.

• **Foie à l'orange**
Flamber le foie cuit avec 1 c. à soupe de rhum ou de liqueur d'orange bouillant. Déglacer la poêle avec le jus d'une orange. Servir avec 2 oranges coupées en rondelles.

• **Foie aux oignons**
Servir le foie sur un lit de 500 g d'oignons coupés en rondelles et 100 g de poitrine fumée coupée en dés et revenue. Accompagner d'une purée de pommes de terre, de riz créole, de pâtes ou de couscous.

• **Foie aux raisins**
Lorsque le foie est cuit, déglacer la poêle avec 2 c. à soupe de crème fraîche. Ajouter 50 g de raisins secs gonflés dans 2 c. à soupe de madère, de rhum ou de porto.

• **Foie braisé aux carottes (en cocotte)**
Voir la recette du bœuf à la mode.

LANGUE DE BŒUF

QUANTITÉS : **10** PERSONNES

INGRÉDIENTS

– 1 langue de bœuf de 1,5 à 2 kg
– 2 carottes
– 1 branche de céleri
– 1 oignon piqué d'un clou de girofle
Bouquet garni : 1 branche de thym,
1 feuille de laurier, persil

– 3 l d'eau
– 3 c. à soupe rases de gros sel
(1 c. à soupe par litre d'eau)
– poivre
Accompagnement : cornichons,
moutarde, sauces au choix

Préparation : 15 mn • Blanchiment : 10 mn à l'eau bouillante • Cuisson : en faitout : 3 h environ ; à l'autocuiseur : 1 h 30 • Matériel : 1 faitout ou 1 autocuiseur, 1 égouttoir

BLANCHIMENT DE LA LANGUE

Blanchir la langue en la plongeant dans l'eau bouillante et l'égoutter.

CUISSON

1) Mettre la langue avec les carottes épluchées entières, la branche de céleri, l'oignon piqué d'un clou de girofle, le bouquet garni, du sel et du poivre.
2) Couvrir d'eau chaude ou froide.
3) Faire cuire à petits bouillons selon la méthode de votre choix
4) Lorsque la langue est cuite, l'égoutter et ôter la peau rugueuse.

Service

Servir la langue coupée en tranches, soit chaude avec une sauce piquante, madère, tomate ou soubise, soit froide avec une vinaigrette, une sauce ravigote ou gribiche, accompagnée de cornichons et de moutarde.
N.B. Les langues de porc et de veau se préparent et se cuisent comme la langue de bœuf. Vous pouvez aussi cuire la langue comme un pot-au-feu avec des poireaux.

ROGNONS

QUANTITÉS : **1** PERSONNE

INGRÉDIENTS

– 150 g de rognons de veau
ou de génisse par personne
– 1 rognon de porc par personne
– 2 rognons d'agneau par personne
– huile ou margarine
– sel, poivre
– 2 c. à soupe de madère, porto, rhum
ou 1 c. à soupe de cognac

– 1 c. à soupe de crème fraîche
ou 1 petit-suisse
Accompagnement : légumes :
champignons, céleri, salsifis, carottes,
ratatouilles, tomates ; féculents :
pommes de terre, pâtes, riz, couscous

*Préparation : 5 mn • Cuisson : à la poêle : 10 mn ; au gril : 6 mn
(sur gril préchauffé 5 mn) • Matériel : 1 poêle, 1 gril, 1 cuillère en bois*

Variantes

• Rognons à la poêle
1) Préparation : fendre les rognons en deux et ôter les parties centrales blanches. Couper les rognons en cubes. Préchauffer la poêle avec un peu d'huile.
2) Cuisson : lorsque la poêle est chaude mais non fumante, faire dorer les rognons. Les rognons sont cuits lorsqu'ils ne laissent plus échapper de sang. Saler et poivrer. Flamber les rognons avec de l'alcool bouillant et enflammé. Déglacer la poêle avec un peu d'eau chaude, de crème fraîche ou de petit-suisse.
3) Service : servir les rognons sur une assiette chaude et nappés du jus de cuisson.
N. B. Pour éliminer l'odeur forte du rognon de génisse, vous pouvez le faire blanchir 5 mn à l'eau bouillante avant de le faire cuire.

• Rognons au gril
1) Préparation : préchauffer le gril 5 mn. Fendre les rognons en deux et ôter les parties centrales blanches. Couper les rognons en tranches si nécessaire (veau, porc). Les saupoudrer d'herbes de Provence.
2) Cuisson : lorsque le gril est chaud, les faire griller 6 mn. Retourner à mi-cuisson. Les flamber avec l'alcool bouillant et enflammé.
3) Service : servir les rognons grillés avec du beurre de persil ou d'estragon.
N. B. Les rognons au gril peuvent se préparer aussi en brochettes (voir brochettes).

RIS DE VEAU

QUANTITÉS : 1 PERSONNE

INGRÉDIENTS

– 125-150 g de ris de veau brut (non débarrassé des déchets) ou 100 g net par personne
– 10 g de beurre pour 100 g de ris de veau
– 1 c. à soupe de farine
– persil
– 1 citron

Court-bouillon :
– 1 l d'eau
– 1 citron (jus)
Sauces d'accompagnement : sauce financière, poulette, tomate, aurore
Légumes d'accompagnement : carottes, champignons, tomates, épinards, petits pois (au choix)

*Préparation : 15 mn • Dégorgement : 3 à 4 h • Blanchiment : 5 mn
• Tassement : 1 h • Cuisson à la poêle : 10 mn • Matériel : 1 poêle, 1 casserole, 1 passoire, 2 assiettes, 1 poids de 2 kg*

PRÉPARATION

1) Faire dégorger le ris de veau dans l'eau froide. Changer l'eau de temps à autre.
2) Pour blanchir le ris, le couvrir d'eau froide.

3) Porter doucement jusqu'à l'ébullition.

4) Retirer la casserole du feu et laisser le ris 5 mn dans l'eau bouillante.

5) L'égoutter dans une passoire et le rafraîchir à l'eau froide.

6) Envelopper le ris dans un linge (mousseline, torchon).

7) Le poser sur une assiette. Le couvrir d'une deuxième assiette chargée d'un poids (2 kg environ).

8) Le laisser ainsi 1 h environ.

9) Débarrasser le ris de veau des parties cartilagineuses, graisseuses, sans enlever la pellicule qui l'entoure et l'empêche de se désagréger.

10) Couper le ris de veau en tranches dans le sens de l'épaisseur. Le passer dans la farine.

CUISSON

Le faire dorer à la poêle 5 mn sur chaque face avec un peu de beurre.

Service

Servir le ris de veau sur une assiette chaude, saupoudré de persil haché et garni de rondelles de citron.

N. B. Le ris de veau peut servir de base à des préparations telles que les bouchées à la reine, vol-au-vent, croquettes et tartelettes.

VOLAILLES

LE POULET

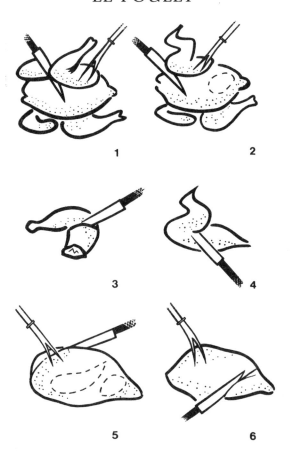

1

2

3

4

5

6

Foie de veau
(recette p. 195) ▶

COMMENT LE DÉCOUPER (VOIR SCHÉMA)

1) Il faut coucher le poulet sur le côté, le croupion devant vous. Piquer une fourchette dans la cuisse. Déjointer l'articulation avec un couteau et détacher la cuisse.

2) Ensuite, piquer la fourchette sous l'aile. Chercher la jointure et déjointer l'articulation avec le couteau. Détacher l'aile et le blanc en tirant vers vous.

3) Séparer le pilon de la cuisse en sectionnant à l'articulation.

4) Couper l'aile en deux en laissant avec l'aileron une partie du blanc.

5) Lever les filets restés sur la carcasse.

6) Séparer la carcasse en deux sur son travers.

Combien de temps faut-il pour faire cuire un poulet ou une poule ?

Modes de cuisson	Grille	Rôti	Bouillie cuisson longue, lente	Braise ou en cocotte
Gril	Cuisses ou ailes			
	Poussin ou coquelet : 15 à 20 mn (gril préchauffé)			
Broche		Poulet : 25 à 30 mn par 500 g		
Four (électrique-gaz)	Poussin ou coquelet 15 à 20 mn	Poulet : 25 à 30 mn par 500 g		
Faitout			2 h environ	
Cocotte ordinaire				40 à 60 mn
Autocuiseur		20 mn	50 à 60 mn	25 à 30 mn
Micro-ondes		10 à 12 mn par 500 g avec sac à rôtir Repos : 10mn		
				Poulet sauté (morceaux) : 15 mn Repos : 5 mn
				Poulet en cocotte (entier) : 20 mn
				Repos : 10 mn

COMBIEN FAUT-IL PRÉVOIR DE POULET OU DE POULE ?

1) Poulet ou poule : 250 à 300 g par personne (1 poulet ou 1 poule de 1,5 à 2 kg pour 6 personnes)

2) Coquelet ou poussin : 1/2 par personne (1 coquelet de 800 g pour 2 personnes)

◄ *Rognons de veau*
(recette p. 197)

POULET RÔTI

QUANTITÉS : 6 PERSONNES

INGRÉDIENTS

– 1 poulet de 1,5 à 2 kg (250 à
300 g x 6)
– 1 petit-suisse
– huile, margarine ou bombe à huiler
(très faible en calories)
– sel, poivre
Aromates : ail, échalotes, oignon,
tranches de poitrine fumée ou bacon,
pruneaux, noix, olives (au choix)
Herbes de Provence : thym,
romarin, sarriette, estragon, sauge,
marjolaine (au choix)
Épices : curry, paprika, poivre de
Cayenne, safran, gingembre, zeste de
citron, d'orange (au choix)
Accompagnement : légumes :
carottes, champignons, haricots verts,
petits pois, épinards, jardinière,
tomates, céleri, fenouil ; fruits :
ananas, banane, coing, orange, pomme

*Préparation : 5 mn • Préchauffage : du four ou de la broche : 10 à 15 mn
• Cuisson : au four à th.* 6-7 *ou* 200-220 °C *: 25-30 mn par 500 g soit 1 h 15 à
1 h 30 ; à la broche : 1 h 30 ; à l'autocuiseur : 20 mn ; au micro-ondes : 10 à
12 mn par 500 g avec un sac à rôtir • Matériel : 1 pinceau ou 1 bombe à huiler*

RECOMMANDATIONS

1) Avant de cuire un poulet vérifier toujours s'il est bien vidé…
2) Il est parfois aussi nécessaire de le passer à la flamme et de le ficeler.

Variantes

• **Rôti au four**
1) Préparation : préchauffer le four à la température indiquée. Mélanger le
petit-suisse avec quelques herbes de Provence, des aromates ou des épices.
Saler et poivrer. Farcir le poulet avec ce mélange. Le badigeonner d'huile. Le
saupoudrer d'herbes de Provence.
2) Cuisson : sur la tôle creuse du four, mettre une grille et poser le poulet dessus. À mi-cuisson, le retourner (ne pas le piquer avec une fourchette qui favorise la perte de jus). L'arroser de temps en temps avec le jus de cuisson. Le
poulet est cuit lorsqu'il laisse échapper un jus incolore si on le pique. Saler et
poivrer seulement à la sortie du four (pour éviter au jus de s'échapper).
3) Service : découper le poulet sur une planche. Le disposer dans un plat long
et chaud. Déglacer la tôle creuse en mettant un peu d'eau bouillante et en grattant le fond du plat. Recueillir le jus et le servir en saucière. Accompagner le
poulet rôti de légumes au choix.
*N. B. À la sortie du four, vous pouvez flamber le poulet en versant dessus 3 c. à
soupe d'alcool (cognac, rhum), bouillant et enflammé.*
Vous pouvez cuire aussi le poulet enveloppé dans un sac à rôtir (le même utilisé
pour le micro-ondes). Le grand avantage de ce sac est de laisser le four impeccable.
Si le poulet cuit doit attendre 10 à 15 mn, il restera chaud et moelleux, en le
laissant dans le sac à rôtir, ou en l'enveloppant d'une feuille d'aluminium.

• **Rôti à la broche**
1) Préparation : préchauffer la broche le temps nécessaire. Mélanger le petit-
suisse avec quelques herbes de Provence, des aromates ou des épices. Saler

et poivrer. Farcir le poulet avec ce mélange. Coudre si nécessaire l'ouverture avec une aiguille et du fil. Le badigeonner d'huile. Le saupoudrer d'herbes de Provence.

2) Cuisson : embrocher le poulet. Saler et poivrer à la sortie du four. Découper le poulet sur une planche.

3) Service : disposer les morceaux dans un plat long et chaud pour le servir.

N. B. Le poulet cuit à la broche est plus moelleux qu'au four car le jus reste à l'intérieur. C'est la raison pour laquelle on recueille peu ou pas de sauce.

• **Rôti à l'autocuiseur**

1) Préparation : mélanger le petit-suisse avec quelques herbes de Provence, des aromates ou des épices. Saler et poivrer. Farcir le poulet avec ce mélange. Faire dorer le poulet de toutes parts avec de l'huile ou de la margarine. Saler, poivrer, saupoudrer d'herbes de Provence (facultatif).

2) Cuisson : fermer la cocotte et laisser cuire doucement. Découper le poulet sur une planche.

3) Service : le servir sur un plat chaud et long, accompagné du jus en saucière.

POULET RÔTI AU CITRON ET AU MIEL

QUANTITÉS : **6** PERSONNES

INGRÉDIENTS

– 1 poulet de 1,5 à 2 kg
– 250 g de petits oignons blancs
– 100 g de raisins secs
– 3 c. à soupe de miel
– 1/2 verre de vinaigre de cidre

– 1 citron
– huile, margarine ou bombe à huiler (très faible en calories)
– sel, poivre

Préparation : 5 mn • Préchauffage : du four ou de la broche : 10 à 15 mn • Cuisson : au four à th. 6-7 ou 200-220 °C : 1 h 15 à 1 h 30 ; à la broche : 1 h 30 • Matériel : 1 pinceau ou 1 bombe à huiler

PRÉPARATION

1) Préchauffer si nécessaire le four ou la broche.
2) Préparer le poulet.
3) Le badigeonner d'huile.
4) Le parsemer de zeste de citron.

CUISSON

1) Le faire cuire selon la méthode de votre choix, soit entouré de petits oignons et de raisins secs, soit farci du mélange oignons-raisins secs.
2) Arroser de temps en temps avec le vinaigre de cidre.
3) Quand le poulet commence à dorer, l'enduire de miel et le laisser continuer à dorer.
4) Saler et poivrer juste à la sortie du four.

Service

Accompagner le poulet du jus en saucière et de couscous ou de riz créole.

Variantes

Vous pouvez accompagner le poulet au citron et au miel :
– de 6 tranches d'ananas ou de 6 bananes en rondelles réchauffées avec du beurre.
Avant de servir le poulet, vous pouvez le flamber avec 2 c. à soupe de rhum bouillant.
– de 6 pommes (golden) évidées farcies avec 3 pruneaux chacune et un petit morceau de beurre. Faire cuire les pommes au four 30 mn à th. 6 ou 200 °C ou au micro-ondes 8 à 10 mn.

POULET SAUTÉ

QUANTITÉS : 6 PERSONNES

INGRÉDIENTS

– 1 poulet de 1,5 à 2 kg (250 à 300 g x 6)
– huile ou margarine
– 1 oignon ou 2 échalotes
– 1 gousse d'ail
Bouquet garni : 1 feuille de laurier, 1 branche de thym, 1 brin de persil
Aromates : poitrine fumée, raisins secs, concentré de tomates, olives, cognac, porto, orange et citron (zeste) (au choix)
Herbes de Provence : cerfeuil, estragon, marjolaine ou origan, romarin, sarriette
Épices : curry, genièvre, paprika, safran, poivre de Cayenne, gingembre (au choix)

Roux blond :
– 20 g de margarine
– 20 g de farine (1 c. à soupe)
– 10 cl ou 1 verre de bouillon de volaille frais ou en cube
– 10 cl ou 1 verre de vin blanc sec
– sel, poivre
Accompagnement : légumes : carottes, champignons, tomates, poivrons, ratatouille ; féculents : pommes de terre, riz, pâtes, couscous ; fruits : coings, groseilles à maquereau, pruneaux, oranges, citrons, pommes

Préparation : 15 mn • Cuisson : à la cocotte ordinaire : 1 h ; à l'autocuiseur : 25 à 30 mn (à partir du chuchotement de la soupape) • Matériel : 1 cocotte ordinaire en fonte avec couvercle, 1 autocuiseur, 2 cuillères en bois, 1 assiette

PRÉPARATION DU POULET

1) Le garder entier ou le découper en morceaux.
2) Le faire revenir avec un peu de matière grasse et le retirer du feu.
3) Faire blondir l'oignon ou les échalotes coupés en rondelles. Retirer du feu.

PRÉPARATION DU ROUX BLOND

1) Faire fondre la matière grasse.
2) Hors du feu, verser la farine. Bien mélanger.

3) Remettre sur le feu jusqu'à ce que le mélange devienne blond doré.
4) Retirer du feu et verser le mélange froid (eau + vin) d'un seul coup sur le roux. Bien diluer.
5) Remettre sur le feu et porter doucement à ébullition en tournant sans cesse.
6) Ajouter l'ail coupé en morceaux, l'oignon ou les échalotes, le bouquet garni et les aromates (facultatif), le poulet, le sel, le poivre et les épices (facultatif).

CUISSON

Couvrir et faire cuire doucement selon la méthode de votre choix.

Service

Lorsque le poulet sauté est cuit, le servir nappé de sauce et accompagné ou non de légumes.
N. B. Vous pouvez remplacer le vin blanc par du vin rouge, du porto ou de la bière, du cidre ou par 1/2 verre de vinaigre de cidre.

Variante

• **Poulet chasseur**
Ajouter 100 g de lardons revenus et 125 g de champignons de Paris 30 mn avant la fin de la cuisson ordinaire et 5 mn avant la fin de la cuisson à l'auto-cuiseur.
Autres variantes :
voir variantes de sauté de veau.

POULET AU CURRY

QUANTITÉS : **6 PERSONNES**

INGRÉDIENTS

– 1 poulet de 1,5 à 2 kg
– 1 blanc de poireau
– 1 carotte
– 1 branche de céleri
– 1 oignon
– 1 gousse d'ail
– 200 g de noix de coco râpée
– 1 c. à soupe de fécule de pommes de terre ou de Maïzena
– 10 cl ou 1 verre de bouillon de volaille frais ou en cube
– huile ou margarine
– sel
Épices : coriandre en grains (6 à 10), gingembre en grains ou en poudre, 2 c. à café de curry, 1 piment rouge

Accompagnement :
– 300 à 400 g de riz
– 3 pommes
– 3 tomates
– 3 bananes
– 100 g de raisins secs
– 1 concombre
– 1 yaourt
– 1 citron
– 100 g de noix de coco râpée
Sauces : chutney à la mangue, aux fruits, aux légumes, à la tomate, ketchup (au choix)

*Préparation : 30 mn • Cuisson poulet au curry : à la cocotte ordinaire :
1 h ; à l'autocuiseur : 25 à 30 mn (à partir du chuchotement de la soupape) ;
au micro-ondes : 30 mn ; cuisson du riz à la créole : en faitout : 20 mn
(à l'eau bouillante salée) ; à l'autocuiseur : 6 mn (à partir du chuchotement de
la soupape) • Matériel : 1 cocotte ou 1 autocuiseur, 2 cuillères en bois,
1 couteau économe*

PRÉPARATION DU POULET

1) Le découper en morceaux.
2) Le faire revenir avec un peu de matière grasse et le retirer du feu.

PRÉPARATION DES LÉGUMES

1) Les éplucher et les couper grossièrement en morceaux.
2) Les faire revenir avec un peu de matière grasse.
3) Dans la cocotte, mettre ensemble les morceaux de poulet, les légumes, le piment rouge en morceaux, le bouillon de volaille, les épices et le sel.

CUISSON

Couvrir et laisser mijoter selon la méthode de cuisson de votre choix.

PRÉPARATION DU JUS DE NOIX DE COCO

1) Faire tremper la noix de coco râpée dans un verre d'eau pendant 15 mn.
2) La presser avec les doigts.
3) La mettre dans une passoire et recueillir le jus.
4) L'ajouter au poulet à mi-cuisson.
5) Lorsque le poulet est cuit, le disposer sur un plat long et chaud.
6) Délayer la Maïzena ou la fécule avec un peu d'eau froide, la verser dans le jus de cuisson et porter doucement à ébullition en tournant sans cesse.
7) Napper les morceaux de poulet avec la sauce.

PRÉPARATION DU RIZ CRÉOLE

1) Laver le riz à l'eau froide courante.
2) Le faire cuire dans une grande quantité d'eau bouillante salée.
3) Lorsqu'il est cuit, le passer à l'eau chaude. L'égoutter et le garder au chaud.

PRÉPARATION DE L'ACCOMPAGNEMENT

1) Râper les pommes et les arroser de jus de citron.
2) Couper les bananes en rondelles, et les arroser de citron.
3) Couper les tomates en morceaux.
4) Éplucher, épépiner et couper en lamelles le concombre.
5) Le saler pour le faire dégorger. Éliminer le jus.
6) Le mélanger avec le yaourt.
7) Verser les fruits et les légumes dans des coupes ou des petits bols.

Service

Servir le poulet au curry accompagné de riz créole, de sauces et de fruits préparés.
N. B. L'utilisation du jus de noix de coco râpée atténue le « feu » des épices ainsi que l'accompagnement de riz, yaourt…

Variante

• **Poulet au curry et au yaourt (à l'indienne)**
1) Supprimer la noix de coco et les légumes de cuisson (poireau, céleri, carotte).
2) Remplacer le bouillon de volaille, par 3 à 4 yaourts.
3) Choisir les épices suivantes : 2 c. à café de curry, 1 pincée de quatre-épices, 1 bâton de cannelle, 1 c. à café de cumin et 1 g de safran (facultatif).

POULE AU RIZ
(bouillie)

QUANTITÉS : **6 PERSONNES**

INGRÉDIENTS

– 1 poule de 1,5 à 2 kg (250 à 300 g x 6)
Bouillon :
– 2 l d'eau
– 2 carottes
– 1 oignon piqué d'un clou de girofle
– sel : 2 c. à soupe rases de gros sel (on compte 1 c. à soupe par litre de bouillon)
– poivre en grains
Bouquet garni : 1 feuille de laurier, 1 branche de thym, 1 brin de persil
Garniture : 250 à 200 g de champignons de Paris, 1 gousse d'ail,

20 g de margarine, 350 g de riz long, 2 l d'eau, 2 c. à soupe rases de gros sel
Sauce poulette :
– 50 cl de bouillon de poule
– 30 g de margarine
– 30 g de farine
– 2 jaunes d'œufs ou 2 c. à soupe de crème fraîche
– sel, poivre
Aromates : jus de 1/2 citron, quelques feuilles d'estragon ou 1 pincée de curry

Préparation : 20 mn • Blanchiment de la poule : 5 mn à l'eau bouillante • Cuisson de la poule : en faitout : 2 h environ ; à l'autocuiseur : 50-60 mn ; cuisson du riz : 20 mn à l'eau bouillante salée • Matériel : pour la poule : 1 faitout ou 1 autocuiseur ; pour la sauce poulette : 1 casserole à fond épais (antiadhésive), 1 cuillère en bois, 1 verre mesureur

BLANCHIMENT DE LA POULE

1) Retirer le gras libre et apparent au croupion.
2) L'ébouillanter 5 mn et jeter l'eau.

PRÉPARATION DU BOUILLON

Faire chauffer l'eau avec les carottes coupées en rondelles, l'oignon piqué d'un clou de girofle, le bouquet garni, le sel et le poivre.

CUISSON DE LA POULE

1) Quand le bouillon est chaud, ajouter la poule.
2) Couvrir et laisser cuire doucement selon la méthode de votre choix.

PRÉPARATION DE LA GARNITURE

1) Faire cuire le riz lavé dans une grande quantité d'eau bouillante salée.

2) Quand le riz est cuit, le passer sous l'eau chaude, l'égoutter et le tenir au chaud.
3) Nettoyer, couper en lamelles les champignons et les faire revenir avec une gousse d'ail écrasée et un peu de matière grasse.

PRÉPARATION DE LA SAUCE POULETTE

1) Lorsque la poule est cuite (elle doit être tendre lorsqu'on la pique), prélever 50 cl de bouillon.
2) Faire fondre la margarine.
3) Hors du feu, verser d'un seul coup la farine. Bien mélanger.
4) Remettre sur le feu jusqu'à ce que le mélange soit mousseux (roux blanc) ou blond (roux blond) selon les goûts.
5) Retirer du feu et verser petit à petit le bouillon chaud jusqu'à ce que la sauce ait une bonne consistance.
6) Remettre sur le feu et porter quelques minutes à ébullition en tournant sans cesse.
7) Ajouter à ce moment-là les aromates au choix : estragon, curry et les champignons.
8) Hors du feu, verser la sauce sur les jaunes d'œufs ou la crème fraîche. Ajouter selon les goûts un filet de jus de citron.

Service

Servir la poule accompagnée du riz décoré de rondelles de carotte et de sauce poulette aux champignons en saucière.

POULE AU POT FARCIE HENRI IV
(bouillie)

QUANTITÉS : 6 PERSONNES

INGRÉDIENTS

– 1 poule de 1,5 à 2,5 kg (250 à 300 g x 6)
Bouillon :
– 3 l d'eau
– 6 carottes (600 g)
– 3 poireaux (300 g)
– 3 navets (300 g)
– 1 branche de céleri (facultatif)
– 1 cœur de chou
– 1 oignon piqué d'un clou de girofle
– sel : 3 c. à soupe rases de gros sel (on compte 1 c. à soupe rase de gros sel par litre de bouillon)
– poivre en grains
Bouquet garni : 1 feuille de laurier, 1 branche de thym, 1 brin de persil

Farce :
– foie, gésier, cœur de poule (à défaut 2 foies de volailles)
– 100 g de jambon
– 200 g de chair à saucisse (ou 100 g de porc + 100 g de veau)
– 50 g de mie de pain rassis
– 5 cl ou 1/2 verre de lait
– 2 échalotes
– 1 gousse d'ail
– 1 œuf
– persil
1 pincée de noix de muscade
sel, poivre
Accompagnement : moutarde, cornichons, oignons au vinaigre, gros sel

Préparation : 30 mn • Blanchiment : 5 mn à l'eau bouillante • Cuisson : en faitout : 2 h environ ; à l'autocuiseur : 50 à 60 mn • Matériel : 1 faitout ou 1 autocuiseur, 1 moulinette ou 1 robot, 1 couteau économe

BLANCHIMENT DE LA POULE

1) Retirer le gras libre et apparent au croupion.
2) L'ébouillanter 5 mn et jeter l'eau.

PRÉPARATION DU BOUILLON

Faire chauffer l'eau avec l'oignon piqué d'un clou de girofle, le bouquet garni, la branche de céleri, le sel et le poivre.

PRÉPARATION DES LÉGUMES

Les nettoyer, les éplucher et les attacher entiers avec une ficelle.

PRÉPARATION DE LA FARCE

1) Hacher les échalotes et les faire revenir avec un peu de matière grasse.
2) Mélanger le jambon coupé en morceaux, les échalotes, le foie, le gésier, le cœur et le persil.
3) Passer le tout à la moulinette ou au robot.
4) Ajouter la mie de pain trempée dans du lait chaud, la chair à saucisse, l'œuf, le sel et le poivre.
5) Bien mélanger.
6) Remplir la poule de farce. Coudre l'ouverture avec une aiguille et du fil.

CUISSON

1) Mettre la poule farcie dans le bouillon chaud et laisser cuire doucement. Écumer si nécessaire.
2) À mi-cuisson, ajouter les légumes préparés.

Service

Servir la poule découpée en morceaux, entourée de légumes et accompagnée de condiments : moutarde, cornichons, oignons au vinaigre, gros sel.

COQ AU VIN

QUANTITÉS : 6 PERSONNES

INGRÉDIENTS

– 1 coq de 2 kg
– huile ou margarine
– 100 g de poitrine fumée
– 1 oignon ou 2 échalotes
– 1 gousse d'ail
– 50 cl de vin rouge corsé (bourgogne, corbières, beaujolais)
– 1 carotte
– 2 c. à soupe de cognac
– sel, poivre

Bouquet garni : 1 feuille de laurier, 1 branche de thym, 1 brin de persil
Garniture : 250 g de champignons de Paris
Accompagnement : pommes de terre vapeur, riz créole, couscous, pâtes

Préparation : 20 mn • Cuisson : à la cocotte ordinaire : 2 h environ ;
à l'autocuiseur : 50 à 60 mn • Matériel : 1 cocotte en fonte ou 1 autocuiseur,
2 cuillères en bois, 1 assiette

PRÉPARATION

1) Faire revenir le coq coupé en morceaux avec un peu de matière grasse.
2) Retourner les morceaux avec les deux cuillères en bois. Éliminer l'excès de matière grasse.
3) Flamber les morceaux avec le cognac bouillant et enflammé.
4) Faire blondir l'oignon ou les échalotes coupées en rondelles avec un peu de matière grasse.
5) À la place faire revenir la poitrine fumée coupée en dés.
6) Remettre ensemble les morceaux de coq, l'oignon ou les échalotes, la poitrine fumée.
7) Ajouter la carotte coupée en rondelles, le bouquet garni, l'ail, le vin rouge, le sel et le poivre.

CUISSON

1) Couvrir et laisser cuire doucement.
2) Lorsque le coq est cuit, une fourchette doit pénétrer facilement dans la chair.
3) Ajouter alors les champignons nettoyés et coupés en lamelles, 30 mn avant la fin de la cuisson à la cocotte ordinaire, 5 mn avant la fin de la cuisson à l'autocuiseur.

SERVICE

Servir le coq au vin nappé de sauce, entouré de champignons et accompagné de légumes au choix.
N. B. Vous pouvez faire mariner le coq 12 h dans le vin rouge et les aromates (voir marinade au vin rouge) avant de le cuire.
Si vous désirez épaissir la sauce, vous pouvez ajouter 1 c. à soupe de fécule de pommes de terre diluée dans un peu d'eau froide. Faire bouillir quelques instants la sauce en tournant vivement. Vous pouvez aussi faire un roux avec 20 g de margarine et 20 g de farine (2 c. à soupe).
Si vous ne trouvez pas de coq, vous pouvez le remplacer par une poule ou un gros poulet. Dans ce dernier cas, la cuisson sera moins longue : 1 h 30 environ.

LE CANARD

QUEL CANARD CHOISIR ?

Il existe plusieurs races de canard. Le choix varie suivant les goûts et les saisons. Les races les plus connues sont :
1) Le canard nantais appelé aussi Challans.
Il est enrobé d'une couche de graisse. La chair est tendre et moelleuse. C'est le plus fin.
2) Le canard de Barbarie
C'est le moins gras. À l'âge adulte, c'est le plus gras surtout s'il s'agit d'un mâle.
3) Le canard rouennais

C'était un canard très recherché mais il est en voie de disparition.
La qualité d'un canard dépend comme pour le poulet de son mode d'élevage, de sa nourriture et de son âge.
Actuellement, il faut se contenter de produits d'élevage, semi-industriel ou industriel.
Il existe différents labels comme pour le poulet : label rouge et label rouge fermier.

LES DIFFÉRENTES DÉNOMINATIONS

Un canard est adulte à 4 mois.
On l'appelle canette ou caneton lorsqu'il est âgé de 2 à 3 mois. C'est le meilleur, car il est préférable de ne pas choisir un canard trop gros car il est souvent plus gras.

COMMENT DÉCOUPER UN CANARD

Le canard se découpe d'une manière un peu différente du poulet.
1) Commencer par trancher la chair du ventre dans le sens de la longueur de façon à découper les aiguillettes, 4 de chaque côté du bréchet (os de la poitrine).
2) Coucher le canard sur le côté, le croupion dirigé vers vous. Planter la fourchette dans la cuisse. Déjointer l'articulation de la cuisse avec le couteau et détachez-la. Séparer le pilon de la cuisse en coupant à l'articulation.
3) Planter la fourchette sous l'aile. Déjointer l'articulation de l'aile avec le couteau. Arracher l'aile et le reste de blanc.

MAGRETS DE CANARD À L'ORANGE ET AU GENIÈVRE

QUANTITÉS : 4 PERSONNES

INGRÉDIENTS

– 4 magrets de canard
– 2 oranges sanguines (non traitées)
– 2 c. à soupe de sucre roux
– 2 c. à soupe de crème fraîche
– 2 c. à soupe de xérès ou de liqueur d'orange

– 20 g de beurre
– sel, poivre
Épice : 10 grains de genièvre
Garniture : 4 oranges, 1 petite botte d'oignons blancs

Préparation : 20 mn • Marinade : 3 h au minimum ou 12 h (la veille)
• Cuisson des magrets : à la poêle : 15 mn ; cuisson des oignons :
à la casserole : 15 mn ; au micro-ondes : 6 à 8 mn • Matériel : 1 poêle
antiadhésive, 1 presse-citron, 1 râpe, 1 plat creux, 1 casserole, 1 couvercle ; pour
la cuisson au micro-ondes : 1 cocotte avec couvercle

PRÉPARATION DE LA MARINADE

1) Dans un plat creux, mettre ensemble le zeste râpé d'une orange (peau jaune), le jus de 2 oranges, les grains de genièvre, les magrets de canard, le sel et le poivre.
2) Laisser mariner les magrets en remuant de temps en temps les morceaux.

CUISSON

Faire dorer les magrets à la poêle du côté peau d'abord et les réserver au chaud.

PRÉPARATION DE LA GARNITURE

1) Éplucher les oignons.

2) Les faire étuver avec le beurre et le sucre dans un récipient couvert.

3) Couper les oranges en rondelles.

4) Les faire réchauffer à la vapeur ou dans le jus de cuisson des magrets et le reste de marinade.

5) Les arroser de liqueur d'orange ou de xérès et les flamber.

6) Ajouter les oignons et hors du feu la crème fraîche.

7) Couper les magrets en fines tranches.

Service

Les servir sur une assiette chaude garnie de rondelles d'orange et de petits oignons.

CANARD RÔTI

QUANTITÉS : 4 PERSONNES

INGRÉDIENTS

– 1 canard de 1,2 à 1,5 kg (300 x 4)
– huile, margarine ou bombe à huiler (très faible en calories)
– sel, poivre
Aromates : oignon, échalote, poitrine fumée, bacon, olives
Herbes de Provence : thym, romarin, sarriette
Alcools : liqueur d'orange, de cerise (cherry, brandy)

Épices : gingembre, genièvre, poivre vert, zeste de citron, d'orange
Accompagnement : légumes : carottes, champignons, céleri, petits pois, navets, haricots verts, tomates ; féculents : pommes de terre, riz, pâtes, couscous, marrons ; fruits : orange, ananas, cerises, prunes, pommes, poires, figues, coings

Préparation : 5 mn • Préchauffage : du four ou de la broche : 10 à 15 mn • Cuisson : au four : 20 mn à th. 6-7 ou 200-220 °C par 500 g ; à la broche : 25 mn par 500 g ; à l'autocuiseur : 20 mn ; au micro-ondes : 8 à 9 mn par 500 g avec un sac à rôtir • Matériel : 1 pinceau ou 1 bombe à huiler

RECOMMANDATIONS

Avant de cuire un canard, vérifier toujours s'il est bien vidé et si les glandes situées de chaque côté du croupion sont retirées. Il est souvent nécessaire de le passer à la flamme et de le ficeler.

Variantes

• **Rôti au four**
1) Préchauffer le four à la température indiquée. Badigeonner le canard d'huile et le saupoudrer d'herbes de Provence.

2) Sur la tôle creuse du four, mettre une grille et poser le canard dessus. À mi-cuisson, le retourner (ne pas le piquer avec une fourchette qui favorise la perte de jus). L'arroser de temps en temps avec le jus de cuisson. Retirer au fur et à mesure la graisse. Le canard est cuit lorsqu'il laisse échapper un jus incolore si on le pique. Saler et poivrer seulement à la sortie du four (pour éviter au jus de s'échapper).

3) Découper le canard sur une planche. Le disposer dans un plat long et chaud. Déglacer la tôle creuse du four en mettant un peu d'eau bouillante et en grattant le fond du plat. Recueillir le jus et le servir en saucière. Accompagner le canard rôti de légumes au choix.

N. B. À la sortie du four, vous pouvez flamber le canard en versant dessus 3 c. à soupe d'alcool au choix bouillant et enflammé.

Vous pouvez aussi cuire le canard enveloppé dans un sac à rôtir (le même utilisé pour la cuisson au micro-ondes). Le grand avantage de ce sac est de laisser le four impeccable.

Si le canard cuit doit attendre 10 à 15 mn il restera chaud et moelleux, en le laissant dans le sac à rôtir ou en l'enveloppant d'une feuille d'aluminium.

• **Rôti à la broche**
1) Préchauffer la broche le temps nécessaire.
2) Badigeonner le canard d'huile et le saupoudrer d'herbes de Provence. Embrocher. Saler et poivrer à la sortie du four.
3) Découper le canard sur une planche. Le disposer dans un plat long et chaud.

• **Rôti à l'autocuiseur**
1) Faire dorer le canard de toutes parts avec de l'huile ou de la margarine. Saler et poivrer, saupoudrer d'herbes de Provence (facultatif). Ajouter un oignon, ou une échalote, coupé en morceaux (facultatif).
2) Fermer la cocotte et laisser cuire doucement.
Découper le canard sur une planche.
3) Le servir sur un plat long et chaud, accompagné du jus de cuisson dégraissé, en saucière.

• **Rôti au micro-ondes**
1) Le badigeonner d'huile et le saupoudrer d'herbes de Provence. L'envelopper du sac à rôtir. Fermer le sac avec une attache non métallique et non hermétique. Placer le tout sur un plat à four.
2) Faire rôtir et retourner à mi-cuisson.
3) Laisser reposer le canard au moins 10 mn enveloppé d'une feuille d'aluminium ou d'un sac à rôtir avant de le servir. Le découper en morceaux. Le saler et le poivrer juste avant de servir.

Vous pouvez accompagner le canard rôti de fruits.

• **Canard rôti à l'ananas**
1 boîte d'ananas en tranches. Arroser le rôti avec le jus pendant la cuisson.
Le flamber avec 2 c. à soupe de rhum bouillant et le servir entouré de rondelles d'ananas réchauffées.

• Canard rôti aux cerises
Flamber le canard rôti avec 3 c. à soupe de liqueur de cerise (cherry, brandy) ou de cognac. Recueillir le jus de cuisson, le dégraisser. Ajouter 300 g de cerises, 1 c. à soupe de vinaigre de cidre, 1 c. à soupe de sucre roux. Porter à ébullition. Ajouter 1 c. à soupe de fécule de pommes de terre ou de Maïzena délayée avec un peu d'eau froide.

• Canard rôti aux coings
Éplucher 4 coings. Les couper en quartiers. Les faire pocher 10 mn environ avec 50 cl de vin blanc. Mélanger avec le jus de cuisson. Flamber le rôti avec 3 c. à soupe de cognac et servir avec les coings et la sauce.

• Canard rôti aux poires
Éplucher 4 poires. Les couper par moitié et les faire pocher 15 mn environ dans 50 cl de vin blanc. Flamber le canard rôti avec 3 c. à soupe de liqueur de poire ou de cognac. Servir entouré des poires.
N. B. Vous pouvez utiliser des poires au sirop en boîte et remplacer le vin blanc par le sirop.

• Canard rôti aux pommes farcies aux pruneaux
Flamber le canard rôti avec 3 c. à soupe de calvados ou de cognac. Éplucher 8 pommes. Les évider. Les farcir avec 3 pruneaux chacune et un petit morceau de beurre. Les faire cuire 30 mn à th. 5-6 ou 180-200 °C ou 8 à 10 mn au micro-ondes. Servir le canard rôti avec les pommes.

CANARD RÔTI AU MIEL ET AU SOJA
(canard laqué)

QUANTITÉS : **4** PERSONNES

INGRÉDIENTS

– 1 canard de 1,2 à 1,5 kg
Aromates : 1 c. à soupe de quatre-épices, 4 c. à soupe de sauce au soja (facultatif), 4 c. à soupe de miel, 1/2 verre de vinaigre de cidre
Sauce aux foies de volailles :
– 200 g de foies de volailles (3 foies)

– 1 échalote
– 20 g de margarine ou de beurre
– 1/2 citron
– feuilles d'estragon frais ou sec
– sel, poivre

PRÉPARATION DU CANARD

1) Le saupoudrer extérieurement et intérieurement de quatre-épices.
2) Faire cuire le canard selon les recettes de base : au four, à la broche, à l'autocuiseur ou au micro-ondes.
3) Arroser de temps en temps le canard de vinaigre de cidre.
4) Lorsque le canard commence à dorer, le badigeonner avec le mélange de miel et de sauce au soja.

5) Recommencer l'opération plusieurs fois.

6) Lorsque le canard est cuit, recueillir le jus de cuisson et le dégraisser.

PRÉPARATION DE LA SAUCE

1) Faire sauter les foies de volailles écrasés avec l'échalote hachée et un peu de matière grasse.

2) Ajouter hors du feu le jus de citron, le jus de cuisson du canard, l'estragon haché, le sel et le poivre.

3) Servir le canard découpé avec la sauce aux foies de volailles en saucière et accompagné de riz, pâtes, couscous ou de légumes verts : navets, carottes, haricots verts.

Variantes

• Canard rôti farci au poivre vert

1) Farcir le canard avec le mélange suivant : le foie revenu, flambé avec 1 c. à soupe de cognac ou d'armagnac et écrasé, 50 g de mie de pain trempée dans 1/2 verre de lait chaud et du sel.

2) Lorsque le canard est cuit, recueillir le jus de cuisson, le dégraisser et ajouter 1 boîte de poivre vert égoutté et écrasé. Lier la sauce avec 2 c. à soupe de crème fraîche. Accompagner de riz, pâtes ou couscous.

• Canard rôti farci aux abricots et aux pruneaux

1) Farcir le canard avec le mélange suivant : 50 g de semoule à couscous gonflée dans un peu d'eau tiède, 100 g de pruneaux hachés, 150 g d'abricots pochés 3 mn dans 25 cl d'eau et 100 g de sucre, 100 g de jambon haché, 1 œuf, du persil, du sel et du poivre.

2) Lorsque le canard est cuit, le flamber avec 3 c. à soupe de cognac bouillant. Servir le canard entouré de 350 g d'abricots pochés dans le sirop, de riz créole et de sauce.

• Canard rôti farci aux olives vertes

1) Farcir le canard avec le mélange suivant : 10 olives vertes hachées, 50 g de mie de pain trempée dans 1/2 verre de lait chaud, 50 g de foie de canard écrasé.

2) Accompagner de riz, tomates à la provençale ou ratatouille.

• Canard rôti farci aux raisins

1) Farcir le canard avec le mélange suivant : 1 oignon haché, 2 pommes coupées en cubes, 50 g de raisins secs, gonflés dans 2 c. à soupe de rhum ou de cognac.

2) Parfumer avec 1 zeste de citron râpé, 1 pincée de cannelle ou de gingembre.

3) Pendant la cuisson du canard, l'arroser de temps en temps avec du jus de citron.

4) Accompagner de riz ou de compote de pommes au beurre.

CANARD BRAISÉ

QUANTITÉS : 4 PERSONNES

INGRÉDIENTS

– 1 canard de 1,2 à 1,5 kg (300 x 4)
– huile ou margarine
– 1 oignon ou 2 échalotes
Bouquet garni : 1 branche de thym, 1 feuille de laurier, 1 brin de persil
Herbes de Provence : thym, romarin, sarriette, estragon (au choix)
Épices : gingembre, genièvre, poivre vert, clou de girofle, muscade, quatre-épices, zeste d'orange, de citron (au choix)
Alcools : liqueur d'orange, de cerise (cherry, brandy), cognac
– Poitrine fumée, bacon, olives

Roux blond :
– 20 g de margarine
– 20 g de farine (1 c. à soupe)
– 10 cl ou 1 verre de bouillon frais ou en cube ou d'eau
– 10 cl ou 1 verre de vin blanc sec
– sel, poivre
Accompagnement : légumes : carottes, champignons, céleri, petits pois, navets, haricots verts, tomates ; féculents : pommes de terre, riz, pâtes, couscous, marrons ; fruits : ananas, orange, cerises, poires, pommes, prunes, figues, coings

Préparation : 15 mn • Cuisson : à la cocotte ordinaire : 1 h environ ; à l'autocuiseur : 20 mn (à partir du chuchotement de la soupape) • Matériel : 1 cocotte en fonte d'aluminium ou 1 autocuiseur, 1 assiette, 2 cuillères en bois

RECOMMANDATIONS

Avant de cuire un canard, vérifier toujours s'il est bien vidé et si les glandes situées de chaque côté du croupion sont retirées. Il est souvent nécessaire de le passer à la flamme et de le ficeler.

PRÉPARATION DU CANARD

1) Le faire revenir de toutes parts dans un peu de matière grasse et le retirer du feu.
2) Faire blondir l'oignon ou les échalotes coupés en rondelles. Retirer du feu.

PRÉPARATION DU ROUX BLOND

1) Faire fondre la matière grasse.
2) Hors du feu, verser la farine. Bien mélanger.
3) Remettre sur le feu jusqu'à ce que le mélange devienne blond doré.
4) Retirer du feu et verser le mélange froid (bouillon + vin) d'un seul coup sur le roux. Bien diluer.
5) Remettre sur le feu et porter doucement à ébullition en tournant sans cesse.
6) Ajouter l'oignon ou les échalotes, le bouquet garni et les aromates (facultatif), le canard, le sel, le poivre et les épices (facultatif).

CUISSON

Couvrir et faire cuire doucement selon la méthode de votre choix.

Service

Lorsque le canard est cuit, le découper et le servir nappé de sauce et accompagné ou non de légumes.

N. B. Vous pouvez remplacer le vin blanc par du vin rouge, de la bière, du cidre ou par 1/2 verre de vinaigre de cidre.

Variantes

• **Canard braisé aux navets**
Vous pouvez ajouter 1 kg de navets épluchés et coupés en quatre ou faire cuire les navets à l'eau bouillante salée (ou au lait pour conserver leur blancheur) 20 mn à la casserole ou 10 à 15 mn à l'autocuiseur, puis les passer à la poêle avec un peu de beurre et les saupoudrer de sucre roux ou farcir les navets cuits entiers avec le mélange suivant : foie de canard revenu avec 1 oignon émincé et 100 g de jambon haché, du sel et du poivre.

• **Canard braisé au cassis**
1) Lorsque le canard est cuit, l'arroser de 3 c. à soupe de liqueur de cassis.
2) Recueillir le jus de cuisson, le dégraisser. Pocher 3 mn dans ce jus 200 g de baies de cassis. Servir le canard entouré des baies de cassis.

• **Canard braisé aux figues**
Ajouter 500 g de figues noires ou vertes 10 mn avant la fin de la cuisson du canard.

• **Canard braisé aux olives**
Ajouter 20 olives vertes 10 mn avant la fin de la cuisson du canard.

LA DINDE

ESCALOPES DE DINDE
(voir escalopes de veau)

PAUPIETTES DE DINDE
(voir paupiettes de veau)

DINDE RÔTIE

QUANTITÉS : **10** PERSONNES

INGRÉDIENTS

– 1 dinde de 3 à 3,5 kg (300 x 10)
– barde de lard
– sel, poivre
Herbes de Provence : thym, romarin, sarriette, marjolaine, estragon, sauge (au choix)
Aromates : oignons, échalotes, poitrine fumée ou bacon (au choix)
Épices : curry, paprika, poivre de Cayenne, safran, gingembre, zeste de citron, d'orange, moutarde forte aromatisée au poivre vert, à l'estragon (au choix)

Alcools : cognac, armagnac, rhum, porto (au choix)
Accompagnements : légumes : champignons, haricots verts, petits pois, jardinière, céleri, fenouil, choux (choux de Bruxelles, choucroute), poireau, épinards ; féculents : marrons, pommes de terre ; fruits : orange, citron, raisins, prunes, pommes, coings, figues ; fruits secs ou gras : pruneaux, noix, olives, abricots, raisins

Préparation : 5 mn • Préchauffage : du four ou de la broche : 10 à 15 mn • Cuisson : au four : 20 mn par 500 g à th. 5-6 ou 180-200 °C, puis à th. 6-7 ou 200-220 °C ; à la broche : 25 à 30 mn par 500 g • Matériel : 1 tôle creuse et 1 grille

PRÉPARATION

1) Préchauffer le four ou la broche.

2) Envelopper la dinde d'une barde de lard pour empêcher la chair de la dinde de se dessécher.

3) Selon les goûts, la saupoudrer d'herbes de Provence.

CUISSON

1) Faire cuire la dinde selon la méthode de votre choix : à la broche ou au four en plaçant une grille au-dessus de la tôle creuse du four pour éliminer la graisse.

2) La température doit être modérée les deux premières heures pour permettre une cuisson en profondeur.

3) La température peut s'élever à la dernière heure pour permettre à la chair de dorer sans brûler.

4) Il faut souvent arroser pendant la cuisson avec un peu d'eau chaude ou du bouillon.

5) Si la dinde a tendance à brûler, il faut l'envelopper avec une feuille d'aluminium.

6) La dinde est cuite lorsqu'elle laisse échapper un jus incolore à la jointure de la cuisse.

7) Saler et poivrer seulement au moment de servir.

Service

1) Avant de découper la dinde, vous pouvez la flamber (facultatif) avec de l'alcool au choix bouillant.

2) Ensuite, découper la dinde sur une planche et la disposer dans un plat long et chaud.

3) Déglacer la tôle creuse du four en mettant un peu d'eau bouillante.

4) Recueillir le jus, le dégraisser et le servir en saucière.

5) Accompagner la dinde de légumes au choix

N. B. La chair de dinde a tendance à se dessécher à la cuisson. Pour la rendre plus moelleuse, on peut la blanchir (farcie) 5 à 10 mn à l'eau bouillante ou même la précuire 20 mn dans un court-bouillon parfumé au vin blanc et au madère. Ensuite, on la fait cuire au four de façon traditionnelle.

DINDE RÔTIE À L'ORANGE

QUANTITÉS : 10 PERSONNES

INGRÉDIENTS

– 1 dinde de 3 à 3,5 kg (300 g x 10)
– sel, poivre
Farce à l'orange :
– 2 oranges (non traitées)
– 1 oignon
– foie, gésier
– 2 c. à soupe d'huile
Sauce aux airelles et aux oranges :
– 10 oranges

– 2 pots d'airelles au naturel (500 g)
– 2 c. à soupe de sucre roux
– 2 c. à soupe de fécule de pomme de terre ou de Maïzena
– 4 c. à soupe de porto
– 2 c. à soupe de liqueur d'orange
Épices : 1 bâton de cannelle, 2 clous de girofle, 1 pincée de quatre-épices

Préparation : 30 mn • Cuisson de la dinde : au four : 20 mn par 500 g à th. 4-5 ou 200-220 °C, puis à th. 6-7 ou 200-220 °C ; à la broche : 25 à 30 mn par 500 g ; cuisson de la sauce : à la casserole : 5 mn ; au micro-ondes : 3 mn • Matériel : 1 plat creux, 1 couteau, 1 cuillère, 1 cuillère en bois, 1 râpe, 1 tôle creuse du four, 1 grille • Préchauffage du four ou de la broche

PRÉPARATION DE LA FARCE

1) Râper le zeste des 2 oranges.

2) Les éplucher et couper la chair en dés.

3) Hacher l'oignon, le foie, le gésier et les faire revenir quelques instants.

4) Farcir la dinde avec le foie, le gésier, les oignons revenus, la chair des oranges et la moitié du zeste râpé d'orange.

5) Saupoudrer la dinde avec le reste de zeste râpé.

CUISSON DE LA DINDE

1) Faire cuire la dinde au four ou à la broche selon la méthode de base.

2) L'arroser souvent avec de l'eau ou du bouillon.

PRÉPARATION DE LA GARNITURE

1) Couper les oranges en deux.
2) Les évider soigneusement.
3) Réserver la chair et le jus.
4) Mettre ensemble la chair et le jus des oranges, les airelles en pot avec leur jus, le sucre roux, le porto, les épices.
5) Porter doucement à ébullition.
6) Ajouter la fécule délayée avec un peu d'eau froide.
7) Remettre à bouillir quelques instants en tournant sans cesse.
8) Ajouter la liqueur d'orange.
9) Garnir les écorces d'orange avec la sauce aux airelles et aux oranges.
10) Verser le reste de sauce en saucière avec le jus de dinde déglacée.

Service

1) Lorsque la dinde est cuite, la saler et la poivrer.
2) La flamber avec la liqueur d'orange bouillante et enflammée.
3) Déglacer la dinde en raclant le jus avec un peu d'eau bouillante.
4) Découper la dinde en morceaux.
5) La servir sur un plat long et chaud garni d'écorces d'orange aux airelles et accompagnée de la sauce en saucière.

DINDE RÔTIE FARCIE AUX MARRONS

QUANTITÉS : 10 PERSONNES

INGRÉDIENTS

– 1 dinde de 3 à 3,5 kg (300 g x 10)
1 barde de lard
sel, poivre
Farce :
– 200 g de veau ou de porc
– 200 g de chair à saucisse
– foie, cœur, gésier de dinde
ou 200 g de foies de volailles
– 1 œuf
– 1 oignon ou 2 échalotes
– 50 g de mie de pain rassis

– 10 cl ou 1/2 verre de bouillon frais
ou en cube
– 10 marrons cuits
– 1 c. à soupe de cognac
ou d'armagnac
– huile ou margarine
– sel, poivre
Garniture : 1 kg de marrons
au naturel frais, surgelés ou en boîte,
50 g de beurre

Préparation : 30 mn • Préchauffage : du four ou de la broche : 10 mn • Cuisson : au four : 20 mn par 500 g à th. 5-6 ou 180-200 °C, puis à th. 6-7 ou 200-220 °C ; à la broche : 25 à 30 mn par 500 g • Matériel : 1 tôle creuse, 1 grille, 1 hachoir, 1 bol

PRÉPARATION DE LA FARCE

1) Verser le bouillon chaud sur la mie de pain émiettée.
2) Hacher ensemble le foie, le cœur, le gésier, le veau ou le porc, l'oignon ou les échalotes coupés en morceaux.

3) Ajouter la chair à saucisse.

4) Faire revenir quelques instants avec un peu d'huile ou de margarine.

5) Ajouter les marrons grossièrement écrasés, la mie de pain trempée, l'œuf, l'alcool au choix, le sel et le poivre.

6) Bien mélanger tous les ingrédients.

7) Farcir la dinde avec ce mélange. Recoudre l'ouverture.

8) Envelopper la dinde de barde de lard.

CUISSON

1) Faire cuire la dinde rôtie au four ou à la broche selon la méthode de base.

2) Réchauffer les marrons avec un peu de beurre.

3) Découper la dinde.

4) Recueillir le jus de cuisson et le dégraisser.

Service

Servir la dinde sur un plat long et chaud entourée de marrons.

Variantes

• **Dinde rôtie farcie au boudin noir et blanc**

1) Pour la farce, mélanger une part de boudin noir et une part de boudin blanc, le foie, le cœur et le gésier de la dinde ou 200 g de foies de volailles hachés, 1 œuf, 1 oignon ou 2 échalotes, 50 g de mie de pain trempée dans du bouillon de volaille frais ou en cube, 1 c. à soupe de cognac ou d'armagnac, du sel et du poivre.

2) Servir avec une marmelade de pommes parfumée au gingembre ou à la cannelle (facultatif).

• **Dinde rôtie farcie aux pommes**

1) Pour la farce, mélanger 2 pommes (boskoop ou canada) coupées en cubes, 2 petits-suisses, le zeste râpé de 1 citron (peau jaune), 1 pincée de gingembre, du sel et du poivre.

2) Servir accompagné de pommes cuites au four ou au micro-ondes, fourrées de pruneaux ou de gelée de myrtille.

N. B. Vous pouvez flamber la dinde avant de la cuire avec 3 c. à soupe de calvados.

• **Dinde rôtie farcie au foie gras et à la truffe**

1) Pour la farce, mélanger 50 g de mie de pain trempée dans 1/2 verre de vin blanc sec, le foie, le cœur et le gésier de la dinde ou 200 g de foies de volailles hachés, 150 g de foie gras (cru ou cuit) coupé en dés, 10 g de truffe en lamelles, du sel et du poivre.

2) Servir accompagné d'une purée de céleri ou de marrons

N. B. Vous pouvez remplacer le foie gras par de la mousse de foie gras et la truffe fraîche par une boîte de pelures de truffe.

• **Dinde farcie aux pommes et aux pruneaux**

1) Pour la farce, mélanger le foie, le cœur et le gésier de la dinde, 200 g de jambon fumé haché, 1 pomme épluchée et coupée en cubes et 1 c. à soupe de calvados ou d'armagnac.

2) Arroser de temps en temps la dinde pendant la cuisson avec du cidre ou du vin blanc.

3) Servir accompagné de 600 g de pommes coupées en quartiers avec 300 g de pruneaux entiers cuits avec 1 verre de cidre ou de vin blanc.

L'Oie

OIE RÔTIE FARCIE

QUANTITÉS : 10 PERSONNES

INGRÉDIENTS

– 1 oie de 3 à 3,5 kg (300 x 10)
– sel, poivre
Farce :
– 300 g de chair à saucisse
– 150 g de jambon fumé
– foie, gésier, cœur
– 1 oignon

– 50 g de mie de pain rassis
– 5 cl ou 1/2 verre de bouillon
– 2 c. à soupe de cognac ou d'armagnac
– 1 œuf
– quatre-épices ou noix de muscade
– sel, poivre

Préparation : 30 mn • Préchauffage : du four ou de la broche : 10 mn • Cuisson : au four : 30 mn par 500 g à th. 5-6 ou 180-200 °C, puis à th. 6-7 ou 200-220 °C ; à la broche : 30 à 35 mn par 500 g • Matériel : 1 tôle creuse, 1 grille, 1 hachoir, 1 bol

PRÉPARATION DE L'OIE

1) Retirer les deux glandes blanches logées sous le croupion.
2) Ôter la graisse apparente et la conserver au réfrigérateur pour l'utiliser comme graisse de cuisson.

PRÉPARATION DE LA FARCE

1) Verser le bouillon chaud sur la mie de pain émiettée.
2) Hacher ensemble le foie, le cœur, le gésier et l'oignon.
3) Ajouter la chair à saucisse.
4) Faire revenir quelques instants avec un peu d'huile ou de margarine.
5) Ajouter la mie de pain trempée, l'œuf, l'alcool au choix, le sel, le poivre, une pincée de quatre-épices ou de noix de muscade.
6) Bien mélanger tous les ingrédients.
7) Farcir l'oie avec ce mélange. Recoudre l'ouverture avec une aiguille et du fil.

CUISSON

1) Faire cuire l'oie selon la méthode de votre choix.
2) Découper l'oie.
3) Recueillir le jus et le dégraisser.

Service

Servir l'oie sur un plat long et chaud entourée de légumes ou de fruits cuits au choix : marrons, céleri, salsifis, choux, pommes, poires, coings, figues…

Variantes

Vous pouvez suivre les mêmes variantes que pour la dinde.

La Pintade

PINTADE RÔTIE

QUANTITÉS : 4 PERSONNES

INGRÉDIENTS

– 1 pintade de 1 à 1,2 kg
– 1 petit-suisse
– 1 barde de lard
– huile, margarine ou bombe à huiler (très faible en calories)
– sel, poivre
Herbes de Provence : thym, romarin, sarriette, estragon, sauge, marjolaine
Aromates : oignon, échalotes, tranches de poitrine fumée ou bacon, pruneaux, noix, olives, moutarde au poivre vert, à l'estragon, zeste de citron, d'orange (au choix)

Alcools : cognac, liqueur d'orange, de cerise, rhum au choix
Épices : gingembre, genièvre, poivre vert
Accompagnement : légumes : choux de Bruxelles, chou-fleur, choucroute, champignons, haricots verts, petits pois, jardinière, céleri, fenouil, laitue, endives, navets ; féculents : lentilles, pommes de terre, couscous, marrons ; fruits acides : oranges, citrons, pommes, poires, pêches, figues fraîches, ananas, prunes, raisins

Préparation : 5 mn • Préchauffage : du four ou de la broche : 10 à 15 mn • Cuisson : au four : 20 mn par 500 g à th. 6-7 ou 200-220 °C, soit 40 à 45 mn ; à la broche : 30 mn par 500 g soit 1 h à 1 h 15 ; à l'autocuiseur : 20 mn (à partir du chuchotement de la soupape) ; au micro-ondes : 7 à 8 mn par 500 g dans un sac à rôtir • Matériel : 1 pinceau ou 1 bombe à huile

La pintade se rôtit comme le poulet. Sa chair plus sèche a besoin d'être bardée et souvent arrosée. Elle s'accommode de toutes les variantes du poulet ou du canard rôti farci.

RECOMMANDATIONS

1) Avant de cuire une pintade, vérifier toujours si elle est bien vidée.
2) Il est parfois aussi nécessaire de la passer à la flamme et de la ficeler.
3) Vous pouvez farcir la pintade avec le petit-suisse pour l'empêcher de se dessécher.

PINTADE BRAISÉE

INGRÉDIENTS

- 1 pintade de 1 à 1,2 kg
- huile ou margarine
- 1 oignon ou 2 échalotes
- **Bouquet garni :** 1 branche de thym, 1 feuille de laurier, 1 brin de persil
- **Herbes de Provence :** thym, romarin, sarriette, estragon, marjolaine
- **Aromates :** poitrine fumée ou bacon, raisins secs, pruneaux, noix, olives, moutarde à l'estragon, au poivre vert, zeste de citron, d'orange, oignon, échalotes (au choix)
- **Épices :** gingembre, genièvre, poivre vert, clou de girofle, noix de muscade, quatre-épices
- **Alcools :** liqueur d'orange, de cerise, cognac, porto, rhum

Roux blond :
- 20 g de margarine
- 20 g de farine (1 c. à soupe)
- 10 cl ou 1 verre d'eau ou de bouillon de volaille frais ou en cube
- 10 cl ou 1 verre de vin blanc sec
- sel, poivre

Accompagnement : légumes : choux (choux de Bruxelles, chou vert, chou-fleur, choucroute), champignons, céleri, endives, navets, petits pois, haricots verts, fenouil, laitue ; féculents : pommes de terre, riz, pâtes, couscous, lentilles, marrons ; fruits : ananas, cerises, oranges, citrons, poires, prunes, figues, coings

Préparation : 15 mn • Cuisson : à la cocotte ordinaire : 1 h ; à l'autocuiseur : 30 à 35 mn à partir du chuchotement de la soupape ; au micro-ondes : 15 mn (en morceaux) et 20 mn (entière) • Matériel : 1 cocotte ordinaire en fonte avec couvercle, 1 autocuiseur, 2 cuillères en bois, 1 assiette

RECOMMANDATIONS

1) Avant de faire cuire une pintade, vérifier toujours si elle est bien vidée.
2) Il est parfois aussi nécessaire de la passer à la flamme et de la ficeler.

PRÉPARATION DE LA PINTADE

1) La garder entière ou la découper en morceaux comme un poulet.
2) La faire revenir avec un peu de matière grasse et la retirer du feu.
3) Faire blondir l'oignon ou les échalotes coupés en rondelles. Retirer du feu.

PRÉPARATION DU ROUX BLOND

1) Faire fondre la matière grasse.
2) Hors du feu, verser la farine. Bien mélanger.
3) Remettre sur le feu jusqu'à ce que le mélange devienne blond doré.
4) Retirer du feu et verser le mélange froid (eau + vin) d'un seul coup sur le roux. Bien diluer.
5) Remettre sur le feu et porter doucement à ébullition en tournant sans cesse.

Pintade braisée au chou ▶
(recette p. 225)

6) Ajouter l'oignon ou les échalotes, le bouquet garni et les aromates (facultatif), la pintade, le sel, le poivre et les épices (facultatif).

CUISSON DE LA PINTADE

Couvrir et faire cuire doucement selon la méthode de votre choix.

Service

Lorsque la pintade est cuite, la servir nappée de sauce et accompagnée ou non de légumes au choix.

N. B. Vous pouvez remplacer le vin blanc par du vin rouge, de la bière, du cidre ou par 1/2 verre de vinaigre de cidre.
La cuisson braisée convient bien à la pintade plus sèche et souvent plus ferme que le poulet.
Elle s'accommode de toutes les variantes du poulet sauté ou du canard braisé.

Variantes

• **Pintade braisée à la crème d'échalotes**
Ajouter à la cuisson de la pintade 1 pincée de noix de muscade râpée ou de quatre-épices. Servir la pintade accompagnée de 250 g d'échalotes épluchées, coupées en quatre et cuites dans 25 cl de lait salé et poivré, pendant 15 mn à la casserole, ou 4 à 5 mn au micro-ondes. Passer au mixeur. Ajouter hors du feu 2 c. à soupe de crème fraîche. Saupoudrer de persil haché.

• **Pintade braisée au chou**
Ajouter un chou blanchi 5 mn à l'eau bouillante salée et 2 carottes coupées en rondelles, 10 baies de genièvre.

• **Pintade braisée au chou, pommes et raisins**
Remplacer le vin blanc par du cidre. Ajouter à la cuisson de la pintade 1 chou vert ou rouge coupé en lanières et blanchi 5 mn à l'eau bouillante, 2 pommes épluchées et coupées en quartiers, 100 g de poitrine fumée coupée en dés et revenue, 1 gousse d'ail, 1 oignon piqué d'un clou de girofle, 6 à 10 baies de genièvre.

• **Pintade braisée aux figues et farcie aux raisins**
Farcir la pintade avec le mélange suivant : 50 g de raisins secs gonflés dans 2 c. à soupe de rhum, 50 g de mie de pain rassis trempée dans du lait chaud, 100 g de chair à saucisse, du sel, du poivre et 1 pincée de noix de muscade râpée. Ajouter 250 g de figues sèches 10 mn avant la fin de la cuisson de la pintade.

◄ *Civet de lapin aux pruneaux*
(recette p. 231)

LAPIN

LAPIN RÔTI

QUANTITÉS : 4 PERSONNES

INGRÉDIENTS

– 1 lapin de 1,2 à 1,5 kg
(300-375 g x 4)
– 1 petit-suisse
– huile ou margarine
– sel, poivre
Herbes de Provence : thym,
romarin, sarriette, estragon, sauge,
marjolaine (au choix)
Aromates : ail, échalotes, oignons,
poitrine fumée ou bacon, pruneaux,
noix, olives (au choix)
Épices : curry, paprika, poivre
de Cayenne, safran, gingembre, zeste
de citron, d'orange, moutarde forte
aromatisée au poivre vert,
à l'estragon (au choix)
Alcools : cognac, rhum, porto (au
choix)
Accompagnement : légumes :
carottes, champignons, haricots verts,
petits pois, épinards, jardinière,
tomate, poivron, céleri, fenouil, choux
(choux de Bruxelles, vert,
choucroute) ; féculents : pommes de
terre, pâtes, riz, couscous ; fruits :
orange, citron, raisin, prunes

*Préparation : 5 mn • Préchauffage : du four ou de la broche : 10 à 15 mn
• Cuisson : au four à th. 5-6 ou 180-200 °C : 25 mn par 500 g soit 1 h à
1 h 15 ; à la broche : 1 h à 1 h 15 mn ; à l'autocuiseur : 20 à 25 mn (à partir
du chuchotement de la soupape) ; au micro-ondes : 6 à 7 mn par 500 g avec sac
à rôtir • Matériel : 1 pinceau à huiler*

PRÉPARATION DU LAPIN

1) **Pour un repas familial,** vous pouvez garder le lapin entier non découpé
ou découpé.

2) **Pour un repas plus soigné,** il faut séparer le lapin en deux sous les côtes et
ne garder que le râble, coupé en deux morceaux et les cuisses séparées.

Variantes

• **Rôti au four**

1) Préchauffer le four à la température indiquée. Mélanger le petit-suisse avec l'huile, les herbes de Provence, les aromates, la moutarde, les épices au choix (facultatif). Badigeonner le lapin avec ce mélange.

2) Sur la tôle creuse du four, mettre une grille et poser le lapin. À mi-cuisson, le retourner (ne pas le piquer avec une fourchette qui favorise la perte de jus). L'arroser de temps en temps avec de l'huile ou du vinaigre de cidre. Le lapin est cuit lorsqu'il n'est plus rose. Saler et poivrer seulement à la sortie du four (pour éviter au jus de s'échapper).

3) Servir le lapin découpé dans un plat long et chaud. Déglacer la tôle creuse en mettant un peu d'eau bouillante et en grattant le fond du plat. Recueillir le jus et le servir en saucière. Accompagner le lapin rôti de légumes au choix.

N. B. À la sortie du four, vous pouvez flamber le lapin en versant dessus 3 c. à soupe d'alcool bouillant et enflammé.

On utilise un petit-suisse (ou selon les goûts un saint-marcellin, un chèvre) mélangé à l'huile et à la moutarde pour empêcher le lapin de se dessécher. Mais on peut aussi cuire le lapin enveloppé d'une crépine de porc, d'une barde de lard ou mieux encore d'un sac à rôtir (le même utilisé pour le micro-ondes). Le grand avantage de ce sac est de garder le lapin toujours moelleux et de laisser le four impeccable.

Si le lapin doit attendre 10 à 15 mn après la cuisson, il restera chaud en le laissant dans le sac à rôtir ou en l'enveloppant d'une feuille d'aluminium.

• **Rôti à la broche**

1) Préchauffer la broche le temps nécessaire. Mélanger le petit-suisse avec l'huile, les herbes de Provence, les aromates, la moutarde et les épices au choix (facultatif). Badigeonner le lapin avec ce mélange.

2) Embrocher. Saler et poivrer à la sortie du four.

3) Servir le lapin découpé dans un plat long et chaud.

N. B. Le lapin cuit à la broche est plus moelleux qu'au four car le jus reste à l'intérieur. C'est la raison pour laquelle on recueille peu ou pas de sauce.

• **Rôti à l'autocuiseur**

1) Supprimer le petit-suisse. Découper le lapin en morceaux. Faire dorer les morceaux de lapin avec de l'huile ou de la margarine. Ajouter 1 oignon coupé en quatre ou 2 échalotes coupées en morceaux. Faire blondir. Saler, poivrer, saupoudrer d'herbes de Provence ou d'épices (facultatif).

2) Fermer l'autocuiseur et cuire doucement.

3) Servir le lapin sur un plat chaud et long, accompagné du jus en sauce.

LAPIN SAUTÉ

QUANTITÉS : 4 PERSONNES

INGRÉDIENTS

– 1 lapin de 1,2 à 1,5 kg
(300-375 g x 4)
– huile ou margarine
– 1 oignon ou 2 échalotes
Bouquet garni : 1 feuille de laurier,
1 branche de thym, 1 brin
de persil
Herbes de Provence : cerfeuil,
estragon, marjolaine ou origan,
romarin (au choix)
Aromates : poitrine fumée, raisins
secs, pruneaux, concentré de tomates,
olives, zeste de citron, d'orange,
crème fraîche (au choix)
Alcools : cognac, porto (au choix)

Épices : curry, genièvre, paprika,
safran, poivre de Cayenne, gingembre
(au choix)
Roux blond :
– 20 g de margarine
– 20 g de farine (1 c. à soupe)
– 10 cl ou 1 verre d'eau ou de bouillon
de volaille frais ou en cube
– 10 cl ou 1 verre de vin blanc sec
– sel, poivre
Accompagnement : légumes :
carottes, champignons, tomates,
poivrons, ratatouille ; féculents :
pommes de terre, riz, pâtes, couscous ;
fruits : coings, figues, pommes,
oranges, citrons

*Préparation : 15 mn • Cuisson : à la cocotte ordinaire : 1 h ; à l'autocuiseur :
25 à 30 mn (à partir du chuchotement de la soupape) ; au micro-ondes :
22 à 25 mn avec cocotte • Matériel : 1 cocotte en fonte avec couvercle,
1 autocuiseur, 1 cocotte en verre à feu pour la cuisson au micro-ondes,
2 cuillères en bois, 1 assiette*

PRÉPARATION DU LAPIN

1) Le découper en morceaux.
2) Faire revenir les morceaux avec un peu de matière grasse et les retirer du feu.
3) Faire blondir l'oignon ou les échalotes coupées en rondelles. Retirer du feu.

PRÉPARATION DU ROUX BLOND

1) Faire fondre la matière grasse.
2) Hors du feu, verser la farine. Bien mélanger.
3) Remettre sur le feu jusqu'à ce que le mélange devienne blond doré.
4) Retirer du feu et verser le mélange froid (eau + vin) d'un seul coup sur le
roux. Bien diluer.
5) Remettre sur le feu et porter doucement à ébullition en tournant sans cesse.
6) Ajouter l'oignon ou les échalotes, le bouquet garni, les aromates (facultatif),
les morceaux de lapin, le sel, le poivre et les épices (facultatif).

CUISSON

Couvrir et faire cuire doucement selon la méthode de votre choix.

Service

Lorsque le lapin est cuit, le servir dans un plat long et chaud nappé de sauce et accompagné ou non de légumes au choix.

N. B. Hors du feu, vous pouvez lier la sauce avec 2 c. à soupe de crème fraîche. Vous pouvez aussi remplacer le vin blanc par du vin rouge, de la bière, du cidre ou par 1/2 verre de vinaigre de cidre.

Variantes (lapin sauté)

• **Lapin sauté chasseur ou en gibelotte**
Ajouter 100 g de lardons revenus après l'oignon, 125 g de champignons de Paris frais ou en boîte, 30 mn avant la fin de la cuisson à la cocotte ordinaire, ou 5 mn avant la fin de la cuisson à l'autocuiseur ou au micro-ondes.

• **Lapin sauté à la rhubarbe**
1) La confection du roux blond est facultative.
2) Ajouter à la cuisson du lapin et après l'oignon 200 g de rhubarbe épluchée et coupée en dés, 4 tranches de pain d'épices émietté.
3) Servir le lapin sauté nappé de sauce et saupoudré de persil haché.

• **Lapin sauté à la tomate (marengo)**
1) Remplacer l'oignon par 2 échalotes.
2) Ajouter 500 g de tomates fraîches (4 tomates) coupées en morceaux ou 2 c. à soupe de concentré de tomates, 125 g de champignons de Paris frais ou en boîte, 30 mn avant la fin de la cuisson à la cocotte ordinaire, ou 5 mn avant la fin de la cuisson à l'autocuiseur ou au micro-ondes.

• **Lapin sauté à la tomate et au porto**
1) Suivre la recette du lapin sauté à la tomate (marengo).
2) Mouiller le roux blond avec 2 verres de porto à la place du vin blanc et du bouillon.
3) Aromatiser avec 1 pincée de cannelle.
4) Au moment de servir, ajouter à la sauce et hors du feu 2 c. à soupe de crème fraîche.
5) Servir le lapin sauté nappé de sauce et saupoudré de persil haché.

• **Lapin sauté à la tomate et aux poivrons (provençale)**
Ajouter 500 g de tomates fraîches (4 tomates) coupées en morceaux, 2 poivrons coupés en morceaux et épépinés, 10 olives vertes (facultatif), 1 gousse d'ail et 1 brin de marjolaine ou origan.

• **Lapin sauté au chou rouge**
1) Remplacer le vin blanc et le bouillon par 25 cl de vin rouge.
2) Ajouter 1 chou rouge coupé en lanières et blanchi 10 mn à l'eau bouillante avec 1 c. à café de sucre, 2 pommes (boskoop) épluchées et coupées en cubes.
3) Servir le lapin dans un plat garni de chou rouge aux pommes.

• **Lapin sauté au citron**
1) Remplacer le bouillon par le jus de 1 citron.
2) Aromatiser avec un brin de romarin, quelques feuilles de sauge.
3) Ajouter à mi-cuisson 2 citrons coupés en rondelles.
4) Servir le lapin entouré de rondelles de citron.

• Lapin sauté aux figues
Ajouter 8 figues violettes fraîches, saupoudrées de 1 pincée de cannelle (facultatif), 20 mn avant la fin de la cuisson à la cocotte ordinaire, ou 5 mn avant la fin de la cuisson à l'autocuiseur ou au micro-ondes.

CIVET DE LAPIN

QUANTITÉS : 4 PERSONNES

INGRÉDIENTS

– 1 lapin de 1,2 à 1,5 kg
(300-375 g x 4)
– 100 g de poitrine fumée
– huile ou margarine
Marinade :
– 50 cl de vin rouge
– 10 cl ou 1 verre de vinaigre de vin
– 1 oignon, 2 échalotes, 2 carottes
– 1 gousse d'ail
– 2 c. à soupe de cognac
ou d'armagnac
– sel, poivre
Bouquet garni : 1 feuille de laurier, 1 branche de thym, 1 brin de persil

Épices : 1 clou de girofle, 6 baies de genièvre, noix de muscade ou quatre-épices
Roux brun :
– 2 c. à soupe d'huile
– 20 g de farine (1 c. à soupe)
– 10 cl ou 1 verre de marinade
– sel, poivre
Accompagnement : légumes : champignons ; féculents : pâtes, pommes de terre, riz, couscous ; fruits : pruneaux, prunes violettes, figues
Garniture : croûtons

Préparation : 15 mn • Marinade : 12 h (la veille) • Cuisson : à la cocotte ordinaire : 1 h 30 ; à l'autocuiseur : 40 mn à partir du chuchotement de la soupape • Matériel : 1 cocotte en fonte ou 1 autocuiseur, 2 cuillères en bois, 1 assiette, 1 casserole, 1 plat creux

La veille

PRÉPARATION DU LAPIN

Découper le lapin en morceaux et réserver le foie.

PRÉPARATION DE LA MARINADE

1) Dans un plat creux, mettre ensemble les morceaux de lapin, l'oignon et les échalotes coupés en rondelles, l'ail écrasé, le bouquet garni, le sel, le poivre, les épices, le vin rouge, le vinaigre et l'alcool.
2) Remuer de temps en temps la marinade.

Le jour même

1) Égoutter les morceaux de lapin.
2) Les faire revenir avec un peu de matière grasse.

3) Retourner les morceaux avec les deux cuillères. Éliminer l'excès de matière grasse.
4) Faire blondir l'oignon et les échalotes avec un peu de matière grasse. À la place, faire revenir la poitrine fumée coupée en dés.

PRÉPARATION DU ROUX BRUN

1) Faire fondre la matière grasse.
2) Hors du feu, verser la farine. Bien mélanger.
3) Remettre sur le feu jusqu'à ce que le mélange devienne brun clair (caramel).
4) Retirer du feu et verser la marinade passée d'un seul coup sur le roux. Bien diluer.
5) Remettre sur le feu et porter doucement à ébullition en tournant sans cesse.
6) Ajouter l'ail, l'oignon, les échalotes, la poitrine fumée, le bouquet garni et les morceaux de lapin.

CUISSON

1) Couvrir et faire cuire doucement selon la méthode de votre choix.
2) Lorsque le lapin est cuit, ajouter à la sauce le foie revenu et passé à la Moulinette.

Service

1) Servir le lapin nappé de sauce et accompagné de légumes, féculents, fruits au choix.
2) Garnir le plat de croûtons frits.
  N. B. Si vous avez pu recueillir le sang du lapin, ajouter aussitôt 1 filet de vinaigre pour l'empêcher de coaguler. Vous l'utiliserez pour faire une liaison au sang. Pour cela, verser la sauce chaude dessus en tournant. Réchauffer ensuite sans bouillir. Au moment de servir, ajouter hors du feu 1 c. à soupe de crème fraîche.
Le lapin de garenne et le lièvre peuvent se cuire comme le civet de lapin.

Variante

• **Civet de lapin aux pruneaux**
Ajouter 250 g de pruneaux, 40 mn avant la fin de la cuisson à la cocotte ordinaire, ou 25 mn avant la fin de la cuisson à l'autocuiseur.

COMPOTE DE LAPIN

QUANTITÉS : 6 PERSONNES

INGRÉDIENTS

- 1 lapin de 1,5 kg
- 200 g de poitrine fumée
- 2 carottes
- 1 oignon
- 1 gousse d'ail
- 50 cl de vin blanc sec ou de cidre

- sel, poivre
Bouquet garni : 1 branche
de thym, 1 feuille de laurier, persil
Herbes de Provence : sarriette,
romarin, sauge (au choix)

Préparation : 30 mn • Cuisson : au four : 2 h à th. 6 ou 200 °C (en terrine) ; à la cocotte ordinaire : 1 h à 1 h 30 ; à l'autocuiseur : 30 mn ; au micro-ondes : 20 mn à puissance maximum, puis 20 mn à puissance 8. Remuer en cours de cuisson • Matériel : 1 cocotte en fonte, en porcelaine à feu, 1 terrine à pâté (four)

PRÉPARATION

1) Mettre dans une cocotte le lapin coupé en morceaux, la poitrine fumée détaillée en dés, l'oignon et la carotte coupés en rondelles, l'ail écrasé, les aromates, le bouquet garni, les herbes de Provence, le sel, le poivre, le vin blanc ou le cidre.
2) Couvrir.

CUISSON

1) Faire cuire selon la méthode de votre choix.
2) La compote de lapin est cuite lorsque la chair se détache facilement.

Service

Servir la compote de lapin tiède accompagnée de pommes de terre sautées à l'ail.

N. B. La compote de lapin peut se consommer froide en gelée, voir recette de la compote de lapin en gelée.

Vous pouvez remplacer la moitié de la quantité de vin blanc ou de cidre par de l'eau et rajouter de l'eau en cours de cuisson s'il manque du jus.

GIBIER

Sans être chasseur, on peut trouver du gibier frais ou surgelé. La vente n'est autorisée que pendant le temps de la chasse, période définie par arrêté préfectoral (en général de septembre à février).
On distingue le gibier à plume et le gibier à poil.

CAILLES RÔTIES AUX CERISES

QUANTITÉS : 4 PERSONNES

INGRÉDIENTS

– 4 cailles
– 4 bardes de lard
– sel, poivre
– 2 c. à soupe de kirsch, liqueur de cerise (cherry, brandy) ou de cognac

Sauce aux cerises :
– 400 g de cerises au naturel fraîches, surgelées ou en boîte
– 20 cl ou 2 verres de bon vin rouge
– 1 pincée de cannelle
– 1 c. à soupe de fécule de pommes de terre ou de Maïzena

Préparation : 15 mn • Cuisson des cailles : au four : 15-20 mn à th. 7-8 ou 220-250 °C ; des cerises : 10 mn à la casserole ou 5 mn au micro-ondes • Matériel : 1 plat à four, 1 casserole ou 1 cocotte en verre à feu pour la cuisson des cerises au micro-ondes.

PRÉPARATION DES CAILLES

Les plumer, les vider, les flamber et les envelopper avec la barde de lard.

CUISSON

1) Les faire cuire au four en les arrosant fréquemment avec le jus de cuisson. Lorsque les cailles sont cuites, les flamber avec l'alcool bouillant et enflammé.

PRÉPARATION DE LA SAUCE AUX CERISES

1) Recueillir du jus de cuisson des cailles.
2) Le dégraisser si nécessaire.

3) Ajouter le vin rouge, les cerises et la cannelle. Porter doucement à ébullition.
4) Ajouter la fécule ou la Maïzena délayée avec un peu d'eau.
5) Laisser bouillir quelques instants en tournant. Ôter les cerises.

Service

Servir les cailles entourées des cerises et accompagnées de la sauce en saucière.

FAISAN RÔTI FARCI AUX NOIX ET AUX RAISINS

QUANTITÉS : 4 PERSONNES

INGRÉDIENTS

– 1 faisan
– 1 barde de lard
Garniture : 4 tranches de pain
de mie, 100 g de mousse de foie gras
(à défaut mousse de foie de volaille),
8 cerneaux de noix
Farce :
– 25 noix décortiquées
– 50 g de raisins secs

– foie du faisan ou 1 foie de volaille,
gésier
– 50 g de mie de pain rassis
– 5 cl ou 1/2 verre de bouillon de
volaille frais ou en cube
– zeste de 1/2 citron
– 4 c. à soupe de cognac
– sel, poivre, 1 pincée de gingembre

Préparation : 15 mn (sans la préparation du faisan) • *Cuisson : au four à th. 6-7 ou 200-220 °C : 25 à 30 mn par 500 g ; à la broche : 30 mn par 500 g* • *Matériel : 1 plat à four*

PRÉPARATION DU FAISAN

1) Le plumer, le vider et le flamber.
2) L'envelopper de la barde de lard et le ficeler.

PRÉPARATION DE LA FARCE

1) Arroser les raisins secs de cognac.
2) Verser le bouillon chaud sur la mie de pain émiettée.
3) Hacher les noix, le foie et le gésier.
4) Ajouter la mie de pain trempée, les raisins secs et le zeste râpé de citron mélangé au gingembre. Assaisonner et bien mélanger.
5) Remplir le faisan de farce.
6) Recoudre l'ouverture avec une aiguille et du fil. Entourer le faisan avec la barde de lard.

CUISSON DU FAISAN

Faire cuire le faisan selon la méthode de votre choix.

PRÉPARATION DES CANAPÉS

1) Couper en triangles les tranches de pain de mie et les faire dorer à la poêle ou griller.
2) Les tartiner de mousse de foie gras et les garnir d'un cerneau de noix.

Service

Découper le faisan comme un poulet et le servir sur un plat long et chaud entouré des canapés.

PERDREAU RÔTI

QUANTITÉS : 4 PERSONNES

INGRÉDIENTS

– 2 perdreaux
– 1 barde de lard
– huile
– 2 c. à soupe de cognac

– sel, poivre
Garniture : 4 tranches de pain de mie

Préparation : 15 mn • Cuisson : au four : 30 mn à th 7-8 ou 220-250 °C ; à la broche : 30 mn • Matériel : 1 plat à four, 1 poêle

PRÉPARATION

1) Préparation des perdreaux : les plumer, les vider. Les flamber. Réserver les foies. Envelopper les perdreaux d'une barde de lard et les ficeler.

2) Cuisson : les faire cuire à feu vif.

3) Préparation des croûtons : faire revenir à la poêle les foies avec un peu d'huile. Les écraser et les arroser de cognac. Faire dorer à la poêle ou griller les tranches de pain de mie. Les tartiner de foies écrasés.

Service

Découper les perdreaux en deux dans le sens de la longueur.
Les présenter sur un plat long et chaud entourés des croûtons.

PIGEON EN COCOTTE
AUX CHAMPIGNONS

QUANTITÉS : 2 PERSONNES

INGRÉDIENTS

– 1 pigeon
– 50 g de poitrine fumée
– huile ou margarine
– 6 oignons blancs (ou à défaut un oignon)
Garniture : 125 g de champignons de Paris, 2 c. à soupe de crème fraîche
Bouquet garni : 1 feuille de laurier, 1 branche de thym, 1 brin de persil

Roux blond :
– 20 g de margarine
– 20 g de farine (1 c. à soupe)
– 10 cl ou 1 verre d'eau ou de bouillon de volaille frais ou en cube,
– 10 cl ou 1 verre de vin blanc sec
– sel, poivre

Préparation : 20 mn • Cuisson : à la cocotte ordinaire : 45 mn ; à l'autocuiseur : 15 mn à partir du chuchotement de la soupape • Matériel : 1 cocotte en fonte d'aluminium ou 1 autocuiseur, 1 assiette, 2 cuillères en bois

PRÉPARATION

1) Préparation des pigeons : les plumer, les vider et les flamber. Faire dorer les pigeons sur toutes les faces avec un peu d'huile puis les retirer de la cocotte. Faire revenir la poitrine fumée coupée en dés.

2) Préparation du roux blond : faire fondre la matière grasse. Hors du feu verser la farine. Bien mélanger. Remettre sur le feu jusqu'à ce que le mélange devienne blond doré. Retirer du feu et verser le mélange froid (eau + vin) d'un seul coup sur le roux. Bien diluer. Remettre sur le feu et porter doucement à ébullition en tournant sans cesse. Ajouter les oignons, le bouquet garni, les lardons, le pigeon, du sel et du poivre.

3) Cuisson : couvrir et faire cuire doucement selon la méthode de votre choix.

4) Préparation des champignons : les laver soigneusement. Les couper en lamelles s'ils sont gros. Les ajouter 5 mn avant la fin de la cuisson.

Service

Lorsque le pigeon est cuit, le découper en deux dans le sens de la longueur.
Hors du feu, ajouter la crème fraîche à la sauce.
Servir le pigeon sur un plat long et chaud entouré des champignons.

CHEVREUIL RÔTI SAUCE GRAND VENEUR

QUANTITÉS : 6 PERSONNES

INGRÉDIENTS

– 1 filet de chevreuil de 1,5 kg
– 6 tranches de poitrine fumée
– huile
– sel, poivre
Marinade :
– 75 cl de vin rouge
– 10 cl ou 1 verre de vinaigre de vin
– 2 carottes
– 1 oignon
– 2 échalotes
– 1 gousse d'ail
– 2 c. à soupe de cognac
ou d'armagnac
Bouquet garni : 1 feuille de laurier, 1 branche de thym, 1 brin de persil

Épices : 1 clou de girofle, 6 baies de genièvre, noix de muscade ou quatre-épices
Roux brun :
– 50 cl de liquide composé de 25 cl de bouillon et de 25 cl de marinade cuite et réduite
– 5 cl d'huile
– 50 g de farine
– 2 c. à soupe de gelée de groseille
– 2 c. à soupe de crème fraîche
– sel, poivre

Préparation de la marinade : 5 mn (la veille) ; de la sauce grand veneur : 15 mn (le jour même) • Marinade : 12 h • Réduction de la marinade : à la casserole : 15 mn ; au micro-ondes : 5 mn • Cuisson du filet de chevreuil : au four : 1 h à th. 7-8 ou 220-250 °C ; de la sauce : 5 à 10 mn • Matériel : pour le rôti : 1 plat à four ; pour la marinade : 1 plat creux ; pour la sauce grand veneur : 1 verre mesureur, 1 casserole à fond épais (antiadhésive), 1 cuillère en bois

LA VEILLE

Préparation de la marinade : couper les carottes, l'oignon et les échalotes en rondelles. Écraser l'ail. Mélanger tous les ingrédients avec le vin, le vinaigre et le cognac (ou l'armagnac) et faire bouillir 5 mn. Laisser refroidir avant d'ajouter le filet de chevreuil. Remuer de temps en temps.

LE JOUR MÊME

1) Égoutter le filet de chevreuil.

2) Cuisson du chevreuil : l'envelopper de poitrine fumée. Le faire cuire à four chaud. L'arroser de temps en temps avec de la marinade. Passer la marinade et la faire réduire de moitié.

3) Préparation du roux brun : faire fondre la matière grasse. Hors du feu, verser la farine. Bien mélanger. Remettre sur le feu jusqu'à ce que le mélange devienne brun clair (couleur caramel). Retirer du feu et verser le mélange froid (bouillon + marinade) d'un seul coup sur le roux. Bien diluer. Remettre sur le feu et porter doucement à ébullition en tournant sans cesse. Laisser mijoter 5 à 10 mn pour que la sauce perde son acidité. Saler. Poivrer. Juste avant de servir, ajouter la gelée de groseille et la crème fraîche.

Service

Servir le rôti de chevreuil accompagné de la sauce grand veneur en saucière.

Variante

• **Sauce aux airelles ou aux myrtilles**
Servir le rôti de chevreuil accompagné de la sauce aux airelles ou aux myrtilles en saucière.

BROCHETTES

BROCHETTES DE FOIES DE VOLAILLES

QUANTITÉS : 4 PERSONNES

INGRÉDIENTS

- 400 g de foies de volailles
- 12 tranches de poitrine fumée
- 4 tomates
- 1 c. à soupe d'huile
- 4 oignons
- sel, poivre

Herbes de Provence : romarin, sarriette, thym, origan, marjolaine (au choix)
Accompagnement : couscous, riz pilaf ou créole, pâtes, pommes de terre vapeur (au choix)

Préparation : 30 mn • Préchauffage : du gril électrique du four ou indépendant : 5 à 10 mn ; du barbecue (au bois ou au charbon) : 1 h environ jusqu'à ce que les braises soient rougeoyantes • Cuisson : au gril ou au barbecue : 5 à 10 mn • Matériel : 1 gril ou 1 barbecue, 1 couteau, 1 assiette, 1 pinceau, 4 brochettes en métal ou en bois

PRÉPARATION

1) Préchauffage du gril ou du barbecue
2) Préparation des foies : couper les foies en deux. Les envelopper avec une tranche de poitrine fumée.
3) Préparation des légumes : couper l'oignon et les tomates en quatre.
4) Préparation des brochettes : sur une brochette, enfiler en alternant : 1 quartier d'oignon, 1 quartier de tomate, 1/2 foie enveloppé de poitrine fumée. Badigeonner chaque brochette au pinceau avec l'huile. Les saupoudrer d'herbes de Provence.

CUISSON

Faire cuire les brochettes en les retournant à mi-cuisson.

Service

Servir les brochettes de foies de volailles accompagnées d'un légume au choix et de moutarde.

N. B. Juste avant de servir, vous pouvez flamber les brochettes en les arrosant d'un alcool bouillant : cognac, madère, porto ou rhum.

Variantes

• Brochettes de canard à l'orange

Remplacer les foies de volailles par 4 aiguillettes de canard. Les faire mariner 1 h dans le mélange suivant : le jus de 1 citron, 1 c. à soupe de miel, 1 c. à café de sauce au soja, 2 clous de girofle, du sel et du poivre. Remplacer les tomates par 2 oranges coupées en quartiers. Badigeonner les brochettes avec la marinade. Servir accompagné de riz à l'indienne.

• Brochettes de jambon à l'ananas (à la louisiane)

1) Remplacer les foies de volailles par 4 tranches épaisses de jambon braisé (1 talon de 400 g).

2) Couper le jambon en cubes et piquer chaque cube avec un clou de girofle.

3) Remplacer les tomates par 1 ananas frais ou en boîte en rondelles.

4) Couper les rondelles en quatre. Recueillir le jus d'ananas et le mélanger avec 1 c. à soupe de vinaigre de cidre, 2 c. à soupe de sucre roux ou de miel (pour l'ananas frais), 1 pincée de cannelle ou de noix de muscade râpée. Badigeonner chaque brochette avec le mélange aux épices.

5) Servir les brochettes avec du riz créole, du maïs en grains et de la moutarde douce.

• Brochettes de rognons d'agneau

Remplacer les foies de volailles par 8 rognons d'agneau coupés en deux et débarrassés des parties centrales blanches. Ajouter 16 grosses têtes de champignons de Paris nettoyées et arrosées de jus de citron. Avant de servir les brochettes, vous pouvez les flamber au cognac, au madère, au rhum ou au porto.

• Brochettes de saucisses au chou de Bruxelles

1) Remplacer les foies de volailles par 4 saucisses ou 16 saucisses cocktail.

2) Remplacer les tomates par 16 choux de Bruxelles blanchis 2 mn à l'eau bouillante salée et cuits 10 mn à la vapeur. Servir les brochettes avec une purée de pommes de terre.

• Brochette de viande aux pruneaux

1) Remplacer les foies de volailles par 400 g de viandes au choix (haut de gigot, filet de bœuf, filet de porc, noix de veau, escalope de dinde, poulet, râble de lapin, cœur d'agneau, rognon d'agneau ou de porc). Ajouter 24 pruneaux dénoyautés. Les enrouler deux par deux dans une tranche de poitrine fumée.

2) Servir les brochettes avec du riz créole ou du couscous et de la sauce béarnaise.

BROCHETTES DE VIANDE MARINÉE

QUANTITÉS : 4 PERSONNES

INGRÉDIENTS

– 600 g de viande au choix (haut de gigot, filet de bœuf, rumsteck, noix de veau, escalope de dinde, poulet, râble de lapin)
– 200 g de poitrine fumée
– 4 tomates, 4 oignons
– 1 poivron vert ou rouge
Sauce à la marinade :
– extrait de marinade cuite
– 1 jaune d'œuf
– sel, poivre
Marinade :
– 10 cl ou 1 verre d'huile (d'olive de préférence)

– 10 cl ou 1 verre de vin blanc sec
– 2 c. à soupe de vinaigre de cidre ou de jus de citron
– 1 c. à soupe de miel
Herbes de Provence : 1 feuille de laurier, 1 branche de thym, 1 branche de romarin, sarriette
Épices : 1 pincée de poivre de Cayenne ou de paprika
Accompagnement : couscous, gnocchis, pâtes, riz créole ou pilaf
Condiments et sauces : moutarde, sauce à la marinade ou sauce béarnaise au beurre ou au petit-suisse

Préparation : 30 mn • Marinade : 2 h au réfrigérateur • Préchauffage : du gril électrique du four ou indépendant : 5 à 10 mn ; du barbecue (au bois ou au charbon) : 1 h environ jusqu'à ce que les braises soient rougeoyantes • Cuisson : au gril ou au barbecue : 30 mn • Matériel : 1 gril électrique ou 1 barbecue, 1 couteau, 1 plat creux long, 8 brochettes en métal ou en bois, 1 pinceau

PRÉPARATION

1) Préparation de la viande : couper la viande en cubes de 2 à 3 cm. La faire mariner dans tous les ingrédients de la marinade et des épices au choix.

2) Préparation des légumes : couper en quatre les tomates et les oignons. Détailler le poivron en carrés.

3) Préparation des brochettes : sur une brochette, enfiler en alternant 1 quartier d'oignon, 1 quartier de tomate, 1 carré de poivron, 1 carré de poitrine fumée, 1 série de cubes de viande. Badigeonner chaque brochette au pinceau avec l'huile de la marinade.

4) Préchauffer le gril ou le barbecue

CUISSON

Faire cuire les brochettes et les retourner à mi-cuisson.

Service

Saler les brochettes seulement au moment de les servir avec la sauce à la marinade liée au jaune d'œuf ou avec une sauce béarnaise et des légumes au choix.

N. B. Si vous ne faites pas mariner la viande avant de la cuire, il faut badigeonner les brochettes avec de l'huile et les saupoudrer d'herbes de Provence.

Variante

• **Brochettes de viande marinée au yaourt (à l'indienne)**
Remplacer la marinade à l'huile par la marinade au yaourt : 2 yaourts, 1 gousse d'ail. Épices : 1 pincée de curry, de gingembre, de quatre-épices, de coriandre ou de paprika.

BROCHETTES DE BOUDIN NOIR AUX POMMES

QUANTITÉS : 4 PERSONNES

INGRÉDIENTS

– 4 parts de boudin
– 4 pommes (reinettes de préférence)

Condiment : moutarde forte

Préparation : 5 mn • Préchauffage : du gril électrique du four ou indépendant : 5 à 10 mn ; du barbecue (au bois ou au charbon) : 1 h environ jusqu'à ce que les braises soient rougeoyantes • Cuisson : au gril ou au barbecue : 5 mn sur chaque face • Matériel : 1 gril électrique ou 1 barbecue, 1 fourchette à barbecue, 4 brochettes en bois ou en métal

PRÉPARATION

1) Préchauffage du gril ou du barbecue
2) Préparation des boudins : couper chaque part de boudin en trois tronçons.
3) Préparation des pommes : couper les pommes en quatre sans les éplucher. Éliminer les pépins.
4) Préparation des brochettes : sur une brochette, enfiler en alternant 1 quartier de pomme et 1 tronçon de boudin.
5) Cuisson : faire cuire les brochettes en les retournant à mi-cuisson.

Service

Servir les brochettes de boudin noir aux pommes avec de la moutarde forte.

Variante

• **Brochettes de boudin blanc aux pommes**
1) Remplacer le boudin noir par 4 boudins blancs.
2) Avant de les cuire, les saupoudrer de cannelle.
3) Servir avec de la moutarde douce.

PLATS UNIQUES

CASSOULET

QUANTITÉS : **6 PERSONNES**

INGRÉDIENTS

– 600 g de haricots blancs (100 g
par personne)
– 250 g de poitrine de lard
(fumé ou non)
– 200 g de carottes
– 1 oignon
– 1 gousse d'ail
– 500 g d'échine de porc
– 500 g d'épaule de mouton
– 500 g de confit d'oie ou de canard
– 1 saucisson à l'ail
– 2 oignons

– 2 échalotes
– 1 gousse d'ail
– 2 tomates
– 1 c. à soupe de concentré
de tomates
– 1 c. à soupe de graisse d'oie
ou de saindoux
Bouquet garni : 1 branche
de thym, 1 feuille de laurier, 1 brin de
persil, 1 clou de girofle
Gratin : sel, poivre, 1 c. à soupe
de graisse d'oie, chapelure

*Préparation : 30 mn • Trempage des haricots : 3 h (inutile pour les haricots de
l'année) • Cuisson des haricots : à la cocotte : 1 h 30 ; à l'autocuiseur : 30 mn
à partir de la mise en pression ; des viandes (mouton, porc, saucisson) :
à la cocotte : 1 h ; à l'autocuiseur : 20 mn à partir de la mise en pression ; du
gratin : quelques minutes sous le gril • Matériel : 1 cocotte ou 1 autocuiseur,
1 terrine à four*

PRÉPARATION DES HARICOTS

1) Faire tremper les haricots dans l'eau froide si nécessaire et les égoutter.
2) Les couvrir d'eau froide non salée.
3) Ajouter la poitrine de lard blanchie quelques minutes à l'eau bouillante, les
carottes épluchées et coupées en rondelles, l'oignon piqué d'un clou de girofle,
la gousse d'ail épluchée et le bouquet garni.

CUISSON

Faire cuire les haricots selon la méthode de votre choix et les égoutter.

PRÉPARATION DES VIANDES

1) Faire revenir le mouton et le porc avec la matière grasse.

2) Ajouter les oignons et l'ail émincés, les tomates épépinées en quartiers, le concentré de tomates, sel, poivre, le jus des haricots à peine à hauteur de la viande.

CUISSON

Faire cuire les viandes selon la méthode de votre choix.

DRESSAGE

1) Dans la terrine à four, disposer les haricots, les viandes en tranches, le saucisson en rondelles et les morceaux de confit d'oie ou de canard.

2) Saupoudrer de chapelure.

3) Éparpiller quelques lamelles de graisse d'oie.

GRATIN

Mettre la terrine à gratiner.

Service

Servir le cassoulet chaud dans la terrine.

CHOUCROUTE À L'ALSACIENNE

QUANTITÉS : 6 PERSONNES

INGRÉDIENTS

– 1,2 à 1,5 kg de choucroute crue (200 à 250 g par personne)
– 1 oignon
– 2 gousses d'ail
– 1 couenne de lard
– 20 g de saindoux, graisse d'oie ou eau (facultatif)
– 50 cl de vin blanc sec (riesling ou gewurztraminer)

– 1 kg de porc demi-sel (1 jarret, carré, palette)
– 200 à 300 g de poitrine fumée
– 1 saucisson à cuire (Morteau)
Aromates : 1 feuille de laurier, 1 brin de thym, 10 baies de genièvre, cumin, coriandre, 1 clou de girofle
Accompagnement : 1 kg de pommes de terre

Préparation : 30 mn • Cuisson : à la cocotte ordinaire : 2 h (1 h 30 par kg) sur feu doux ou au four à th. 5 ou 180 °C ; à l'autocuiseur : 45 mn à partir du chuchotement de la soupape • Matériel : 1 cocotte

PRÉPARATION

1) Tapisser le fond de la cocotte avec la couenne de lard.

2) Remplir avec la moitié de la choucroute.

3) Ajouter l'oignon piqué d'un clou de girofle, la pomme épluchée et coupée en dés, le porc demi-sel et la poitrine blanchis quelques minutes à l'eau bouillante, les aromates.

4) Recouvrir avec le reste de choucroute et de graisse fondue (facultatif).

5) Arroser avec le vin blanc et compléter avec de l'eau à hauteur de la choucroute.

CUISSON

1) Couvrir et faire cuire à feu doux selon la méthode de votre choix.

2) Rajouter de temps en temps de l'eau si nécessaire.

3) Ajouter le saucisson à cuire 30 mn avant la fin de la cuisson en cocotte et 5 mn avant la fin de la cuisson en autocuiseur.

Service

Servir la choucroute dans un grand plat accompagnée de sa garniture et des pommes de terre cuites à la vapeur.

N. B. Quand la choucroute est cuite vous pouvez ajouter à la garniture des saucisses de Strasbourg (rouges) ou des saucisses de Francfort (roses) pochées quelques minutes, et du cervelas en rondelles.

CHOUCROUTE DE LA MER

QUANTITÉS : 6 PERSONNES

INGRÉDIENTS

– 1,2 à 1,5 kg de choucroute crue (200 à 250 g par personne)
– 6 tranches de cabillaud (600 à 900 g)
– 300 g de haddock
– 100 g de crevettes roses (12)
– 1 l de moules
– 1 oignon
– 30 cl de vin blanc sec (1/2 bouteille de riesling ou gewurztraminer)

– 1 sachet de court-bouillon
– 50 cl de lait
Bouquet garni : 1 branche de thym, 1 feuille de laurier, 1 brin de persil
Épices : 10 baies de genièvre ou coriandre, cumin, 1 dosette de safran, poivre de Cayenne, 2 clous de girofle, poivre
Garniture : aneth frais

Préparation : 30 mn • Trempage de la choucroute : 3 h à l'eau froide • Cuisson : choucroute : 2 h à feu doux (1 h 30 par kg) ; cabillaud : 10 mn ; haddock : 10 mn dans le lait frémissant • Matériel : 1 cocotte, 1 fourchette, 1 faitout, 1 passoire

TREMPAGE DE LA CHOUCROUTE

1) Faire tremper la choucroute dans une grande bassine d'eau froide (si la choucroute est jeune, on peut se contenter de la laver plusieurs fois à l'eau froide).

2) L'égoutter soigneusement en la pressant entre les mains.

3) L'aérer à la fourchette.

CUISSON

1) Remplir la cocotte de choucroute.

2) Ajouter le bouquet garni, l'oignon piqué de deux clous de girofle et les épices au choix.

3) Arroser avec le vin blanc.

4) Compléter juste à hauteur de la choucroute avec le jus des moules et du court-bouillon préparé selon le mode d'emploi.
5) Couvrir la cocotte et faire cuire à feu doux.
6) Dix minutes avant la fin de la cuisson de la choucroute, ajouter les tranches de cabillaud.

PRÉPARATION DES MOULES

1) Brosser et laver soigneusement les moules.
2) Les faire ouvrir à feu vif dans un faitout.
3) Conserver le jus et le passer dans une passoire fine.

POCHAGE DU HADDOCK

1) Mettre le haddock dans le lait et le faire pocher.
2) L'égoutter et le garder au chaud.

DRESSAGE DE LA CHOUCROUTE GARNIE

1) Égoutter la choucroute et la mettre dans un grand plat.
2) Disposer dessus les tranches de poisson, le haddock poché, les moules avec leur coquilles, les crevettes.

Service

Servir aussitôt la choucroute garnie.

N. B. Si vous n'aimez pas l'acidité du vin blanc, vous pouvez cuire la choucroute simplement dans le court-bouillon.

Variantes

La choucroute de la mer peut se servir avec du poisson frais ou surgelé (lotte, daurade, merlan, roussette, saumon, colin, lieu), du poisson fumé (saumon, truite), des crustacés : gambas, langoustines.

COUSCOUS À L'AGNEAU

QUANTITÉS : 6 PERSONNES

INGRÉDIENTS

– 350 g de graines de couscous moyen (précuites)
– 25 cl d'eau tiède (au maximum)
– 2 c. à soupe d'huile d'olive ou d'arachide
– sel
– 1,8 kg d'agneau (300 g par personne) collier ou épaule en morceaux
– 3 tomates
– 2 carottes
– 1 courgette
– 2 navets
– 1 oignon piqué d'un clou de girofle
– 1 gousse d'ail

– persil
– 50 g de raisins secs
– 1/2 boîte de pois chiches
– 1,5 l d'eau
– 2 c. à soupe d'huile d'olive, sel
Épices : noix de muscade, gingembre, poivre de Cayenne, cannelle, paprika, safran, cumin, ras el hanout (1 c. à café de chaque) (au choix)
Sauce harissa :
– 1 c. à café de harissa en tube (saveur brûlante)
– 1 louche de bouillon

Préparation : couscous : 15 mn ; garniture : 15 mn • Cuisson de la garniture : dans un couscoussier ou une cocotte ordinaire : 30 mn + 30 mn ; en autocuiseur : 25 mn à partir de la rotation de la soupape • Réchauffage du couscous : à la vapeur : 10 mn ; au micro-ondes : 2 mn • Matériel : pour le couscous : 1 grande casserole, 1 passoire ou 1 couscoussier, ou 1 cocotte au micro-ondes ; pour la garniture : 1 couscoussier, 1 cuiseur-vapeur, 1 cocotte ordinaire ou 1 autocuiseur

PRÉPARATION DU COUSCOUS

Préparer le couscous selon la recette de base du couscous rapide.

PRÉPARATION DE LA GARNITURE

1) Couper en rondelles les carottes épluchées, la courgette non épluchée.

2) Couper en morceaux les tomates, le poivron épépiné, les navets.

3) Faire revenir dans l'huile les morceaux d'agneau.

4) Ajouter l'oignon piqué d'un clou de girofle, l'ail, le persil, les épices au choix, du sel, du poivre (sauf s'il y a du poivre de Cayenne).

5) Faire gonfler les raisins secs dans un bol d'eau tiède.

CUISSON

Faire cuire la viande selon la méthode de votre choix, soit au couscoussier, au cuiseur-vapeur, ou en cocotte ordinaire pendant 30 mn avant d'ajouter les légumes préparés, soit à l'autocuiseur avec tous les légumes dès le départ de la cuisson.

RÉCHAUFFAGE

Lorsque la garniture est cuite, réchauffer ensemble selon la méthode de votre choix les pois chiches, les raisins secs gonflés et le couscous.

Service

1) Mettre le couscous dans un grand plat creux chaud.

2) Creuser un trou au milieu. Y verser les légumes égouttés et la viande.

3) Préparer la sauce. Délayer 1 c. à café de harissa avec 1 louche de bouillon et verser dans une saucière.

4) Servir le couscous accompagné de la sauce.

N. B. Il existe de nombreuses variantes de garnitures. Vous pouvez ajouter 1 branche de céleri, et si vous aimez les saveurs brûlantes, 1 piment fort.

Si vous voulez utiliser des pois chiches non préparés, il faut les faire tremper la veille dans de l'eau chaude. Ils doivent doubler de volume. Ensuite il faut les faire cuire couverts d'eau pendant 1 h à 1 h 30 avant de les ajouter à la cuisson des autres légumes de la garniture.

Variante

• **Couscous au poulet**
Remplacer l'agneau par un poulet de 1,5 kg découpé en morceaux. Faire cuire avec les abattis.

N. B. On peut mélanger moitié poulet et moitié agneau. Aromatiser avec 1 bouquet de coriandre fraîche ou 1 c. à café de graines de coriandre et 1 c. à café de ras el hanout.

FONDUE BOURGUIGNONNE

QUANTITÉS : 6 PERSONNES

INGRÉDIENTS

– 1,2 kg de viande au choix (200 g par personne)
– 300 g de bœuf (filet ou rumsteck)
– 300 g d'agneau (gigot, selle)
– 300 g de porc (1 filet mignon)
– 300 g d'escalope de dinde, poulet ou veau
Bain de friture : 75 à 100 cl d'huile
Herbes de Provence : thym, romarin, sarriette
Condiments : moutardes fortes ou douces, aromatisées (estragon, poivre vert,) cornichons, câpres, pickles (oignons, carottes, chou-fleur, poivron au vinaigre), ketchup

Sauces (voir recettes) : vinaigrette aux fines herbes et échalotes (gribiche, ravigote) ; mayonnaises à l'huile, au petit-suisse ou au fromage blanc, à l'ail (aïoli), à la tomate (rouille), aux câpres (tartare), aux échalotes, aux fines herbes ; coulis de tomates aux poivrons ; béarnaise au beurre ou au petit-suisse, à la tomate ; sauce Bercy et variante (à la diable) ; sauce aux raisins ; chutney aux légumes ou aux fruits (à la mangue)

Préparation : 30 mn • Préchauffage du bain de friture : 15 mn environ • Cuisson : viandes rouges : 3 à 5 mn selon les goûts ; viandes ou volailles blanches : 7 à 8 mn • Matériel : 1 service à fondue comprenant 1 poêlon haut, 1 réchaud à alcool ou électrique, 6 fourchettes à long manche, 6 piques à viande en bois, 6 coupes

PRÉPARATION DU BAIN DE FRITURE

Faire macérer quelques heures les herbes de Provence dans l'huile avant de la chauffer.

PRÉPARATION DES VIANDES

1) Couper les viandes en cubes.
2) Mettre un assortiment de viande dans les coupes.

PRÉPARATION DES SAUCES

1) Préparer ou présenter au moins trois sauces différentes.
2) Disposer les condiments au choix.

CHAUFFAGE DU BAIN DE FRITURE

Faire chauffer l'huile sur votre plaque de cuisson habituelle avant de la maintenir au chaud sur le réchaud.

CUISSON DES VIANDES

Quand l'huile est bouillante (mais non fumante), chaque convive pique avec sa fourchette un morceau de viande de son choix et le fait cuire.

Service

1) Quand le morceau de viande est cuit, le convive le dépose dans son assiette et le prend avec sa pique en bois (pour éviter de se brûler).
2) Avant de déguster, il enrobe son cube de viande avec la sauce de son choix.
3) La fondue bourguignonne peut s'accompagner de chips et de salade verte.

FONDUE SAVOYARDE

QUANTITÉS : **6** PERSONNES

INGRÉDIENTS

- 900 g de fromage (150 g par personne) de beaufort, comté ou emmenthal, ou un mélange
- 40 cl ou 4 verres de vin blanc sec
- 1 gousse d'ail
- 1 c. à café de Maïzena
- 1 c. à café de bicarbonate de soude (facultatif)
- 1 verre à liqueur de kirsch
- 1 pincée de noix de muscade râpée
Accompagnement : pain : de campagne, au seigle, aux noix (10 à 15 cubes de pain par personne) ; condiments : cornichons, pickles (oignons, carottes, chou-fleur, poivron au vinaigre) ; salade

Préparation : 30 mn • Cuisson : 15 mn • Matériel : 1 poêlon, 1 réchaud à alcool ou électrique, 6 fourchettes à long manche, 1 cuillère en bois

PRÉPARATION DU PAIN

1) Couper le pain en cubes et les mettre dans des corbeilles sur la table.
2) Disposer les condiments et la salade.

PRÉPARATION DU POÊLON

Frotter les parois du poêlon avec la gousse d'ail épluchée.

PRÉPARATION DU FROMAGE

1) Ôter la croûte du fromage.
2) Le découper en fines lamelles et mettre dans le poêlon.
3) Verser le vin blanc et ajouter la noix de muscade râpée.

CUISSON DE LA FONDUE

1) Faire chauffer doucement le fromage en tournant sans cesse avec la cuillère en bois.
2) Quand la fondue a la consistance d'une pâte lisse, ajouter la Maïzena et le bicarbonate délayés dans le kirsch.

Service

1) Quand la fondue est prête, mettre le poêlon sur le réchaud au centre de la table.
2) Maintenir au chaud en tournant de temps en temps la préparation.
3) Chaque convive pique un morceau de pain avec sa fourchette et le trempe dans le fromage fondu.
4) Présenter les condiments au choix et servir après la dégustation la salade.

N. B. L'utilisation de la Maïzena rend la fondue plus lisse. Par contre, la présence de bicarbonate facilite la digestion... Pour varier les saveurs vous pouvez présenter également du jambon en dés (300 g environ).

PAELLA

QUANTITÉS : **6** PERSONNES

INGRÉDIENTS

– 1 poulet de 1,5 kg environ
– 250 g de porc (1 filet ou échine)
– 6 langoustines
– 12 crevettes roses
– 1 l de moules
– 200 g de chorizo
– 2 c. à soupe d'huile d'olive
– 4 tomates

– 150 g de petits pois cuits
(frais, surgelés ou en boîte)
– 1 poivron rouge ou vert
– 1 courgette
– 2 gousses d'ail
– 1 feuille de laurier
– sel, poivre
– 1 pincée de safran

Préparation : 30 mn • Cuisson : poulet, porc et légumes : 40 mn ; riz : 25 mn ; langoustines : 5 mn • Matériel : 1 poêle à paella (large et profonde) ou 1 sauteuse ou 1 cocotte, 1 faitout, 1 passoire

PRÉPARATION DES MOULES

1) Brosser et laver soigneusement les moules.
2) Les faire ouvrir à feu vif dans un faitout.
3) Retirer une coquille à chaque moule.
4) Conserver le jus et le passer à travers une passoire fine.

PRÉPARATION DU POULET ET DU PORC

1) Découper le poulet en six morceaux.
2) Couper le porc en gros cubes.
3) Faire revenir tous les morceaux dans le plat à paella avec l'huile.

PRÉPARATION ET CUISSON DES LÉGUMES ET DES VIANDES

1) Dès que les viandes sont dorées, ajouter les tomates en quartiers, la courgette coupée en rondelles (non épluchée), le poivron épépiné et coupé en lanières, l'ail épluché et écrasé et la feuille de laurier.
2) Laisser mijoter à feu doux (20 mn environ).

PRÉPARATION ET CUISSON DU RIZ

1) Laver et égoutter le riz si nécessaire.
2) L'ajouter aux légumes.
3) Compléter le jus de cuisson des moules avec de l'eau ou du bouillon chaud (de manière à obtenir 2 volumes de bouillon pour 1 volume de riz).
4) Mouiller le riz avec le liquide.
5) Assaisonner avec sel, poivre et safran.
6) Couvrir et laisser mijoter (environ 20 mn).

CUISSON DES LANGOUSTINES

Cinq minutes avant la fin de la cuisson du riz, ajouter les langoustines.

Service

1) Juste avant de servir ajouter les petits pois cuits, le chorizo coupé en rondelles, les moules dans leur coquille et les crevettes.

2) Accompagner la paella d'une salade verte.

Variantes

La paella peut se faire également avec du lapin, du veau, de la dinde ; de la lotte, du congre (poissons fermes) ; des palourdes, des noix de Saint-Jacques, des calamars, des encornets ; des haricots verts, des fonds d'artichaut ; du paprika à défaut de safran ; des olives noires ou vertes.

RACLETTE VALAISIENNE

QUANTITÉS : 6 PERSONNES

INGRÉDIENTS

– 900 g de fromage à raclette
Appenzell (150 g par personne)
– 6 tranches de jambon braisé
– 6 tranches de jambon de pays
– 6 tranches de viande des Grisons ou
de bacon

– 1 kg de pommes de terre
Condiments : cornichons, pickles
(oignons, carottes, chou-fleur, poivron
au vinaigre)

Préparation : 15 mn • Cuisson des pommes de terre : à la cocotte : 30 mn
à la vapeur ; à l'autocuiseur : 15 mn à la vapeur à partir de la mise en pression
• Préchauffage de l'appareil : 10 mn • Matériel : 1 appareil
à raclette électrique, raviers, 1 légumier (pour les pommes de terre), 2 plats longs
ou ronds (pour la charcuterie et le fromage)

PRÉPARATION ET CUISSON DES POMMES DE TERRE

1) Laver et essuyer les pommes de terre avec leur peau.

2) Les faire cuire avec leur peau à la vapeur selon la méthode de votre choix.

PRÉPARATION DU FROMAGE

Couper le fromage en tranches fines et les mettre dans un plat de service.

PRÉSENTATION DE L'ACCOMPAGNEMENT

1) Disposer sur la table la charcuterie et les pommes de terre chaudes dans les plats de service.

2) Présenter les condiments dans des raviers.

PRÉCHAUFFAGE DE L'APPAREIL À RACLETTE

Brancher l'appareil en prenant la précaution de retirer les coupelles vides.

Service

1) Chaque convive fait fondre dans sa coupelle le fromage et le recouvre avec une pomme de terre.
2) La dégustation s'accompagne de charcuterie et de condiments au choix. *N. B. Pour varier, vous pouvez ajouter aux pommes de terre des rondelles d'aubergine, de courgette, de poivron et de tomate revenues avec 1 c. à soupe d'huile d'olive sur la plaque électrique.*

Variante

• **Raclette lyonnaise**
1) Ajouter 6 oignons coupés en rondelles et revenus avec 1 c. à soupe d'huile sur la plaque électrique et servis avec les pommes de terre chaudes.
2) Remplacer la viande des Grisons par du saucisson sec lyonnais (rosette).

TAJINE AUX FRUITS SECS

QUANTITÉS : **4** À **6** PERSONNES

INGRÉDENTS

– 1 à 1,5 kg d'agneau
(épaule, collier, haut de côtelettes)
– 3 à 4 oignons
– 2 gousses d'ail
– 25 cl de bouillon ou d'eau
– sel
– 8 à 12 abricots secs
– 8 à 12 figues sèches
– 8 à 12 pruneaux

– 50 g de raisins secs
Épices : 1/2 c. à café de cannelle, 1/2 c. à café de curry, 1 pincée de cumin en poudre, 1/2 c. à café de coriandre en poudre
Accompagnement (facultatif) : semoule à couscous ou riz créole
Décoration : quelques feuilles de coriandre et de persil plat ciselées

Préparation : 30 mn • Cuisson : en cocotte : 45 à 60 mn ; à l'autocuiseur : 30 mn à partir de la mise en pression • Matériel : 1 cocotte ou 1 autocuiseur, 1 plat à tajine (plat creux à bords hauts)

PRÉPARATION

1) Faire gonfler les fruits secs dans de l'eau tiède.
2) Mettre dans le plat de cuisson la viande coupée en morceaux, les oignons et l'ail émincés, le sel, les épices.

CUISSON

1) Ajouter l'eau de façon que la viande baigne aux trois quarts.
2) Couvrir et faire cuire à feu doux selon la méthode de votre choix.
3) Quelques minutes avant la fin de la cuisson, ajouter les fruits secs trempés.

Service

1) Disposer dans le fond du plat à tajine la purée d'oignon et d'ail.
2) Couvrir avec les morceaux de viande.
3) Garnir avec les fruits secs.
4) Arroser de sauce.
5) Décorer de coriandre et de persil ciselés et servir bien chaud.

Variantes

• **Tajine de bœuf aux carottes et au poivron**
Supprimer les pruneaux, les figues, la cannelle. Remplacer l'agneau par du bœuf à braisé coupé en morceaux (cuisson : 1 h 30 à 2 h en cocotte et 1 h à l'autocuiseur). Ajouter 1 kg de carottes coupées en morceaux et 1 poivron rouge épépiné, coupé en morceaux, 1 h avant la fin de la cuisson en cocotte ou 15 mn avant la fin de la cuisson à l'autocuiseur.

• **Tajine de poulet, dinde ou veau**
Supprimer les fruits secs. Remplacer l'agneau par des hauts de cuisse de poulet ou de dinde, ou de l'épaule de veau. Parfumer avec 1 c. à café de safran, 1 c. à café de gingembre. Ajouter 2 citrons confits, 12 olives noires, 250 g de petits pois frais ou surgelés et 4 fonds d'artichaut coupés en morceaux 15 mn avant la fin de la cuisson à la cocotte ou 5 mn avant la fin de la cuisson à l'autocuiseur.

TARTIFLETTE

QUANTITÉS : 6 PERSONNES

INGRÉDIENTS

– 1 reblochon
– 1 kg de pommes de terre
– 100 g de poitrine fumée en petits dés
– 2 à 3 oignons

– 2 gousses d'ail
– 2 c. à soupe d'huile
– 25 cl de crème fraîche
Fines herbes : ciboulette
Accompagnement : salade

Préparation : 15 mn • Cuisson des pommes de terre : à la casserole : 15 mn à l'eau bouillante salée ; à la cocotte : 15 mn à la vapeur ; à l'autocuiseur : 10 mn à la vapeur à partir de la mise en pression • Matériel : 1 appareil multifonction (fondue, raclette et tartiflette) ou 1 poêle, 1 sauteuse

PRÉPARATION ET CUISSON DES POMMES DE TERRE

1) Laver et éplucher les pommes de terre.
2) Les couper en rondelles.
3) Les faire cuire selon la méthode de votre choix.

PRÉPARATION ET CUISSON DE L'AIL ET DES OIGNONS

1) Éplucher l'ail et les oignons.
2) Les émincer.
3) Les faire revenir avec l'huile.
4) Lorsqu'ils sont dorés, ajouter les pommes de terre en rondelles, les lardons, la crème fraîche, le reblochon coupé en lamelles.

CUISSON

1) Faire cuire à feu doux jusqu'à ce que le fromage soit fondu.
2) Couvrir la préparation.

Service
Servir la tartiflette aussitôt accompagnée d'une salade.

LÉGUMES, LÉGUMES FRAIS, LÉGUMES SECS, CÉRÉALES

LES LÉGUMES FRAIS

Les légumes frais sont des légumes fragiles qui perdent facilement leur goût propre, leur couleur, leurs minéraux et surtout leurs vitamines.
Il est donc important de les choisir frais et de les cuire selon les méthodes qui conservent le mieux leur valeur gustative et alimentaire.

Cuisson à l'eau
(déconseillée sauf exceptions)

C'est la cuisson qui favorise le plus de perte :
– de goût (beaucoup de personnes n'apprécient pas les légumes verts car ils n'ont goûté que des légumes trop cuits à l'eau) ;
– de couleur ou de brunissement par oxydation ;
– de minéraux par dilution dans l'eau ;
– de vitamines, par oxydation à l'eau et à l'air.

MÉTHODE

1) Faire cuire les légumes préparés dans beaucoup d'eau bouillante salée dans un faitout ou un autocuiseur.
2) Prévoir 1 à 3 l d'eau pour 500 g de légumes suivant leur volume, 8 à 10 g de sel par litre d'eau (1 c. à soupe rase de gros sel ou 1 c. à café rase de sel fin).

UTILISATIONS

À réserver pour les épinards, la salade verte et les légumes à goût fort : choux, choux de Bruxelles, chou vert, brocolis, chou-fleur, céleri en branches, céleri-rave, navet.
N. B. Ces mêmes légumes cuits au micro-ondes cuisent sans ou avec peu d'eau (quelques cuillerées à soupe sans pour autant avoir un goût fort).

Cuisson à l'étouffée
(très conseillée)

C'est la meilleure cuisson car elle est douce, se fait à l'abri de l'air avec peu ou pas d'eau et sans matière grasse. Les légumes cuisent dans leur jus, conservent toute leur saveur et leur valeur alimentaire.

MÉTHODE

1) Disposer les légumes préparés dans une cocotte avec couvercle ou un cuiseur électrique.

2) Ajouter un peu d'eau ou de bouillon parfumé si nécessaire (1/2 verre à 1 verre pour 500 g de légumes), des aromates, du sel et du poivre.

3) Fermer la cocotte et laisser cuire doucement 1 h 30 à 2 h. Servir les légumes assaisonnés avec du beurre frais, de la crème fraîche et de l'huile d'olive.

UTILISATIONS

Tous les légumes sauf les légumes à goût fort (voir cuisson à l'eau).

Cuisson à la vapeur
(conseillée)

C'est une cuisson saine qui respecte la valeur alimentaire et en partie la saveur. Les légumes sont toutefois moins savoureux qu'avec la cuisson à l'étouffée.

MÉTHODE

1) Verser l'eau ou le bouillon parfumé (2 cm de hauteur environ) dans la partie basse de l'appareil (cuit-vapeur, couscoussier, autocuiseur muni d'un panier rigide et d'une soupape à cuisson douce).

2) Mettre dans le panier supérieur de l'appareil (séparé de l'eau) les légumes préparés. Ajouter les aromates au choix.

3) Fermer l'appareil et faire cuire le temps nécessaire. Assaisonner et servir.

UTILISATIONS

Tous les légumes sauf les légumes à goût fort (voir cuisson à l'eau).

Cuisson au four ou au gril
(conseillée)

1) C'est une manière simple de cuisiner sans matière grasse avec peu ou pas de liquide en conservant la saveur des aliments. Les résultats sont différents selon le matériel et les sources de chaleur utilisés (feu de bois, charbon, électricité, gaz).

2) La cuisson au gril sur feu de bois ou de charbon doit se faire avec certaines précautions. Les braises doivent être vives pour éviter la fumée qui communique un goût désagréable et peut rendre nocifs les aliments par formation de goudrons cancérigènes.

MÉTHODE

1) Mettre les légumes préparés dans la tôle creuse du four préchauffé à th. 7-8 ou 220-240 °C.

2) Les arroser de liquide parfumé selon les légumes. Assaisonner.

3) Les faire cuire 30 à 45 mn au four et 15 à 20 mn au gril.

N. B. Pour empêcher les aliments de se dessécher, on peut les envelopper dans des papillotes.

UTILISATIONS

Pommes de terre frites au four, courgettes, concombres, champignons, tomates, oignons.

Cuisson au micro-ondes

Cette cuisson ultrarapide a l'avantage de respecter la texture, la couleur originelle des aliments et de renforcer leur saveur et leur arôme.

MÉTHODE

Faire cuire 500 g maximum d'aliments (il est préférable de cuire par petites quantités). La cuisson peut se faire selon le mode désiré : à la vapeur, à l'étouffée (très peu de liquide), braisée ou à l'eau.

UTILISATIONS

La plupart des légumes. Éviter les haricots verts qui durcissent.

Cuisson braisée ou à la cocotte

C'est une cuisson savoureuse mais grasse donc moins recommandée que la cuisson à l'étouffée.

MÉTHODE

1) Faire chauffer la matière grasse (30 à 40 g de margarine ou d'huile) sans la laisser fumer dans une cocotte ordinaire ou un autocuiseur.

2) Faire revenir 500 g de légumes sans les laisser colorer. Aromatiser et assaisonner.

3) Ajouter de l'eau, du bouillon, du vin blanc, du vin rouge, du cidre et de la bière (1/2 à 1 verre).

4) Couvrir la cocotte et laisser cuire les légumes à feu très doux le temps nécessaire.

UTILISATIONS

Carottes, choux, aubergines, artichauts, endives, petits pois, haricots verts, oignons, fenouil...

LÉGUMES À LA BÉCHAMEL
(terrine, couronne, charlotte ou au plat)

QUANTITÉS : 5 À 6 PERSONNES

INGRÉDIENTS

– 500 g de légumes frais, surgelés
ou en boîte : artichauts (fonds),
asperges (pointes), carottes, céleri,
chou, chou-fleur, poireaux (blancs),
potiron ou 1 kg de légumes verts :
épinards, oseille, salade, feuilles de
bette, feuilles de chou
Béchamel :
– 1/2 l de lait

– 60 g de margarine
– 60 g de farine
– 60 g de gruyère râpé
– 4 œufs
– noix de muscade
– sel, poivre
Sauces d'accompagnement : sauce
tomate, sauce aurore

Préparation : 20 mn • Cuisson de la béchamel : 5 mn ; des légumes : au four : 30 à 40 mn à th. 5-6 ou 180-200 °C (au bain-marie) ; au micro-ondes : 10 mn
• Matériel : 1 plat en couronne, 1 moule à charlotte ou à cake, 1 casserole, 1 spatule en bois, 1 verre mesureur, 1 bol, 1 couteau

PRÉPARATION DES LÉGUMES

1) Préparer et faire cuire si nécessaire les légumes.
2) Les réduire en purée.
3) Beurrer le moule pour la cuisson au four et le tapisser d'un film transparent spécial micro-ondes pour la cuisson au micro-ondes.

PRÉPARATION DE LA BÉCHAMEL

1) Faire fondre la matière grasse.
2) Hors du feu, verser la farine. Bien mélanger.
3) Remettre sur le feu jusqu'à ce que le mélange devienne mousseux.
4) Retirer du feu et verser d'un seul coup le lait froid. Bien diluer.
5) Remettre sur le feu et porter doucement à ébullition quelques minutes en tournant sans cesse.
6) Hors du feu, ajouter les œufs battus en omelette, le gruyère. Assaisonner.
7) Mélanger la béchamel et les légumes réduits en purée.
8) Verser la préparation dans le moule choisi.
9) Faire cuire selon la méthode de votre choix.

CUISSON

Au four (au bain-marie), mettre 2 cm d'eau chaude dans la tôle creuse du four.
Au micro-ondes, vérifier la cuisson des légumes à la Béchamel avec la pointe d'un couteau. Si elle sort nette, les légumes sont cuits.

Service

Démouler les légumes à la Béchamel et les servir avec une sauce au choix.
N. B. Pour alléger le plat, vous pouvez battre les blancs d'œufs en neige.
Vous pouvez ajouter à la sauce d'accompagnement des œufs durs, des fruits de mer ou des champignons.

LÉGUMES AU FLAN
(terrine, couronne, charlotte ou au plat)

QUANTITÉS : 5 À 6 PERSONNES

INGRÉDIENTS

– 500 g de légumes frais surgelés ou en boîte : artichauts (fonds), asperges (pointes), bettes, carottes, céleri, concombre, courgettes, champignons, chou, chou-fleur, endives, macédoine, maïs, poireaux (blancs), petits pois, poivron, potiron, tomates ; légumes verts : épinards, oseille, salade, feuilles de bette, feuilles de chou
– 2 c. à soupe de chapelure
Fines herbes : persil, estragon, ciboulette, cerfeuil
Épices : noix de muscade, gingembre, curry, paprika, safran

Flan :
– 1/4 l de lait
– 4 à 6 œufs
– 1 c. à soupe de Maïzena
– 50 g de gruyère râpé (facultatif)
– sel, poivre
Aromates : oignon, poitrine fumée
Herbes de Provence : thym, romarin, sarriette, marjolaine, origan (au choix)
Sauces d'accompagnement : béchamel au fromage, à la crème, sauce blanche, poulette, sauce tomate, aurore, ketchup

Préparation : 15 mn • Cuisson : au four : 30 à 40 mn à th. 5-6 ou 180-200 °C (au bain-marie) ; au micro-ondes : 15 mn à puissance moyenne (50 %) • Matériel : 1 moule à cake, en couronne, à charlotte ou 1 plat à four, 1 bol, 1 verre mesureur

PRÉPARATION DES LÉGUMES

Préparer et faire cuire si nécessaire les légumes. Les garder entiers : maïs, petits pois. Les couper en gros dés ou en rondelles : carottes, courgettes, endives, poireaux, tomates. Les couper en tronçons : pointes d'asperge, salsifis, céleri en branches. Les réduire en purée : carottes, chou-fleur, céleri-rave, potiron. Les hacher grossièrement : feuilles d'épinard, oseille, bettes, salade.

UTILISER LES LÉGUMES SEULS OU ASSOCIÉS

Seuls : artichauts, asperges, carottes, champignons, chou-fleur, épinards.
Associés : macédoine, tomates et courgettes ou concombre, champignons et chou ou chou-fleur ou céleri ou bettes, maïs et tomates et poivrons

PRÉPARATION DU MOULE

Pour la cuisson au four, le beurrer largement et le saupoudrer de chapelure (facultatif).
Pour la cuisson au micro-ondes, tapisser le moule avec le film transparent spécial micro-ondes.

PRÉPARATION DU FLAN

1) Battre les œufs en omelette.
2) Ajouter la Maïzena délayée avec un peu d'eau froide, le lait bouillant petit à petit, le gruyère râpé, les fines herbes, les aromates ou les épices.

Artichauts vinaigrette (recette p. 260)

3) Mettre dans le moule les légumes cuits (sauf les tomates) et égouttés.
4) Bien les tasser dans le moule en couronne, à cake ou à charlotte pour permettre le démoulage.
5) Verser dessus le flan.

CUISSON

1) Faire cuire selon la méthode de votre choix : au four (au bain-marie), en mettant 2 cm d'eau chaude dans la tôle creuse du four, ou au micro-ondes à puissance douce.
2) Vérifier la cuisson avec la pointe d'un couteau. Si elle sort nette les légumes au flan sont cuits.

Service

1) Les servir chauds ou tièdes avec une sauce au choix ou froids avec une salade.
2) La terrine, la couronne ou la charlotte au flan doivent être démoulées avant d'être servies.
N. B. Vous pouvez ajouter aux légumes au flan : 200 g de jambon, de thon ou de crevettes.

LÉGUMES AU FOUR OU AU GRIL

QUANTITÉS : 4 PERSONNES

INGRÉDIENTS

– 4 tomates
– 2 courgettes ou 1 concombre
– 1 poivron vert ou rouge
– 100 g de champignons de Paris
– 2 oignons ou 4 échalotes (ou les deux)
– 2 gousses d'ail
– 2 c. à soupe de vinaigre de cidre

– 2 c. à soupe de moutarde forte ou aromatisée (estragon, poivre vert, à l'ancienne)
– sel, poivre
Herbes de Provence : thym, romarin, sarriette, marjolaine, origan (au choix)

Préparation : 15 mn • Cuisson : au four : 30 à 40 mn à th. 7-8 ou 220-250 °C ; au gril : 30 mn sous surveillance ; au micro-ondes : 10 mn + 5 mn au gril (en cocotte 500 g maximum) • Matériel : pour la cuisson au four ou au gril : 1 tôle creuse du four ; pour la cuisson au micro-ondes : 1 cocotte, 1 couteau, 1 cuillère à soupe

PRÉPARATION DES LÉGUMES

1) Couper les tomates en deux.
2) Épépiner le poivron et le couper en morceaux ou en lanières.
3) Couper en rondelles les courgettes et le concombre non épluché.
4) Couper l'oignon en rondelles et l'ail en morceaux.
5) Conserver les champignons entiers. S'ils sont gros, couper la queue en morceaux.
6) Délayer la moutarde avec le vinaigre de cidre.
7) Saupoudrer d'aromates.

CUISSON

1) Faire cuire selon la méthode de votre choix.
2) Pour la cuisson au gril, surveiller et arroser plusieurs fois.

Service

Servir les légumes au four pour accompagner un couscous, du riz, des pâtes, de la viande ou de la volaille grillées ou rôties, des brochettes, du poisson au four, grillé ou au court-bouillon.

LÉGUMES EN BROCHETTES

QUANTITÉS : 4 PERSONNES

INGRÉDIENTS

– 4 tomates
– 12 gros champignons de Paris
– 1 poivron vert
– 4 oignons
– 2 c. à soupe d'huile d'olive
– 1 citron
– 2 c. à soupe de moutarde forte ou aromatisée (estragon, poivre vert, à l'ancienne)
– sel, poivre

Herbes de Provence : thym, laurier, romarin, marjolaine, origan, sarriette
Épices : noix de muscade, safran, cumin, coriandre ou graines de fenouil
Sauces d'accompagnement : sauce tomate, Bercy à la diable, chutney à la mangue, béarnaise, béarnaise au petit-suisse, sauce aux raisins

Préparation : 15 mn • Préchauffage : du gril : 10 mn ; du barbecue : 30 à 40 mn jusqu'à l'obtention de braises vives et non fumantes • Cuisson : au gril : 15 à 20 mn ; au barbecue : 15 à 20 mn • Matériel : brochettes en métal, 1 couteau, 1 cuillère à soupe

PRÉCHAUFFAGE

Préparer le feu du barbecue ou préchauffer le gril.

PRÉPARATION DES LÉGUMES

1) Couper les tomates et les oignons en quartiers.
2) Épépiner le poivron et le couper en morceaux.
3) Laver les champignons et garder les têtes entières.

PRÉPARATION DES BROCHETTES

1) Sur une brochette, enfiler en alternant 1 quartier d'oignon, 1 feuille de laurier, 1 quartier de tomate, 1 morceau de poivron, 1 tête de champignon. Finir par un quartier d'oignon.
2) Mélanger l'huile d'olive, le jus de citron et la moutarde au choix.
3) Arroser les brochettes avec ce mélange.
4) Les saupoudrer d'herbes de Provence ou d'autres épices.

CUISSON

Faire cuire les brochettes à feu vif en les surveillant et les retournant.

Service

1) Les servir avec une sauce au choix.
2) Les brochettes de légumes accompagnent bien une viande, des volailles rôties, des grillades, du poisson grillé ou au four.

LÉGUMES EN COCOTTE

QUANTITÉS : 4 PERSONNES

INGRÉDIENTS

– 4 pommes de terre moyennes de
Hollande (bintje)
– 4 carottes
– 1 poireau
– 1 oignon
– 1 gousse d'ail (facultatif)

– 100 g de gruyère râpé
– sel, poivre
Aromates : thym seul ou herbes de
Provence : romarin, sarriette,
marjolaine, origan (au choix)

Préparation : 15 mn • Cuisson : au four : 1 h à th. 6-7 ou 200-220 °C
• Matériel : 1 cocotte, 1 couteau économe, 1 couteau

PRÉPARATION DES LÉGUMES

1) Les laver, les éplucher et les couper en rondelles.
2) Mettre les légumes dans la cocotte beurrée en alternant 1 couche de carottes aux aromates salées et poivrées, 1 couche d'oignon et gruyère, 1 couche de poireau salé et poivré avec du gruyère et 1 couche de pommes de terre aux aromates avec du gruyère.
3) Continuer les couches et finir par les pommes de terre.

CUISSON

Couvrir la cocotte et faire cuire.

Service

Servir les légumes en cocotte chauds pour accompagner une viande ou une volaille rôties ou du poisson au four ou au court-bouillon.

ARTICHAUTS

QUANTITÉS : 4 PERSONNES

INGRÉDIENTS

– 4 artichauts
– sel
Sauces d'accompagnement :
froides : vinaigrette, mayonnaise,
rémoulade ;

chaudes : beurre fondu au jus de
citron, béchamel au fromage, à la
crème, béarnaise, sauce tomate

Préparation : 15 mn • Cuisson : en faitout à l'eau : 30 à 40 mn ; à l'autocuiseur :
10 mn (à l'eau), 15 mn (à la vapeur) ; au cuit-vapeur : 30 mn ; au micro-ondes :

12 à 15 mn (en cocotte couverte avec 1/2 verre d'eau ou dans un film transparent)
• *Matériel : 1 passoire*

PRÉPARATION

Préparer les artichauts. Les équeuter et leur retirer les premières feuilles filandreuses. Les laver à l'eau vinaigrée et les égoutter (1 c. à soupe par litre d'eau).

CUISSON

Les faire cuire de préférence à la vapeur ou au micro-ondes.

Service

Quand les artichauts sont cuits, les servir tièdes ou froids avec une sauce au choix.

ASPERGES

QUANTITÉS : 4 PERSONNES

INGRÉDIENTS

– 1,5 à 2 kg d'asperges (400 à 500 g ou 8 à 10 asperges par personne)

Sauces d'accompagnement : chaudes : blanche, mousseline, hollandaise, maltaise ; froides : vinaigrette, mayonnaise, mayonnaise mousseline, tartare

Préparation : 30 mn • Cuisson : en faitout (à l'eau) : 20 mn ; à l'autocuiseur : 5 à 7 mn (à l'eau), 10 mn (à la vapeur) ; au cuit-vapeur : 25 à 30 mn ; au micro-ondes : 16 à 18 mn (en cocotte avec 1 verre d'eau) pour 1 kg au maximum • Matériel : 1 faitout, 1 autocuiseur, 1 cuit-vapeur ou 1 cocotte pour la cuisson au micro-ondes, 1 couteau économe

PRÉPARATION

1) Préparer les asperges. Couper les bouts terreux. Peler les asperges avec un couteau économe et les mettre au fur et à mesure dans une bassine d'eau vinaigrée.
2) Les ficeler.

CUISSON

Faire cuire les asperges de préférence à la vapeur.

Service

Servir les asperges sur une serviette dans un plat long, tièdes ou froides avec une sauce au choix.

N. B. Une mayonnaise mousseline est une mayonnaise classique à laquelle on ajoute un blanc d'œuf battu en neige.

AUBERGINES

QUANTITÉS : 4 PERSONNES

INGRÉDIENTS

– 4 aubergines
Persillade :
– 2 gousses d'ail

– 50 g de beurre
– persil
– sel, poivre

Préparation : 10 mn • Dégorgement des aubergines : 30 mn • Cuisson : à la poêle, avec de l'huile : 5 mn ; en faitout (à l'eau) : 15 à 20 mn ; au cuit-vapeur : 15 mn ; à l'autocuiseur : 5 mn (à partir du chuchotement de la soupape) ; au micro-ondes : 6 à 8 mn (en cocotte) • Matériel : 1 couteau, 1 assiette creuse, 1 passoire, papier absorbant, 1 plat de service

PRÉPARATION

1) Couper les aubergines en rondelles.

2) Les saupoudrer de gros sel et les laisser dégorger dans une passoire au-dessus d'une assiette.

3) Les égoutter et les sécher sur du papier absorbant.

CUISSON

Les faire cuire selon la méthode de votre choix.

Service

Lorsque les aubergines sont cuites les servir avec la persillade. Faire fondre le beurre, l'aromatiser d'ail pilé et de persil haché ou avec un coulis de tomates fraîches, surgelées ou en boîte.

N. B. Les courgettes se préparent et se cuisent comme les aubergines.

AUBERGINES FARCIES

QUANTITÉS : 4 PERSONNES

INGRÉDIENTS

– 4 aubergines
Farce :
– 200 g de chair à saucisse
– 100 g de mie de pain rassis
– 1/2 verre de lait
– 1 oignon

– 20 g de margarine ou 2 c. à soupe d'huile d'arachide ou d'olive
– sel, poivre
Gratin :
– 4 c. à soupe de chapelure
– 20 g de beurre ou de margarine

Préparation : 15 mn • Cuisson des aubergines farcies : au four : 30 mn à th. 5-6 ou 180-200 °C ; à la cocotte ordinaire : 1 h ; à l'autocuiseur : 15 mn à partir du chuchotement de la soupape ; au micro-ondes : 6 à 8 mn (en cocotte) ; cuisson du gratin : au four : 10 mn à th. 8 ou 250 °C ou quelques minutes sous le gril • Matériel : 1 couteau, 1 assiette creuse, 1 cuillère à café, 1 bol, 1 poêle, 1 plat à four ou 1 cocotte

PRÉPARATION DES AUBERGINES

1) Les couper en deux dans le sens de la longueur.
2) Les évider comme des barquettes avec une cuillère à café. Réserver la chair pour la farce.

PRÉPARATION DE LA FARCE

1) Émietter la mie de pain et verser le lait chaud dessus.
2) Faire revenir l'oignon haché et la chair à saucisse dans un peu de matière grasse.
3) Ajouter la chair des aubergines. Saler, poivrer et bien mélanger.
4) Garnir les barquettes de farce.
5) Les disposer dans un plat à four ou une cocotte.
6) Les saupoudrer de chapelure et mettre quelques noisettes de matière grasse.

CUISSON

1) Les faire cuire selon la méthode de votre choix.
2) Les faire gratiner au four ou sous le gril.

Service

Servir les aubergines farcies chaudes.

N. B. Vous pouvez remplacer la mie de pain de la farce par 10 cl ou 1 verre de béchamel ou 100 g de riz cuit à l'eau.

Variantes

● **Aubergines farcies au fromage blanc**
Remplacer la farce par 200 g de fromage blanc, 2 œufs, 1 gousse d'ail pilée, du sel, du poivre, du persil haché, 1 pincée de noix de muscade, du quatre-épices ou du paprika. Bien mélanger le tout.

● **Aubergines farcies au jambon**
Remplacer la chair à saucisse de la farce par 100 g de jambon (2 tranches) coupé en dés.

● **Aubergines farcies au poulet**
Remplacer la farce par 250 g de poulet cuit, 50 g de riz cuit à l'eau, 50 g de raisins secs (gonflés 5 mn dans un peu d'eau bouillante), 50 g de gruyère râpé, 50 g de fromage blanc ou de yaourt, du persil haché, du sel et du poivre.

● **Aubergines farcies aux champignons**
Supprimer l'oignon de la farce. Remplacer la chair à saucisse par 125 g de champignons nettoyés, coupés en morceaux et revenus avec une gousse d'ail hachée.

● **Aubergines farcies aux œufs durs**
Remplacer la chair à saucisse de la farce par 4 œufs durs (12 mn à l'eau bouillante salée).

● **Aubergines farcies aux tomates et aux poivrons**
Remplacer la chair à saucisse par 2 tomates et 1 poivron vert hachés. Aromatiser avec de la marjolaine et du basilic.

CARDONS
(voir bettes)

Les cardons se préparent et se cuisent de la même manière que les bettes. Il convient de les frotter au jus de citron avant de les cuire pour leur éviter de noircir et les cuire plus longtemps : en faitout : 1 h à 1 h 15 (à l'eau) ; au cuit-vapeur : 1 h 15 à 1 h 30 ; à l'autocuiseur : 50 mn (à l'eau) et 1 h (à la vapeur).

BETTES AU GRATIN

QUANTITÉS : 4 PERSONNES

INGRÉDIENTS

- 1 kg de bettes ou blettes
Sauce béchamel :
- 1/4 l de lait
- 25 g de margarine

- 25 g de farine
- 50 g de gruyère
- noix de muscade
- sel, poivre

Préparation : 20 mn • Cuisson des bettes : en faitout : 40 mn (à l'eau) ; au cuit-vapeur : 50 mn ; à l'autocuiseur : 10 mn (à l'eau), 15 mn (à la vapeur) à partir du chuchotement de la soupape ; au micro-ondes : 8 à 10 mn (en cocotte avec 1 verre d'eau) pour 500 g de bettes au maximum ; cuisson de la béchamel : 5 mn ; cuisson du gratin : au four : 10 mn à th. 8 ou 250 °C ou quelques instants sous le gril • Matériel : 1 plat à four, 1 couteau, 1 passoire, 1 verre

PRÉPARATION DES BETTES

1) Les laver et les égoutter.
2) Les peler et les couper en tronçons de 3 cm environ.
3) Les frotter avec le citron pour leur éviter de noircir.
4) Les faire cuire à la vapeur de préférence.

PRÉPARATION DE LA BÉCHAMEL

1) Faire fondre la matière grasse.
2) Hors du feu, verser la farine. Bien mélanger.
3) Remettre sur le feu jusqu'à ce que le mélange devienne mousseux.
4) Retirer du feu et verser d'un seul coup le lait froid. Bien diluer.
5) Remettre sur le feu et porter doucement à ébullition quelques minutes en tournant sans cesse. Assaisonner.
6) Disposer les côtes de bette dans un plat à four beurré.
7) Napper de sauce Béchamel.

GRATIN

Faire gratiner.

Service

Servir les bettes au gratin chaudes.

N. B. Vous pouvez également faire gratiner les bettes avec une sauce tomate à la place de sauce Béchamel ou simplement saupoudrées de gruyère râpé.

FEUILLES DE BETTE FARCIES
(voir feuilles de chou farcies)

CAROTTES

QUANTITÉS : 4 PERSONNES

INGRÉDIENTS

– 1 kg de carottes
– 30 g de beurre
– thym, persil
– sel, poivre

Sauces d'accompagnement :
beurre maître d'hôtel, sauce
Béchamel, à la crème, poulette

*Préparation : 15 mn • Cuisson : en faitout : 40 mn (à l'eau) ; au cuit-vapeur :
40 à 50 mn ; à l'autocuiseur : 20 mn (à l'eau), 30 mn (à la vapeur) ;
au micro-ondes : 15 mn (vieilles), 12 mn (jeunes) (en cocotte avec 2 c. à soupe
d'eau) pour 500 g de carottes au maximum • Matériel : 1 couteau économe,
1 couteau*

PRÉPARATION DES CAROTTES

1) Les gratter avec le couteau économe et les laver.
2) Les laisser entières si elles sont jeunes ou les couper en rondelles ou en
cubes si elles sont vieilles.
3) Les saupoudrer de thym.

CUISSON

Les faire cuire de préférence à la vapeur ou au micro-ondes.

Service

Quand les carottes sont cuites, les servir avec du beurre, du persil haché ou
une sauce au choix.

CAROTTES BRAISÉES

QUANTITÉS : 4 PERSONNES

INGRÉDIENTS

– 1 kg de carottes
– 30 g de beurre ou de margarine
– 1 oignon
– 1 gousse d'ail

– thym
– 1 c. à soupe de crème fraîche,
– persil
– sel, poivre

*Préparation : 15 mn • Cuisson : à la cocotte ordinaire : 35 mn ; à l'autocuiseur :
20 mn (avec 1/2 verre d'eau) à partir du chuchotement de la soupape ; au micro-*

*ondes : 15 mn (vieilles), 12 mn (jeunes) (en cocotte avec 2 c. à soupe d'eau
et 30 g de beurre)* • *Matériel : 1 couteau économe, 1 couteau*

PRÉPARATION DES CAROTTES

1) Les gratter avec un couteau économe, les laver et les couper en rondelles.
2) Les faire revenir sans colorer avec la matière grasse.
3) Ajouter l'oignon haché, l'ail écrasé, le sel, le poivre et le thym.

CUISSON

1) Ajouter de l'eau si nécessaire.
2) Fermer la cocotte et laisser cuire à feu doux selon la méthode de votre choix.
3) Quand les carottes sont cuites, les retirer du feu.
4) Lier le jus de cuisson avec la crème fraîche.

Service

Servir les carottes saupoudrées de persil haché.

*N. B. Pour la cuisson au micro-ondes, vous n'êtes pas obligé de faire revenir
les légumes au préalable, il suffit de les mettre à cuire avec le beurre, l'eau et les
aromates.*

Variante

• **Carottes braisées aux raisins**
Suivre la recette des carottes braisées. Ajouter 50 g de raisins secs à la cuisson
des légumes.

CAROTTES ET POMMES DE TERRE
À LA LYONNAISE

QUANTITÉS : 4 PERSONNES

INGRÉDIENTS

– 500 g de carottes
– 500 g de pommes de terre
– 1 oignon
– 1 gousse d'ail
– 30 g de beurre ou de margarine

– 10 cl ou 1 verre d'eau ou de vin
blanc
– thym
– persil
– sel, poivre

Préparation : 15 mn • *Cuisson : à la cocotte ordinaire : 35 mn ;
à l'autocuiseur : 20 mn à partir du chuchotement de la soupape ;
au micro-ondes : 15 mn (en cocotte avec 2 c. à soupe d'eau et 30 g de beurre)*
• *Matériel : 1 couteau économe, 1 couteau, 1 robot (facultatif)*

PRÉPARATION DES LÉGUMES

1) Laver et éplucher les carottes et les pommes de terre.
2) Les couper en rondelles fines.
3) Éplucher l'oignon et le couper également en rondelles.

4) Écraser l'ail.

5) Faire revenir les légumes dans la matière grasse sans les laisser colorer.

6) Ajouter le liquide, le sel, le poivre et le thym.

CUISSON

Fermer la cocotte et laisser cuire à feu doux selon la méthode de votre choix.

Service

Quand les légumes sont cuits, les servir saupoudrés de persil haché.

N. B. Pour la cuisson au micro-ondes, vous n'êtes pas obligé de faire revenir les légumes au préalable, il suffit de les mettre à cuire avec le beurre, l'eau et les aromates.

CÉLERI EN BRANCHES

QUANTITÉS : **4 PERSONNES**

INGRÉDIENTS

– 1 kg de céleri en branches
(2 pieds de céleri)
– beurre, crème fraîche,
– jus de viande
– sel, poivre

Sauces d'accompagnement : sauce blanche, poulette, à la crème, sauce tomate

Préparation : 15 mn • Cuisson : en faitout : 45 mn (à l'eau) ; à l'autocuiseur : 30 mn (à l'eau) à partir du chuchotement de la soupape ; au micro-ondes : 8 mn (en cocotte avec 1 verre de bouillon) pour 500 g de céleri au maximum • Matériel : 1 couteau, 1 assiette, 1 passoire

PRÉPARATION DU CÉLERI

Gratter les côtes, éliminer celles qui sont creuses et couper les autres en tronçons de 5 cm environ.

CUISSON

Faire cuire le céleri selon la méthode de votre choix : en faitout ou à l'autocuiseur, à l'eau bouillante salée (1 c. à café de sel par litre d'eau) ou au micro-ondes, en cocotte avec peu d'eau ou de bouillon de volaille.

Service

Lorsque le céleri est cuit, l'égoutter soigneusement et le servir avec du beurre fondu, de la crème fraîche, du jus de viande ou une sauce au choix.

N. B. Si vous cuisez le céleri à l'eau bouillante salée et que vous voulez lui conserver sa belle couleur, il est conseillé d'ajouter à l'eau de cuisson 1 c. à soupe de farine délayée dans un peu d'eau froide et 1 c. à soupe de vinaigre.

CÉLERI-RAVE

QUANTITÉS : 4 PERSONNES

INGRÉDIENTS

– 500 à 600 g de céleri-rave
(150 g x 4)
– beurre, crème fraîche, jus de viande
– sel, poivre

Sauces d'accompagnement : sauce
blanche, à la crème, poulette, sauce
Béchamel, au fromage

*Préparation : 15 mn • Cuisson : en faitout : 30 mn (à l'eau) ; à l'autocuiseur :
10 mn (à l'eau) à partir du chuchotement de la soupape ; au micro-ondes : 12
à 15 mn (en cocotte avec 1 verre d'eau ou de lait et du beurre) • Matériel :
1 couteau économe, 1 couteau, 1 assiette*

PRÉPARATION DU CÉLERI

1) Peler le céleri avec le couteau économe.
2) Le couper en tranches assez fines.

CUISSON

Faire cuire le céleri selon la méthode de votre choix : en faitout ou à l'autocuiseur dans une grande quantité d'eau froide au départ et salée ou dans peu d'eau ou de lait avec le beurre pour la cuisson en cocotte au micro-ondes.

Service

Quand le céleri-rave est cuit, l'égoutter si nécessaire et le servir avec du beurre fondu, de la crème fraîche, du jus de viande ou une sauce au choix.

*N. B. Vous pouvez aussi mettre le céleri-rave cuit dans un plat à four beurré,
le saupoudrer de gruyère râpé et le faire gratiner comme le céleri en branches au
gratin.*

CHAMPIGNONS

QUANTITÉS : 4 PERSONNES

INGRÉDIENTS

– en légumes : 600 à 800 g (150 à
200 g x 4) de champignons de Paris
– en garniture : 200 à 250 g
– 1/2 citron
– 20 g de beurre
– 1 gousse d'ail

– sel, poivre
Fines herbes : persil, ciboulette,
cerfeuil
Sauces d'accompagnement :
sauce blanche, à la crème, poulette,
sauce Béchamel, au fromage

*Préparation : 15 mn • Cuisson : à la casserole et à la poêle : 10 à 15 mn ; au
micro-ondes : 4 à 5 mn (en cocotte avec du beurre et de l'ail) • Matériel :
1 couteau, 1 bassine*

PRÉPARATION DES CHAMPIGNONS

1) Couper la partie terreuse du pied.
2) Laver soigneusement à l'eau vinaigrée (pour éviter le noircissement).

CUISSON

Les faire cuire selon la méthode de votre choix : à la casserole en les faisant étuver avec le jus de citron et 2 c. à soupe d'eau jusqu'à ce qu'ils aient rendu toute leur eau, puis en les faisant sauter à la poêle avec le beurre, l'ail pilé, le sel et le poivre ou au micro-ondes, en cocotte, avec le jus de citron, le beurre et l'ail pilé. Les assaisonner une fois cuits.

Service

Servir les champignons selon leur utilisation : nature saupoudrés de fines herbes hachées, accompagnés d'une sauce au choix, en garniture de viandes (foie, rognons, escalope, rôti, volaille, gibier), de poissons, d'œufs, de bouchées à la reine ou de croque-monsieur, comme base de farces ou de soufflés.

N. B. Cuire les champignons surgelés comme les champignons frais. Égoutter et passer à la poêle avec du beurre et de l'ail les champignons en boîte afin de leur redonner du goût. Tremper les champignons déshydratés (secs) dans l'eau avant de les faire cuire.

Si vous ramassez vous-même les champignons, méfiez-vous des champignons toxiques, ne cuisinez que ceux que vous connaissez parfaitement. En tout cas pour des invités, contentez-vous des espèces les plus connues : champignons de couche, girolles, coulemelles ou lépiotes élevées, cèpes, mousserons, morilles.

CHOUX DE BRUXELLES

QUANTITÉS : 4 PERSONNES

INGRÉDIENTS

– 600 à 800 g de choux de Bruxelles
– 20 g de beurre
– sel, poivre

Sauces d'accompagnement :
béchamel à la crème, au fromage, sauce tomate

Préparation : 15 à 20 mn • Blanchiment : en faitout : 5 mn ; à l'autocuiseur : 3 mn • Cuisson : en faitout : 5 à 10 mn ; au cuit-vapeur : 15 à 20 mn ; à l'autocuiseur, à la vapeur : 3 mn ; au micro-ondes : 8 à 10 mn (en cocotte ou en sac de cuisson de légumes) • Matériel : 1 bassine, 1 passoire

PRÉPARATION

1) Éliminer les feuilles flétries.
2) Laver les choux.

CUISSON

Vous pouvez les cuire de trois manières :
– **en faitout** dans deux eaux différentes pour éliminer l'odeur forte et le rendre plus digeste.
1) Mettre 2 l d'eau à bouillir. Quand l'eau bout, mettre les choux de Bruxelles. Les laisser blanchir 5 mn puis jeter l'eau et les rafraîchir sous l'eau froide. Les égoutter.

2) Faire cuire ensuite les choux de Bruxelles dans une deuxième eau bouillante salée (1 c. à café de sel par litre d'eau).

– au cuit-vapeur ou à l'autocuiseur :
1) Faire blanchir les choux de Bruxelles dans une première eau comme pour la cuisson en faitout.
2) Faire cuire les choux de Bruxelles à la vapeur.
3) Verser 25 cl d'eau dans l'appareil.
4) Mettre les choux de Bruxelles dans la partie supérieure séparée de l'eau. Fermer.
5) Laisser cuire 15 à 20 mn au cuit-vapeur, 3 mn à partir du chuchotement de la soupape à l'autocuiseur.
6) Assaisonner au moment de servir.

– au micro-ondes :
1) Le blanchiment est inutile car la cuisson au micro-ondes avec peu ou pas d'eau empêche le dégagement d'odeur forte des choux de Bruxelles.
2) Mettre les choux dans une cocotte ou les envelopper dans un sac de cuisson à légumes avec 3 c. à soupe d'eau et du jus de citron.

Service

1) Quand les choux de Bruxelles sont cuits, les servir chauds, nature avec du beurre ou des lardons revenus, ou avec une sauce au choix.
2) Ils peuvent accompagner un rôti de porc, de veau ou de dinde, une volaille (pintade, poulet), des côtelettes de porc ou de veau, des crépinettes, des andouillettes, des paupiettes ou des saucisses.

CHOU FARCI AU POISSON ET AUX CRUSTACÉS

QUANTITÉS : 4 PERSONNES

INGRÉDIENTS

– 1 chou vert de 1 kg
– 10 cl ou 1 verre d'eau ou de court-bouillon frais ou en cube
– 10 cl ou 1 verre de vin blanc sec
Farce :
– 300 g de filets de cabillaud, de colin ou de merlan frais, surgelés ou en boîte
– 100 g de crevettes décortiquées fraîches, surgelées ou en boîte
– 4 coquilles Saint-Jacques fraîches, surgelées ou en boîte

– 100 g de mie de pain rassis
– 5 cl ou 1/2 verre de lait
– 2 œufs
– 1 gousse d'ail, 1 oignon
ou 2 échalotes
– sel, poivre
Fines herbes : persil, ciboulette, fenouil ou aneth, estragon, cerfeuil
Sauces d'accompagnement : sauce tomate, sauce moutarde

Préparation : 30 mn • Blanchiment du chou : en faitout : 5 mn ; au micro-ondes : 3 à 4 mn ; à l'autocuiseur : 2 mn • Cuisson : à la cocotte ordinaire : 1 h à 1 h 30 ;

au four et à la cocotte : 1 h 30 à th. 5-6 ou 180-200 °C ; à l'autocuiseur : 30 mn à partir du chuchotement de la soupape ; au micro-ondes : 12 à 15 mn à puissance moyenne (50 %) • Matériel : 1 verre mesureur, 1 bol, 1 saladier, 1 fourchette, 1 couteau, 1 passoire, ficelle de cuisine

BLANCHIMENT DU CHOU

1) Blanchir le chou à l'eau bouillante salée selon la méthode de votre choix.
2) Le rafraîchir et l'égoutter.

PRÉPARATION DE LA FARCE

1) Effeuiller le poisson. Décortiquer si nécessaire et couper en petits morceaux les crevettes. Couper les coquilles Saint-Jacques en morceaux.
2) Tremper la mie de pain émiettée dans le lait tiède.
3) Battre les œufs en omelette.
4) Émincer les échalotes ou l'oignon. Écraser l'ail. Hacher les fines herbes.
5) Mélanger tous les ingrédients et assaisonner.

GARNISSAGE DU CHOU

1) Écarter les feuilles du chou.
2) Retirer délicatement le cœur et mettre à la place une boule de farce.
3) Ouvrir chaque feuille du chou et remplir de farce.
4) Refermer ensuite les feuilles et ficeler le chou.

CUISSON

Faire cuire doucement le chou selon la méthode de votre choix avec l'eau ou le court-bouillon et le vin blanc.

Service

1) Lorsque le chou est cuit, le déposer dans un plat creux.
2) Retirer la ficelle et le servir arrosé du jus de cuisson et d'une sauce au choix.

FEUILLES DE CHOU FARCIES

QUANTITÉS : 4 PERSONNES

INGRÉDIENTS

– 8 feuilles de chou vert
– 10 cl ou 1 verre de coulis
de tomates fraîches ou en boîte
Farce :
– 200 g de steak haché ou chair
à saucisse, porc, dinde, volaille
– 1 oignon

– 1 gousse d'ail
– 1 œuf
– 20 g de margarine ou 1 c. à soupe
d'huile
– persil
– 4 feuilles de menthe
– sel, poivre

Préparation : 15 mn • Blanchiment des feuilles de chou : 2 mn à l'eau bouillante. • Cuisson : à la cocotte ordinaire : 40 à 50 mn ; au four : 30 mn à th. 5-6 ou 180-200 °C ; à l'autocuiseur : 15 mn (à partir du chuchotement de la soupape) ; au micro-ondes : 8 à 10 mn (en cocotte) • Matériel : ficelle, papier absorbant

PRÉPARATION DES FEUILLES DE CHOU
1) Les blanchir à l'eau bouillante salée.
2) Les passer à l'eau froide.
3) Les égoutter soigneusement et les sécher sur du papier absorbant.

PRÉPARATION DE LA FARCE
1) Hacher l'oignon et l'ail.
2) Les faire blondir avec un peu de matière grasse.
3) Ajouter la viande hachée, le persil et la menthe ciselés, l'œuf, le sel et le poivre.
4) Sur chaque feuille de chou, mettre une part de farce.
5) Rouler délicatement les feuilles sur elles-mêmes et les ficeler en croix.

CUISSON
Les faire cuire selon la méthode de votre choix arrosées de coulis de tomates.

Service
Servir les feuilles de chou farcies entourées de sauce.

N. B. Vous pouvez farcir de la même façon des feuilles de bette, de vigne ou de salade.

Variante

• **Feuilles de chou farcies au jambon fumé**
1) Pour la farce, prévoir 100 g de riz, 2 tranches de jambon fumé (100 g), 1 oignon, 1 gousse d'ail, 50 g de raisins secs, 2 c. à soupe de madère ou de rhum, du sel, du poivre, de la noix de muscade ou du quatre-épices, du persil.
2) Suivre la recette des feuilles de chou farcies en remplaçant la farce.
3) Faire cuire le riz à l'eau salée avec l'oignon coupé en morceaux. Faire gonfler les raisins secs dans le madère ou le rhum. Hacher ensemble le jambon, l'ail et le persil. Mélanger tous les ingrédients. Assaisonner. Farcir les feuilles de chou et les faire cuire selon la méthode de votre choix.

CHOUCROUTE RAPIDE
À LA CHARCUTERIE

QUANTITÉS : 4 PERSONNES

INGRÉDIENTS

– 500 g de choucroute cuite, fraîche ou en boîte
– 4 saucisses fumées

– 4 tranches de jambon fumé
Aromates : 4 baies de genièvre, cumin

Réchauffage : à la casserole : 5 mn (avec un peu d'eau) ; au micro-ondes : 4 à 5 mn (en cocotte) • *Matériel : 1 casserole ou 1 cocotte*

RÉCHAUFFAGE

Faire réchauffer la choucroute avec la garniture et un peu d'eau si nécessaire.

Service

Servir aussitôt sur un plat chaud.

N. B. Vous pouvez ajouter du cervelas en rondelles.

Vous pouvez remplacer les saucisses fumées par 4 saucisses de Strasbourg (rouges) ou 4 saucisses de Francfort (roses) et le jambon fumé par 4 tranches de poitrine fumée.

CHOUCROUTE RAPIDE AU POISSON

QUANTITÉ : 4 PERSONNES

INGRÉDIENTS

– 500 g de choucroute cuite, fraîche ou en boîte
– 4 tranches de saumon frais ou 4 filets de truite, de saumon fumé ou de haddock

– 1 verre de vin blanc
Aromates : 4 baies de genièvre, cumin ou coriandre

Cuisson : en cocotte ordinaire : 15 mn ; au four : 15 à 20 mn à th. 6-7 ou 200-220 °C ; au micro-ondes : 5 mn en cocotte • Matériel : 1 cocotte

PRÉPARATION

1) Disposer la choucroute dans une cocotte avec les aromates. Y déposer le poisson.
2) Arroser de vin blanc.

CUISSON

Faire cuire selon la méthode de votre choix.

Service

Servir la choucroute nature accompagnée du poisson.

CHOUCROUTE RAPIDE AUX ŒUFS

QUANTITÉS : 4 PERSONNES

INGRÉDIENTS

– 500 g de choucroute cuite, fraîche ou en boîte
– 1 verre de jus de tomate frais ou en boîte

– 4 œufs
Aromates : 8 baies de genièvre

Préparation : 5 mn • Réchauffage : à la casserole 5 mn ; au micro-ondes : 3 à 4 mn en cocotte • Cuisson au four : 6 à 8 mn à th. 8 ou 250 °C • Matériel : 1 casserole ou 1 cocotte, 1 plat à four

RÉCHAUFFAGE DE LA CHOUCROUTE

1) Réchauffer la choucroute avec le jus de tomate et les baies de genièvre.

2) Étaler la choucroute dans un plat four.
3) Creuser quatre nids et y casser les œufs.

CUISSON DES ŒUFS

Faire cuire jusqu'à ce que les blancs d'œufs soient pris.

Service

Servir aussitôt.

CHOU-FLEUR À LA POLONAISE

QUANTITÉS : **4** PERSONNES

INGRÉDIENTS

– 1 chou-fleur
– 50 g de beurre
– noix de muscade
– sel, poivre

Gratin :
– 50 g de gruyère râpé
– 1 œuf dur
– 4 c. à soupe de chapelure, persil

Préparation : 15 mn • Blanchiment du chou : en faitout, au cuit-vapeur ou à l'autocuiseur : 2 mn • Cuisson du chou : en faitout : 15 mn (à l'eau) ; au cuit-vapeur : 20 à 30 mn ; à l'autocuiseur : 3 à 4 mn (à la vapeur) ; au micro-ondes : 8 à 10 mn (entier ou en bouquets) pour 500 g au maximum ; cuisson de l'œuf : 12 mn à l'eau bouillante salée ; cuisson du gratin : au four : 10 mn à th. 8 ou 250 °C ou quelques instants sous le gril • Matériel : 1 plat à four rond, 1 grand bol, 1 cuillère à soupe, 1 cuillère à café, 1 fourchette, 1 tasse

PRÉPARATION DE L'ŒUF DUR

1) Faire durcir l'œuf.
2) L'écailler avec une cuillère à café.
3) L'écraser dans une tasse avec une fourchette.

PRÉPARATION DU CHOU-FLEUR

1) Le séparer en bouquets.
2) Le laver à l'eau vinaigrée (1 c. à soupe par litre d'eau).

CUISSON

Faire cuire le chou-fleur selon la méthode de votre choix.

PRÉPARATION DU GRATIN

1) Lorsque le chou-fleur est cuit, prendre délicatement les bouquets et les déposer la queue en l'air dans un grand bol pour reconstituer le chou-fleur. Tasser.
2) Arroser généreusement de beurre fondu fortement assaisonné (sel, poivre, noix de muscade).
3) Démouler ensuite le chou-fleur dans un plat à four.
4) Couvrir le dôme de gruyère râpé, d'œuf dur écrasé et de persil haché.
5) Mettre à gratiner à four chaud ou laisser quelques instants sous le gril.

Service

Servir chaud.

CHOU-RAVE
(voir céleri-rave)

Éplucher et couper le chou-rave en cubes. Le faire cuire comme le céleri-rave.

CONCOMBRE

QUANTITÉS : 4 PERSONNES

INGRÉDIENTS

– 600 à 800 g (1 ou 2 concombres)   – sel, poivre
– 20 g de beurre   **Aromates :** estragon, aneth

Préparation : 10 mn • Dégorgement : 15 mn • Cuisson : à l'eau : 5 mn ; à la casserole : 5 mn (avec le beurre) ; au micro-ondes : 3 mn (en cocotte avec le beurre) • Matériel : 1 couteau, 1 passoire, 1 assiette creuse, 1 couteau économe

PRÉPARATION DES CONCOMBRES

1) Les éplucher. Les couper en quatre dans le sens de la longueur.
2) Éliminer les graines et recouper les morceaux de concombre en cubes ou en grosses olives.
3) Les saupoudrer de gros sel et les laisser dégorger dans une passoire au-dessus d'une assiette.

CUISSON

1) Les faire cuire selon la méthode de votre choix.
2) Les assaisonner et les saupoudrer d'estragon ou d'aneth ciselés selon votre goût.

Service

Les servir chauds pour accompagner du poisson ou de la viande blanche.
N. B. Vous pouvez associer les concombres avec des tomates cuites.

COURGETTES
(voir aubergines) p. 262

Les courgettes se préparent et se cuisent comme les aubergines.

COURGETTES FARCIES
(voir aubergines farcies) p. 262

ENDIVES BRAISÉES

QUANTITÉS : **4** PERSONNES

INGRÉDIENTS

– 4 grosses endives ou 8 petites
– 20 g de margarine ou de beurre
– 1/2 citron
– sel, poivre

Aromates : oignon, noix de muscade, poitrine ou jambon fumé, crème fraîche au choix
Sauces d'accompagnement : sauce Béchamel au fromage, sauce tomate

Préparation : 5 mn • Cuisson : à la cocotte ordinaire : 1 h ; à l'autocuiseur : 20 mn à partir du chuchotement de la soupape ; au micro-ondes : 8 à 10 mn (en cocotte) ; au four en cocotte : 1 h à th. 5-6 ou 180-200 °C

PRÉPARER LES ENDIVES

1) Enlever les feuilles flétries.
2) Laver les endives, les égoutter et les sécher sur du papier absorbant.
3) Creuser un petit trou dans le pied pour leur enlever l'amertume.
4) Faire revenir les endives avec un peu de matière grasse.
5) Les asperger de jus de citron pour leur éviter l'oxydation.
6) Fermer la cocotte et les laisser cuire doucement.
7) Quand les endives sont cuites, les assaisonner et les servir avec du jus de viande, de la crème fraîche, un jaune d'œuf ou une sauce au choix.
8) Les endives peuvent accompagner une viande rôtie, une volaille ou du jambon.
   N. B. Vous pouvez ajouter au jus de cuisson des endives braisées 10 cl ou 1 verre de vin blanc.

Variante

• **Endives braisées aux oignons**
Suivre la recette des endives braisées. Faire revenir 1 ou 2 oignons émincés dans la matière grasse avant de l'ajouter à la cuisson des endives braisées.

ENDIVES AU GRATIN

QUANTITÉS : **4** PERSONNES

INGRÉDIENTS

– 4 grosses endives ou 8 petites
– 1/2 citron
Sauce Béchamel :
– 50 cl de lait
– 40 g de margarine ou beurre
– 40 g de farine

– 50 g de gruyère râpé
– noix de muscade
– sel, poivre
Gratin :
– 50 g de gruyère râpé
– 20 g de beurre (facultatif)

Préparation : 15 mn • Cuisson des endives : en faitout : 30 mn (à l'eau) ; à l'autocuiseur : 20 mn (à la vapeur) à partir du chuchotement de la soupape ; au cuit-vapeur : 30 mn ; au micro-ondes : 8 à 10 mn (en cocotte avec du beurre

et du jus de citron) ; cuisson de la béchamel : 5 mn ; cuisson du gratin : 10 mn à th. 8 ou 250 °C ou quelques instants sous le gril
• *Matériel : 1 plat à four ; pour la béchamel : 1 casserole à fond épais, 1 spatule en bois, 1 verre mesureur*

PRÉPARATION DES ENDIVES

1) Enlever les feuilles flétries.
2) Laver les endives, les égoutter et les sécher sur du papier absorbant.
3) Creuser un petit trou dans le pied pour leur enlever l'amertume.
4) Les asperger de citron pour leur éviter l'oxydation

CUISSON

Faire cuire les endives selon la méthode de votre choix.

PRÉPARATION DE LA BÉCHAMEL

1) Faire fondre la matière grasse.
2) Hors du feu, verser la farine. Bien mélanger.
3) Remettre sur le feu quelques instants.
4) Retirer du feu et verser d'un seul coup le lait froid. Bien diluer.
5) Remettre sur feu doux et porter quelques instants à l'ébullition en tournant sans cesse.
6) Hors du feu, ajouter le gruyère râpé. Saler, poivrer et mettre une pincée de noix de muscade.
7) Quand les endives sont cuites, les ranger dans un plat à four beurré. Les napper de sauce Béchamel. Mettre quelques noisettes de beurre (facultatif).

GRATIN

Faire gratiner au four ou quelques instants sous le gril.

Service

Servir chaud.

Variante

• **Endives au gratin et au jambon**
Suivre la recette des endives au gratin. Enrouler les endives cuites dans une tranche de jambon avant de les mettre dans le plat à four.

ÉPINARDS

QUANTITÉS : 4 PERSONNES

INGRÉDIENTS

– 1,5 kg d'épinards
– 40 g de beurre
– sel, poivre, noix de muscade

Garniture : 4 tranches de pain de mie (pour les croûtons)

Préparation : 10 mn • Blanchiment : en faitout : 5 mn ; à l'autocuiseur : 2 mn
• *Cuisson : à la cocotte : 30 mn ; à l'autocuiseur : 20 mn à partir du chuchotement de la soupape ; au micro-ondes : 8 mn (en cocotte) pour 500 g*
• *Matériel : 1 faitout, 1 cocotte ou 1 autocuiseur, 1 bassine, 1 passoire*

PRÉPARATION DES ÉPINARDS

1) Supprimer les queues si elles sont dures.
2) Laver les épinards à grande eau.

CUISSON

Vous pouvez les faire cuire :
– à la cocotte ordinaire ou à l'autocuiseur :
1) Les faire blanchir dans une grande quantité d'eau bouillante salée (1 c. à café de sel par litre d'eau).
2) Les égoutter soigneusement en les pressant pour exprimer le maximum d'eau.
3) Les hacher grossièrement.
4) Les mettre avec le beurre et les assaisonner.
5) Les laisser mijoter à feu doux 30 mn à la cocotte ordinaire ou 20 mn à l'autocuiseur.
– au micro-ondes :
1) Le blanchiment est inutile.
2) Mettre directement les épinards dans une cocotte avec le beurre.
3) Les faire cuire.

Service

1) Quand les épinards sont cuits, les servir chauds, nature ou liés avec du jus de viande, de la crème fraîche ou de la béchamel. Garnir le plat de croûtons grillés ou revenus à la poêle.
2) Les épinards accompagnent bien les œufs (durs, pochés, mollets, omelette), les escalopes, les côtes de veau, la dinde, le porc, le jambon, le poulet, le veau, la dinde rôtis, le poisson au four ou au court-bouillon.

N. B. La tétragone ou épinard d'été, l'oseille, les salades (chicorée, cresson, laitue, scarole) se préparent de la même manière que les épinards.

HARICOTS FRAIS EN GRAINS

Suivre la recette des haricots secs en grains en les faisant cuire à l'eau bouillante au départ et non salée, soit en faitout : 30 à 40 mn, soit à l'autocuiseur : 10 à 15 mn à partir du chuchotement de la soupape.

HARICOTS VERTS

QUANTITÉS : 4 PERSONNES

INGRÉDIENTS

– 1 kg de haricots verts (250 x 4)
– 30 g de beurre ou 4 c. à soupe de crème fraîche

– persil
– sel, poivre
Aromates : ail, oignon, 1 filet de vinaigre au choix

Préparation : 15 mn • Cuisson : en faitout à l'eau : 15, 20 ou 30 mn (selon la grosseur) ; cuit-vapeur : 20 à 30 mn ; à l'autocuiseur : 10 à 15 mn (à la vapeur) à partir du chuchotement de la soupape • Matériel : 1 bassine, 1 passoire

PRÉPARATION DES HARICOTS

1) Les éplucher en retirant si nécessaire les fils.
2) Laver les haricots.

CUISSON

Les faire cuire selon la méthode de votre choix en faitout à l'eau bouillante salée (1 c. à café de sel par litre d'eau) ou au cuit-vapeur ou à l'autocuiseur à la vapeur.

Service

Quand les haricots sont cuits, les servir assaisonnés, chauds, avec de la crème fraîche ou du beurre fondu et du persil haché. On peut ajouter un filet de vinaigre, un peu d'ail pilé ou d'oignon revenu. Froids, les présenter en salade, à la vinaigrette ou avec de la mayonnaise.

FENOUIL

QUANTITÉS : 4 PERSONNES

INGRÉDIENTS

– 4 bulbes de fenouil
– 40 g de beurre, crème fraîche ou jus de viande
– sel, poivre

Sauces d'accompagnement : sauce blanche, poulette, à la crème, tomate

Préparation : 15 mn • Cuisson : en faitout : 30 mn (à l'eau) ; à l'autocuiseur : 20 mn à partir du chuchotement de la soupape ; au micro-ondes : 8 mn (en cocotte avec 2 c. à soupe d'eau et du jus de citron) pour 500 g de fenouil maximum • Matériel : 1 bassine, 1 couteau

PRÉPARATION DU FENOUIL

1) Éliminer les feuilles filandreuses.
2) Laver les bulbes.

CUISSON

Faire cuire le fenouil selon la méthode de votre choix : en faitout ou à l'autocuiseur à l'eau bouillante salée (1 c. à café de sel par litre d'eau) ou au micro-ondes, en cocotte avec un peu d'eau et du jus de citron.

Service

Lorsque le fenouil est cuit, l'égoutter soigneusement en le pressant pour en extraire le maximum d'eau et le servir avec du beurre fondu, de la crème fraîche, du jus de viande ou une sauce au choix.

N. B. Si vous cuisez le fenouil à l'eau bouillante salée et que vous voulez conserver sa belle couleur, il est conseillé d'ajouter à l'eau de cuisson 1 c. à soupe de farine délayée dans un peu d'eau froide et 1 c. à soupe de vinaigre.

Le fenouil accompagne bien les viandes blanches (rôti de veau, de dinde, escalopes, poulet) et les poissons.

FÈVES

QUANTITÉS : 4 PERSONNES

INGRÉDIENTS

- 1 kg de fèves
- 40 g de beurre ou 50 g de crème fraîche
- persil ou cerfeuil
- sel, poivre

Bouquet garni : 1 branche de thym, 1 feuille de laurier, 1 brin de persil, sarriette
Sauces d'accompagnement : sauce blanche, poulette, à la crème, tomate

Préparation : 15 mn • Cuisson : en faitout : 10 à 15 mn ; à l'autocuiseur : 5 à 10 mn à partir de la rotation de la soupape • Matériel : 1 faitout ou 1 autocuiseur

PRÉPARATION DES FÈVES

Les écosser et enlever ensuite la peau dure qui les entoure.

CUISSON

Les cuire à l'eau bouillante salée (1 c. à café de sel par litre d'eau) avec le bouquet garni, la sarriette, le poivre.

Service

1) Lorsque les fèves sont cuites, les égoutter et les servir avec du beurre ou de la crème fraîche parsemée de persil ou de cerfeuil haché, ou avec une sauce au choix.
2) Les fèves accompagnent bien l'agneau (gigot, épaule, côtes) et le foie de veau.

MACÉDOINE DE LÉGUMES

QUANTITÉS : 4 PERSONNES

INGRÉDIENTS

- 1 kg de légumes variés (250 x 4)
- 250 g de carottes (2 à 3 carottes)
- 250 g de haricots verts
- 250 g de petits pois
- 250 g de pommes de terre
- 1 navet (facultatif)
- 1 oignon

- 1 gousse d'ail (facultatif)
- 40 g de beurre
- persil
- sel, poivre
Herbes de Provence : thym, romarin, sarriette, marjolaine, estragon (au choix)

Préparation : 30 mn • Cuisson : en faitout : 40 mn (à l'eau) ; au cuit-vapeur : 50 mn ; à l'autocuiseur : 30 mn à partir du chuchotement de la soupape ; en cocotte ordinaire : 1 h 30 (en cocotte avec 2 c. à soupe d'eau et du beurre) pour 500 g de légumes au maximum ; au micro-ondes : 15 mn

Temps de cuisson des légumes			
	Autocuiseur	Cuit-vapeur	Faitout
Carottes	30 mn	50 mn	40 mn
Oignons	20 mn	30 mn	20 mn
Haricots verts	15 mn	30 mn	30 mn
Navets	15 mn	30 mn	20 mn
Petits pois	15 mn	30 mn	20 mn
Pommes de terre	15 mn	30 mn	20 mn

*Matériel : 1 couteau économe, 1 couteau, 1 planche à découper, 1 bassine,
1 passoire*

PRÉPARATION DES LÉGUMES

1) Les laver.
2) Les éplucher en commençant par les carottes dont la cuisson est plus longue.
3) Les couper en dés sur une planche pour faciliter le travail.

CUISSON

Vous pouvez faire cuire la macédoine de quatre manières :
1) en faitout, à l'eau bouillante salée (1 c. à café par litre d'eau) en cuisant tous les légumes séparément ;
2) à l'autocuiseur ou au cuit-vapeur, à la vapeur.
Verser 25 cl d'eau bouillante dans l'appareil.
Commencer par faire cuire à moitié les carottes seules, puis ajouter tous les autres légumes ;
3) à la cocotte ordinaire avec 1 verre d'eau à feu très doux avec tous les légumes, les aromates au choix, par couche séparée : première couche : carottes, oignon en rondelles, thym, marjolaine, sarriette ; deuxième couche : haricots verts, romarin ; troisième couche : pommes de terre, navet, ail, thym ; quatrième couche : petits pois, estragon.
Ne pas remuer en cours de cuisson. Ajouter un peu d'eau si nécessaire ;
4) au micro-ondes, en cocotte avec un peu d'eau et de beurre, en ayant soin de faire blanchir les haricots verts 2 mn à l'eau bouillante avant de faire cuire les légumes.

Service

Quand les légumes sont cuits, les assaisonner et les servir avec du beurre et du persil haché.
N. B. Pour la jardinière de légumes, les légumes sont toujours cuits et présentés séparément (en dés ou entiers s'ils sont jeunes). Ils servent de garniture pour des plats de viande.

MARRONS OU CHÂTAIGNES

QUANTITÉS : 4 PERSONNES

INGRÉDIENTS

– 1 kg de marrons ou de châtaignes   – sel
– 50 g de beurre

Préparation : 30 mn • Cuisson : en faitout : 30 mn ; à l'autocuiseur : 20 mn
• Matériel : 1 faitout ou 1 autocuiseur, 1 moulin à légumes ou 1 presse-ail

PRÉPARATION

Mettre 2 l d'eau à bouillir.

CUISSON

1) Quand l'eau bout, verser les marrons ou les châtaignes.
2) Les faire cuire selon la méthode de votre choix.
3) Les éplucher.

Service

Les servir entiers en garniture pour une dinde, une oie, du gibier à poil, un canard rôti, ou en purée passée au moulin à légumes avec du beurre et du sel.
N. B. Vous pouvez faire cuire également les marrons ou les châtaignes dans du lait. Si vous utilisez des marrons en boîte ou conservés sous vide vous pouvez les réchauffer aussi dans du lait.
Pour utiliser les marrons en purée, vous pouvez aussi les écraser directement au presse-ail sans les éplucher. Cela n'est pas possible avec les châtaignes qui comportent une cloison intérieure !

NAVETS

QUANTITÉS : 4 PERSONNES

INGRÉDIENTS

– 1 kg de navets
– beurre, crème fraîche, jus de viande
– sel, poivre

Sauces d'accompagnement : sauce blanche, poulette, à la crème, sauce tomate

Préparation : 15 mn • Cuisson : en faitout à l'eau : 10, 15 ou 20 mn ;
à l'autocuiseur : 5 à 10 mn à partir du chuchotement de la soupape ;
au micro-ondes : 6 à 8 mn (en cocotte avec 2 c. à soupe d'eau et du beurre) pour
500 g de navets maximum • Matériel : 1 couteau économe, 1 couteau

PRÉPARATION DES NAVETS

1) Les laver et les peler.
2) Les couper en rondelles, en dés ou en olives.

CUISSON

Faire cuire les navets en faitout ou à l'autocuiseur, à l'eau bouillante salée (1 c. à café de sel par litre d'eau). Le temps de cuisson varie suivant l'âge des navets, ou au micro-ondes, en cocotte, avec un peu d'eau et de beurre.

Service

1) Lorsque les navets sont cuits, les servir avec du beurre, de la crème fraîche, du jus de viande ou une sauce au choix.
2) Les navets accompagnent bien le canard, le gigot et le lapin rôtis.
   N. B. Les navets peuvent être servis en purée avec du beurre et de la crème fraîche.

NAVETS GLACÉS

QUANTITÉS : 4 PERSONNES

INGRÉDIENTS

– 500 g de navets nouveaux
(12 petits ronds ou 4 navets longs)
– 40 g de beurre

– 5 g de sucre (1 c. à café de sucre en poudre)
– persil ou cerfeuil
– sel, poivre

Préparation : 15 mn • Blanchiment : en faitout : 10 mn ; à l'autocuiseur : 5 mn • Cuisson : à la cocotte ordinaire : 20 à 30 mn ; à l'autocuiseur : 15 à 20 mn à partir du chuchotement de la soupape ; au micro-ondes : 8 à 10 mn • Matériel : 1 couteau économe, 1 couteau

PRÉPARATION DES NAVETS

Les laver et les éplucher. Si les navets sont petits et ronds, les garder entiers. S'ils sont gros et longs, les couper en forme de grosses olives ou en rondelles.

CUISSON

Les faire cuire selon la méthode de votre choix :
1) à la cocotte ordinaire ou à l'autocuiseur en les faisant blanchir au préalable à l'eau bouillante salée (1 c. à café de sel par litre d'eau). Les mettre ensuite dans l'appareil avec le beurre, le sucre et le sel. Laisser caraméliser à découvert. Remuer pour éviter que les navets ne brûlent. Mouiller avec 10 cl ou 1 verre d'eau. Fermer la cocotte et laisser cuire très doucement jusqu'à l'évaporation du jus de cuisson ;
2) au micro-ondes. Inutile de blanchir les navets, les mettre directement à la cocotte avec 2 c. à soupe d'eau, le beurre, le sucre et le sel.

Service

Quand les navets sont devenus translucides et dorés, les servir chauds, saupoudrés de persil ou de cerfeuil hachés pour garnir un gigot d'agneau, un canard ou un lapin rôtis.

OSEILLE

QUANTITÉS : 4 PERSONNES

INGRÉDIENTS
- 250 à 300 g d'oseille
- 20 g de beurre ou 2 c. à soupe de crème fraîche
- sel, poivre

Préparation : 15 mn • Cuisson : à l'eau bouillante : 5 mn ; au micro-ondes : 1 à 2 mn (en cocotte avec du beurre)

PRÉPARATION DE L'OSEILLE

1) Enlever les tiges des feuilles.
2) Laver les feuilles.
3) Vous pouvez faire cuire l'oseille à l'eau bouillante pour éliminer l'acidité. Puis bien l'égoutter, ou au micro-ondes en cocotte avec du beurre.
4) L'oseille cuite peut être utilisée nature ou assaisonnée de beurre, de crème, de sel et de poivre et servir à la confection de potage, de sauce pour poisson, de garniture pour poisson au four ou œufs pochés.
5) Elle peut être également associée aux épinards.

PETITS POIS BRAISÉS
À LA FRANÇAISE

QUANTITÉS : 4 PERSONNES

INGRÉDIENTS
- 500 g de petits pois écossés (1,8 kg non écossés)
- 1 cœur de laitue
- 1 oignon ou 4 oignons blancs
- 30 g de beurre
- 1 c. à café de sucre (facultatif)
- persil
- sel, poivre
Herbes de Provence : thym, sarriette, estragon

Préparation : 30 mn • Cuisson : à la cocotte ordinaire : 40 mn ; à l'autocuiseur : 15 mn ; au micro-ondes : 10 à 12 mn • Matériel : 1 couteau

PRÉPARATION DES PETITS POIS

1) Les écosser.
2) Mettre à fondre le beurre. Ajouter l'oignon, le cœur de laitue, les petits pois, les aromates, le sel et le poivre.
3) Si la cuisson est à la cocotte ordinaire ou à l'autocuiseur, ajouter 1/2 verre d'eau.
4) Si la cuisson est au micro-ondes, ajouter 2 c. à soupe d'eau.

CUISSON

Fermer la cocotte et laisser cuire doucement.

Service

Quand les petits pois sont cuits, les servir pour accompagner une volaille, un poulet, une pintade, des pigeons rôtis, un canard rôti, une viande blanche (rôti de veau, escalope, dinde), de l'agneau.
N. B. Cette recette convient surtout pour des petits pois tendres.
Si vous voulez servir les petits pois avec des carottes, il faut faire cuire celles-ci à moitié avant de les ajouter à la cuisson des petits pois.

PETITS POIS À LA PAYSANNE

QUANTITÉS : 4 PERSONNES

INGRÉDIENTS

– 500 g de petits pois écossés
(1,8 kg non écossés)
– 1 oignon ou 4 oignons blancs
– 1 cœur de laitue
– 4 tranches de poitrine fumée
Sauce blanche :
– 20 g de margarine

– 20 g de farine
– 25 cl de liquide (eau ou bouillon)
– sel, poivre
Herbes de Provence : thym, sarriette, estragon, persil

Préparation : 40 mn (épluchage des petits pois compris) • Cuisson : à la cocotte ordinaire : 30 mn ; à l'autocuiseur : 15 mn ; au micro-ondes : 10 à 12 mn • Matériel : 1 couteau

PRÉPARATION DES PETITS POIS

Les écosser.

PRÉPARATION DE LA SAUCE

1) Faire fondre la margarine.
2) Hors du feu, ajouter d'un seul coup la farine. Bien mélanger.
3) Remettre sur le feu quelques instants.
4) Retirer du feu et verser d'un seul coup le liquide froid. Bien diluer.
5) Remettre sur feu doux et porter à ébullition en tournant sans cesse.
6) Ajouter l'oignon, le cœur de laitue, les aromates au choix, le sel et le poivre.

CUISSON

Couvrir et laisser cuire à feu doux.

Service

Quand les petits pois sont cuits, les servir accompagnés de tranches de poitrine fumée revenues quelques instants à la poêle.
N. B. Cette recette convient surtout pour des petits pois un peu gros et durs.

Si vous voulez servir les petits pois avec des carottes, il faut les faire cuire à moitié avant de les ajouter à la cuisson des petits pois.

POIREAUX

QUANTITÉS : 4 PERSONNES

INGRÉDIENTS

– 4 poireaux ou 500 g de blanc de poireaux
– 20 g de beurre
– sel, poivre

Sauces d'accompagnement : béchamel, hollandaise, moutarde, tomate, vinaigrette, ravigote
Garniture : lardons, œufs durs

Préparation : 15 mn • Cuisson : en faitout : 25 à 30 mn ; à l'autocuiseur : 15 mn (à la vapeur) ; au cuit-vapeur : 30 mn ; au micro-ondes : 10 à 12 mn (en cocotte avec 2 c. à soupe d'eau)

PRÉPARATION

1) Couper les racines.
2) Ôter les feuilles dures abîmées et trop vert foncé.
3) Fendre la tige en croix jusqu'à quelques centimètres du pied.
4) Laver à l'eau courante très soigneusement en écartant les feuilles.
5) Ficeler les poireaux en botte.

CUISSON

1) Faire cuire les poireaux selon la méthode de votre choix :
– en faitout à l'eau bouillante salée (1 c. à café par litre d'eau) ;
– au cuit-vapeur ou à l'autocuiseur à la vapeur, en mettant la botte de poireaux dans la partie supérieure de l'appareil séparée de l'eau ;
– au micro-ondes, en cocotte, en mettant les poireaux coupés en rondelles avec un peu d'eau.
2) On peut ajouter le beurre en fin de cuisson.

Service

1) Quand les poireaux sont cuits, les égoutter si nécessaire et les servir chauds avec du beurre, de la crème fraîche, des lardons revenus ou une sauce au choix, ou tièdes ou froids avec une vinaigrette, une sauce ravigote ou des œufs durs écrasés.
2) Les poireaux accompagnent bien le poisson au court-bouillon, en coquille, en papillote, les viandes en sauce, rôties (veau, bœuf, porc, dinde), le jambon chaud.

POIREAUX AU GRATIN
(voir endives au gratin)

POMMES DE TERRE

QUANTITÉS : 4 PERSONNES

INGRÉDIENTS

– 1 kg de pommes de terre
– 50 g de beurre ou de crème fraîche
– persil haché
– sel, poivre
Fines herbes : cerfeuil, ciboulette, estragon, menthe

Aromates : ail, oignon, échalotes, noix de muscade, poitrine fumée, gruyère râpé, moutarde au choix
Sauces d'accompagnement : béchamel au fromage, blanche, brune, tomate, vinaigrette

Préparation : 15 mn • Cuisson : en faitout : 30 mn ; au cuit-vapeur : 30 mn ; à l'autocuiseur, à la vapeur : 15 mn environ, à partir du chuchotement de la soupape ; au micro-ondes : 10 à 12 mn (en cocotte, 2 c. à soupe d'eau) pou 500 g de pommes de terre au maximum

PRÉPARATION DES POMMES DE TERRE

1) Les laver.
2) Il est préférable de cuire les pommes de terre dans leur peau pour leur conserver au maximum les vitamines et les minéraux.

CUISSON

1) Faire cuire les pommes de terre selon la méthode de votre choix.
2) En faitout, à l'eau bouillante salée (1 c. à café de sel par litre d'eau de cuisson).
3) Au cuit-vapeur ou à l'autocuiseur à la vapeur : mettre les pommes de terre dans la partie supérieure de l'appareil séparée de l'eau de cuisson.
4) Au micro-ondes, en cocotte, avec 2 c. à soupe d'eau.

Service

Quand les pommes de terre sont cuites, on peut les accommoder de multiples façons :
1) – **soit chaudes :** telles quelles « en robe des champs » avec du persil ou autres fines herbes, de la crème fraîche ; coupées en rondelles avec une sauce au choix ; coupées en rondelles et sautées avec des échalotes et des oignons ou réduites en purée avec du beurre, de la crème fraîche ou du lait ;
2) – **soit froides :** coupées en rondelles, à la vinaigrette.
N. B. Le choix des pommes de terre varie en fonction de l'utilisation

• **Pommes de terre tendres, farineuses, grosses : type Hollande, appe-**
lées Bintje, Sterling
Utilisations : purée, soupes, en robe des champs.

• **Pommes de terre fermes, petites ou moyennes :** Belle de Fontenay (BF 15 ou BF 21), Roseval, en forme de saucisses, ou quenelles, les pommes de terre ne se défont pas.
Utilisations : sautées, chips.

POMMES DE TERRE SAUTÉES

QUANTITÉS : 4 PERSONNES

INGRÉDIENTS

– 1 kg de pommes de terre moyennes
(BF 15 ou Roseval)

– 50 g de beurre, margarine ou 5 c. à
soupe d'huile
– sel, poivre

Préparation : 15 mn • Cuisson : en faitout : 20 mn ; au cuit-vapeur : 20 mn ; à l'autocuiseur : 10 mn à partir du chuchotement de la soupape ; au micro-ondes : 10 mn (en cocotte avec 2 c. à soupe d'eau) pour 500 g de pommes de terre au maximum • Matériel : 1 poêle, 1 couteau

PRÉPARATION DES POMMES DE TERRE

Les laver.

CUISSON

1) Les faire cuire selon la méthode de votre choix.
2) Quand les pommes de terre sont presque cuites, les éplucher, les couper en rondelles ou en morceaux réguliers.
3) Les faire dorer à la poêle dans la matière grasse chaude mais non fumante.
4) Remuer fréquemment pour éviter qu'elles ne brûlent.

Service

1) Lorsqu'elles sont dorées, les assaisonner et les servir.
2) Les pommes de terre sautées accompagnent bien les viandes, rôties, poêlées ou grillées et les volailles rôties.

POMMES DE TERRE AU FOUR

QUANTITÉS : 2 PERSONNES

INGRÉDIENTS

– 4 grosses pommes de terre
ou 6 moyennes
– beurre à volonté, crème fraîche ou
yaourt
– sel, poivre

Fines herbes : persil, ciboulette, estragon, cerfeuil

Préparation : 5 mn • Cuisson : au four : 45 mn à th. 6-7 ou 200-220 °C • Matériel : 1 couteau, papier absorbant

PRÉPARATION DES POMMES DE TERRE

1) Les laver et les essuyer (ne pas les éplucher).
2) Les piquer avec un couteau (pour éviter qu'elles n'éclatent à la cuisson).

Choucroute au poisson
(recette p. 273) ▶

CUISSON

Faire cuire les pommes de terre jusqu'à ce que la peau soit dorée et craquelante.

Service

Servir les pommes de terre nature avec du beurre, crème fraîche ou yaourt parfumé aux fines herbes. Les accompagner d'une salade aux œufs durs.
N. B. Vous pouvez ajouter à la crème fraîche ou au yaourt un peu de vinaigre de cidre.

POMMES DE TERRE FRITES
(pommes Pont-Neuf)

QUANTITÉS : 4 PERSONNES

INGRÉDIENTS

– 1,5 à 2 kg de pommes de terre moyenne (Bintje)
– huile d'arachide ou Végétaline (3,5 l d'huile ou 7 pains de 400 g de Végétaline pour une friteuse électrique d'une capacité de 9 l pour 4 personnes, ou 2 l d'huile ou 3 pains de 400 g de Végétaline pour une bassine à frire ordinaire)
– sel

Préparation : 15 mn • Cuisson : friteuse électrique : 10 à 12 mn ; bassine à frire : 8 à 10 mn • Matériel : papier absorbant, 1 couteau

PRÉCHAUFFAGE DE LA FRITEUSE

1) Préchauffer la friteuse électrique ou la bassine à frire contenant la matière grasse nécessaire.
2) Si vous utilisez une bassine à frire ordinaire, il faut surveiller en permanence pour éviter que la matière grasse ne fume car elle devient très toxique pour l'organisme.

PRÉPARATION DES POMMES DE TERRE

Les laver, les éplucher et les couper en bâtonnets de 7 à 8 cm de longueur et 1 cm de section. Les bâtonnets doivent être réguliers pour subir une cuisson uniforme.

CUISSON

Quand le bain de friture est à la bonne température, plonger dedans le panier plein de frites. Pour la bassine à frire ordinaire, il faut repérer la température convenable du bain en jetant une frite témoin. Cette dernière doit remonter provoquant une mousse. La cuisson des frites se fait généralement en deux temps :

◄ *Fenouil*
(recette p. 279)

1ᵉʳ temps : 5 à 7 mn, les pommes de terre se rident deviennent jaune pâle mais ne dorent pas.
À ce moment-là, il faut les retirer du bain et les égoutter.
2ᵉ temps : 2 à 3 mn juste avant de servir, réchauffer le bain de friture et replonger les frites jusqu'à ce qu'elles soient dorées.

Service

Les égoutter et les servir sur un plat recouvert de papier absorbant. Saupoudrer de sel.
Le temps de cuisson des frites varie suivant le genre de frites désirées.

Variantes

• **Les pommes allumettes**
Elles sont taillées moitié moins grosses que les pommes pont-neuf.
Il faut remuer le panier de temps en temps car elles s'agglutinent facilement.
Temps de cuisson : 1ᵉʳ temps : 5 à 6 mn ; 2ᵉ temps : 1 à 2 mn.

• **Les pommes paille**
Elles sont taillées en julienne à l'aide d'une Moulinette à grosse grille.
Les laver plusieurs fois à grande eau pour les débarrasser de la fécule. Bien les égoutter et les sécher sur du papier absorbant.
Temps de cuisson : 1ᵉʳ temps : 2 mn en remuant sans cesse ; 2ᵉ temps : 2 mn.

• **Les pommes chips**
Couper les pommes de terre en rondelles fines. Les laver plusieurs fois à grande eau et les sécher.
Temps de cuisson : 3 à 4 mn dans un seul bain en remuant sans cesse.

POMMES DE TERRE FRITES AU FOUR

QUANTITÉS : 4 PERSONNES

INGRÉDIENTS :

– 1,5 à 2 kg de pommes de terre   – 60 à 80 g de beurre
moyennes (Bintje)   – sel

Préparation : 15 mn • Cuisson : au four : 40 à 45 mn à th. 7-8 ou 240-250 °C
• Matériel : 1 tôle creuse du four, feuille d'aluminium, papier absorbant
Préchauffage du four

PRÉPARATION DES POMMES DE TERRE

1) Les laver, les éplucher et les couper en gros bâtonnets (plus gros que pour des frites ordinaires).
2) Les essuyer soigneusement avec du papier absorbant.
3) Couvrir la tôle de papier d'aluminium.
4) Ranger les frites dessus.
5) Mettre la tôle au milieu du four.

CUISSON

Faire cuire les frites jusqu'à ce qu'elles soient dorées et gonflées.

Service

Les servir immédiatement avec du beurre.

N. B. Si vous désirez qu'elles ressemblent davantage à des frites ordinaires, vous pouvez les huiler avec un pinceau avant de les faire dorer au four.

PURÉE DE POMMES DE TERRE

QUANTITÉS : 4 PERSONNES

INGRÉDIENTS

– 1 kg de pommes de terre (Bintje)   – 25 à 50 cl de lait
– 50 g de beurre   – sel, poivre

Préparation : 15 mn • Cuisson : en faitout : 30 mn ; au cuit-vapeur : 30 mn ; à l'autocuiseur : 15 mn (à la vapeur) ; au micro-ondes : 10 à 12 mn (en cocotte avec 2 c. à soupe d'eau) 500 g au maximum • Matériel : 1 batteur électrique ou 1 moulin à légumes, 1 fouet à main

PRÉPARATION DES POMMES DE TERRE

1) Les laver.
2) Il est préférable de cuire les pommes de terre dans leur peau pour leur conserver au maximum les vitamines et les minéraux.

CUISSON

Faire cuire les pommes de terre selon la méthode de votre choix.

PRÉPARATION DE LA PURÉE

1) Quand les pommes de terre sont cuites, les réduire en purée avec le batteur électrique ou le moulin à légumes (grille purée) et battre ensuite la purée avec le fouet à main.
2) Ajouter le beurre et le lait bouillant. Verser la quantité de lait selon la consistance désirée. Saler, poivrer.

Service

Servir la purée immédiatement.
La purée peut être utilisée :
1) **seule** pour accompagner des viandes, des volailles, de la charcuterie, des poissons, des fruits de mer, des quenelles, des œufs durs, mollets ou pochés ;
2) **mélangée** à des légumes : champignons, carottes, céleri, tomates, choux, épinards à des viandes, des poissons cuits ;
3) **comme base :** soufflés, gratins, croquettes, pommes Duchesse, pommes Dauphine.

N. B. Si la purée doit attendre, il faut mettre dessus un morceau de beurre pour éviter la formation d'une croûte et la couvrir. On peut la garder au chaud sur un bain-marie (c'est-à-dire en interposant une casserole d'eau chaude entre la purée et la source de chaleur).

HACHIS PARMENTIER

QUANTITÉS : 4 PERSONNES

INGRÉDIENTS

– 800 g de purée ordinaire ou 1 sachet de purée instantanée
Hachis :
– 300 g de bœuf cuit
– 1 oignon
– 1 gousse d'ail
– 50 g de mie de pain rassis
– 5 cl ou 1/2 verre de lait
– 20 g de margarine
– 1 œuf
– persil
– sel, poivre
Gratin :
– 50 g de gruyère râpé
– 2 c. à soupe de chapelure
– 20 g de beurre ou de margarine
(facultatif)

Préparation : 30 mn • Cuisson des oignons : à la casserole : 10 mn ; au micro-ondes : 4 mn ; gratin au four : 10 mn à th. 8 ou 250 °C ou quelques instants sous le gril • Matériel : 1 plat à four

PRÉPARATION DE LA PURÉE

Préparer une purée ordinaire ou une purée instantanée.

PRÉPARATION DU HACHIS

1) Tremper la mie de pain émiettée dans le lait chaud.
2) Faire étuver l'oignon haché avec la margarine à la casserole couverte ou au micro-ondes.
3) Mélanger la viande hachée cuite, la mie de pain trempée, l'oignon étuvé, l'ail et le persil hachés, l'œuf, le sel et le poivre.

GARNISSAGE DU PLAT

1) Dans un plat à four beurré, mettre en alternant 1 couche de purée, 1 couche de hachis, 1 couche de purée.
2) Saupoudrer de gruyère râpé et de chapelure.
3) Parsemer de quelques noisettes de matière grasse (facultatif).

GRATIN

Faire gratiner et servir immédiatement accompagné d'une salade verte.

Service

Servir le hachis parmentier immédiatement accompagné d'une salade verte.

N. B. Généralement le hachis parmentier se fait avec un reste de pot-au-feu, mais si vous n'avez pas de viande cuite, vous pouvez la remplacer par du steak haché cru ou un mélange de steak haché et de chair à saucisse. Il faut les faire reve-

nir avant de les utiliser pour le hachis. Vous pouvez également utiliser d'autres restes de viandes cuites : veau, porc de jambon blanc ou fumé.

POMMES DE TERRE À LA LYONNAISE OU À LA BOULANGÈRE

QUANTITÉS : 4 PERSONNES

INGRÉDIENTS

– 1 kg de pommes de terre de Hollande (BF 15 ou Roseval)
– 20 g de margarine ou de beurre
– 2 oignons
– 4 tranches de poitrine fumée (facultatif)
– sel, poivre

Roux blanc :
– 20 g de margarine
– 20 g de farine
– 10 cl ou 1 verre de vin blanc sec
Bouquet garni : 1 branche de thym, 1 feuille de laurier, 1 brin de persil

Préparation : 15 mn • Cuisson : à la cocotte ordinaire : 30 mn ; à l'autocuiseur : 15 mn à partir du chuchotement de la soupape ; au micro-ondes : 12 à 15 mn (en cocotte) pour 500 g de purée au maximum

PRÉPARATION DES LÉGUMES

1) Laver, éplucher et couper les pommes de terre en rondelles ou en quartiers.
2) Éplucher et couper les oignons en rondelles.
3) Faire revenir les oignons, les tranches de poitrine fumée et les pommes de terre avec un peu de matière grasse chaude mais non fumante. Jeter l'excès.

PRÉPARATION DU ROUX BLANC

1) Faire fondre la margarine.
2) Ajouter la farine. Bien mélanger.
3) Hors du feu, ajouter le vin blanc d'un seul coup. Bien diluer.
4) Remettre sur le feu et porter à ébullition en remuant sans cesse.
5) Ajouter le bouquet garni, les légumes revenus, la poitrine fumée, le sel et le poivre.

CUISSON

Faire cuire doucement selon la méthode de votre choix.

Service

Servir les pommes de terre à la lyonnaise immédiatement.

N. B. Si vous faites cuire les pommes de terre à la lyonnaise au micro-ondes, les légumes n'ont pas besoin d'être revenus, il suffit de les ajouter au roux blanc.

Variante

• **Pommes de terre en matelote**
Remplacer le vin blanc par du vin rouge et ajouter 10 cl ou 1 verre de bouillon cube.

GRATIN DAUPHINOIS

QUANTITÉS : 4 PERSONNES

INGRÉDIENTS

– 1 kg de pommes de terre de
Hollande (BF 15 ou Roseval)
– 50 cl de lait
– 100 g de gruyère râpé
– 20 g de beurre ou de margarine

– 2 œufs
– 1 gousse d'ail (facultatif)
– noix de muscade
– sel, poivre

*Préparation : 15 mn • Cuisson au four (au bain-marie) : 1 h à th. 5-6
ou 180-200 °C • Matériel : 1 plat à four, 1 verre mesureur*

PRÉPARATION DES POMMES DE TERRE

1) Les laver, les essuyer, les éplucher et les couper en rondelles fines.
2) Battre les œufs en omelette.
3) Verser dessus le lait bouillant petit à petit. Saler, poivrer, mettre 1 pincée de noix de muscade.

GARNISSAGE DU MOULE

1) Beurrer et frotter un plat à four avec l'ail.
2) Disposer en alternant 1 couche de pommes de terre, 1 couche de gruyère râpé, 1 couche de pommes de terre.
3) Verser le mélange œufs-lait.
4) Saupoudrer de gruyère râpé. Parsemer de quelques noisettes de matière grasse.

CUISSON

1) Faire cuire au bain-marie (mettre 2 cm d'eau chaude dans la tôle creuse du four). Cela évite au mélange œufs-lait de tourner par ébullition.
2) En fin de cuisson, faire gratiner si nécessaire quelques instants sous le gril.

Service

Servir le gratin dauphinois immédiatement.

*N. B. Vous pouvez remplacer la moitié du lait par de la crème fraîche. Vous
pouvez aussi supprimer les œufs, et diminuer le lait jusqu'à 10 cl ou un verre.*

POMMES DE TERRE FARCIES

QUANTITÉS : 4 PERSONNES

INGRÉDIENTS

– 8 pommes de terre
– 2 c. à soupe d'huile
Farce :
– 200 g de viande hachée (chair à
saucisse) ou steak haché

– 1 oignon
– 1 jaune d'œuf
– 1 c. à soupe d'huile
– 1 branche de persil
– sel, poivre

*Préparation : 30 mn • Cuisson : au four : 45 mn à th. 6-7 ou 200-220 °C
+ 1 verre de bouillon frais ou en cube ; à l'autocuiseur : 15 mn à partir de la*

rotation de la soupape ; à la cocotte ordinaire : 30 mn avec 1 verre de bouillon
- *Matériel : 1 plat à four ou 1 autocuiseur ou 1 cocotte, 1 couteau économe, 1 vide-pomme, 1 poêle, 1 verre, 1 cuillère à soupe*

PRÉPARATION DES POMMES DE TERRE
1) Les laver et les éplucher.
2) Les évider dans le sens de la longueur avec le vide-pomme.

PRÉPARATION DE LA FARCE
1) Faire revenir l'oignon haché, la viande hachée.
2) Ajouter hors du feu le persil haché, le jaune d'œuf, le sel et le poivre.

GARNISSAGE DES POMMES DE TERRE
Farcir les pommes de terre avec la farce.

CUISSON
Faire cuire les pommes de terre farcies :
1) **au four :** en les arrosant d'un filet d'huile et d'un verre de bouillon ;
2) **à la cocotte** ordinaire : en les faisant revenir au préalable dans l'huile et en les arrosant d'un verre de bouillon avant de fermer la cocotte ;
3) **à l'autocuiseur :** en les faisant revenir dans l'huile avant de fermer la cocotte.

Service
Servir les pommes de terre farcies accompagnées d'une salade verte.
N. B. Vous pouvez remplacer la chair à saucisse par 3 saucisses et supprimer le reste de la farce. Si vous n'avez pas de vide-pomme pour évider les pommes de terre, vous pouvez ôter un chapeau dans le sens de la longueur de la pomme de terre et la creuser délicatement avec un couteau.

Variante
- **Pommes de terre farcies au jambon**
Remplacer la viande hachée par 150 g de jambon haché. Ajouter 50 g de mie de pain rassis trempée dans 1/2 verre de lait tiède. Parfumer la farce à la noix de muscade.

POTIRON

QUANTITÉS : 4 PERSONNES

INGRÉDIENTS
– 1,2 kg de potiron non épluché ou
600 g épluché

Préparation : 15 mn • Cuisson : en faitout à l'eau bouillante : 15 à 20 mn ; au cuit-vapeur : 15 à 20 mn ; à l'autocuiseur : 10 mn (à la vapeur) à partir du chuchotement de la soupape ; au micro-ondes : 10 mn (en cocotte) pour 500 g de purée au maximum

PRÉPARATION

1) Couper le potiron en quartiers.
2) Éplucher les quartiers, enlever les graines et les filaments.
3) Couper les quartiers en cubes.

CUISSON

Faire cuire les cubes selon la méthode de votre choix.

UTILISATIONS

Quand le potiron est cuit vous pouvez l'utiliser dans des préparations multiples :
– salées : soupe, soufflé, gnocchi, croquettes, tarte (voir quiche au potiron), rissoles, légume seul, en purée, en gratin, ou associé à d'autres légumes : oignons, pommes de terre, riz, choux de Bruxelles ;
– sucrées : flan, tarte, gâteau, confiture, associé à des abricots secs.
N. B. Pensez à garder les graines de potiron. Elles peuvent se consommer crues ou grillées comme des amandes. C'est délicieux.
Il existe de nombreuses variétés de cucurbitacées ou courges. Les plus connues sont la citrouille et le potiron, ce sont les plus appréciés. Actuellement, on trouve en automne sur les marchés :
– le potimarron, orange foncé, moins aqueux que le potiron, son goût rappelle la châtaigne ;
– le patidou, petit potiron dont la chair sucrée rappelle l'amande ;
– le giraumon-turban ou bonnet de turc, s'accommode bien en potage, légumes, soufflé ;
– le pâtisson au goût d'artichaut ;
– la beurrine ou buttercup s'accommode en potage, purée, dessert.

RATATOUILLE NIÇOISE

QUANTITÉS : 4 PERSONNES

INGRÉDIENTS

– 4 tomates
– 2 courgettes
– 2 aubergines
– 1 poivron rouge ou vert
– 2 oignons
– 1 gousse d'ail

– 2 à 3 c. à soupe d'huile d'olive
– sel, poivre
Bouquet garni : 1 branche de thym, 1 feuille de laurier, 1 brin de persil
Herbes de Provence : romarin, marjolaine

Préparation : 15 mn • Cuisson : à la cocotte ordinaire : 1 h ; à l'autocuiseur : 20 mn à partir du chuchotement de la soupape ; au micro-ondes : 12 à 14 mn • Matériel : 1 couteau, 1 planche à découper

PRÉPARATION DES LÉGUMES

1) Couper en rondelles les oignons, les courgettes et les aubergines.
2) Couper les tomates en quartiers.
3) Épépiner le poivron et le couper en lanières.
4) Écraser l'ail.

CUISSON

Faire cuire la ratatouille selon la méthode de votre choix : à la cocotte ordinaire ou à l'autocuiseur, en faisant revenir au préalable dans l'huile d'olive les oignons puis tous les autres légumes ; au micro-ondes, en faisant étuver d'abord l'oignon avec l'huile d'olive 4 mn avant d'ajouter tous les autres légumes non revenus.

Service

Servir la ratatouille chaude en légumes pour accompagner des viandes (côtes d'agneau, escalopes de veau), du poisson au court-bouillon, des œufs en cocotte, des omelettes, ou froide en entrée.

N. B. À la cocotte ordinaire ou à l'autocuiseur, vous pouvez faire cuire les légumes sans les faire revenir avec 5 cl ou 1/2 verre d'eau et ajouter 2 c. à soupe d'huile d'olive seulement en fin de cuisson.

SALSIFIS

QUANTITÉS : 4 PERSONNES

INGRÉDIENTS

– 1 kg de salsifis
– 40 g de beurre ou 4 c. à soupe de crème ou du jus de viande
– sel, poivre
– persil haché, estragon, cerfeuil
– vinaigre

– 1 c. à soupe de farine
– 1 jus de citron
Sauces d'accompagnement : sauce blanche, poulette, béchamel à la crème au choix

Préparation : 30 mn • Cuisson : en faitout : 30 à 40 mn ; au cuit-vapeur : 30 mn ; à l'autocuiseur : 25 mn (à la vapeur) • Matériel : 1 couteau économe

PRÉPARATION DES SALSIFIS

1) Les éplucher avec le couteau économe.
2) Les plonger à mesure dans une bassine contenant 1 c. à soupe de vinaigre par litre pour les empêcher de noircir par oxydation.

CUISSON

Faire cuire les salsifis selon la méthode de votre choix :
1) soit en faitout à l'eau bouillante salée (1 c. à café par litre d'eau). Pour que les salsifis restent bien blancs, vous pouvez ajouter à l'eau de cuisson : 1 c. à soupe de farine délayée dans un peu d'eau froide, 1 c. à soupe de vinaigre ou de jus de citron.
2) soit au cuit-vapeur ou à l'autocuiseur à la vapeur. Mettre 25 cl d'eau chaude dans l'appareil. Mettre les salsifis dans la partie supérieure de l'appareil séparée de l'eau de cuisson.

Service

Quand les salsifis sont cuits, les servir :
1) avec du beurre, du persil haché, du jus de viande ou de la crème fraîche, du sel et du poivre ;

2) au beurre, persil haché, estragon, cerfeuil ;
3) avec une sauce au choix ;
4) en beignets (voir recette beignets de salsifis).

TOMATES FARCIES

QUANTITÉS : 4 PERSONNES

INGRÉDIENTS

– 20 g de margarine ou 2 c. à soupe
d'huile d'olive
– 4 grosses tomates
Farce :
– 160 g de viande cuite (bœuf, porc,
veau, poulet, dinde) ou chair à
saucisse crue
– 1 œuf
– 50 g de mie de pain rassis

– 5 cl ou 1/2 verre de lait
– 1 oignon
– 1 gousse d'ail
– persil
– noix de muscade ou quatre-épices
– sel, poivre
Gratin :
– 2 c. à soupe de chapelure
– 20 g de beurre, de margarine ou
2 c. à soupe d'huile d'olive

Préparation : 30 mn • Cuisson : au four : 30 mn à th. 6-7 ou 200-220 °C ; en cocotte : 30 à 40 mn ; au micro-ondes : 8 à 10 mn puissance moyenne (50 %) en cocotte • Matériel : 1 plat à four ou 1 cocotte, 1 cuillère à café, 1 grille à four ou à pâtisserie

PRÉPARATION DES TOMATES

1) Découper un couvercle à chaque tomate.
2) Les creuser délicatement avec une cuillère à café.
3) Saupoudrer l'intérieur de sel.
4) Les retourner sur une grille pour qu'elles s'égouttent.

PRÉPARATION DE LA FARCE

1) Verser le lait chaud sur la mie de pain émiettée.
2) Hacher l'oignon, et le faire revenir avec la viande hachée si elle n'est pas cuite.
3) Hacher l'ail et le persil.
4) Mélanger le tout. Ajouter l'œuf, le sel, le poivre et les épices (facultatif).
5) Garnir les tomates de farce. Les saupoudrer de chapelure.
6) Mettre une noisette de beurre, de margarine ou un peu d'huile.
7) Remettre les couvercles aux tomates (facultatif).

CUISSON

Disposer les tomates dans un plat beurré ou une cocotte et les faire cuire selon la méthode de votre choix.

Service

Servir les tomates farcies chaudes.

N. B. On peut remplacer la mie de pain de la farce par du riz ou de la semoule cuite.

Variantes

• **Tomates farcies au gruyère**
Garniture :
– 4 tranches de pain de mie
– 100 g de gruyère râpé
– 4 c. à soupe de yaourt ou de fromage blanc
– noix de muscade
– sel, poivre
1) Suivre la recette des tomates farcies. Remplacer la farce par la garniture au gruyère. Couper le pain de mie en petits dés. Mélanger le gruyère râpé et le pain de mie.
2) Remplir chaque tomate avec ce mélange. Verser 1 c. à soupe de yaourt ou de fromage blanc sur chacune d'elles. Saler, poivrer. Mettre 1 pincée de noix de muscade.
3) Supprimer le gratin. Faire cuire les tomates seulement au four et les servir lorsqu'elles sont dorées.

• **Tomates farcies au poisson ou aux crustacés**
1) Suivre la recette des tomates farcies. Remplacer la viande de la farce par 200 g de filet de poisson cuit (lieu, merlan, cabillaud) ou 200 g de crabe en boîte ou de surimi (poisson au goût de crabe).
2) Émietter le poisson ou le crabe avant de le mélanger à la farce.
3) Supprimer la noix de muscade.

• **Tomates farcies au riz**
Farce :
– 200 g de riz cuit
– 4 c. à soupe de sauce tomate fraîche ou en boîte
– 50 g de gruyère râpé
– 20 g de beurre ou de margarine
Suivre la recette des tomates farcies. Remplacer la farce à la viande par la farce au riz. Faire cuire le riz à l'eau bouillante salée ou à l'huile. Ajouter la sauce tomate. Saler, poivrer. Garnir les tomates avec cette farce. Saupoudrer de gruyère râpé. Parsemer de noisettes de matière grasse et faire cuire les tomates.

• **Tomates farcies aux champignons**
Suivre la recette des tomates farcies. Remplacer la viande par 200 g de champignons de Paris nettoyés, coupés en lamelles et revenus avec l'oignon. Faire durcir l'œuf 12 mn à l'eau bouillante salée. L'écraser et l'ajouter à la farce.

• **Tomates farcies aux œufs**
Farce :
– 3 œufs durs
– 2 échalotes
– 20 g de margarine ou 1 c. à soupe d'huile
– 1 gousse d'ail
– persil haché
– sel, poivre
Gratin :
– 20 g de beurre ou de margarine
– 2 c. à soupe de chapelure

Suivre la recette des tomates farcies. Remplacer la farce à la viande par la farce aux œufs. Faire durcir les œufs 12 mn à l'eau bouillante salée. Hacher les échalotes. Les faire revenir dans la matière grasse. Hacher le persil et l'ail. Saler et poivrer. Mélanger. Garnir les tomates de farce. Saupoudrer de chapelure. Parsemer de noisettes de matière grasse et faire cuire les tomates.

TOMATES À LA PROVENÇALE

QUANTITÉS : 4 PERSONNES

INGRÉDIENTS

– 4 grosses tomates ou 8 petites (olivettes)
– 2 c. à soupe d'huile d'olive ou d'arachide
– 2 gousses d'ail
– 2 échalotes

– 2 c. à soupe de chapelure
– sel, poivre
Herbes de Provence : thym, romarin, sarriette, marjolaine ou origan, 1 feuille de laurier

Préparation : 5 mn • Cuisson : à la poêle : 15 mn ; à l'autocuiseur : 5 mn à partir du chuchotement de la soupape ; au four : 20 à 30 mn, à th. 7-8 ou 220-250 °C ; au micro-ondes : 5 à 6 mn en cocotte • Matériel : 1 poêle, 1 autocuiseur ou 1 plat à four

PRÉPARATION DES TOMATES

1) Les couper en deux et les saupoudrer de sel.
2) Les déposer sur une grille pour qu'elles s'égouttent.

PRÉPARATION DE LA PERSILLADE

1) Hacher l'ail, les échalotes et le persil.
2) Faire cuire les tomates selon la méthode de votre choix :
– à la poêle, en les faisant revenir au préalable dans la matière grasse et en ajoutant ensuite la persillade, les herbes de Provence, la chapelure, le sel et le poivre ;
– à l'autocuiseur, au four ou au micro-ondes, en les mettant directement dans le récipient de cuisson sans les faire revenir et en les saupoudrant de persillade, d'herbes de Provence, de chapelure, de sel, de poivre, et en ajoutant de l'huile.

CUISSON

Couvrir et laisser cuire très doucement.

Service

Servir les tomates à la provençale pour accompagner des viandes rouges (agneau), des viandes et des volailles blanches (porc, veau, dinde, poulet), des brochettes de viandes ou de poisson, du poisson au four, des abats sautés ou en brochettes (rognon, foie), des pâtes, du riz, de la semoule ou du couscous, des œufs en omelette, sur le plat ou durs.

TOPINAMBOURS

QUANTITÉS : 4 PERSONNES

INGRÉDIENTS

– 1 kg de topinambours
– 1 citron
– beurre
– sel, poivre

Sauces d'accompagnement :
froides : vinaigrette, mayonnaise,
rémoulade ; chaudes : béchamel au
fromage, à la crème, béarnaise, sauce
tomate, ketchup

Préparation : 15 mn • Cuisson : en faitout : 10 à 15 mn ; au cuit-vapeur : 15 à 20 mn ; au micro-ondes : 8 à 10 mn (en cocotte + 3 c. à soupe d'eau) pour 500 g de topinambours maximum • Matériel : 1 couteau économe

PRÉPARATION DES TOPINAMBOURS

Les laver, les éplucher et les frotter au jus de citron pour leur éviter de noircir par oxydation à la cuisson.

CUISSON

1) Les faire cuire selon la méthode de votre choix :
– **en faitout à l'eau bouillante** salée (1 c. à café par litre d'eau) ;
– **au cuit-vapeur** en versant 25 cl d'eau chaude dans l'appareil de cuisson et en mettant dans la partie supérieure les topinambours séparés de l'eau de cuisson ;
– **au micro-ondes** dans une cocotte avec un peu d'eau.
2) Vérifier plusieurs fois la cuisson avec la pointe d'un couteau.
3) Les topinambours sont des légumes fragiles qui deviennent facilement trop cuits.

Service

1) Lorsque les topinambours sont devenus tendres, les couper en rondelles ou en morceaux et les servir chauds ou froids avec une sauce au choix.
2) Les topinambours s'accommodent comme les artichauts dont ils rappellent un peu le goût.
3) On peut les réduire en purée associés ou non avec des pommes de terre, les préparer en gratin à la béchamel au fromage, en beignets (voir beignets d'artichauts) ou de salsifis, les farcir aux petits pois (fonds d'artichaut farcis aux petits pois).

Légumes secs

HARICOTS SECS EN GRAINS

QUANTITÉS : 4 PERSONNES

INGRÉDIENTS

– 250 g de haricots secs (haricots
blancs, flageolets)
– 40 g de beurre, 4 c. à soupe
de crème ou du jus de viande
– 1 oignon piqué de 1 clou de girofle
– 1 gousse d'ail
– sel, poivre
Fines herbes : persil, cerfeuil,
ciboulette

Bouquet garni : 1 branche
de thym, 1 feuille de laurier, 1 brin de
persil
Aromates : sauge, marjolaine
ou origan, 5 à 6 baies de genièvre,
fenouil
Sauces d'accompagnement :
chaudes : sauce tomate, ketchup
ou froides : vinaigrette, rémoulade

Préparation : 5 mn (sans écossage ou 30 mn avec écossage) • *Cuisson :
en faitout : 2 h à 2 h 30 ; à l'autocuiseur : 45 à 50 mn à partir du chuchotement
de la soupape* • *Matériel : 1 faitout ou 1 autocuiseur, 1 couteau*

PRÉPARATION DES HARICOTS

Les écosser, les laver et les égoutter.

CUISSON

Les faire cuire selon la méthode de votre choix : en faitout ou à l'autocuiseur
avec 2 l d'eau froide non salée, l'oignon piqué d'un clou de girofle, l'ail et les
aromates au choix.

Service

1) Quand les haricots sont cuits, les égoutter, les assaisonner et les servir
chauds, saupoudrés de fines herbes ciselées avec du beurre fondu, de la crème
fraîche, du jus de viande ou une sauce au choix.
2) Les haricots chauds accompagnent bien l'agneau, le porc, la charcuterie
(saucisses), les abats (foie, rognons).
3) Ils se servent également froids en entrée, à la vinaigrette, avec une sauce
rémoulade, des œufs durs, des tomates.

LENTILLES

QUANTITÉS : 4 PERSONNES

INGRÉDIENTS

– 250 de lentilles vertes du Puy
– 1 oignon piqué d'un clou de girofle
– 1 carotte (facultatif)
– 20 g de beurre
– sel, poivre
Fines herbes : persil, ciboulette
Bouquet garni : 1 branche
de thym, 1 feuille de laurier, 1 brin de
persil, romarin

Aromates : sauge, marjolaine
ou origan, 5 à 6 baies de genièvre,
poitrine fumée, moutarde forte, ail
Sauces d'accompagnement :
chaude : sauce blanche
à la moutarde ; froides : vinaigrette,
rémoulade

*Préparation : 50 mn • Cuisson : en faitout : 30 à 40 mn ; à l'autocuiseur :
5 à 10 mn à partir du chuchotement de la soupape • Matériel : 1 couteau*

PRÉPARATION

1) Couvrir les lentilles d'eau froide.
2) Ajouter l'oignon piqué d'un clou de girofle, la carotte coupée en rondelles,
le bouquet garni, les aromates (2 feuilles de sauge, baies de genièvre) et le
poivre.

CUISSON

1) Couvrir et laisser cuire doucement, selon la méthode de votre choix.
2) Surveiller la cuisson à l'autocuiseur qui fait facilement éclater les
lentilles.

Service

1) Lorsque les lentilles sont cuites, les servir :
– chaudes avec du beurre, du sel, du persil ou une sauce blanche faite avec le
jus de cuisson dans laquelle on ajoute de la moutarde forte, un oignon émincé
revenu avec des lardons de poitrine fumée ;
– tièdes ou froides avec une vinaigrette ou une rémoulade (vinaigrette + moutarde forte + ail pilé + persil haché).
2) Les lentilles chaudes accompagnent bien le porc, les côtes, les paupiettes de
veau, la dinde, le petit salé, la potée ; la charcuterie (saucisses, museau, jambon), les abats (langue de bœuf).

POIS CASSÉS
(purée Saint-Germain)

QUANTITÉS : 4 PERSONNES

INGRÉDIENTS

- 250 g de pois cassés
- 1 carotte
- 1 oignon piqué d'un clou de girofle
- 40 g de beurre
- 1 bouquet garni

- persil
- sel, poivre

Accompagnement : poitrine fumée, croûtons

Préparation : 5 mn • Cuisson : en faitout : 1 h 30 à 2 h ; à l'autocuiseur : 30 mn à partir du chuchotement de la soupape • Matériel : 1 mixeur ou 1 moulin à légumes, 1 couteau

PRÉPARATION

1) Couvrir les pois cassés d'eau froide (non salée).
2) Ajouter la carotte coupée en rondelles, l'oignon piqué du clou de girofle et le bouquet garni.

CUISSON

1) Couvrir et laisser cuire doucement.
2) Lorsque les pois cassés sont cuits, les passer au mixeur ou au moulin à légumes pour les réduire en purée.

Service

1) Assaisonner la purée avec du beurre, du sel, du poivre, du persil haché, ajouter des lardons revenus (facultatif) et la servir chaude sur un plat garni de croûtons.
2) La purée de pois cassés ou Saint-Germain accompagne bien la viande de porc (andouillettes, saucisses, jambon), l'agneau (côtes).

Céréales

COUSCOUS RAPIDE

QUANTITÉS : 4 PERSONNES

INGRÉDIENTS

– 250 g de graines de couscous (précuites)
– 25 cl d'eau tiède (au maximum)
– 2 c. à soupe d'huile d'olive ou d'arachide
– sel

Aromates : feuilles de menthe, 50 g de raisins secs
Sauces d'accompagnement : sauce tomate, ketchup, chutney aux fruits

Préparation : 15 mn ; à la vapeur : 10 à 15 mn • Réchauffage au micro-ondes : 2 mn • Matériel : 1 grand plat, 1 verre mesureur, 1 cuillère à soupe ; pour le réchauffage : 1 grande casserole, 1 passoire ou 1 couscoussier, 1 cuiseur-vapeur ou 1 cocotte pour le réchauffage au micro-ondes

PRÉPARATION DU COUSCOUS

1) Préparer le couscous
2) Le verser dans un grand plat.
3) L'asperger d'eau tiède et le laisser gonfler 10 mn.
4) Mélanger à la fourchette ou à la main pour séparer les graines.
5) Arroser d'huile.
6) Mélanger à la fourchette ou à la main pour séparer encore les graines et les enrober d'huile.
7) Ajouter les raisins secs gonflés dans un bol d'eau tiède, les feuilles de menthe (facultatif).

RÉCHAUFFAGE

Soit à la vapeur dans le couscoussier, le cuiseur-vapeur, ou dans une passoire au-dessus d'une casserole d'eau bouillante, en remuant plusieurs fois pour que le couscous se réchauffe en profondeur et que les graines restent bien détachées, soit dans une cocotte au micro-ondes.

Service

1) Servir aussitôt le couscous avec une sauce au choix.
2) Le couscous accompagne bien les viandes rouges : agneau, côtelettes, steak haché, boulettes ; les volailles rôties ; les brochettes de viande ou de poisson ; la charcuterie : saucisses grillées, merguez, andouillettes, jambon fumé ; le poisson au four, grillé.
N. B. Il existe différentes façons de préparer le couscous, l'essentiel est que les graines restent bien séparées. L'huile d'olive peut être remplacée par 50 g de beurre.

GRATIN DE SEMOULE

QUANTITÉS : 4 PERSONNES

INGRÉDIENTS

- 100 g de semoule de blé moyenne
- 50 cl de lait ou d'eau
- 2 œufs
- 20 g de beurre
- 50 g de gruyère râpé

- sel, poivre, noix de muscade
Gratin :
- 50 g de gruyère râpé
- 20 g de beurre ou de margarine
(facultatif)

Préparation : 5 mn • Cuisson de la semoule : 5 mn ; du gratin : 15 mn à th. 8 ou 250 °C ou quelques instants sous le gril • Matériel : 1 plat à gratin, 1 casserole, 1 spatule en bois, 1 verre mesureur, 1 bol, 1 fourchette, 1 couteau

CUISSON DE LA SEMOULE

1) Faire bouillir le lait ou l'eau avec le beurre, du sel, du poivre, une pincée de muscade.
2) Verser la semoule en pluie dans le liquide bouillant.
3) Laisser cuire à feu doux en tournant sans cesse.

PRÉPARATION DU GRATIN

1) Dès que la semoule est devenue épaisse, la retirer du feu.
2) Ajouter les œufs battus et le gruyère râpé. Bien mélanger.
3) Étaler la semoule dans le plat à gratin beurré.
4) Saupoudrer de gruyère râpé. Parsemer de quelques noisettes de matière grasse (facultatif).

CUISSON DU GRATIN.

Faire gratiner au four.

Service

1) Servir le gratin chaud accompagné ou non de sauce tomate, ketchup, et de salade verte.
2) Le gratin de semoule se marie bien avec les viandes rouges : steak haché, boulettes, grillades, rôtis ; les viandes blanches : paupiettes de veau, dinde, porc ; le gibier : pigeon, pintade ; les brochettes de viande ou de poisson ; la charcuterie : saucisses, jambon blanc ou fumé ; les abats : rognons, foie ; le poisson au four.

N. B. On peut réduire la quantité d'œufs à un.

Variante

• **Gnocchis à la romaine**
1) Lorsque la semoule est cuite, l'étaler sur une tôle à pâtisserie ou un plateau recouvert d'une feuille d'aluminium huilée. La couche doit avoir 1 cm environ d'épaisseur. Égaliser la surface avec un couteau mouillé.

2) Laisser refroidir, avant de découper des rondelles avec un verre ou un emporte-pièce.
3) Disposer les rondelles dans le plat à four en les faisant chevaucher.
4) Saupoudrer de gruyère râpé. Mettre quelques noisettes de matière grasse (facultatif) et faire gratiner au four.

PÂTES

QUANTITÉS : 4 PERSONNES

INGRÉDIENTS

– 250 g de pâtes, spaghetti, macaronis, coquillettes (60 g par personne pour un légume et 30 g pour une entrée)
– 2 l d'eau (8 fois le volume des pâtes)
– 2 c. à café de sel (1 c. à café de sel par litre d'eau)
– 30 g de beurre ou 2 c. à soupe d'huile d'olive
– 50 g de gruyère ou de parmesan râpé
– poivre
Fines herbes : persil, ciboulette, cerfeuil, basilic

Herbes de Provence : thym, laurier, romarin, sarriette, sauge, marjolaine ou origan
Épices : safran, paprika, curry, oignon,
Aromates : ail, poitrine fumée, noix
Sauces d'accompagnement : sauce tomate, ketchup
Légumes d'accompagnement : champignons, tomates, courgettes, poivrons, ratatouille niçoise, potiron, épinards

Préparation : aucune • Cuisson : à la casserole : 10-15 à 20 mn selon les pâtes • Matériel : 1 grande casserole

PRÉPARATION

CUISSON

1) Mettre à bouillir l'eau avec le sel et les aromates au choix.
2) Quand l'eau bout, verser les pâtes.
3) Laisser bouillir à gros bouillons à découvert.
4) Vérifier la cuisson des pâtes au bout de 10 mn.
5) Les pâtes sont cuites lorsqu'elles sont devenues translucides mais encore fermes.

Service

1) Dès qu'elles sont à point, les égoutter et les verser dans un plat pour les servir, soit chaudes en légumes avec du beurre, de l'huile d'olive, des fines herbes, du gruyère râpé ou du parmesan avec une sauce tomate comme en Italie, soit froides en salade avec une vinaigrette, une sauce rémoulade, une mayonnaise à l'huile, au petit-suisse ou au curry.
2) Les pâtes peuvent se servir seules ou associées à des légumes d'accompagnement au choix.

3) Les pâtes peuvent être utilisées de différentes façons : en gratins, seules ou associées à des légumes, des viandes, de la volaille, des poissons, des fruits de mer ; en timbale ; en beignets ; en salades.

4) Les pâtes accompagnent bien les viandes blanches ou rouges, rôties ou grillées ; les volailles ; la charcuterie : jambon blanc ou fumé ; les abats : langue, rognons, foie ; le poisson, le thon ; les fruits de mer : moules, coques, crabe, crevettes ; les œufs durs.

CONSEILS POUR BIEN CUIRE LES PÂTES

Lire le mode d'emploi selon les pâtes. Les pâtes les plus longues à cuire sont les macaronis. Il ne faut pas jeter les pâtes en tas dans l'eau de cuisson mais en pluie, ni couvrir la casserole, ni passer les pâtes à l'eau froide après la cuisson ou les laisser séjourner dans l'eau de cuisson.

Variantes

• Pâtes à la sauce au basilic (au pistou)
1) Mixer ensemble 1 bouquet de basilic, 80 g de beurre, 80 g de gruyère râpé, 1 c. à soupe d'huile d'olive, 2 gousses d'ail, sel et poivre. Servir les pâtes accompagnées de parmesan.
2) Vous pouvez ajouter à la sauce 2 tomates fraîches ébouillantées, épluchées, épépinées, et mixées avec les autres ingrédients (ou 1 boîte de tomates).

• Pâtes à la sauce au jambon (à la calabraise)
Faire revenir 1 oignon émincé dans un peu d'huile d'olive. Ajouter 100 g de jambon cru coupé en dés, 4 tomates coupées en fines tranches, 1 gousse d'ail, 1 bouquet garni (1 branche de thym, 1 feuille de laurier, 1 brin de persil), sel et poivre. Laisser cuire à feu doux 15 mn. Servir les pâtes accompagnées de parmesan.

• Pâtes à la sauce au thon
Faire revenir dans un peu d'huile d'olive 2 gousses d'ail et 4 tomates épépinées et coupées en tranches fines. Laisser mijoter 10 à 15 mn à la casserole ou 5 mn au micro-ondes. Ajouter 15 olives noires dénoyautées et coupées en morceaux, 200 g de thon au naturel en boîte, 1 petit bocal de câpres, sel et poivre. Verser la sauce sur les pâtes et servir.

• Pâtes à la sauce aux anchois
Faire chauffer 2 c. à soupe d'huile d'olive. Ajouter 4 à 6 anchois à l'huile égouttés et 1 gousse d'ail. Remuer jusqu'à ce que les anchois soient en purée. Ajouter 3 c. à soupe de chapelure et du persil haché. Verser la sauce sur les pâtes et servir. Vous pouvez ajouter aux anchois 1 tomate ébouillantée, épépinée et coupée en tranches.

• Pâtes à la sauce aux champignons
1) Faire revenir dans 30 g de beurre 150 g de champignons de Paris nettoyés, coupés en lamelles et arrosés de jus de citron. Ajouter le thym effeuillé, l'estragon et 200 g de jambon coupé en lamelles.
2) Faire mijoter 5 mn à la casserole ou 3 mn au micro-ondes. Hors du feu, ajouter 10 cl ou 1 verre de crème fraîche. Verser la sauce sur les pâtes et servir.

• **Pâtes à la sauce aux lardons (à la carbonara)**
1) Battre 2 jaunes d'œufs. Ajouter 10 cl ou 1 verre de crème fraîche, 40 g de parmesan ou de gruyère râpé, du poivre. Mélanger. Faire revenir 125 g de lardons (poitrine fumée) et les mélanger aux pâtes.
2) Verser la sauce sur les pâtes et les servir accompagnées de parmesan.

• **Pâtes à la sauce aux noix, noisettes ou amandes**
Si vous utilisez des noisettes ou des amandes, il faut les faire griller au four ou dans une poêle antiadhésive. Écraser les noix, noisettes ou amandes grillées au rouleau à pâtisserie. Ajouter 150 g de fromage blanc battu, 10 cl ou 1 verre de crème fraîche, des fines herbes ciselées, de la ciboulette, du cerfeuil, sel et poivre. Réchauffer quelques minutes à feu doux. Verser la sauce sur les pâtes et servir.
N. B. Vous pouvez ajouter aussi du cresson ciselé et garder quelques feuilles pour décorer.

GRATIN DE PÂTES

QUANTITÉS : 4 PERSONNES

INGRÉDIENTS

– 250 g de coquillettes ou de macaronis
– 2 l d'eau (8 fois le volume des pâtes)
– 2 c. à café de sel (1 c. à café de sel par litre d'eau)
– 20 g de beurre
– 100 g de gruyère râpé
– 2 c. à soupe de lait

– 1 c. à soupe de madère (facultatif)
– noix de muscade
Aromates : oignon, ail
Herbes de Provence : thym, laurier, romarin, sarriette, sauge, marjolaine ou origan
Gratin :
– 2 c. à soupe de chapelure
– 20 g de beurre ou de margarine

Préparation : 10 mn • Cuisson des pâtes : à la casserole : 15 mn environ ; du gratin : au four à th. 8 ou 250 °C : 15 mn ou quelques instants sous le gril • Matériel : 1 grande casserole, 1 passoire, 1 plat à gratin

CUISSON DES PÂTES

1) Faire cuire les pâtes à l'eau bouillante salée avec les aromates au choix.
2) Ne pas couvrir.
3) Quand les pâtes sont cuites, les égoutter.

PRÉPARATION DU GRATIN

1) Beurrer un plat à gratin.
2) Verser en alternant une couche de pâtes, une couche de gruyère râpé, quelques noisettes de beurre.
3) Finir par une couche de gruyère râpé.
4) Saupoudrer de chapelure.
5) Parsemer de quelques noisettes de matière grasse.
6) Arroser du mélange lait, madère et noix de muscade râpée.

CUISSON DU GRATIN

Faire gratiner au four.

Service

Servir chaud accompagné ou non de jambon blanc, fumé et d'une salade.

N. B. La présence de lait empêche le gratin de se dessécher et lui permet de rester moelleux même réchauffé ! Cette présence devient inutile si on ajoute une sauce Béchamel.

Variantes

• **Gratin de pâtes à la viande : volaille, abats**
Ajouter 200-250 g de bœuf, veau, porc, poulet, dinde, canard, rognons ou foie cuits. Hacher la viande ou la couper en dés. Ajouter un oignon émincé revenu (facultatif). Servir le gratin accompagné d'une sauce tomate.

• **Gratin de pâtes au jambon et aux champignons**
Ajouter 200 g de jambon coupé en dés et 125 g de champignons de Paris nettoyés, coupés en lamelles et revenus avec un peu de beurre et une gousse d'ail écrasée. Supprimer le lait et le remplacer par une béchamel faite avec 25 cl de lait, 20 g de margarine, 20 g de farine.

• **Gratin de pâtes au poisson**
Supprimer le madère, le lait, la noix de muscade. Ajouter un coulis de tomates fait avec 500 g de tomates fraîches, surgelées ou en boîte, 1 oignon émincé, 1 gousse d'ail, 1 poivron épépiné et coupé en dés. Émietter 200 g de poisson cuit (frais, surgelé ou en boîte). Remplacer le beurre par 2 c. à soupe d'huile d'olive.

• **Gratin de pâtes au thon**
Supprimer le madère, le lait et la noix de muscade. Ajouter 200 g de thon cuit (frais, surgelé ou en boîte au naturel). Émietter le thon. Ajouter 1 boîte de sauce tomate aromatisée au basilic.

• **Gratin de pâtes aux fruits de mer**
Supprimer le lait, le madère et la noix de muscade. Ajouter 1 l de moules ou de coques cuites à la marinière (voir recette), la sauce marinière faite avec 25 cl de jus de cuisson des fruits de mer, 20 g de margarine, 20 g de farine, 1 jaune d'œuf et 2 c. à soupe de crème fraîche ajoutés après cuisson de la sauce. Aromatiser selon les goûts avec des feuilles de romarin, ou du safran.

• **Gratin de pâtes aux œufs durs et aux épinards**
Ajouter au gratin 500 g d'épinards blanchis 5 mn à l'eau bouillante salée, hachés grossièrement, et 4 œufs durs coupés en deux. Supprimer le lait et le remplacer par une sauce Béchamel faite avec 25 cl de lait, 20 g de margarine, 20 g de farine.

RIZ À L'EAU
(à la créole)

QUANTITÉS : 3 PERSONNES

INGRÉDIENTS

– 200 g de riz rond ou long
(60 g par personne pour un légume et
30 g pour une entrée)
– 2 l d'eau (10 fois le volume du riz)
– 2 c. à café de sel (1 c. à café de sel
par litre d'eau)
– 30 g de beurre ou 2 c. à soupe
d'huile d'olive
– poivre
Fines herbes : persil, ciboulette,
cerfeuil
Aromates : 1 oignon, 1 gousse d'ail,
1 branche de thym, 1 feuille
de laurier, 1 brin de romarin,
Épices : curry, safran
Sauces d'accompagnement : sauce
blanche à la crème, poulette, tomate,
ketchup, béchamel
à la crème au fromage
Légumes d'accompagnement :
champignons, tomates, courgettes,
poivrons, ratatouille niçoise, potiron,
épinards, carottes

*Préparation : 5 mn • Cuisson : à la casserole : 15 à 20 mn ; à l'autocuiseur :
6 mn à partir du chuchotement de la soupape • Matériel : 1 passoire,
1 grande casserole ou 1 autocuiseur, 1 verre mesureur*

PRÉPARATION

1) Mettre à bouillir l'eau avec le sel et les aromates.
2) Mettre le riz dans la passoire et le laver longuement à l'eau courante froide
jusqu'à ce que l'eau devienne claire.

CUISSON

1) Faire cuire le riz selon la méthode de votre choix, soit à la casserole en
laissant bouillir à gros bouillons sans couvrir, soit à l'autocuiseur fermé (le riz
dans le panier rigide) et à feu doux.
2) Vérifier la cuisson du riz au bout de 15 mn pour la cuisson à la casserole et
de 6 mn pour la cuisson à l'autocuiseur (finir autocuiseur ouvert si nécessaire).
3) Le riz est cuit lorsqu'il ne croque plus sous la dent.

Service

1) Quand le riz est cuit, le verser de nouveau dans la passoire et le passer, soit à
l'eau chaude si on veut le servir chaud, soit à l'eau froide si l'on veut le servir froid.
2) Si le riz est consommé chaud en légume, il peut être assaisonné de beurre,
d'huile d'olive, de fines herbes ou d'une sauce au choix.
3) Si le riz est consommé froid en salade, il peut être assaisonné avec une vinaigrette, une rémoulade, une mayonnaise à l'huile, au petit-suisse ou au curry.
4) Le riz peut se servir seul ou avec les légumes d'accompagnement au choix.
5) Le riz peut être utilisé de différentes façons : en gratin, seul ou associé à des
légumes, viandes, volailles, poissons, fruits de mer ; en farces : tomates, poivrons, courgettes, aubergines, concombres ; en salades ; en croquettes.

6) Il accompagne bien : les viandes (blanquette de veau, lapin) ; les volailles (poule, poulet) ; la charcuterie (jambon, blanc ou fumé) ; les abats (langue, rognons, foie) ; le poisson, le thon ; les fruits de mer (moules, coques, crabe, crevettes) ; les œufs durs.

CONSEILS POUR BIEN CUIRE LE RIZ

1) Lire le mode d'emploi avant de laver le riz. Certains riz incollables ne se lavent ni avant ni après la cuisson.

2) Il ne faut pas couvrir la casserole, remuer le riz pendant la cuisson ni le laisser séjourner dans l'eau de cuisson.

RIZ À L'ORIENTALE

QUANTITÉS : 3 PERSONNES

INGRÉDIENTS

– 200 g de riz long (60 g par personne)
– eau, bouillon de volaille (1,5 fois le volume de riz)
– 30 g de beurre ou 2 c. à soupe d'huile d'arachide ou d'olive

– sel, poivre
Aromates : oignon ou ail
Bouquet garni : thym, 1 feuille de laurier, persil
Épices : curry, safran

Préparation : 5 mn • Cuisson à la cocotte : 20 mn

PRÉPARATION

1) Verser le riz dans la cocotte.
2) Couvrir de liquide. Assaisonner.

CUISSON

Faire cuire doucement jusqu'à ce que le liquide soit absorbé. Ne pas remuer.

Service

1) Servir le riz à l'orientale avec du beurre ou de l'huile.
2) Les utilisations sont les mêmes que le riz à l'eau.

Lentilles
(recette p. 303) ▶

RIZ AU GRAS
(pilaf)

QUANTITÉS : 4 PERSONNES

INGRÉDIENTS

– 200 g de riz long (60 g par personne)
– eau, bouillon de volaille,
de poisson, de crustacés
(1,5 fois le volume du riz)
– 2 c. à soupe d'huile d'arachide
ou d'olive
– sel, poivre
Herbes de Provence : thym,
sarriette, marjolaine ou origan, romarin

Aromates : oignon, ail, poitrine
fumée
Épices : safran, curry, paprika,
poivre de Cayenne
Légumes d'accompagnement :
champignons, tomates, courgettes,
poivrons, ratatouille niçoise, potiron

Préparation : 5 mn • Cuisson : à la cocotte : 20 mn ; à l'autocuiseur : 6 mn à partir du chuchotement de la soupape • Matériel : 1 cocotte, 1 casserole à fond épais ou 1 autocuiseur, 1 spatule en bois

PRÉPARATION

1) Faire blondir l'oignon émincé.
2) Ajouter le riz.
3) Remuer à la spatule jusqu'à ce qu'il soit doré.
4) Verser le liquide bouillant. Assaisonner.

CUISSON

Couvrir et laisser cuire à feu doux, selon la méthode de votre choix, sans remuer jusqu'à l'absorption complète du liquide.

Service

Le riz pilaf peut se servir seul ou associé à des légumes d'accompagnement. Il se marie bien avec :
les viandes (bœuf bouilli) ; les volailles (poulet) ; le poisson au court-bouillon, au four ; les fruits de mer (moules, coques, coquilles Saint-Jacques, crevettes, crabe).
   N. B. Pour rendre le riz plus digeste, vous pouvez également le faire dorer à sec, et ajouter l'oignon ou l'ail au jus de cuisson. Verser l'huile au moment de servir avec un filet de vinaigre pour augmenter l'arôme.

CONSEILS POUR BIEN CUIRE LE RIZ PILAF

Veiller à ce que la cuisson reste douce et que le riz ne manque pas de liquide.

◄ *Gratin de pâtes
(recette p. 309)*

RIZ DORÉ AU JAMBON
ET AUX RAISINS

QUANTITÉS : **3 PERSONNES**

INGRÉDIENTS

- 200 g de riz long (60 g par personnes)
- liquide : 1,5 fois le volume du riz (eau, ou bouillon de volaille frais ou en cube)
- 2 c. à soupe d'huile

- 200 g de jambon fumé
- 50 g de raisins secs
- 1 oignon
- sel
- curry

Préparation : 10 mn • Cuisson : à la cocotte : 20 mn ; à l'autocuiseur : 6 mn à partir du chuchotement de la soupape • Matériel : 1 cocotte, 1 casserole à fond épais ou 1 autocuiseur, 1 spatule en bois

PRÉPARATION

1) Faire blondir l'oignon émincé.
2) Ajouter le riz.
3) Remuer à la spatule jusqu'à ce que le riz soit doré.
4) Verser le liquide bouillant.
5) Ajouter les raisins secs, du sel et une pincée de curry.

CUISSON

Couvrir et laisser cuire à feu doux selon la méthode de votre choix, sans remuer jusqu'à ce que le liquide soit absorbé.

Service

Ajouter le jambon fumé coupé en dés et servir chaud avec une salade verte.

SAUCES, MARINADES, PÂTES À TARTINER

BEURRES AROMATISÉS

Variantes

• Beurre d'anchois : 4 PERSONNES

INGRÉDIENTS
- 40 g d'anchois à l'huile (8 anchois ou 1 boîte)
- 100 g de beurre
- 1 c. à soupe de câpres
- poivre (pas de sel)

Préparation : 10 mn

Égoutter les anchois, les piler et les mélanger au beurre. Ajouter les câpres et poivrer.
Utilisations : accompagnement des poissons cuits à la vapeur, grillés ou pochés.

• Beurre d'escargot ou d'ail : 4 PERSONNES OU 12 ESCARGOTS OU COQUILLAGES

INGRÉDIENTS
- 100 g de beurre
- 1 gousse d'ail (20 g)
- 1 échalote (20 g)
- persil
- sel, poivre

Préparation : 10 mn

Hacher ensemble l'ail, l'échalote, le persil et les mélanger au beurre. Assaisonner.
Utilisations : farce des escargots, moules, coques, palourdes, pétoncles, praires ; accompagnement des côtelettes d'agneau grillées, du gigot.

• Beurre d'estragon : 4 PERSONNES

INGRÉDIENTS

– 100 g de beurre
Réduction :
– 2 échalotes
– quelques feuilles d'estragon frais ou sec
– 5 cl ou 1/2 verre de vinaigre de cidre
– sel, poivre

Préparation : 10 mn • *Cuisson : réduction au vinaigre : à la casserole : 15 mn ; au micro-ondes : 2 à 3 mn*

Mettre ensemble les échalotes hachées, les feuilles d'estragon, le vinaigre. Faire réduire jusqu'à ce qu'il ne reste plus que 1 c. à soupe de liquide. Passer la réduction et l'incorporer doucement au beurre. Assaisonner.
Utilisations : accompagnement des viandes rouges grillées (côtelettes d'agneau, entrecôte, tournedos)
N.B. Vous pouvez remplacer la réduction au vinaigre et à l'estragon par 1 jaune d'œuf dur mixé avec 1 c. à soupe de moutarde à l'estragon.

• Beurre de citron : 4 PERSONNES

INGRÉDIENTS

– 100 g de beurre
– 1 citron (zeste râpé et jus)
– sel, poivre

Préparation : 10 mn

Râper le zeste de citron, presser le jus et mélanger au beurre. Assaisonner.
Utilisations : accompagnement des poissons grillés ou cuits au court-bouillon, des viandes, des volailles grillées, des légumes.

• Beurre de crabes, crevettes, saumon fumé, sardines, thon : 4 PERSONNES

INGRÉDIENTS

– 100 g de crabes, crevettes, saumon fumé, sardines, thon
– 100 g de beurre
– 1 citron (zeste râpé et jus) (facultatif)
– sel, poivre

Préparation : 10 mn

Émietter à la fourchette les crabes, crevettes, sardines, thon, mais couper en dés le saumon fumé. Ajouter le zeste râpé et le jus de citron. Mélanger au beurre. Assaisonner.
Utilisations : garniture des canapés, œufs durs, sandwiches ; accompagnement du poisson grillé.

- **Beurre de fines herbes : 4 PERSONNES**

  INGRÉDIENTS

  – 100 g de beurre
  – 2 c. à soupe d'un mélange de fines herbes (persil, ciboulette, estragon, menthe, sauge, cerfeuil, aneth) ou d'herbes de Provence (thym, romarin, basilic, sarriette)
  – sel, poivre

  Préparation : 10 mn

  Hacher ensemble les fines herbes ou les herbes de Provence. Mélanger au beurre. Assaisonner. Présenter en boulettes roulées dans les herbes.
  Utilisations : herbes de Provence : viandes, volailles, poissons grillés ; persil-ciboulette-estragon : viandes grillées ; persil-ciboulette-cerfeuil ou aneth : poisson grillé, cuit au court-bouillon ; persil-menthe-sauge : gigot, rôti de porc.

- **Beurre de jambon : 4 PERSONNES**

  INGRÉDIENTS

  – 250 g de jambon
  – 125 g de beurre
  – 1 c. à soupe de moutarde forte
  – 1 pincée de poivre de Cayenne
  – sel, poivre
  Fines herbes : persil, ciboulette, estragon

  Préparation : 10 mn

  Hacher finement ou mixer le jambon, les fines herbes. Mélanger au beurre.
  Ajouter la moutarde. Assaisonner.
  Utilisations : en terrine accompagné de salade ; garniture des canapés, des sandwiches.

- **Beurre maître d'hôtel : 4 PERSONNES**

  INGRÉDIENTS

  – 60 à 80 g de beurre doux
  – 1 c. à café de persil
  – 1 c. à café de jus de citron ou de vinaigre
  – 1 c. à café de moutarde (facultatif)

  Préparation : 10 mn

  Incorporer au beurre malaxé le persil haché, le sel, le poivre et le jus de citron.
  Former des noix de beurre et garnir les aliments dans le plat de service.
  Utilisations : poissons cuits au court-bouillon ou grillés ; viandes grillées : tournedos, foie ; légumes cuits à l'eau ou à la vapeur : pâtes, pommes de terre, haricots verts.

• **Beurre de roquefort ou de bleu des Causses ou de gorgonzola :**
4 PERSONNES

INGRÉDIENTS
– 100 g de beurre
– 50 g de roquefort, bleu des Causses ou gorgonzola
– 1 gousse d'ail
– 1 citron
– 1 pincée de poivre de Cayenne ou de paprika
– sel, poivre

Préparation : 10 mn

Écraser le fromage à la fourchette. Mélanger avec le beurre. Ajouter l'ail écrasé au presse-ail et le jus de citron. Assaisonner.
Utilisations : garniture des canapés, œufs durs, sandwiches ; en boulettes roulées dans la chapelure pour l'apéritif.

SAUCES

BEURRE BLANC

QUANTITÉS : 4 PERSONNES

INGRÉDIENTS
– 100 à 125 g de beurre
Réduction :
– 2 à 3 échalotes

– 10 cl ou 1 verre de vin blanc sec (muscadet) ou 5 cl ou 1/2 verre de vinaigre blanc de vin
– sel, poivre

Préparation : 15 mn • Cuisson de la réduction au vin blanc : à la casserole : 15 mn ; au micro-ondes : 2 à 3 mn • Matériel : 1 casserole ou 1 bol pour la cuisson de la réduction au micro-ondes, 1 cuillère en bois ou 1 fouet à main, 2 casseroles pour la cuisson de la sauce au bain-marie

PRÉPARATION DE LA RÉDUCTION

1) Hacher les échalotes. Les mettre avec le vin blanc.
2) Faire réduire à feu doux jusqu'à ce qu'il reste plus que 1 c. à soupe de liquide.
3) Passer la réduction et la mettre dans une casserole au bain-marie (c'est-à-dire au dessus d'une casserole d'eau chaude mais non bouillante).
4) Incorporer le beurre par petits morceaux en tournant sans cesse à la cuillère ou au fouet de manière que le beurre prenne la consistance d'une pommade (il ne doit pas se transformer en liquide).

Service

Quand le beurre est totalement absorbé, retirer le bain-marie. Assaisonner et servir tiède immédiatement.

N. B. *Vous pouvez remplacer la moitié du beurre par de la margarine. Il est plus facile de commencer par la margarine qui fond moins vite que le beurre.*

UTILISATIONS

Accompagne les poissons cuits au court-bouillon, spécialement le brochet.

Variante

• **Beurre rouge (beurre marchand de vin)**
Remplacer le vin blanc par du vin rouge.
Utilisations : accompagne les viandes rouges grillées (entrecôte, tournedos, côtelettes, steak, brochettes) ; les abats (rognons).

SAUCE BÉARNAISE
(au beurre)

QUANTITÉS : **5 À 6** PERSONNES

INGRÉDIENTS

– 120 g de beurre
– 2 jaunes d'œufs
Réduction :
– 5 cl ou 1/2 verre de vinaigre de cidre de préférence

– 2 échalotes
– quelques feuilles d'estragon frais ou sec
– sel, poivre

Préparation : 15 mn • Cuisson de la réduction au vinaigre : à la casserole 15 mn ; au micro-ondes : 2 à 3 mn • Matériel : pour la réduction : 1 casserole ou 1 bol pour la cuisson au micro-ondes ; pour la sauce : 2 casseroles pour la cuisson au bain-marie et 1 cuillère en bois ou 1 fouet à main

PRÉPARATION DE LA RÉDUCTION

1) Mettre ensemble les échalotes hachées, les feuilles d'estragon, le vinaigre.
2) Faire réduire à feu doux jusqu'à ce qu'il ne reste plus que 2 c. à soupe de liquide.
3) Passer la réduction et la mettre dans la casserole avec les jaunes d'œufs.
4) Porter sur feu doux ou au bain-marie (c'est-à-dire au-dessus d'une casserole d'eau chaude mais non bouillante).
5) Tourner sans cesse jusqu'à ce que le mélange épaississe.
6) Incorporer le beurre par petits morceaux en tournant vivement de façon que le beurre prenne la consistance d'une pommade (il ne doit pas se transformer en liquide).

Service

Quand le beurre est totalement absorbé, retirer du bain-marie. Assaisonner et servir tiède immédiatement.

320   *Sauces, marinades, pâtes à tartiner*

UTILISATIONS

Accompagne les viandes grillées ou rôties (brochettes, côtelettes d'agneau, entrecôte, gigot, steak entier ou haché, tournedos) ; la fondue bourguignonne ; les œufs (durs, pochés).
N. B. Vous pouvez remplacer la moitié du beurre par de la margarine. Il est plus facile de commencer par la margarine qui fond moins vite que le beurre.
La sauce béarnaise est une sauce fragile et instable (elle se désagrège facilement). Pour la réussir, il est nécessaire :
– d'utiliser du beurre très froid ;
– d'éviter les écarts de température qui peuvent la faire tourner (pour cela, la servir dans la casserole, cassolette ou bol de cuisson) ;
– d'incorporer le beurre par petits morceaux et d'attendre que chaque morceau soit absorbé avant d'en mettre un autre ;
– que le bain-marie ne soit pas trop chaud et ne dépasse pas 60 °C.
Si malgré toutes ces précautions vous avez peur de la rater, vous pouvez ajouter aux jaunes d'œufs 1 c. à café rase de fécule ou de Maïzena. Votre béarnaise sera inratable !
La sauce béarnaise peut aussi se faire très facilement au micro-ondes en 30 secondes, mais à condition de suivre une technique spéciale.

Variante

• **Sauce béarnaise à la tomate (sauce choron)**
Ajouter 1 c. à soupe de concentré de tomates et une pincée de poivre de Cayenne ou de paprika (facultatif).

SAUCE BÉARNAISE
AU PETIT-SUISSE

QUANTITÉS : 2 PERSONNES

INGRÉDIENTS

– 2 petits-suisses
– 2 jaunes d'œufs
Réduction :
– 2 échalotes
– 10 cl ou 1/2 verre de vinaigre de cidre

– quelques feuilles d'estragon frais ou sec
– sel
– poivre

Préparation : 10 mn • Cuisson de la réduction au vinaigre : à la casserole : 15 mn ; au micro-ondes : 2 à 3 mn • Matériel : 1 casserole ou 1 bol pour la cuisson de la réduction au micro-ondes

PRÉPARATION DE LA RÉDUCTION

1) Mettre ensemble les échalotes hachées, les feuilles d'estragon, le vinaigre.
2) Faire réduire à feu doux jusqu'à ce qu'il ne reste plus que 1 c. à soupe de liquide.
3) Passer la réduction.

4) Mélanger les jaunes d'œufs avec les petits-suisses.
5) Ajouter la réduction. Assaisonner et servir.

Service

Servir la béarnaise au petit-suisse comme la béarnaise au beurre.
N. B. Vous pouvez remplacer la réduction au vinaigre par 2 c. à café de moutarde à l'estragon mais le résultat est moins fin.

UTILISATION

Accompagne : les viandes grillées rôties (steak entier ou haché, côtelettes d'agneau, brochettes, tournedos, entrecôte, gigot) ; la fondue bourguignonne ; les œufs (durs, pochés).

Variante

• **Béarnaise au petit-suisse et à la tomate**
Ajouter 1 c. à soupe de concentré de tomates et une pincée de poivre de Cayenne ou de paprika (facultatif).

SAUCE HOLLANDAISE
(au beurre)

QUANTITÉS : **5 À 6** PERSONNES

INGRÉDIENTS

– 120 g de beurre
– 2 jaunes d'œufs

– 2 c. à soupe de jus de citron
– sel, poivre (blanc de préférence)

Préparation : 15 mn • Matériel : 2 casseroles pour la cuisson au bain-marie, 1 cuillère en bois ou 1 fouet à main

PRÉPARATION

1) Mettre dans la casserole les jaunes d'œufs avec le jus de citron.
2) Porter sur feu doux ou au bain-marie (c'est-à-dire au-dessus d'une casserole d'eau chaude mais non bouillante).
3) Tourner sans cesse jusqu'à ce que le mélange épaississe.
4) Incorporer le beurre par petits morceaux en tournant vivement de façon que le beurre prenne la consistance d'une pommade (il ne doit pas se transformer en liquide).

Service

Quand le beurre est totalement absorbé, retirer du bain-marie. Assaisonner et servir tiède immédiatement.

UTILISATIONS

Accompagne : les poissons grillés ou cuits au court-bouillon ; les fondues au poisson ; les crustacés ;
les légumes (asperges, carottes, fonds d'artichauts, poireaux).
N. B. Vous pouvez remplacer la moitié du beurre par de la margarine. Il est plus facile de commencer par la margarine qui fond moins vite que le beurre.

La sauce hollandaise est une sauce fragile et instable (elle se désagrège facilement). Pour la réussir, il est nécessaire :
– d'utiliser du beurre très froid ;
– d'éviter les écarts de température qui peuvent la faire tourner (pour cela, la servir dans la casserole, cassolette ou bol de cuisson) ;
– d'incorporer le beurre par petits morceaux et d'attendre que chaque morceau soit absorbé avant d'en mettre un autre ;
– que le bain-marie ne soit pas trop chaud et ne dépasse pas 60 °C.
Si malgré toutes ces précautions vous avez peur de la rater, vous pouvez ajouter aux jaunes d'œufs 1 c. à café rase de fécule ou de Maïzena. Votre hollandaise sera inratable !
La sauce hollandaise peut aussi se faire très facilement au micro-ondes en 30 secondes, mais à condition de suivre une technique spéciale.

Variantes

• **Sauce hollandaise mousseline**
Ajouter hors du feu 1 blanc d'œuf battu en neige ferme ou 4 c. à soupe de crème fraîche fouettée.

• **Sauce hollandaise au petit-suisse**
1) Remplacer le beurre par trois petits-suisses.
2) Utilisations : s'utilise comme la sauce hollandaise.

• **Sauce maltaise**
1) Remplacer le jus de citron par 2 c. à soupe de jus d'orange (sanguine) et le zeste râpé de 1/2 orange.
2) Si l'on préfère obtenir une sauce plus acide, remplacer 1 c. à soupe de jus d'orange par 1 c. à soupe de vinaigre de cidre.

MAYONNAISE
(à l'huile)

QUANTITÉS : **5 À 6** PERSONNES

INGRÉDIENTS

– 1 jaune d'œuf
– 25 cl d'huile (au maximum)
– 1 c. à café de moutarde
– 1 c. à café de vinaigre ou de jus de citron
– sel, poivre

Fines herbes (facultatif) : persil, ciboulette, estragon, cerfeuil
Aromates : curry, paprika, poivre de Cayenne, ketchup, concentré de tomates (au choix)

Préparation : 10 mn • Matériel : 1 bol, 1 cuillère en bois ou 1 fouet électrique

PRÉPARATION

1) Dans un bol mettre le jaune d'œuf, la moutarde, le sel, le poivre.
2) Mélanger avec la cuillère en bois ou le fouet électrique.

3) Dès que le jaune d'œuf épaissit, verser l'huile petit à petit en tournant ou fouettant sans arrêt. Il faut attendre si nécessaire que l'huile précédente soit bien absorbée avant d'en ajouter de nouveau.

4) Lorsque toute la quantité d'huile prévue est absorbée, ajouter le vinaigre ou le jus de citron.

5) Assaisonner et aromatiser à votre goût.

Service

Servir la sauce mayonnaise sans attendre comme accompagnement.

UTILISATIONS

Accompagne : les poissons, viandes, volailles froids ; les fondues au poisson ; les fruits de mer ; la fondue bourguignonne, chinoise ; les œufs durs garnis ; les légumes crus ou cuits en salade (céleri-rave, chou-fleur, artichauts, macédoine, tomates) ; le riz en salade. *N. B. La mayonnaise peut aussi se réaliser au mixeur. Dans ce cas, on utilise l'œuf entier et tous les ingrédients sont mis ensemble dès le départ. La mayonnaise est prête en quelques secondes.*

CONSEILS POUR RÉUSSIR LA MAYONNAISE

1) Il est important :

– que tous les composants (jaune, moutarde, huile) et matériel (bol, cuillère ou fouet) soient à la même température. Aussi faut-il penser à sortir l'œuf à l'avance du réfrigérateur (2 h) ;

– de verser l'huile goutte à goutte au départ pour ne pas noyer le jaune d'œuf ;

– de ne pas dépasser 25 cl d'huile pour 1 œuf mais on peut augmenter sans inconvénient la quantité d'œuf.

2) Si vous avez peur de rater la mayonnaise, vous pouvez mettre au départ 1 pincée de fécule, de Maïzena ou une miette de mie de pain. La présence d'amidon favorise la prise de la mayonnaise.

POUR RATTRAPER UNE MAYONNAISE RATÉE

1) Vous pouvez ajouter 1 c. à café de vinaigre ou d'eau bouillant, ou 1 c. à café de moutarde.

2) Si la sauce ne reprend pas un aspect normal, vous pouvez essayer d'utiliser 1 c. à café de blanc d'œuf dans un bol propre. Incorporer doucement en tournant 1 c. de mayonnaise ratée, puis 1 c. d'huile jusqu'à ce que la mayonnaise reprenne une consistance normale.

3) Si après toutes ces tentatives vous n'arrivez pas à rattraper la mayonnaise, il vous faudra en recommencer une nouvelle avec un jaune d'œuf et ajouter petit à petit la mayonnaise ratée.

Variantes

• **Mayonnaise maltaise**

Remplacer le vinaigre par 1 c. à café de jus d'orange sanguine et ajouter le zeste râpé de 1/2 orange.

Utilisations : accompagne les poissons blancs (colin, merlan, lieu) ; les fondues au poisson ; les crustacés ; les légumes (asperges, carottes, poireaux).

• **Mayonnaise mousseline**
Incorporer délicatement un blanc d'œuf battu en neige ferme. La mayonnaise obtenue est encore onctueuse mais plus légère, et elle doit être consommée immédiatement.
Utilisations : accompagne les viandes ou les poissons froids ; les asperges.

• **Mayonnaise tartare**
Ajouter 2 échalotes ou 1 oignon haché, des fines herbes hachées (ciboulette, cerfeuil, estragon, persil) ; 3 ou 4 cornichons coupés en rondelles, 2 c. à café de câpres.
Utilisations : accompagne les viandes ou poissons froids ; les fondues au poisson ; les crustacés.

• **Mayonnaise à l'ail** (aïoli de Provence)
Dans un mortier, piler 3 gousses d'ail épluchées. Faire la mayonnaise à l'huile d'olive (de préférence) sur les gousses d'ail pilées.
Utilisations : accompagne les viandes froides (gigot, bœuf bouilli, langue) ; les poissons froids, spécialement la morue ; les œufs durs ; les légumes (carottes, chou-fleur, haricots verts, pommes de terre bouillies) ; la fondue bourguignonne.

• **Mayonnaise rouille**
Suivre la recette de la mayonnaise à l'ail. Incorporer en même temps que l'ail un petit piment rouge. Éclaircir si nécessaire la sauce avec de la bouillabaisse ou de la soupe de poisson. Est utilisée comme la mayonnaise à l'ail.

• **Mayonnaise verte**
Faire blanchir 5 mn à l'eau bouillante 50 g de feuilles d'épinards ou de cresson. Recueillir le jus vert pour colorer la mayonnaise.
N. B. Vous pouvez aussi utiliser du colorant vert alimentaire tout prêt.
Ajouter des fines herbes hachées (ciboulette, cerfeuil, estragon, persil) au choix.
Utilisations : accompagne les poissons froids ; les œufs durs.

• **Mayonnaise à l'avocat**
Remplacer 10 cl ou 1 verre d'huile par la pulpe mixée d'un avocat bien mûr. Utiliser de préférence du citron vert à la place du citron jaune ou du vinaigre.
Utilisations : accompagne les poissons froids ; les crustacés ; les œufs durs garnis ; les fondues au poisson.

• **Mayonnaise à la gelée**
Remplacer 10 cl ou 1 verre d'huile par 1 verre de gelée instantanée faite selon le mode d'emploi.

• **Mayonnaise à la tomate**
Ajouter 1 c. à soupe de concentré de tomates ou de sauce ketchup.
Utilisations : accompagne la fondue bourguignonne.

• **Mayonnaise aux anchois**
Ajouter 6 anchois égouttés (1 petite boîte) pilés et 1 échalote hachée.
Utilisations : accompagne les poissons froids ; les œufs durs garnis.

• **Mayonnaise à la béarnaise**
Ajouter une réduction faite de la manière suivante : faire réduire sur feu doux ou au micro-ondes 5 cl ou 1/2 verre de vinaigre de cidre avec 2 échalotes hachées et quelques feuilles d'estragon frais ou séché jusqu'à ce qu'il ne reste presque plus de liquide. Passer la réduction et l'utiliser pour parfumer la mayonnaise (c'est excellent).
Utilisations : s'utilise comme la béarnaise.

• **Mayonnaise au petit-suisse**
Remplacer l'huile par le petit-suisse.
Utilisations : s'utilise comme la mayonnaise à l'huile.

• **Mayonnaise au curry**
Ajouter 1 gousse d'ail pilée, 1 c. à soupe de sauce tomate ou de ketchup, 1 c. à café de curry, 5 grains de coriandre écrasés et 1 brin de thym frais effeuillé.
Utilisations : accompagne les poissons froids cuits au court-bouillon ; la fondue chinoise.

• **Mayonnaise au raifort**
Ajouter 2 c. à soupe de raifort râpé (tout prêt).
Utilisations : accompagne les poissons fumés, pochés, grillés ; la fondue chinoise.

VINAIGRETTE
(à l'huile)

QUANTITÉS : **6 PERSONNES**

INGRÉDIENTS

– 3 c. à soupe d'huile
– 1 c. à soupe de vinaigre de vin, cidre ou jus de citron
– sel, poivre
Fines herbes : basilic, cerfeuil, ciboulette, estragon, menthe, persil (au choix)
Aromates : échalotes, oignon blanc, ail, câpres, cornichons, moutarde forte ou aromatisée (au choix)

Préparation : 5 mn • Matériel : 1 bol, 1 cuillère

PRÉPARATION

1) Mélanger le vinaigre avec la moutarde (facultatif).
2) Ajouter l'huile, sel, poivre, puis les aromates au choix : les fines herbes ciselées avec des ciseaux dans un verre, l'échalote ou l'oignon hachés, les cornichons coupés en rondelles, les câpres. Quant à l'ail, il est préférable de ne garder que le jus extrait avec un presse-ail ou en le pilant dans le bol et en le retirant avant de faire la vinaigrette.

Service
Servir la vinaigrette pour accompagner viandes, poissons, œufs durs, salades, légumes crus ou cuits tièdes ou froids.

Variantes

• **Vinaigrette à la crème fraîche**
Remplacer l'huile par 3 c. à soupe de crème fraîche.
Utilisations : convient spécialement pour concombre, céleri-rave, poisson
fumé, poché, saumon grillé (au raifort râpé, 1 c. à soupe), (au curry, 1 pincée).

• **Vinaigrette au fromage blanc ou au yaourt**
Remplacer l'huile par 3 c. à soupe de fromage blanc ou de yaourt. Utiliser du
vinaigre de cidre ou du jus de citron.
Utilisations : convient spécialement pour concombre (à la menthe), céleri-
rave, poisson poché froid ou chaud (au curry, 1 pincée), (au gingembre, 1 pincée).

• **Vinaigrette gribiche**
Ajouter 1 jaune d'œuf dur écrasé, 1 c. à café de moutarde, 1 échalote hachée,
des fines herbes ciselées, 3 ou 4 cornichons (pour accompagner les viandes) ou
1 c. à soupe de câpres (pour accompagner les poissons).
Utilisations : accompagne les viandes et les poissons froids.

• **Vinaigrette ravigote**
Ajouter 1 échalote ou 1 oignon haché, des fines herbes ciselées.
Utilisations : accompagne les viandes froides (museau, langue, tête de veau,
bœuf bouilli) et les poissons froids.

• **Vinaigrette rémoulade**
Ajouter 1 c. à café de moutarde forte.
Utilisations : accompagne le céleri-rave, le chou rouge ou vert.

LES LIAISONS

Les liaisons sont des préparations culinaires qui permettent d'augmenter la
consistance et l'onctuosité d'un potage, d'une sauce, d'une crème. Différents
moyens peuvent être utilisés.

Variantes

• **La liaison au beurre**
En fin de cuisson, incorporer du beurre par petits morceaux en fouettant vivement. Ne plus laisser bouillir la sauce.

• **La liaison au beurre manié**
Pour 50 cl de sauce, mélanger bien 30 g de beurre et 20 g de farine. Incorporer
par petites parcelles à la sauce bouillante. Ne plus laisser bouillir.

• **La liaison à la crème**
Hors du feu, verser la sauce ou le potage sur la crème et tourner vivement. Servir aussitôt.

• **La liaison à la farine, à la fécule ou à la maïzena**
Pour épaissir un potage, une sauce ou une crème, délayer 1 c. à soupe de farine
ou 2 c. à café de fécule, ou de Maïzena, avec 2 c. à soupe de liquide froid (eau,

bouillon, lait). Verser ce mélange dans la préparation bouillante (sauce, potage, crème) et tourner vivement jusqu'à l'épaississement.

• **La liaison à l'œuf**
Délayer le jaune d'œuf avec un peu de liquide froid (lait, crème, bouillon). Verser doucement la sauce ou le potage bouillant sur le jaune d'œuf dilué. Servir aussitôt.

• **La liaison au sang**
Dès que le sang de l'animal (gibier) a été recueilli, le mélanger avec un peu de vinaigre pour l'empêcher de cailler. Procéder comme pour la liaison à l'œuf. Délayer le sang avec du liquide froid (crème). Puis hors du feu, l'incorporer petit à petit à la sauce.

LES SAUCES À BASE DE ROUX

QU'EST-CE QUE UN ROUX ?

C'est un mélange de beurre et de farine cuit à feu doux. Selon le degré de cuisson, on peut obtenir trois sortes de roux :
– le roux BLANC qui ne doit pas prendre de couleur ;
– le roux BLOND qui devient légèrement doré ;
– le roux BRUN qui devient couleur caramel.

PROPORTIONS À RESPECTER

Dans un roux, la quantité de matière grasse doit être égale à la quantité de farine. Selon la consistance désirée, il faut diminuer ou augmenter la quantité de matière grasse et de farine.
On compte pour 50 cl :
1) de sauce légère : 30 g de matière grasse et de farine (blanquette de veau, poule bouillie) ;
2) de sauce normale : 40 g de matière grasse et de farine (pour napper viandes, poissons, légumes) ;
3) de sauce épaisse : 50 g de matière grasse et de farine (pour fourrer choux, bouchées à la reine, crêpes, pour garnir des tartes) ;
4) de sauce très épaisse : 60 g de matière grasse et de farine (soufflés).

CONSEILS POUR RÉUSSIR UNE SAUCE À BASE DE ROUX

1) Une sauce réussie est avant tout une sauce sans grumeaux.
2) Pour obtenir un bon résultat il est important :
Pour la cuisson à la casserole, de choisir une casserole à fond épais et antiadhésive pour éviter le risque d'adhérence, de respecter les proportions de matière grasse et de farine, et de suivre franchement une des deux méthodes proposées :
– **soit verser d'un seul coup le liquide froid :** la cuisson du roux est alors stoppée instantanément. Il n'y a aucun risque de formation de grumeaux, mais il faut diluer à fond le mélange avant de reprendre la cuisson ;

– **soit verser petit à petit le liquide chaud** : surtout au début pour ne pas risquer de noyer le roux dans trop de liquide. Il faut ensuite cuire à feu doux jusqu'à l'ébullition et tourner sans cesse jusqu'à l'épaississement de la sauce.

Pour la cuisson au micro-ondes : il faut fouetter la sauce toutes les minutes jusqu'à ce qu'elle soit épaisse et lisse (mais la réussite est encore plus facile qu'à la casserole !).

SAUCE BÉCHAMEL CLASSIQUE
(à base de roux blanc et de lait)

QUANTITÉS : **5 À 6** PERSONNES

INGRÉDIENTS

– 50 cl de lait
– 40 g de margarine ou de beurre
– 40 g de farine (de préférence à pâtisserie, type 45)
– sel, poivre

Aromates : ail, oignon, curry, noix de muscade, paprika, moutarde, ketchup, concentré de tomates (au choix)

Préparation : 5 mn • Cuisson : à la casserole : 5 mn ; au micro-ondes : 5 mn (fouetter toutes les minutes) • Matériel : 1 verre mesureur, 1 casserole à fond épais (antiadhésive), 1 cuillère en bois, ou 1 saladier et 1 fouet à main pour la cuisson au micro-ondes

PRÉPARATION DU ROUX BLANC

1) Faire fondre la matière grasse.

2) Hors du feu, verser d'un seul coup la farine. Bien mélanger.

3) Remettre sur le feu jusqu'à ce que le mélange soit mousseux (mais sans coloration).

4) Retirer du feu et verser le lait :
– froid d'un seul coup sur le roux. Bien diluer ;
– soit chaud, petit à petit, en tournant vivement.

5) Remettre sur le feu doux et porter 5 mn à ébullition sans cesser de tourner.

6) Assaisonner.

Service

La sauce Béchamel peut servir pour napper ou entrer dans la composition de différents plats.

N. B. Lorsque la sauce n'est pas utilisée immédiatement, il se forme une pellicule à la surface. Il ne faut pas la mélanger mais la retirer juste avant de servir.

Pour la cuisson de la sauce au micro-ondes, il est indispensable de fouetter toutes les minutes jusqu'à épaississement.

Pour réaliser le roux blanc, la méthode qui utilise le liquide froid est la plus facile à exécuter. Aussi est-elle conseillée le plus souvent possible.

UTILISATIONS

Accompagne : les viandes blanches (porc, poulet, dindonneau, veau, lapin) ; les poissons au court-bouillon, au four ; les œufs (durs, pochés) ; la plupart des légumes cuits à l'eau ou à la vapeur ; les plats (soufflés, coquilles de poissons, gratins, tartes salées, crème [crème Darley]).

Variantes

• **Sauce Béchamel à la crème (sauce normande)**
1) Ajouter hors du feu 2 c. à soupe de crème fraîche.
2) On peut maintenir la sauce au chaud mais sans la laisser bouillir.

• **Sauce Béchamel à la tomate (sauce aurore)**
Ajouter 1 à 2 c. à café de concentré de tomates selon les goûts et la couleur désirée.
Utilisation : œufs durs.

• **Sauce Béchamel au fromage (sauce Mornay)**
Ajouter hors du feu 50 g de gruyère râpé.
Utilisations : soufflés, gratins.

• **Sauce Béchamel au jaune d'œuf (sauce poulette)**
Hors du feu verser la sauce petit à petit sur 2 jaunes d'œufs.
Utilisations : soufflés, tartes.

• **Sauce Béchamel au jaune d'œuf et à la moutarde (sauce moutarde)**
1) Hors du feu, verser la sauce petit à petit sur 2 jaunes d'œufs.
2) Ajouter 2 c. à café de moutarde forte, du persil haché et du jus de citron.
Utilisation : poisson fumé (haddock).

• **Sauce Béchamel au raifort (sauce au raifort)**
Faire cuire et réduire 10 à 15 mn à feu doux en tournant sans cesse. Hors du feu, ajouter 6 c. à soupe de crème fraîche et 3 c. à soupe de raifort râpé frais ou en conserve.
Utilisations : accompagne les viandes froides (poulet, lapin, veau ou saucisses chaudes de francfort).
N. B. Vous pouvez remplacer la béchamel par 1 yaourt.

• **Sauce Béchamel aux oignons (sauce soubise)**
Ajouter 2 oignons coupés en rondelles et cuits au préalable : au micro-ondes avec 1/2 verre d'eau : 5 mn ; à l'autocuiseur avec 1/2 verre d'eau : 10 mn ; à la casserole avec 1/2 verre d'eau : 20 mn.
Utilisations : accompagne les œufs durs (à la tripe) nature ou en garniture de fonds de tarte ; les croque-monsieur ; les œufs pochés ; les viandes blanches (rôti de porc, veau, dindonneau au lait).

SAUCE BÉCHAMEL À LA FÉCULE

QUANTITÉS : 6 PERSONNES

INGRÉDIENTS

– 50 cl de lait
– 40 g (4 c. à soupe rases) de fécule de pommes de terre ou de Maïzena
– 30 à 50 g de beurre
– sel, poivre

Aromates : ail, oignon, curry, noix de muscade, paprika, moutarde, ketchup, concentré de tomates (au choix)

Préparation : 5 mn • Cuisson à la casserole ou au micro-ondes jusqu'à l'ébullition • Matériel : 1 casserole et 1 cuillère en bois ou 1 saladier et 1 fouet à main pour la cuisson au micro-ondes, 1 tasse, 1 verre mesureur

PRÉPARATION

1) Délayer la fécule dans une 1/2 tasse de lait froid.
2) Faire chauffer le reste de lait avec les aromates au choix.
3) Lorsque le lait est bouillant, verser d'un seul coup la fécule délayée. Tourner vivement jusqu'à ce que le mélange épaississe. Laisser bouillir un instant.
4) Retirer du feu et ajouter le beurre par petites cuillerées.
5) Assaisonner et servir immédiatement.

Service

La sauce blanche à la fécule se sert comme la sauce Béchamel classique.

N. B. Vous pouvez remplacer en partie ou complètement la fécule par de la farine mais il est alors nécessaire de laisser cuire la sauce 5 mn en tournant sans cesse.

Pour la cuisson au micro-ondes, il est indispensable de fouetter la sauce toutes les minutes jusqu'à l'épaississement.

Utilisations et variantes (comme pour la sauce Béchamel classique).

SAUCE BLANCHE CLASSIQUE
(à base de roux blanc et sans lait)

QUANTITÉS : 5 À 6 PERSONNES

INGRÉDIENTS

– 50 cl de liquide (bouillon de viande, volaille, poisson, légumes frais ou en sachet ou cubes instantanés)
– 30 g de margarine ou de beurre
– 30 g de farine (de préférence à pâtisserie type 45)
– sel, poivre

Fines herbes : cerfeuil, ciboulette, estragon, persil (au choix)
Aromates : ail, oignon, jus de citron, filet de vinaigre, câpres, cornichons, curry, moutarde, noix de muscade, raifort râpé (au choix)

Préparation : 5 mn • Cuisson : à la casserole : 5 mn ; au micro-ondes : 5 mn (fouetter toutes les minutes) • Matériel : 1 verre mesureur, 1 casserole à fond épais (antiadhésive) et 1 cuillère en bois, ou 1 saladier et 1 fouet à main pour la cuisson au micro-ondes

PRÉPARATION DU ROUX BLANC

1) Faire fondre la matière grasse.
2) Hors du feu, verser d'un seul coup la farine. Bien mélanger.
3) Remettre sur le feu jusqu'à ce que le mélange soit mousseux (mais sans coloration).
4) Retirer du feu et verser le liquide :
– soit froid d'un seul coup sur le roux. Bien diluer ;
– soit chaud petit à petit en tournant vivement.
5) Remettre sur feu doux et porter 5 mn à ébullition en tournant sans cesse.
6) Assaisonner.

Service

La sauce blanche classique peut servir pour napper ou entrer dans la composition de différents plats.
N. B. Lorsque la sauce n'est pas utilisée immédiatement, il se forme une pellicule à la surface. Il ne faut pas la mélanger mais la retirer juste avant de servir.
Pour la cuisson de la sauce au micro-ondes, il est indispensable de fouetter toutes les minutes jusqu'à épaississement.
Pour réaliser le roux blanc, la méthode qui utilise le liquide froid est la plus facile à exécuter, aussi est-elle conseillée le plus souvent possible.
Voir Conseils pour réussir une sauce à base de roux.

UTILISATIONS

Accompagne : les viandes blanches (dindonneau, lapin, poulet, veau) ; les poissons au court-bouillon, au four ; les œufs (durs, pochés) ; la plupart des légumes cuits à l'eau ou à la vapeur ; les plats (coquilles de poisson, bouchées à la reine, tartes salées).

Variantes

• **Sauce blanche à la crème (sauce normande)**
Suivre la recette de la sauce blanche classique.
Ajouter hors du feu 2 c. à soupe de crème fraîche. On peut maintenir la sauce au chaud mais sans la laisser bouillir.

• **Sauce blanche au jaune d'œuf (sauce poulette)**
Suivre la recette de la sauce blanche classique. Hors du feu, verser la sauce petit à petit sur 2 jaunes d'œufs.
Utilisations : blanquette de veau ou de lapin, poule au riz.

• **Sauce blanche à la crème et au jaune d'œuf (sauce bâtarde)**
Suivre la recette de la sauce blanche classique. Hors du feu, verser la sauce cuite sur 2 jaunes d'œufs délayés avec 2 c. à soupe de crème fraîche. Vous

pouvez ajouter 1 c. à soupe de jus de citron. Cette sauce moins riche en matière grasse que la sauce hollandaise peut la remplacer.
Utilisations : poissons au court-bouillon.

• **Sauce blanche mousseline**
Suivre la recette de la sauce blanche classique. Hors du feu verser la sauce cuite sur 2 jaunes d'œufs. Incorporer délicatement 1 blanc d'œuf battu en neige ferme avec une pincée de sel. Cette sauce moins riche en matière grasse que la sauce hollandaise mousseline peut la remplacer.
Utilisation : asperges.

• **Sauce blanche aux champignons (sauce suprême)**
Suivre la recette de la sauce blanche classique. Utiliser comme liquide du bouillon de volaille. Ajouter 100 g de champignons de Paris nettoyés, coupés en lamelles et étuvés avec 20 g de beurre, 1 gousse d'ail écrasée (10 mn à la casserole ou 5 mn au micro-ondes). Hors du feu, verser la sauce cuite sur 2 jaunes d'œufs délayés avec 2 c. à soupe de crème fraîche.

SAUCE BLANCHE À LA FÉCULE

QUANTITÉS : 6 PERSONNES

INGRÉDIENTS

– 50 cl de liquide (bouillon de viande, volaille, poisson, légumes frais ou en sachet ou cubes instantanés)
– 30 g (3 c. à soupe rases) de fécule de pommes de terre ou de Maïzena
– 30 à 50 g de beurre
– sel, poivre

Fines herbes : cerfeuil, ciboulette, estragon, persil (au choix)
Aromates : ail, oignon, jus de citron, filet de vinaigre, câpres, cornichons, curry, moutarde, noix de muscade, raifort râpé (au choix)

Préparation : 5 mn • Cuisson à la casserole ou au micro-ondes jusqu'à l'ébullition • Matériel : 1 casserole et 1 cuillère en bois ou 1 saladier et 1 fouet à main pour la cuisson au micro-ondes, 1 tasse, 1 verre mesureur

PRÉPARATION

1) Délayer la fécule dans une 1/2 tasse de bouillon froid.
2) Faire chauffer le reste de bouillon avec les aromates au choix.
3) Lorsque le liquide est bouillant, verser d'un seul coup la fécule délayée. Tourner vivement jusqu'à ce que le mélange épaississe. Laisser bouillir un instant.
4) Retirer du feu et ajouter le beurre par petites cuillerées.
5) Assaisonner.

Service

La sauce blanche à la fécule se sert comme la sauce blanche classique.

N. B. Vous pouvez remplacer en partie ou complètement la fécule par de la farine mais il est alors nécessaire de laisser cuire la sauce 5 mn en tournant sans cesse.

Pour la cuisson au micro-ondes, il est indispensable de fouetter la sauce toutes les minutes jusqu'à épaississement.

Utilisations et variantes (comme pour la sauce blanche classique).

SAUCE CHASSEUR
(à base de roux blond)

QUANTITÉS : **5 À 6** PERSONNES

INGRÉDIENTS

– 50 cl de liquide (composé de 40 cl de bouillon + 10 cl de vin blanc)
– 50 g de margarine
– 50 g de farine
– 2 c. à soupe de concentré de tomates
– sel, poivre

Bouquet garni : 1 feuille de laurier, 1 branche de thym, 1 brin de persil
Garniture : persil, cerfeuil ou estragon haché

Préparation : 15 mn • Cuisson à la casserole : 20 à 30 mn • Matériel : 1 verre mesureur, 1 casserole à fond épais (antiadhésive), 1 cuillère en bois

PRÉPARATION DU ROUX BLOND

1) Dans le verre mesureur, mélanger le bouillon, le vin blanc et le concentré de tomates.
2) Faire fondre la matière grasse.
3) Hors du feu, verser d'un seul coup la farine. Bien mélanger.
4) Remettre sur le feu jusqu'à ce que le mélange devienne blond (doré).
5) Retirer du feu et verser le liquide préparé :
– soit froid d'un seul coup sur le roux. Bien diluer ;
– soit chaud petit à petit en tournant vivement.
6) Ajouter le bouquet garni, le sel et le poivre.
7) Porter doucement à ébullition en tournant sans cesse. Laisser mijoter jusqu'à ce que la sauce perde son acidité (due à la présence du vin blanc).

Service

Servir la sauce parsemée de persil, cerfeuil ou estragon haché.

N. B. Vous pouvez utiliser comme liquide du bouillon de légumes, de viande ou de pot-au-feu en cubes.

Lorsque la sauce n'est pas utilisée immédiatement, il se forme une pellicule à la surface. Il ne faut pas la mélanger mais la retirer juste avant de servir.

Pour réaliser le roux blond, la méthode qui utilise le liquide froid est la plus facile à exécuter, aussi est-elle conseillée le plus souvent possible.

Voir Conseils pour réussir une sauce à base de roux.

UTILISATIONS

Accompagne : les viandes et volailles sautées en cocotte (bœuf, côte de porc, veau, poulet, lapin).

SAUCE MARINIÈRE
(à base de roux blond)

QUANTITÉS : 5 À 6 PERSONNES

INGRÉDIENTS

– 50 cl de liquide (composé de 40 cl   – 50 g de margarine
de court-bouillon + 10 cl de vin blanc)   – 50 g de farine
                                          – sel, poivre

Préparation : 15 mn • Cuisson à la casserole : 20 à 30 mn • Matériel : 1 verre mesureur, 1 casserole à fond épais (antiadhésive), 1 cuillère en bois

PRÉPARATION DU ROUX BLOND

1) Dans le verre mesureur, mélanger le court-bouillon et le vin blanc.
2) Faire fondre la matière grasse.
3) Hors du feu, verser d'un seul coup la farine. Bien mélanger.
4) Remettre sur le feu jusqu'à ce que le mélange devienne blond (doré).
5) Retirer du feu et verser le liquide préparé :
– soit froid d'un seul coup sur le roux. Bien diluer ;
– soit chaud petit à petit en tournant vivement.
6) Porter doucement à ébullition en tournant sans cesse. Laisser mijoter jusqu'à ce que la sauce perde son acidité (due à la présence du vin blanc).

Service

1) Servir la sauce nature ou liée avec 2 jaunes d'œufs ou 2 c. à soupe de crème fraîche.
2) Verser toujours la sauce hors du feu sur les jaunes d'œufs ou la crème fraîche.

N. B. Vous pouvez utiliser comme liquide du court-bouillon de poisson ou de crustacés ou du court-bouillon instantané.

Si la sauce ne comporte pas de vin blanc, la cuisson ne dure que 5 mn et peut se faire au micro-ondes. Il est alors indispensable de fouetter toutes les minutes jusqu'à épaississement.

Lorsque la sauce n'est pas utilisée immédiatement, il se forme une pellicule à la surface. Il ne faut pas la mélanger mais la retirer juste avant de servir.

Pour réaliser le roux blond, la méthode qui utilise le liquide froid est la plus facile à exécuter, aussi est-elle conseillée le plus souvent possible.

Voir Conseils pour réussir une sauce à base de roux.

UTILISATIONS

Accompagne les poissons au court-bouillon, les crustacés, les moules au naturel.

SAUCE TOMATE
(à base de roux blond)

QUANTITÉS : **5 À 6 PERSONNES**

INGRÉDIENTS

– 50 cl de coulis de tomates ou 1 boîte
de tomates au naturel ou 1 boîte de
sauce tomate prête + eau ou 2 c. à
soupe de concentré de tomates + eau

– 30 g de margarine
– 30 g de farine (de préférence à
pâtisserie type 45)
– sel, poivre

*Préparation : 15 mn • Cuisson du coulis de tomates : à la casserole :
20 à 30 mn avec 1 verre d'eau ; à l'autocuiseur ou au micro-ondes : 5 mn ;
de la sauce tomate : à la casserole : 5 mn ; au micro-ondes : 5 mn (fouetter
toutes les minutes) • Matériel : 1 verre mesureur, 1 casserole à fond épais
(antiadhésive) et 1 cuillère en bois ou 1 saladier et 1 fouet à main pour la
cuisson au micro-ondes*

PRÉPARATION DU COULIS DE TOMATES (VOIR RECETTE p. 336)

ou utiliser 1 boîte de tomates cuites au naturel et les passer au mixeur ;
ou 1 boîte de sauce tomate complétée au 1/2 l avec de l'eau ou du bouillon ; ou
2 c. à soupe de concentré de tomates dilué avec de l'eau ou du bouillon.

PRÉPARATION DU ROUX BLOND

1) Faire fondre la matière grasse.
2) Hors du feu, verser d'un seul coup la farine. Bien mélanger.
3) Remettre sur le feu jusqu'à ce que le mélange devienne blond (doré).
4) Retirer du feu et verser le coulis de tomates (ou équivalent) :
– soit froid d'un seul coup sur le roux. Bien diluer ;
– soit chaud petit à petit en tournant vivement.
5) Remettre sur feu doux et porter 5 mn à ébullition sans cesser de tourner.
6) Assaisonner et servir immédiatement.

Service

Servir la sauce tomate immédiatement pour napper ou accompagner différents
plats.
   *N. B. Lorsque la sauce n'est pas utilisée immédiatement, il se forme une pel-
licule à la surface. Il ne faut pas la mélanger mais la retirer juste avant de servir.*
Pour la cuisson de la sauce au micro-ondes, il est indispensable de fouetter toutes les minutes jusqu'à épaississement.
Pour réaliser le roux blond, la méthode qui utilise le liquide froid est la plus
facile à exécuter, aussi est-elle conseillée le plus souvent possible.
Voir Conseils pour réussir une sauce à base de roux.

UTILISATIONS

Accompagne : les œufs (durs, cocotte, pochés, en omelette, sur le plat) ;
les poissons au court-bouillon, au four, quenelles ; les viandes blanches,
volailles, jambon, langue ; les légumes verts cuits à l'eau ou à la vapeur (bettes,
champignons, chou, céleri, courgettes, fenouil, épinards) ; féculents (pâtes, riz,
semoule, couscous, pommes de terre).

COULIS DE TOMATES

QUANTITÉS : 3 À 4 PERSONNES (25 CL DE JUS ENVIRON)

INGRÉDIENTS

– 500 g de tomates fraîches
– 1 oignon
– 1 gousse d'ail
– sel, poivre

Aromates : 1 pincée de marjolaine
ou quelques feuilles séchées
Bouquet garni : 1 branche de thym,
1 feuille de laurier, 1 brin de persil

*Préparation : 5 mn • Cuisson : à la casserole : 20 à 30 mn avec 1 verre d'eau ;
à l'autocuiseur ou au micro-ondes : 5 mn • Matériel : 1 mixeur
ou 1 moulin à légumes (grille fine)*

PRÉPARATION

1) Couper les tomates, l'oignon, l'ail en morceaux.
2) Mettre avec les aromates, du sel et du poivre.
3) Faire cuire selon la méthode de votre choix.
4) Quand les tomates sont cuites, retirer le bouquet garni.
5) Les passer au mixeur ou au moulin à légumes (éliminer si nécessaire l'excès de jus).
6) Utiliser le coulis de tomates tel quel ou comme jus de base pour faire la sauce tomate à base de roux blond (voir recette).
  N. B. Vous pouvez aussi réaliser un coulis de tomates avec des tomates surgelées ou en conserve au naturel et cuites 5 mn avec les aromates avant d'être mixées.

UTILISATIONS

Accompagne : les œufs (durs, cocotte, pochés, en omelette, sur le plat) ; les poissons cuits au court-bouillon, au four, les quenelles de poisson ; les viandes blanches, volailles, jambon, langue, boulettes de bœuf, veau ; les légumes verts cuits à l'eau ou à la vapeur (bettes, champignons, chou, céleri, courgettes, fenouil, épinards) ; les féculents (pâtes, riz, semoule, couscous, pommes de terre).

Variante

• **Coulis de tomates aux poivrons**
1) Ajouter avant la cuisson un poivron rouge épépiné et coupé en dés.
2) Pour obtenir une saveur plus épicée, ajouter quelques gouttes de Tabasco ou de sauce aux piments.
Utilisations : accompagne les poissons grillés ou en papillotes (rougets, daurade) ; la fondue chinoise.

SAUCE BRUNE
(à base de roux brun)

QUANTITÉS : **5 À 6 PERSONNES**

INGRÉDIENTS

– 50 cl de bouillon	– 50 g de jambon fumé (facultatif)
– 3 c. à soupe d'huile	– sel, poivre
– 50 g de farine	**Bouquet garni :** 1 feuille
– 20 g de margarine	de laurier, 1 branche de thym, 1 brin
– 1 oignon ou 3 échalotes	de persil

Préparation : 15 mn • Cuisson de l'oignon ou des échalotes : 4 à 5 mn à la casserole ou au micro-ondes ; de la sauce : 5 à 10 mn • Matériel : 1 casserole à fond épais (antiadhésive), 1 cuillère en bois, 1 verre mesureur

PRÉPARATION DE L'OIGNON OU DES ÉCHALOTES

Les hacher et les faire blondir avec la margarine.

PRÉPARATION DU JAMBON

Couper le jambon fumé en dés et le faire revenir également.

PRÉPARATION DU ROUX BRUN

1) Faire chauffer l'huile.
2) Hors du feu, verser d'un seul coup la farine. Bien mélanger.
3) Remettre sur le feu jusqu'à ce que le mélange devienne brun clair (caramel).
4) Retirer du feu et verser le liquide préparé :
– soit froid d'un seul coup sur le roux. Bien diluer ;
– soit chaud petit à petit en tournant vivement.
5) Porter doucement à ébullition en remuant sans cesse.
6) Ajouter l'oignon ou les échalotes, le jambon fumé, le bouquet garni, le sel et le poivre.
7) Laisser mijoter 5 à 10 mn avant de servir.

Service

Servir la sauce brune immédiatement.

N. B. Vous pouvez utiliser du bouillon de viande ou de pot-au-feu en cubes.
Pour certaines sauces (sauce madère, Périgueux, charcutière, Robert), une partie du bouillon peut être remplacé par 10 cl ou 1 verre de vin blanc.
Lorsque la sauce n'est pas utilisée immédiatement, il se forme une pellicule à la surface. Il ne faut pas la mélanger mais la retirer juste avant de servir.
Pour réaliser le roux brun, la méthode qui utilise le liquide froid est la plus facile à exécuter, aussi est-elle conseillée le plus souvent possible.
Pour réussir une sauce à base de roux, il est important de suivre les principes donnés pour la recette de la sauce Béchamel classique.
À cause de la cuisson poussée du roux, il est préférable d'utiliser de l'huile qui supporte mieux les températures élevées que le beurre ou la margarine.
Pour rendre plus digeste la sauce brune, vous pouvez faire roussir seule la farine avant de l'utiliser et éviter ainsi la cuisson prolongée de la matière grasse.

◀ *Herbes aromatiques*

UTILISATIONS

Accompagne : les viandes rouges ; le jambon cuit ; les abats (langue, rognons) ; les œufs (pochés) ; les légumes verts (céleri, chou, bettes).

Variantes

• **Sauce charcutière**

Suivre la variante de la sauce Robert. Juste avant de servir, ajouter 3 cornichons coupés en rondelles
Utilisations : accompagne le porc.

• **Sauce madère**

Juste avant de servir ajouter 125 g de champignons de Paris coupés en lamelles et étuvés avec 20 g de margarine pendant 10 mn à la casserole ou 4 à 5 mn au micro-ondes et 3 c. à soupe de madère.

N. B. Vous pouvez remplacer 10 cl ou 1 verre de bouillon par du vin blanc mais la sauce doit cuire 20 à 30 mn pour éliminer l'acidité du vin.

Utilisations : accompagne la viande de bœuf rôtie ou grillée (tournedos) ; les abats (langue, rognons, ris de veau) ; le jambon cuit ; les croque-monsieur.

• **Sauce périgourdine**

Suivre la variante de la sauce madère. Juste avant de servir, ajouter une petite boîte de purée de foie gras en petits morceaux. Faire chauffer doucement en tournant jusqu'à ce que les morceaux soient fondus.
S'utilise comme la sauce madère.

• **Sauce Périgueux**

Suivre la variante de la sauce madère. Supprimer les champignons. Juste avant de servir, ajouter 2 tranches de jambon fumé coupé en dés et des lamelles de truffe (1 petite boîte de pelures).
S'utilise comme la sauce madère.

• **Sauce portugaise**

Juste avant de servir, ajouter 2 c. à café de concentré de tomates et 5 cl ou 1/2 verre de madère.
S'utilise comme la sauce madère.

• **Sauce Robert**

Quelques minutes avant la fin de la cuisson, ajouter 1 filet de vinaigre, 1 c. à café de concentré de tomates et 1 c. à café de moutarde forte.

N. B. Vous pouvez remplacer 10 cl ou 1 verre de bouillon par du vin blanc mais la sauce doit cuire alors 20 à 30 mn pour éliminer l'acidité du vin.

Utilisations : accompagne le porc, la dinde, l'oie, le pot-au-feu.

SAUCE À L'AVOCAT

QUANTITÉS : **4 à 6 PERSONNES**

INGRÉDIENTS

– 2 avocats bien mûrs
– 1 citron vert de préférence
– 1 c. à soupe de rhum blanc
(de préférence) ou de cognac

– quelques gouttes de Tabasco
(facultatif)
– sel, poivre

Préparation : 10 mn • Matériel : 1 bol, 1 mixeur, 1 presse-citron, 1 cuillère en bois, 1 fouet, 1 cuillère à café

PRÉPARATION

1) Couper l'avocat en deux.
2) Retirer la pulpe à la petite cuillère.
3) Ajouter le jus de citron vert, l'alcool au choix, quelques gouttes de Tabasco (facultatif), sel et poivre.
4) Mixer et servir aussitôt.

Service

Servir la sauce à l'avocat immédiatement.

N. B. Vous pouvez ajouter 100 g de fromage blanc, de crème fraîche, 1 yaourt ou 2 petits-suisses, de la moutarde forte, de la sauce ketchup...

UTILISATIONS

Accompagne : les poissons froids, les crustacés, les fondues au poisson, aux crustacés ; garnit des œufs durs.

Variantes

• **Sauce à l'avocat et aux tomates**
Suivre la recette de la sauce à l'avocat. Avant de mixer ajouter 2 tomates, 1 oignon, 1 gousse d'ail et 1 piment. Supprimer l'alcool. Aromatiser avec quelques feuilles de coriandre fraîche ou quelques graines de coriandre, cumin ou fenouil.

• **Sauce à l'avocat et au roquefort**
Suivre la recette de la sauce à l'avocat. Ajouter avant de mixer 50 g de roquefort. Aromatiser avec une pincée de paprika ou de poivre de Cayenne.

SAUCE AU ROQUEFORT

QUANTITÉS : **4 PERSONNES**

INGRÉDIENTS

– 50 g de roquefort
– 100 g de fromage blanc, crème fraîche, 1 yaourt ou 4 petits-suisses
– sel, poivre
Fines herbes : persil, ciboulette
Aromates : 4 ou 5 noix broyées,

1 c. à soupe de sauce ketchup, quelques gouttes de Tabasco
Épices : poivre de Cayenne, paprika, cumin, graines de fenouil
Alcools : 1 c. à soupe de cognac, armagnac

Préparation : 5 mn • Matériel : 1 bol, 1 fourchette, 1 cuillère

PRÉPARATION

1) Écraser le roquefort à la fourchette.
2) Ajouter le fromage blanc, la crème, 1 yaourt ou 4 petits-suisses.
3) Assaisonner et aromatiser selon les goûts.

Service

Servir la sauce au roquefort pour assaisonner, garnir ou accompagner différents plats.

UTILISATIONS

1) Assaisonne : des crudités, des salades (endives, mâche, champignons, épinards).
2) Garnit : des avocats, des œufs durs, des fonds d'artichaut.
3) Accompagne les fondues au poisson, aux crustacés.

LES PÂTES À TARTINER

Variantes

• **L'anchoïade : 4 À 6 PERSONNES**

INGRÉDIENTS

– 7 à 8 filets d'anchois à l'huile   – 10 cl ou 1 verre d'huile d'olive
(1 boîte)   – 1 c. à café de vinaigre
– 2 gousses d'ail   – poivre

Préparation : 15 mn • Matériel : 1 mortier ou 1 Moulinette, 1 presse-ail

1) Écraser l'ail au presse-ail. Ajouter les filets d'anchois, l'huile. Piler le tout au mortier ou hacher finement à la main ou à la Moulinette. Incorporer l'huile petit à petit comme pour la mayonnaise. Lorsque la sauce est devenue onctueuse, ajouter le poivre et le vinaigre.
2) Si vous servez l'anchoïade sur des tartines grillées, il faut les tartiner encore chaudes.
Utilisations : en apéritif, en cocktail, sur du pain ou des toasts grillés.
Accompagne les crudités (carottes râpées, tomates, champignons, concombre, radis, céleri en branche).

• **La tapenade : 4 À 6 PERSONNES**

INGRÉDIENTS

– 200 g d'olives noires dénoyautées   – 20 g de câpres (1 pot)
– 125 g de filets d'anchois (1 boîte)   – 10 cl ou 1 verre d'huile d'olive
– 125 g de thon à l'huile (1 boîte)   – 2 c. à soupe de cognac (facultatif)
– 1 c. à soupe de moutarde   – poivre

Préparation : 15 mn • Matériel : hachoir ou mixeur

1) Hacher ou mixer les olives noires, les anchois, le thon et les câpres. Ajouter la moutarde, le poivre. Incorporer petit à petit l'huile d'olive comme pour la mayonnaise.
2) Lorsque la sauce est onctueuse, ajouter le cognac. Rectifier l'assaisonnement et servir.
Utilisations : en apéritif, en cocktail, sur du pain ou des toasts grillés. Accompagne les crudités (carottes râpées, tomates, champignons, concombre, radis, céleri en branche).

• **Le tarama grec : 4 À 6 PERSONNES**

INGRÉDIENTS

– 1 poche de 200 g d'œufs de poisson fumé (mulet, cabillaud)
– 50 g de pain rassis (2 tranches de pain de mie)
– 2 c. à soupe de lait

– 10 cl ou 1 verre d'huile d'olive
– 1/2 citron
– poivre
Décoration : 1 citron, olives noires

Préparation : 15 mn • Réfrigération : 1 h • Matériel : 1 mixeur, 1 couteau

1) Tremper la mie de pain avec le lait. Retirer avec la pointe d'un couteau la fine pellicule qui enveloppe la poche d'œufs de poisson. Mixer la mie du pain trempée avec les œufs de poisson. Incorporer l'huile petit à petit comme pour la mayonnaise. Lorsque la sauce a la consistance d'une pommade, ajouter le poivre et le jus de citron. Mettre au réfrigérateur avant de déguster.
2) Vous pouvez décorer la coupe de présentation avec des olives noires, des tranches de citron
N.B. Vous pouvez ajouter à la recette 1 oignon mixé.
Utilisations : en apéritif, en cocktail : sur des tranches de pain grillé, des canapés ; en garniture : avocats, œufs durs, barquettes de concombre, branches de céleri ; en sauce : pour accompagner le poisson grillé ou mélangé à de la sauce au yaourt.

PÂTES À PÂTISSERIE

PÂTE BRISÉE CLASSIQUE

QUANTITÉS : 6 PERSONNES

INGRÉDIENTS

- 200 g de farine
- 100 g de margarine ou de beurre
- 7,5 cl ou 7 c. à soupe d'eau
- 1/2 c. à café de sel

Préparation : 20 mn • Repos de la pâte : 30 à 60min • Cuisson de la pâte sans garniture, à blanc : 10 à 15 mn à th. 8 ou 240 °C ; de la pâte avec garniture : 30 à 45 mn à th. 7 ou 220 °C • Matériel : 1 terrine, 1 fourchette, 1 couteau, 1 verre mesureur, 1 rouleau à pâtisserie, 1 planche ou 1 feuille à pâtisserie, 1 moule à tarte de 28 cm de diamètre ou moules à tartelettes

PRÉPARATION

1) Mettre dans une terrine la farine.
2) Ajouter la matière grasse en petits morceaux ou en lamelles.
3) L'écraser du bout des doigts ou à l'aide d'une fourchette, de façon à obtenir des grains fins.
4) Faire un puits dans la farine. Y mettre peu à peu l'eau salée.
5) Mélanger à la fourchette et former rapidement une boule.

REPOS

Laisser reposer la pâte.

DRESSAGE

1) Fariner le plan de travail et le rouleau à pâtisserie.
2) Étaler la pâte sur 3 à 4 mm d'épaisseur en lui donnant la forme désirée.
3) Faire rouler le rouleau en partant du centre de la boule vers l'extérieur.
4) Surveiller, à chaque mouvement, si la pâte ne colle pas au plan de travail et au rouleau.
5) Fariner légèrement si nécessaire.

6) Il n'est pas utile de beurrer le moule à tarte ou la plaque de cuisson. Il suffit de les fariner.

CUISSON

1) Soit garnie, à four moyen et lentement.

2) Soit non garnie (à blanc), à four chaud et rapidement. Dans ce cas : la piquer à la fourchette, la couvrir d'une feuille d'aluminium, la garnir de noyaux de fruits, de haricots secs, de petits cailloux pour lui éviter de se boursoufler. Cette technique est utilisée pour : les garnitures précuites : crèmes, flans, fruits ; des fruits fragiles qui ne supportent pas la cuisson : fraises, framboises, raisins, kiwis.

3) La pâte est cuite lorsqu'elle est dorée mais non brunie.

N. B. Pour la rendre plus appétissante, vous pouvez la dorer avant cuisson avec un jaune d'œuf dilué dans un peu d'eau ou seulement un peu de lait.

RECOMMANDATIONS

Pour réussir la pâte brisée classique, bien suivre ces conseils :

1) La matière grasse doit être sortie du réfrigérateur 1 h à l'avance pour être bien maniable. Sinon elle reste en gros grains durs dans la farine et ces grains sont difficiles à réduire.

2) Il faut travailler très rapidement la pâte et le moins possible.

3) Plus on travaille la pâte, plus elle absorbe de farine, ce qui la rend plus dure et moins savoureuse.

4) Laisser reposer la pâte au moins 30 mn, davantage si possible. L'été, il faut la mettre à reposer au réfrigérateur, recouverte d'un couvercle.

UTILISATIONS

Les utilisations de la pâte brisée sont variées. Elle peut servir à faire des :

1) préparations salées : tartes, tourtes, quiches, pâtés, timbales en croûte, rissoles ;

2) préparations sucrées : tartes, tourtes, chaussons, douillons, beignets secs (cuits à la friture).

Variantes

Selon les goûts et si vous voulez obtenir une pâte plus ou moins ferme, absorbante, vous pouvez varier la composition :

1) mélanger les matières grasses et utiliser à poids égal : margarine et beurre, margarine et huile, margarine et crème fraîche ;

2) ajouter 1 jaune d'œuf et réduire la quantité d'eau à 5 cl. La pâte obtenue est plus ferme et plus facile à étaler. Elle est indiquée pour des préparations sans moule : chaussons, douillons ;

3) ajouter 20 g de sucre à la farine pour une pâte utilisée dans une préparation sucrée ; ajouter 1 c. à café de levure chimique ou utiliser de la farine à gâteaux avec levure incorporée. La pâte obtenue est légèrement levée, et se rapproche de la pâte à biscuit. Elle est indiquée tout spécialement pour les garnitures liquides : crèmes, flans, ou riches en eau (fruits aqueux, prunes, groseilles, rhubarbe) ; remplacer l'eau par du jus d'orange, ou l'additionner de 1 c. à soupe de jus de citron ou encore remplacer l'eau par du vin blanc pour une tarte salée.

• **Pâte brisée à l'huile**
– 200 g de farine
– 7 c. à soupe d'huile
– 1/2 c. à café de sel
La pâte obtenue a un goût moins fin. Elle est indiquée pour les préparations salées. D'ailleurs la saveur peut être corsée en remplaçant l'huile d'arachide par de l'huile d'olive.

• **Pâte brisée à la crème fraîche**
– 200 g de farine
– 20 cl ou 200 g de crème fraîche ou de crème de lait bouillie
– 1/2 c. à café de sel
La pâte obtenue est plus friable que la pâte brisée classique. Elle est indiquée pour les tartes sucrées.

• **Pâte brisée à la Maïzena**

– 100 g de Maïzena	– 100 g de margarine ou de beurre
– 100 g de farine	– 5 cl de lait
– 1 c. à café de levure chimique	– 1/2 c. à café de sel

• **Pâte brisée au yaourt**

– 200 g de farine	– 1 yaourt (125 g)
– 50 g de margarine	– 1/2 c. à café de sel

La pâte obtenue est proche de la pâte à la crème fraîche !
Cette pâte peut être conseillée pour un régime pauvre en matières grasses.
N. B. Vous pouvez remplacer le yaourt par 125 g de fromage blanc ou 2 petits-suisses.

PÂTE BRISÉE AU ROBOT

QUANTITÉS : **6** PERSONNES

INGRÉDIENTS

– 200 g de farine	– 5 cl d'eau (à peine)
– 100 g de margarine ou de beurre	– 1/2 c. à café de sel

Préparation : 5 mn • Temps de pétrissage : 35 à 40 secondes • Repos de la pâte : 30 à 60 min (facultatif) • Cuisson de la pâte sans garniture, à blanc : 10 à 15 mn à th. 8 ou 240 C ; de la pâte avec garniture : 35 à 40 mn à th. 7 ou 220° C • Matériel : 1 robot électrique, 1 verre mesureur, 1 moule à tarte de 28 cm de diamètre ou moules à tartelettes

PRÉPARATION

1) Mettre tous les ingrédients dans le robot.
2) Faire fonctionner l'appareil.
3) Verser lentement l'eau jusqu'à ce que la pâte forme une boule qui se détache du robot.

4) Arrêter le fonctionnement de l'appareil.

5) Sortir la pâte du robot. Selon l'utilisation, lui donner la forme d'une boule pour une grande tarte, une galette, ou d'un rouleau de 5 à 6 cm de diamètre pour des sablés, des tartelettes.

6) Laisser reposer la pâte au réfrigérateur enveloppée d'un sachet de plastique ou d'une feuille d'aluminium (le repos n'est pas obligatoire).

7) La pâte est prête à être utilisée et cuite comme la pâte brisée classique.

RECOMMANDATIONS

La pâte brisée au robot est toujours réussie si l'on respecte les conseils suivants :

– la matière grasse doit être sortie du réfrigérateur 1 h à l'avance (ou passée quelques secondes au micro-ondes) pour être bien maniable ;

– il faut arrêter de verser l'eau dès que la boule se forme ;

– il ne faut pas prolonger le pétrissage de la pâte au-delà du temps indiqué car elle devient alors trop ferme à la cuisson.

UTILISATIONS

La pâte brisée au robot peut être utilisée pour toutes les préparations salées ou sucrées comme la pâte brisée classique.

Variantes

Les variantes sont les mêmes que pour la pâte brisée classique.

PÂTE BRISÉE IMMÉDIATE

QUANTITÉS : 6 PERSONNES

INGRÉDIENTS

– 200 g de farine
– 100 g de margarine ou de beurre
– 5 cl d'eau
– 1c. à café de levure chimique (facultatif)
– 1/2 c. à café de sel

Préparation : 5 mn • Cuisson de la pâte sans garniture, à blanc : 10 à 15 mn à th. 8 ou 240 °C ; de la pâte avec garniture : 35 à 40 mn à th. 7 ou 220 °C • Matériel : 1 casserole, 1 verre mesureur, 1 spatule en bois, 1 moule à tarte de 28 cm de diamètre ou moules à tartelettes

PRÉPARATION

1) Mettre dans la casserole l'eau, la matière grasse, le sel.

2) Faire chauffer. Dès le premier bouillon, retirer la casserole du feu.

3) Verser d'un seul coup la farine et la levure mélangées.

4) Tourner vivement jusqu'à ce que la pâte se détache de la casserole et forme une boule.

5) La pâte est prête à être utilisée immédiatement.

6) Étaler la pâte à la main directement dans le moule.

CUISSON

1) Soit garnie, à four moyen et lentement.

2) Soit non garnie (à blanc), à four chaud et rapidement. Dans ce cas : la piquer à la fourchette, la couvrir d'une feuille d'aluminium, la garnir de noyaux de fruits, de haricots secs ou de petits cailloux pour lui éviter de se boursoufler. Cette technique est utilisée pour : les garnitures précuites : crèmes, fruits ; des fruits fragiles qui ne supportent pas la cuisson : fraises, framboises, raisins, kiwis.

3) La pâte est cuite lorsqu'elle est dorée mais non brunie.

N. B. Pour la rendre plus appétissante, vous pouvez la dorer avant cuisson avec un jaune d'œuf dilué dans un peu d'eau ou seulement un peu de lait.

Si vous faites la pâte brisée immédiate avec de la farine à gâteaux avec levure incorporée, supprimez la levure de la recette.

RECOMMANDATIONS

Cette pâte est si facile à réaliser que la seule recommandation est de respecter les quantités indiquées. Si malgré cela elle était un peu sèche, il ne faut pas l'humidifier mais seulement l'étaler dans un moule tiède. Si au contraire, elle est trop molle, on peut la saupoudrer de farine.

UTILISATIONS

La pâte brisée immédiate peut être utilisée pour toutes les préparations salées ou sucrées en moule : tarte, tartelettes. Mais à cause de sa friabilité, il n'est pas possible de l'utiliser pour des préparations sans moule : chaussons, rissoles, douillons.

En dehors de cette remarque, grâce à sa simplicité et à sa rapidité d'exécution, c'est la pâte que je recommande le plus pour les enfants, les débutantes, les personnes pressées !

PÂTE SABLÉE FINE

QUANTITÉS POUR 30 SABLÉS ENVIRON OU 1 TARTE (28 À 30 CM DE DIAMÈTRE) OU 1 GALETTE

INGRÉDIENTS

– 250 g de farine
– 125 g de beurre ou de margarine
– 125 g de sucre
– 2 jaunes d'œufs

– 1 pincée de sel
Parfums (facultatif) : sucre vanillé, vanille liquide ou en poudre, zestes de citron ou d'orange râpés

Préparation : 35 mn • Repos de la pâte : 30 mn • Cuisson : 15 à 20 mn à th. 5 ou 180 °C • Matériel : 1 verre mesureur, 1 terrine, 1 bol, 1 rouleau à pâtisserie (tarte), 1 couteau, 1 fourchette, 1 palette, 1 planche ou 1 feuille à pâtisserie, 1 tôle ou moules appropriés, 1 emporte-pièce (sablés), 1 sachet en plastique ou 1 feuille d'aluminium

PRÉPARATION

1) Mélanger la farine, le sucre, le sel et les parfums (facultatif).

2) Ajouter la matière grasse en petits morceaux et l'écraser dans la farine avec une fourchette.

3) Sabler le mélange, c'est-à-dire le faire passer entre les paumes des mains pour le réduire à l'aspect de sable fin.

4) Quand le mélange est sableux, faire un puits et y mettre un jaune d'œuf.

5) L'incorporer progressivement en formant une boule. Recommencer la même opération avec le deuxième jaune d'œuf. Travailler rapidement la pâte en la pétrissant à la main pour la rendre homogène.

6) Selon l'utilisation, donner à la pâte la forme d'une boule pour une grande tarte ou une galette, ou d'un rouleau de 5 à 6 cm de diamètre pour des sablés, des tartelettes.

REPOS

Laisser reposer la pâte au réfrigérateur enveloppée d'un sachet de plastique ou d'une feuille d'aluminium.
La pâte sablée est prête à être utilisée.

1) Pour des sablés : couper le rouleau en rondelles de 4 à 5 mm d'épaisseur. Sur un plan de travail fariné, ajuster la forme à l'emporte-pièce. Déposer les sablés sur une tôle beurrée et farinée.

2) Pour des tartelettes : couper le rouleau en rondelles fines. Garnir les moules beurrés et farinés.

3) Pour une tarte : étaler la boule au rouleau à pâtisserie sur une feuille d'aluminium beurrée et farinée, puis transporter la pâte dans le moule à tarte.

4) Pour une galette : étaler la pâte directement dans un moule à tarte beurré et fariné.

CUISSON

La pâte sablée est cuite lorsqu'elle est légèrement dorée. Ne pas attendre qu'elle brunisse.
À la sortie du four, la pâte sablée se brise facilement. Pour cette raison, transporter les sablés à l'aide d'une palette pour les déposer sur une grille, et laisser tarte, tartelettes et galette à refroidir dans leur moule.

RECOMMANDATIONS

Pour réussir la pâte sablée, il faut suivre attentivement les conseils suivants :
– la consistance de la matière grasse a une grande importance. Elle doit être assez ferme. Si on travaille la matière grasse à la main, il faut le faire du bout des doigts et rapidement pour qu'elle ne fonde pas. Le beurre donne des sablés plus savoureux mais il est plus difficile à utiliser surtout par temps chaud. Se méfier si l'on a naturellement les mains chaudes. Il faut alors utiliser la fourchette ;
– ne pas pousser trop loin le sablage, car la pâte devient vite collante au contact des mains et si l'on rajoute trop de farine pour empêcher la pâte de coller, elle devient moins savoureuse ;

– il faut étaler la pâte avec précaution pour ne pas recommencer plusieurs fois l'opération, car elle devient dure et cassante à la cuisson ;
– ne pas oublier que la pâte sablée cuite est très friable à la sortie du four et qu'il faut la transporter avec beaucoup de précaution.

UTILISATIONS

La pâte sablée est utilisée pour des préparations fines : tartelettes (fraises, framboises), tartes (plus difficile à réussir à cause de la friabilité de la pâte), sablés, puits d'amour (sablés à la confiture), galette des Rois, gâteau suave (disques de pâte sablée fourrés de crème pâtissière aux amandes), saint-honoré (disque de pâte sablée garnie d'une couronne de choux fourrés de crème saint-honoré).

Variantes

Selon l'utilisation ou les goûts, la composition de la pâte sablée peut varier. Vous pouvez :
1) remplacer les jaunes d'œufs par 2 œufs entiers. On obtient une pâte moins fragile qui convient bien pour une grande tarte mais la pâte est également moins fine car moins friable ;
2) ajouter 1 c. à café de levure chimique ou utiliser de la farine à gâteaux avec levure incorporée. La pâte sablée se rapproche alors d'un biscuit.

PÂTE SABLÉE AU ROBOT

QUANTITÉS POUR 20 SABLÉS ENVIRON OU 1 TARTE (25 À 28 CM DE DIAMÈTRE) OU 1 GALETTE

INGRÉDIENTS

– 200 g de farine   – 1 œuf
– 100 g de beurre ou de margarine   – sel
– 100 g de sucre

Préparation : 5 mn • Temps de pétrissage : 35 à 40 secondes • Repos de la pâte : 30 à 60 min • Cuisson : 15 à 20 mn à th. 5 ou 180 C • Matériel : 1 robot électrique, 1 verre mesureur

PRÉPARATION

1) Verser dans le robot la farine, le sucre, le sel, la matière grasse ramollie mais non fondue.
2) Mélanger par impulsions. Quand le mélange a l'aspect sableux, verser l'œuf.
3) Faire fonctionner l'appareil, donner quelques impulsions.
4) Dès que la pâte durcit, verser un peu de farine pour qu'elle se détache du robot.
5) Sortir la pâte du robot et, selon l'utilisation, lui donner la forme d'une boule pour une grande tarte ou une galette, ou d'un rouleau de 5 à 6 cm de diamètre pour des sablés, des tartelettes.

REPOS

Laisser reposer la pâte au moins 30 mn au réfrigérateur enveloppée d'un sachet de plastique ou d'une feuille d'aluminium. La pâte est prête à être utilisée et cuite comme la pâte sablée fine.

RECOMMANDATIONS

La pâte sablée au robot est toujours réussie si l'on respecte les conseils suivants :
– la matière grasse doit être sortie du réfrigérateur 1 h à l'avance pour qu'elle soit assez molle (ou ramollie quelques secondes au micro-ondes) ;
– il ne faut pas prolonger le pétrissage au-delà du temps indiqué car elle devient dure à la cuisson.

UTILISATIONS

La pâte sablée au robot peut être utilisée pour toutes les préparations sucrées comme la pâte sablée fine.

Variantes

1) Vous pouvez : remplacer l'œuf par 2 jaunes d'œufs. Vous obtiendrez une pâte plus fine et plus friable.
2) Vous pouvez : ajouter 1 c. à café de levure chimique ou utiliser de la farine à gâteaux avec levure incorporée. La pâte obtenue se rapproche alors d'un biscuit.

PÂTE À CHOUX

QUANTITÉS POUR 6 À 8 CHOUX OU ÉCLAIRS (MOYENS) OU 12 À 15 PETITS CHOUX

INGRÉDIENTS

– 12,5 cl d'eau
– 50 g de margarine ou de beurre
– 75 g de farine à pâtisserie
– 2 œufs
– 1 pincée de sel

Préparation : 15 mn • Cuisson : des petits choux : 20 mn à th. 7 ou 220 °C ; des gros choux : 30 à 35 mn à th. 6 ou 200 °C • Matériel : 1 petite casserole à fond épais, 1 verre mesureur, 1 spatule en bois, 1 couteau, 1 bol, 2 cuillères à café ou 1 douille à pâtisserie de 1 cm de diamètre, 1 grille, 1 passoire, 1 spatule en caoutchouc, 1 tôle, 1 feuille d'aluminium

PRÉPARATION

1) Mettre dans la casserole l'eau, la matière grasse, le sel.
2) Faire chauffer.
3) Au premier bouillon, retirer du feu.
4) Jeter d'un seul coup la farine tamisée.
5) Tourner vivement à la spatule. On doit obtenir rapidement une boule.

6) Continuer à dessécher la pâte en la coupant jusqu'à ce qu'elle se décolle de la spatule et de la casserole.

7) Quand la pâte est tiède, ajouter les œufs entiers un à un en contrôlant l'épaisseur de la pâte. Elle ne doit pas trop s'amollir. Pour cela, réserver une partie du deuxième œuf.

8) Vérifier la consistance en essayant de former sur une assiette un petit chou. Il ne doit pas s'affaisser.

9) Aérer la pâte en la soulevant avec la spatule. Vous devez entendre « plouf-plouf ». Ceci lui permettra de mieux gonfler à la cuisson.

10) La pâte est prête à être utilisée.

DRESSAGE

1) Beurrer et fariner une tôle froide recouverte de papier d'aluminium.

2) Faire une marque sur la tôle pour indiquer la place des choux ou des éclairs.

3) Ceux-ci doivent être assez espacés (10 cm environ car ils tripleront de volume à la cuisson). S'ils sont trop rapprochés, ils risquent de se souder.

4) À l'aide de la poche à douille ou de deux cuillères à café, disposer des petits tas (choux) ou des bâtonnets (éclairs) de pâte.

CUISSON

1) Il ne faut surtout pas ouvrir le four pendant la cuisson.

2) Attendre au moins 15 mn avant d'ouvrir car un coup d'air, lors du gonflage, les rabattra définitivement.

3) Les choux sont cuits lorsqu'ils sont dorés et légers.

RECOMMANDATIONS

Pour réussir la pâte à choux, il faut :

1) utiliser une casserole à fond épais ;

2) respecter les quantités avec précision ;

3) utiliser de la farine à pâtisserie type 45 et la tamiser avec une passoire ;

4) contrôler l'épaisseur de la pâte ;

5) ne jamais remettre la pâte sur le feu après avoir mis la farine. Vous risquez de la voir suinter de matière grasse et qu'elle devienne inutilisable ;

6) ne pas ouvrir la porte du four en cours de cuisson. Attendre au moins 15 mn avant de regarder ;

7) ne préparer la pâte qu'au moment de l'utiliser.

UTILISATIONS

La pâte à choux peut être utilisée pour des préparations salées ou sucrées :

1) préparations salées : choux secs au fromage, à la béchamel (carolines), gougères bourguignonnes, saint-honoré (garni de béchamel au fromage à la place de crème saint-honoré), pets-de-nonne au fromage ;

2) préparations sucrées : choux, éclairs, pets-de-nonne, saint-honoré (disque de pâte sablée ou brisée entouré d'une couronne de choux et garni de crème saint-honoré), paris-brest (fourré de crème pralinée).

Variantes

La composition de la pâte à choux peut varier dans des proportions précises. Vous pouvez :
1) remplacer la moitié de l'eau par du lait. La pâte obtenue est plus souple et plus colorée ;
2) diminuer jusqu'à la moitié la quantité de matière grasse ;
3) pour les préparations sucrées, ajouter 1 c. à soupe de sucre (15 g) pour la quantité indiquée dans la recette de base ;
4) remplacer 1 c. à soupe (15 g) de farine par 1 c. à soupe rase de Maïzena ou fécule de pommes de terre pour la quantité indiquée dans la recette de base ;
5) ajouter après les œufs 1/2 à 1 c. à café de levure chimique ou utiliser de la farine à gâteaux avec levure incorporée. La levée de la pâte est plus facile mais le goût et la consistance sont un peu différents.

PÂTE À SAVOIE

QUANTITÉS : **4** PERSONNES

INGRÉDIENTS

– 2 œufs
– 50 g de sucre semoule
– 25 g de farine
– 25 g de fécule de pommes de terre ou de Maïzena

– 1 pincée de sel
Parfums (facultatif) : zeste de citron ou d'orange râpé (peau jaune ou orange), sucre vanillé

Préparation : 15 mn • Cuisson : petit savoie (18 cm) : 30 à 35 mn à th. 4-5 ou 160-180 °C ; gros savoie (24 cm) : 45 à 60 mn à th. 4-5 ou 160-180 °C.
• Matériel : 1 moule à savoie de 18 cm de diamètre, 1 spatule en caoutchouc, 1 spatule en bois, 2 terrines, 1 verre mesureur, 1 fouet électrique, 1 grille

PRÉPARATION

1) Allumer le four à la température indiquée.
2) Beurrer largement et fariner le moule.
3) Dans une terrine, travailler les jaunes d'œufs avec 40 g de sucre et le parfum au choix (facultatif), jusqu'à ce que le mélange blanchisse et devienne mousseux.
4) Ajouter la farine et la fécule en pluie. Mélanger.
5) Battre les blancs en neige ferme avec le sel.
6) Finir de battre les blancs en ajoutant 10 g de sucre pour les raffermir.
7) Incorporer délicatement les blancs avec la spatule en caoutchouc en soulevant et en coupant la pâte (ne pas tourner).

CUISSON

1) Verser la pâte dans le moule et enfourner aussitôt.
2) Ne pas ouvrir le four avant 30 mn de cuisson.
3) Lorsque le gâteau est doré, vérifier s'il est cuit avec la pointe d'un couteau. Si elle ressort nette, démouler immédiatement sur une grille.

N. B. Pour un gros savoie de 24 cm de diamètre, doubler les proportions indiquées.

RECOMMANDATIONS

1) Pour réussir la pâte à savoie, il faut utiliser les blancs d'œufs avec beaucoup de précaution car c'est grâce à eux que la pâte se soulève à la chaleur de la cuisson.

2) Ils doivent être très frais, utilisés à la température ambiante, sans aucune trace de jaune d'œuf, incorporés avec délicatesse à la pâte en l'enrobant sans jamais tourner, et dès qu'ils sont battus en neige, enfournés immédiatement pour ne pas retomber avant la cuisson. Le four doit être à la température désirée (pour que les blancs battus n'attendent pas...) et ne doit jamais être ouvert pendant la cuisson car un coup d'air fait retomber définitivement la pâte.

UTILISATIONS

1) La pâte à savoie s'utilise uniquement pour des préparations sucrées : gâteaux de Savoie, biscuits roulés.

2) Ces gâteaux peuvent être fourrés de confiture, crème pâtissière, crème au beurre, chantilly, mousse au chocolat, café, marrons, fruits ; glacés au sucre glace, chocolat ; saupoudrés de sucre glace, biscuits à la cuillère, meringues, macarons écrasés, poudre de chocolat, vermicelles au chocolat.

Variantes

1) La pâte à savoie peut varier dans de petites proportions.

2) La quantité de sucre est généralement égale à la quantité de farine ou de farine + fécule. Vous pouvez augmenter sans inconvénient de 10 g la quantité de sucre, farine ou fécule pour la recette indiquée.

3) On peut utiliser seulement de la farine, de la fécule ou de la Maïzena, dans ce cas la quantité peut être réduite à 45 g pour la recette indiquée.

4) La consistance de la pâte devient plus mousseuse et plus légère surtout si on ajoute 1 blanc d'œuf battu en neige. Le gâteau prend alors le nom de « mousseline ».

5) On peut ajouter 1/2 ou 1 c. à café rase de levure chimique ou utiliser de la farine à gâteaux avec levure incorporée. Le gâteau obtenu est moins fin et n'est plus tout à fait un biscuit de Savoie, qui doit toute sa légèreté à la seule qualité des blancs d'œufs battus ! Cette méthode peut cependant être conseillée pour donner plus de volume et de consistance à un gâteau ou à un biscuit roulé, ou pour faciliter la levée (la réussite est plus assurée pour les débutants, les enfants).

6) On peut ajouter 15 g de beurre (ou de margarine) fondu après la farine. Cela peut être conseillé pour un biscuit roulé afin de le rendre moins cassant et faciliter « le roulage » ou pour rapprocher le savoie du goût de la génoise.

7) On peut ajouter 10 à 20 g de cacao non sucré et diminuer la quantité de farine ou de farine + fécule de 10 g dans la recette indiquée.

PÂTE À GÉNOISE

QUANTITÉS : 4 PERSONNES

INGRÉDIENTS

– 2 œufs
– 50 g de sucre semoule
– 50 g de farine à pâtisserie (type 45)
– 30 g de beurre (facultatif)

– 1 pincée de sel
Parfums (facultatif) : zeste de citron ou d'orange râpé (peau jaune ou orange), sucre vanillé

Préparation : 30 mn • Cuisson : petite génoise (18 cm) : 25 à 30 mn à th. 5-6 ou 180-200 °C ; grosse génoise (24 cm) : 35 à 40 mn à th. 5 ou 180 °C • Matériel : 2 terrines, 1 verre mesureur, 1 fouet à main, 1 spatule en caoutchouc, 1 casserole, 1 moule à manqué de 18 cm de diamètre, 1 grille

PRÉPARATION

1) Allumer le four à la température indiquée.
2) Beurrer largement et fariner le moule.
3) Battre au fouet les œufs entiers avec le sucre, le parfum (facultatif) et le sel au bain-marie (c'est-à-dire en interposant entre la source de chaleur et le mélange une casserole d'eau chaude à 60 °C au maximum).
4) Quand le mélange est devenu mousseux et qu'il a doublé de volume, le retirer du bain-marie et continuer à fouetter jusqu'à refroidissement.
5) Ajouter la farine en pluie, le beurre fondu tiède et mélanger avec douceur pour que la pâte reste mousseuse.

CUISSON

1) Verser la pâte dans le moule et enfourner aussitôt.
2) Au bout de 25 mn, vérifier la cuisson avec la pointe d'un couteau. Si elle ressort nette, le gâteau est cuit. Démouler immédiatement sur une grille.
N. B. Pour une grosse génoise de 24 cm de diamètre, doubler les proportions indiquées.

RECOMMANDATIONS

La pâte à génoise est plus délicate à réussir que la pâte à savoie. Il faut donc bien suivre les conseils suivants :
1) choisir des œufs bien frais ;
2) le bain-marie ne doit pas bouillir (60 °C au maximum) ;
3) continuer à fouetter le mélange après l'avoir retiré du bain-marie jusqu'à refroidissement complet (10 mn environ) ;
4) quand le beurre tiède a été ajouté à la pâte, il ne faut pas continuer à mélanger car la pâte verdit et devient lourde.

UTILISATIONS

1) La génoise peut être servie nature pour accompagner des fruits au sirop, une crème, une mousse.

2) Elle peut être fourrée de confiture, crème pâtissière, crème au beurre, chantilly, mousse au chocolat, café, marrons, fruits ; glacé au sucre glace, chocolat ; saupoudrée de sucre glace, biscuits à la cuillère, meringues, macarons écrasés, poudre de chocolat, vermicelles au chocolat.

Variantes

1) La pâte à génoise peut varier dans de petites proportions.

2) La quantité de sucre est généralement égale à la quantité de farine. Mais vous pouvez augmenter sans inconvénient de 10 g la quantité de sucre, farine pour la recette indiquée.

3) On peut aussi ajouter 1/2 à 1 c. à café de levure chimique ou utiliser de la farine à gâteaux avec levure incorporée. Le gâteau obtenu est moins fin et n'est plus tout à fait une génoise, qui doit toute sa légèreté à la montée des œufs au bain-marie. Cette méthode peut cependant être conseillée pour donner plus de volume et de consistance à la génoise ou pour faciliter la levée (la réussite est plus assurée pour les débutants, les enfants).

4) On peut ajouter 10 à 20 g de cacao non sucré et diminuer la quantité de farine de 10 g dans la recette indiquée.

PÂTE À PAIN

QUANTITÉS POUR 1 PAIN DE MIE

INGRÉDIENTS

– 500 g de farine (type 55 ou 45 à pâtisserie)
– 15 g de levure sèche de boulanger (2 sachets)

– 35 cl de liquide environ (1/2 verre de lait + eau) tiède
– 1 c. à café rase de sel

Préparation : 10 mn • Levée de la pâte dans un endroit tiède (40 °C maximum) : en une levée : 45 à 60 mn ; en deux levées : 30 mn + 45 à 60 mn • Cuisson au four : 35 à 40 mn à th. 8 ou 240 °C • Matériel : 1 terrine, 1 verre mesureur, 1 cuillère en bois, 1 moule à cake ou 1 moule à manqué de 24 cm de diamètre, 1 grille

PRÉPARATION

1) Dans une terrine mélanger la farine, la levure (suivant le mode d'emploi) et le sel.

2) Faire une fontaine dans la farine et y verser le liquide tiède petit à petit.

3) À l'aide de la cuillère en bois, former une boule non collante.

4) Pétrir la boule quelques instants à la main.

PREMIÈRE LEVÉE

Laisser gonfler la pâte environ 30 mn, couverte d'un linge dans un endroit tiède (20 à 25 °C) ou près d'un radiateur, ou sur une yaourtière électrique.

DEUXIÈME LEVÉE

1) Quand la pâte a doublé de volume, la repétrir quelques instants.
2) Reformer une boule et la mettre de nouveau à gonfler dans le moule fariné pendant 45 à 60 mn dans un endroit tiède.

CUISSON

1) Quand la boule de pâte a doublé de volume, faire cuire à four chaud.
2) Le pain est cuit lorsque la croûte est dorée et qu'il sonne « creux » lorsqu'on le frappe avec un doigt. Si le son est « plein », continuer la cuisson.

Service

Démouler le pain chaud sur une grille et le laisser refroidir avant de le déguster.

N. B. Si vous êtes pressé, vous pouvez cuire le pain en une levée de 45 à 60 mn directement dans le moule de cuisson. Le pain a tendance à être moins gonflé mais sa saveur est la même.

RECOMMANDATIONS

La pâte à pain n'est pas difficile à réussir à condition :
1) que la levure utilisée soit de qualité : si elle est fraîche, elle doit être très fraîche ! (pas plus de 8 jours de conservation au réfrigérateur) ou, si elle est sèche, ne pas dépasser la date d'utilisation ;
2) que la pâte à la levure fraîche soit longuement pétrie jusqu'à ce qu'elle devienne élastique ;
3) que la levée se fasse dans un endroit tiède à l'abri des courants d'air, d'où l'importance de couvrir la pâte d'un linge pendant la levée ;
4) que la levée soit surveillée car la durée est très variable (30 mn à 2 h) ! Elle dépend de la qualité de la levure et de la température extérieure. La levée lente donne de meilleurs résultats, le pain est meilleur. Pour cette raison, il est conseillé, entre les deux levées, de mettre la pâte à reposer couverte d'un linge dans le bas du réfrigérateur pendant quelques heures ou toute la nuit. Cela ralentit la fermentation. La pâte est levée à point quand l'empreinte d'un doigt disparaît aussitôt.

UTILISATIONS

1) La pâte à pain est utilisée pour le pain ordinaire et ses variantes : pain de mie, de campagne, bis, complet, aux noix, aux raisins.
2) Lorsque la pâte à pain est enrichie en œuf, beurre, plus ou moins de sucre, elle est utilisée pour réaliser : pizzas, pâtes à tarte ; brioches, kouglofs, fougasses, galettes ; babas, savarins ; beignets, gaufres.

Variantes

Selon la composition de la pâte à pain, on peut obtenir :
1) du pain de campagne ou demi-complet : remplacer la moitié de la farine blanche par de la farine complète (type 85) ou de la farine de campagne toute prête ;

2) du pain complet : remplacer toute la farine blanche par de la farine complète (type 85) ;
3) du pain aux raisins : ajouter à la pâte à pain 100 g de raisins secs ;
4) du pain aux noix : ajouter à la pâte à pain 100 g de noix broyées grossièrement ;
5) du pain de seigle : remplacer la moitié de la farine blanche par de la farine de seigle difficile à se procurer !
6) du pain au blé noir ou sarrasin : remplacer la moitié de la farine blanche par de la farine de blé noir ;
7) du pain aux lardons : faire revenir 100 g de lardons et les ajouter à la pâte à pain ;
8) du pain au cumin : ajouter à la pâte à pain une pincée de graines de cumin.

PÂTE À BRIOCHE

QUANTITÉS : **5 À 6** PERSONNES
(**1**GROSSE BRIOCHE OU **5 À 6** PETITES)

INGRÉDIENTS

– 250 g de farine à pâtisserie (type 45)
– 2 à 3 œufs
– 3 c. à soupe de lait tiède
– 10 g de levure de boulanger fraîche

ou 1 sachet de levure de boulanger sèche
– 20 g de sucre (2 c. à soupe)
– 125 g de beurre
– 1 pincée de sel

Préparation : 30 mn (la veille) • *Levée de la pâte : 12 h au réfrigérateur + 2 à 3 h dans un endroit tiède (20 à 25 °C)* • *Cuisson à th. 6-7 ou 200-220 °C : petites brioches : 15-20 mn ; grosse brioche : 30 mn* • *Matériel : 1 terrine, 1 verre mesureur, 1 bol, 1 cuillère en bois, 1 fouet électrique avec pétrin (facultatif), 1 grille, 1 moule à brioche ou des moules individuels*

PRÉPARATION : LA VEILLE

1) Dans la terrine, mettre la farine et y faire un puits.
2) Ajouter la levure fraîche diluée dans le lait tiède ou directement la levure sèche, les œufs entiers, le sucre et le sel et le beurre ramolli.
3) Fouetter le tout avec la cuillère en bois.
4) Continuer de travailler la pâte en la battant énergiquement (au fouet électrique facultatif) quelques instants avec la levure sèche ou longuement avec la levure fraîche, jusqu'à ce qu'elle devienne élastique. Ce travail peut durer 15 à 20 mn au minimum.
5) Couvrir la pâte d'un linge.

PREMIÈRE LEVÉE

Mettre la pâte dans le bas du réfrigérateur (bac à légumes) pendant toute la nuit, où elle va lever et se raffermir.

DEUXIÈME LEVÉE : LE JOUR MÊME

1) Verser la pâte dans le moule à brioche largement beurré et fariné.
2) La laisser de nouveau gonfler dans un endroit tiède (25-30 °C) ou près d'un radiateur, ou sur une yaourtière électrique.

CUISSON

1) Quand la pâte a rempli le moule, faire cuire la brioche.

2) Ne pas ouvrir le four pendant la cuisson.

3) Vérifier la cuisson avec la pointe d'un couteau, si elle ressort nette, démouler aussitôt la brioche sur une grille.

Service

Servir la brioche encore tiède accompagnée ou non de confiture, d'une crème anglaise ou pâtissière.

RECOMMANDATIONS

La pâte à brioche n'est pas difficile à réussir à condition :

1) que la levure utilisée soit de qualité : si elle est fraîche, elle ne doit pas être conservée plus de 8 jours au réfrigérateur ou, si elle est sèche, elle ne doit pas dépasser la date limite d'utilisation ;

2) que la pâte à la levure fraîche soit longuement pétrie jusqu'à ce qu'elle devienne élastique ;

3) que la levée se fasse dans un endroit tiède à l'abri des courants d'air, d'où l'importance de couvrir la pâte d'un linge pendant la levée ;

4) que la levée soit surveillée car la durée est très variable (2 à 3 h). Elle dépend de la qualité de la levure et de la température ambiante. La levure lente donne de meilleurs résultats, la brioche est meilleure. Pour cette raison, il est conseillé de mettre la pâte à reposer, couverte d'un linge, dans le bas du réfrigérateur pendant quelques heures ou toute la nuit. Cela raffermit la pâte et ralentit la fermentation. La pâte est levée à point lorsque l'empreinte d'un doigt disparaît aussitôt.

UTILISATIONS

La pâte à brioche est utilisée pour les grosses ou petites brioches, les couronnes, tresses, escargots aux raisins, kouglofs, fougasses, galettes.

PÂTE À SAVARIN

QUANTITÉS : 8 À 10 PERSONNES

INGRÉDIENTS

– 250 g de farine à pâtisserie
(type 45)
– 3 à 4 œufs
– 4 c. à soupe de lait tiède
– 20 g de levure fraîche de boulanger
ou 1 sachet de levure
de boulanger sèche
– 20 g de sucre (2 c. à soupe)
– 100 g de beurre
– 1 pincée de sel

Sirop :
– 250 g de sucre
– 50 cl d'eau
– 8 à 10 c. à soupe de rhum
Glaçage : 4 c. à soupe de confiture
d'abricots, gelée de pomme
ou de coing
Décoration : fruits confits (cerise,
angélique), crème Chantilly
en bombe

358 Pâtes à pâtisserie

*Préparation : 30 mn • Levée de la pâte : 1 h + 1 h environ • Cuisson :
20 à 25 mn à th. 6-7 ou 200-220 °C • Matériel : 1 terrine, 1 verre mesureur,
1 bol, 1 cuillère en bois, 1 spatule en caoutchouc, 1 fouet électrique (palettes à
gâteau), 1 moule à savarin (en couronne)*

PRÉPARATION DE LA PÂTE

1) Dans la terrine, mettre la farine et y faire un puits.

2) Ajouter la levure fraîche diluée dans le lait tiède ou directement la levure
sèche, les œufs entiers, le sucre, le sel.

3) Fouetter le tout avec la cuillère en bois.

4) Continuer de travailler la pâte en la battant énergiquement (au fouet électrique facultatif) quelques instants avec la levure sèche ou longuement avec la
levure fraîche, jusqu'à ce qu'elle devienne élastique. Ce travail peut durer 15
à 20 mn au minimum.

PREMIÈRE LEVÉE

1) Couvrir la pâte d'un linge et la laisser gonfler dans un endroit tiède (25-
30 °C) ou près d'un radiateur, ou sur une yaourtière électrique.

2) Quand la pâte a doublé de volume, la rabattre et lui ajouter le beurre fondu
tiède.

3) Verser la pâte dans le moule largement beurré et fariné.

DEUXIÈME LEVÉE

Couvrir le moule et laisser de nouveau gonfler la pâte dans un endroit tiède.

CUISSON

1) Quand la pâte a rempli le moule, faire cuire le savarin à four assez
chaud 10 mn et à four moyen le reste du temps.

2) Ne pas ouvrir le four pendant la cuisson.

3) Vérifier la cuisson avec la pointe d'un couteau : si elle ressort nette, démouler le savarin sur un plat légèrement creux.

PRÉPARATION DU SIROP

1) Faire bouillir quelques instants l'eau et le sucre.

2) Hors du feu, ajouter le rhum.

3) Remettre le savarin dans le moule.

4) L'imbiber avec le sirop bouillant.

5) Redémouler délicatement le savarin sur le plat creux.

GLAÇAGE

1) Napper le gâteau juste avant de servir avec de la gelée de fruits au choix.

2) Décorer avec des fruits confits et de la crème Chantilly en bombe.

Service

Servir le savarin garni de crème saint-honoré, de crème Chantilly ou de macédoine de fruits au sirop.

UTILISATIONS

La pâte à savarin est utilisée pour : gros ou petits savarins (moule en couronne), babas (moule à savoie), pomponnettes aux raisins (moules à petites brioches), kouglofs (moule en terre avec cheminée), marignans (moule à barquette) garnis de crème pâtissière.

Variantes

Vous pouvez ajouter à la pâte à savarin pour le baba et les pomponnettes : 50 g de raisins secs macérés dans le rhum et pour le kouglof : 50 g de raisins secs macérés dans le rhum et 50 g d'amandes effilées (voir recette).

PÂTE À MERINGUE CLASSIQUE

QUANTITÉS POUR 20 PETITES MERINGUES

INGRÉDIENTS

- 2 blancs d'œufs
- 160 g de sucre semoule (on compte 60 à 80 g de sucre pour 1 blanc d'œuf)
- 1 pincée de sel

Préparation : 15 mn • Cuisson : 15 mn à th. 4 ou 160 °C puis 1 à 2 h à th. 1-2 ou 120 à 140 °C • Matériel : 1 terrine, 1 fouet électrique, 1 tôle ou 1 feuille de cuisson, 2 cuillères à café, 1 grille

PRÉPARATION

1) Allumer le four et beurrer la tôle, si nécessaire.
2) Battre les blancs d'œufs avec la moitié du sucre et le sel.
3) Quand les blancs d'œufs sont bien fermes, ajouter le reste du sucre et continuer à battre jusqu'à ce que la pâte soit de nouveau ferme et forme des pointes lorsqu'on retire le fouet.
4) Former des boules avec l'aide de deux cuillères à café.
5) Les déposer assez espacées sur la tôle. Les meringues triplent de volume à la cuisson.

CUISSON

1) Enfourner aussitôt à four doux.
2) Dès que les meringues sont gonflées, réduire la température du four à très doux et les laisser sécher avant de les déposer sur une grille.

RECOMMANDATIONS

1) La recommandation la plus importante est que la pâte à meringue ne doit jamais attendre ! Cela veut dire que lorsque les blancs d'œufs sont battus avec le sucre, que la tôle est beurrée et le four à la température

désirée, le dressage des meringues sur la tôle doit se faire le plus rapidement possible.

2) D'autre part, il ne faut pas ouvrir le four avant 30 mn. Un coup d'air suffit à faire retomber définitivement les meringues.

3) La température du four doit permettre aux meringues de gonfler et de sécher sans prendre couleur. D'où la nécessité de réduire la température du four après le gonflement pour leur éviter de se colorer.

UTILISATIONS

La pâte à meringue classique peut être utilisée pour : grosses ou petites meringues, montage de gros gâteaux, vacherins, glaces.

MERINGUE SUISSE

QUANTITÉS POUR 20 PETITES MERINGUES

INGRÉDIENTS

– 2 blancs d'œufs
– 160 g de sucre semoule

(on compte 60 à 80 g de sucre pour 1 blanc d'œuf)
– 1 pincée de sel

Préparation : 30 mn • Cuisson : 15 mn à th. 3 ou 150 °C puis 1 à 2 h à th. 1-2 ou 120 à 140 °C • Matériel : 1 terrine, 1 fouet électrique, 2 cuillères à café, 1 tôle ou 1 feuille de cuisson, 1 grille

PRÉPARATION

1) Allumer le four et beurrer la tôle, si nécessaire.

2) Battre les blancs d'œufs avec le sucre et le sel sur un bain-marie à 60 °C environ (c'est-à-dire en interposant entre la source de chaleur et le mélange une casserole d'eau chaude mais non bouillante).

3) La pâte à meringue est prête quand elle est bien ferme et qu'elle forme des pointes lorsqu'on retire le fouet.

4) Former rapidement des petites boules avec deux cuillères à café et les déposer assez espacées sur la tôle. Les meringues triplent de volume à la cuisson.

CUISSON

1) Enfourner aussitôt à four doux.

2) Dès que les meringues sont gonflées, réduire la température du four à très doux et les laisser sécher avant de les déposer sur une grille.

N. B. La pâte à meringue cuite est plus facile à réussir que la pâte à meringue classique mais elle est considérée comme moins fine car elle est légèrement plus compacte. Les utilisations et les variantes sont les mêmes que pour la pâte à meringue classique.

PÂTE À CRÊPE CLASSIQUE

QUANTITÉS POUR 25 CRÊPES

INGRÉDIENTS

- 250 g de farine
- 3 œufs
- 2 c. à soupe d'huile ou 50 g de beurre
- 50 cl de lait environ
- 2 c. à soupe de sucre (facultatif)

- 1 pincée de sel
- **Parfums :** 2 c. à soupe de rhum, cognac, fleur d'oranger, extrait de vanille liquide ou en poudre ou 1 sachet de sucre vanillé (au choix)

Préparation : 5 mn • Repos de la pâte : 1 à 2 h • Cuisson : 2 mn environ par crêpe • Matériel : 1 terrine, 1 verre mesureur, 1 cuillère en bois, 1 poêle antiadhésive, 1 louche, 1 spatule

PRÉPARATION

1) Dans une terrine, mettre la farine et faire un puits.
2) Verser dans la fontaine les œufs entiers, l'huile ou le beurre fondu, du sucre (facultatif), le parfum au choix, le sel.
3) Bien mélanger.
4) Ajouter le lait petit à petit jusqu'à ce que la pâte soit lisse.

REPOS

La laisser reposer le plus longtemps possible.

CUISSON

1) Chauffer la poêle et la graisser avec un peu d'huile ou un morceau de lard.
2) Verser une petite louche de pâte et recouvrir le fond de la poêle.
3) Dès que la crêpe est dorée, la retourner avec une spatule ou la faire sauter.

Service

Servir les crêpes chaudes saupoudrées de sucre et accompagnées de confitures ou de garnitures variées.

N. B. Pour flamber les crêpes, il suffit de faire chauffer l'alcool (rhum, cognac, liqueur), de le verser sur les crêpes et de les flamber.

Pour garder les crêpes chaudes, on peut les poser sur une assiette au-dessus d'une casserole d'eau bouillante.

La pâte à crêpe peut se faire également au robot en 15 à 20 secondes de pétrissage.

RECOMMANDATIONS

La pâte à crêpe est très facile à réussir si l'on respecte les consignes suivantes :
1) tamiser la farine pour éviter les grumeaux ;
2) mélanger doucement les ingrédients pour éviter également les grumeaux (si par mégarde il s'en forme, passer la pâte dans une passoire) ;
3) laisser toujours reposer la pâte pendant 1 h au minimum ;
4) quand la pâte est reposée, vérifier sa consistance (si elle est devenue un peu épaisse, l'éclaircir avec du lait pour qu'elle devienne plus fluide ; par

contre si elle est trop fluide, il est difficile de l'épaissir. Le seul moyen est de délayer un peu de farine dans de l'eau et de lui ajouter petit à petit la pâte trop liquide !).

UTILISATIONS

La pâte à crêpe peut s'utiliser pour des préparations salées ou sucrées.

Préparations salées :
Pâte à crêpe au jambon, crevettes, saumon, fromage, épinards ; crêpes garnies de béchamel au jambon, poulet, fruits de mer, saumon, saucisses, champignons, épinards, œufs sur le plat, mousse de poisson ; gâteau de crêpes froid (jambon, anchois, tomate, carottes râpées, mayonnaise, fromage blanc) ou chaud (jambon, gruyère, épinards, crème fraîche, champignons).

Préparations sucrées :
Pâte à crêpe aux pommes (normande), aux cerises (alsacienne) ; crêpes garnies de confiture, miel, cassonade, sirop d'érable, crème anglaise, crème pâtissière, aux amandes, au café, au chocolat, à l'orange (crêpes suzette), au citron, aux noix, pruneaux, bananes, pommes, de mousse au chocolat, au citron, à l'orange, à l'ananas ; gâteau de crêpes garni de crème pâtissière aux amandes, compote de fruits, crème Chantilly, confitures.

Variantes

Les variétés de pâtes à crêpe sont multiples.
On compte généralement 1 œuf pour 50 à 125 g de farine. Plus la pâte est riche en œufs, meilleure elle est !
Pour rendre la pâte plus légère, on peut remplacer :
– la moitié du lait par de l'eau, de la bière, du vin blanc ou du cidre ;
– 10 cl de lait ou d'eau par 10 cl de bière, vin blanc ou cidre ;
– 100 g de farine par 50 g de Maïzena.
Pour obtenir une pâte soufflée, on peut ajouter :
– les blancs d'œufs battus en neige ;
– 1 c. à café à 1/2 sachet de levure chimique ou utiliser de la farine à gâteaux avec levure incorporée ;
– 20 g de levure de boulanger fraîche ou sèche.
Pour obtenir une pâte plus moelleuse, on peut ajouter 100 g de crème fraîche.

● **Pâte à crêpe pour blinis (petites crêpes soufflées)**

QUANTITÉS POUR 30 BLINIS

INGRÉDIENTS

– 300 g de farine	– 2 à 3 œufs
– 20 g de levure fraîche de boulanger	– 40 de beurre
ou 1 sachet de levure sèche	– 25 cl de lait
de boulanger	– sel

Suivre la recette de la pâte à levure du boulanger en ajoutant les blancs d'œufs battus en neige ferme une fois la pâte reposée.

UTILISATIONS

Les blinis sont d'origine russe. Ils accompagnent le saumon fumé, les œufs de poisson et la crème fraîche.

• **Pâte à galette (de sarrasin ou de blé noir)**

QUANTITÉS POUR **20** GALETTES

INGRÉDIENTS

– 250 g de farine de sarrasin
ou de blé noir
– 1 à 2 œufs
– 2 c. à soupe d'huile

– 10 cl de lait
– 25 cl d'eau froide (environ)
– 1/2 c. à café de gros sel

1) Préparer la pâte à galette comme la pâte à crêpe classique.
2) Faire cuire les galettes de préférence dans une galetoire ou poêle à bords plats.
Utilisations : galettes salées : tartinées de beurre demi-sel, garnies d'œufs sur le plat, de gruyère, de saucisses chaudes ; galettes sucrées : au sucre, à la confiture, à la gelée de sureau, de mûre, de cassis.

Variantes

Vous pouvez remplacer l'huile par du beurre fondu, la moitié de la farine de sarrasin par de la farine blanche à pâtisserie, l'eau par du cidre, le lait par de l'eau. On peut réduire la quantité d'œufs et compter 1 œuf pour 500 g de farine de sarrasin. On peut supprimer l'huile mais la galette colle davantage à la galetoire.

PÂTE À FRIRE CLASSIQUE

QUANTITÉS : **4** À **5** PERSONNES

INGRÉDIENTS

– 250 g de farine
– 2 œufs
– 2 c. à soupe d'huile
– 20 cl de bière ou d'eau

– 1 c. à café de sel
Parfums (facultatif) : 2 c. à soupe de rhum, de cognac ou de calvados, zeste de citron râpé (au choix)

Préparation : 15 mn • Repos de la pâte : 1 à 2 h • Préchauffage du bain de friture : 15 mn environ • Cuisson : 5 mn environ par fournée • Matériel : 1 terrine, 1 verre mesureur, 1 cuillère en bois, 1 écumoire, 1 bassine à frire ou 1 friteuse électrique, papier absorbant, 1 louche

PRÉPARATION

1) Dans une terrine, mettre la farine et faire un puits.
2) Verser dans la fontaine les œufs entiers, l'huile, le sel et le parfum au choix.
3) Bien mélanger.

4) Ajouter l'eau ou la bière petit à petit jusqu'à ce que la pâte soit lisse.
5) La pâte doit être beaucoup plus consistante que la pâte à crêpe.

REPOS

1) Laisser reposer la pâte le plus longtemps possible.
2) Lorsque la pâte est reposée, brancher la friteuse électrique ou faire chauffer la bassine à frire avec le bain de friture (huile ou Végétaline).

CUISSON

1) Dès que la matière grasse est chaude, verser une petite louche de pâte ou utiliser un moule spécial imbibé de pâte.
2) Quand les beignets sont dorés, les retourner avec l'écumoire et laisser cuire quelques minutes.

Service

Égoutter quelques secondes les beignets puis les déposer sur du papier absorbant. Les servir aussitôt, saupoudrés de sucre.

N. B. La pâte à beignet peut se faire également au robot en 10 à 15 secondes de pétrissage.

RECOMMANDATIONS

La pâte à frire est très facile à réussir, il faut cependant tamiser la farine pour éviter les grumeaux, mélanger doucement les ingrédients pour éviter également les grumeaux (si, par mégarde, il s'en forme, passer la pâte dans une passoire fine), toujours laisser reposer la pâte pendant 1 h au minimum (vous obtiendrez de meilleurs résultats en la préparant la veille), et que la pâte soit assez épaisse pour ne pas se disperser dans la friture.

UTILISATIONS

La pâte à frire peut s'utiliser pour des préparations salées ou sucrées.
1) Préparations salées : beignets de légumes (aubergines, artichauts, courgettes, choux-fleurs, salsifis) ; beignets de cervelle, volaille, poissons, crevettes, crabes.
2) Préparations sucrées : beignets de fruits (ananas, oranges, bananes, fraises, fruits à noyau : abricots, cerises, pêches, prunes, pommes) ; beignets de fleurs (acacia).

Variantes

La composition de la pâte à frire peut varier. On compte 1 œuf pour 100 à 125 g de farine et même 250 g. Pour les préparations sucrées, on peut ajouter 1 c. à soupe de sucre.
Pour rendre la pâte plus légère, on peut :
– battre les blancs d'œufs en neige ferme et les ajouter une fois la pâte reposée ;
– ajouter 2 c. à café de levure chimique ou utiliser de la farine à gâteaux avec levure incorporée ;
– ajouter 10 g de levure fraîche de boulanger ou 1/2 sachet de levure sèche.

PÂTE À GAUFRE CLASSIQUE

QUANTITÉS POUR 10 À 12 GAUFRES

INGRÉDIENTS

- 250 g de farine
- 100 g de sucre
- 100 g de beurre ou margarine
  ou 2 c. à soupe d'huile
- 3 œufs
- 25 cl de lait

- 1 pincée de sel
Parfums : extrait de vanille liquide
ou en poudre ou sucre vanillé,
1 c. à soupe de rhum, cognac, fleur
d'oranger, zeste de citron râpé,
cannelle (au choix)

Préparation : 5 mn • Préchauffage du gaufrier : 5 mn • Cuisson : 5 mn par fournée • Matériel : 1 terrine, 1 verre mesureur, 1 spatule en bois, 1 louche, 1 gaufrier électrique, 1 pinceau

PRÉPARATION

1) Huiler au pinceau le gaufrier et le brancher.
2) Dans la terrine, mettre la farine, le sucre et le sel.
3) Faire un puits, ajouter les œufs entiers et le parfum choisi (facultatif). Bien mélanger.
4) D'autre part, faire fondre le beurre et l'incorporer à la pâte.
5) Verser le lait petit à petit jusqu'à ce que la pâte soit lisse.

CUISSON

1) Lorsque le gaufrier est chaud, étaler la pâte en couche mince avec la spatule en bois.
2) Fermer le gaufrier.
3) Vérifier la cuisson, quand la vapeur disparaît, la gaufre est cuite.
4) Servir les gaufres chaudes saupoudrées de sucre glace, cassonade, sirop d'érable, ou garnies de confitures, de crème Chantilly, crème anglaise, aux marrons, de coulis de fruits.
5) Cette pâte peut se faire également au robot en 30 à 40 secondes de pétrissage.

N. B. Pour la pâte à gaufre classique, on met généralement 50 cl de lait. On obtient alors le double de gaufres mais la pâte est beaucoup plus difficile à étaler. C'est pourquoi je conseille de mettre seulement 25 cl de lait.

Variantes

La pâte à gaufre peut varier selon les goûts et les utilisations.
Pour obtenir une pâte plus légère ou salée vous pouvez :
1) supprimer le sucre ;
2) remplacer la moitié du lait par de l'eau ou de la bière ;
3) ajouter 1/2 sachet à 1 sachet de levure chimique ou utiliser de la farine à gâteaux avec levure incorporée, ou ajouter les blancs d'œufs battus en neige ferme ;
4) réduire le beurre ou la margarine à 50 g, les œufs à 2.

366 Pâtes à pâtisserie

• **Pâte à gaufres à la crème : 10 à 12 gaufres**

INGRÉDIENTS

– 250 g de farine
– 100 g de sucre
– 10 cl de crème
– 50 g de beurre ou de margarine

– 12,5 cl de lait
– 2 œufs
– 1 pincée de sel

1) Mélanger la farine et le sucre. Faire un puits.
2) Ajouter les jaunes d'œufs, la crème, le lait petit à petit.
3) Bien mélanger.
4) Ajouter le beurre fondu.
5) Battre les blancs d'œufs en neige ferme avec le sel et les incorporer délicatement à la pâte.

• **Pâte à gaufres au yaourt : 10 à 12 gaufres**

INGRÉDIENTS

– 250 g de farine
– 100 g de sucre
– 100 g de beurre ou de margarine
– 2 œufs
– 2 yaourts
– 25 cl de lait
– 1 sachet de levure chimique

– sel
Parfum : extrait de vanille liquide
ou en poudre ou sucre vanillé, 1 c. à
soupe de rhum, cognac, fleur
d'oranger, zeste de citron râpé
au choix

Préparation : 5 mn

1) Mélanger la farine, la levure, le sucre et le sel.
2) Faire un puits, y verser les œufs, les yaourts, le parfum au choix.
3) Ajouter le beurre (ou la margarine) fondu.
4) Verser le lait petit à petit jusqu'à ce que la pâte soit lisse.

Gros gâteaux

BISCUIT ROULÉ À LA CONFITURE

QUANTITÉS : **4 À 5 PERSONNES**

INGRÉDIENTS

Pâte à Savoie :
– 2 œufs
– 50 g de sucre
– 25 g de farine
– 25 g de fécule de pommes de terre
ou de Maïzena
– 15 g de beurre ou de margarine

– 1 pincée de sel
Parfums : extrait de vanille liquide
ou 1 sachet de sucre vanillé, zeste
de citron
Garniture : 1/2 pot de gelée
de groseille ou de framboise, sucre en
poudre, sucre glace

*Préparation : 15 mn • Cuisson : 15 mn à th. 5-6 ou 180-200 °C
• Refroidissement : 1 h • Matériel : 2 terrines, 1 verre mesureur, 1 cuillère en
bois, 1 spatule en caoutchouc, 1 fouet électrique, 1 torchon propre, 1 feuille
d'aluminium, 1 moule rectangulaire de 20 x 25 cm environ ou 1 couvercle
métallique de boîte à gâteau*

PRÉPARATION

1) Allumer le four.
2) Garnir le moule rectangulaire de papier d'aluminium.
3) Beurrer largement et fariner.

PRÉPARATION DE LA PÂTE À SAVOIE

1) Travailler les jaunes d'œufs, le sucre et le parfum au choix, jusqu'à ce que
le mélange blanchisse et devienne mousseux.
2) Ajouter la matière grasse ramollie, la farine et la fécule en pluie. Bien mélanger.
3) Battre les blancs d'œufs en neige ferme avec une pincée de sel.
4) Les incorporer délicatement avec la spatule en caoutchouc en soulevant et
en coupant la pâte. (Ne pas tourner.)
5) Étaler la pâte dans le moule et enfourner aussitôt.

CUISSON

1) Dès que le biscuit est légèrement doré, le démouler sur un torchon mouillé et saupoudré de sucre en poudre.
2) Retirer délicatement le papier d'aluminium.
3) Rouler le gâteau dans le torchon et le laisser refroidir.

GARNITURE

1) Quand le biscuit est bien refroidi, le dérouler et le fourrer de gelée ou de confiture.
2) Rouler de nouveau le biscuit.
3) Biseauter les bouts.

Service

Saupoudrer de sucre glace avant de servir.

N. B. Vous pouvez ajouter 1 à 2 c. à café rases de levure chimique ou utiliser de la farine à gâteaux avec levure incorporée. Le biscuit roulé obtenu lève plus facilement et il est plus volumineux.

RECOMMANDATIONS

Pour dérouler sans difficulté le biscuit roulé, il est recommandé de :
1) préparer dès le début de la cuisson le torchon ;
2) le mouiller sous le robinet et bien l'essorer avant de l'étaler et de le saupoudrer largement de sucre ;
3) surveiller la cuisson pour que le biscuit ne soit pas trop cuit car il devient cassant et le roulage est impossible !
4) retirer le papier d'aluminium dès la sortie du four en commençant par les angles vers le centre du gâteau ; laisser bien refroidir le biscuit roulé dans le torchon avant de le dérouler doucement.
Si vous observez ces quelques précautions, la réussite est assurée !

Variantes

Voir bûches roulées à la crème au beurre, crème pâtissière, mousses.

DÉLICE AUX POMMES

QUANTITÉS : **5 À 6** PERSONNES

INGRÉDIENTS

Pâte à quatre-quarts :
– 2 œufs
– 100 g de sucre
– 100 g de farine
– 50 g de beurre ou de margarine
– 1 c. à café de levure chimique
– 1 pincée de sel
Parfums : extrait de vanille liquide ou 1 sachet de sucre vanillé, zeste de citron

Garniture :
– 2 pommes
– 1 sachet de sucre vanillé
– 1 c. à soupe de liqueur de fruits (oranges, prunes, fraises, framboises)
Décoration : 2 c. à soupe de sucre glace

Pains ▶
(recette p. 354)

Préparation : 15 mn • Cuisson : 25 à 30 mn à th. 5-6 ou 200-220 °C
• Matériel : 1 terrine, 1 verre mesureur, 1 cuillère en bois, 1 spatule en caoutchouc, 1 fourchette, 1 moule à tarte rond ou rectangulaire
Allumer le four.
Beurrer et fariner le moule.

PRÉPARATION DE LA PÂTE

1) Travailler le beurre et le sucre jusqu'à ce que le mélange soit crémeux.
2) Ajouter les œufs entiers, la farine et la levure mélangées, le parfum et le sel.
3) Bien mélanger.
4) Étaler la pâte dans le moule à tarte (2 cm d'épaisseur).

PRÉPARATION DE LA GARNITURE

1) Éplucher les pommes.
2) Les couper en tranches fines comme pour une tarte.
3) Les ranger sur la pâte sans les serrer.
4) Asperger de liqueur de fruits.
5) Saupoudrer de sucre vanillé.

CUISSON

1) Faire cuire à four modéré.
2) Vérifier la cuisson au bout de 20 mn avec la pointe d'un couteau. Si elle ressort nette, la tarte suisse est cuite.
3) Laisser refroidir dans le plat.

Service

Servir saupoudré de sucre glace.
N. B. Vous pouvez remplacer le sucre vanillé de la garniture par du sucre roux ou du sirop d'érable.
Si vous utilisez de la farine à gâteaux avec levure incorporée, supprimer la levure chimique.
Cette pâte peut se faire au robot.

Variantes

• Tarte suisse à la rhubarbe
Remplacer les pommes par 200 g de rhubarbe ébouillantée pendant 5 mn.
• Tarte suisse aux abricots
Remplacer les pommes par 200 g d'abricots dénoyautés.
• Tarte suisse aux cerises
Remplacer les pommes par 200 g de cerises dénoyautées.
• Tarte suisse aux mûres
Remplacer les pommes par 200 g de mûres
• Tarte suisse aux poires
Remplacer les pommes par 2 poires.
• Tarte suisse aux prunes
Remplacer les pommes par 200 g de prunes dénoyautées.
• Tarte suisse aux pruneaux
Remplacer les pommes par 200 g de pruneaux dénoyautés.

◄ *Crêpe*
(recette p. 361)

FRAISIER

QUANTITÉS : 6 PERSONNES

INGRÉDIENTS

– 1 savoie ou 1 génoise, (voir pâte à savoie ou pâte à génoise et doubler les proportions)
Crème pâtissière au beurre :
– 25 cl de lait
– 2 jaunes d'œufs
– 100 g de sucre
– 100 g de beurre

– 30 g de farine
Parfum : 1 gousse de vanille, extrait de vanille liquide ou 1 sachet de sucre vanillé
Garniture : 250 g de fraises, crème Chantilly en bombe
Décoration : fraises entières, crème Chantilly en bombe

Préparation du savoie ou de la génoise : 20 à 30 mn ; de la crème pâtissière au beurre : 15 mn • Cuisson du savoie ou de la génoise : 35 à 40 mn à th. 5 ou 180 °C ; de la crème : 5 mn • Matériel pour la crème pâtissière : 1 terrine, 1 verre mesureur, 1 spatule en bois, 1 casserole, 1 fouet à main ou 1 fouet électrique

PRÉPARATION

1) Allumer le four.
2) Beurrer et fariner le moule.

PRÉPARATION D'UN SAVOIE OU D'UNE GÉNOISE

PRÉPARATION DE LA CRÈME

1) Faire chauffer le lait avec la vanille.
2) Travailler les jaunes d'œufs avec le sucre jusqu'à ce que le mélange blanchisse et devienne mousseux.
3) Ajouter la farine en pluie. Bien mélanger.
4) Verser le lait bouillant petit à petit sur le mélange.
5) Remettre le tout sur feu doux et porter doucement à ébullition en tournant sans cesse.
6) Quand la crème pâtissière est cuite, ajouter la moitié du beurre et mélanger au fouet.
7) Laisser refroidir la crème et ajouter le reste de beurre ramolli.
8) Fouetter encore au fouet à main ou au fouet électrique jusqu'à ce que la crème soit mousseuse.

PRÉPARATION DES FRAISES

1) Les laver, les égoutter et les équeuter.
2) Réserver une dizaine de fraises entières pour la décoration.
3) Couper les autres en morceaux et les ajouter à la crème.

DRESSAGE DU FRAISIER

1) Couper le gâteau en disques égaux.
2) Le fourrer de crème aux fraises.

Service

1) Décorer le fraisier avec les fraises réservées et la crème Chantilly en bombe.
2) Servir aussitôt.
N. B. Le savoie est moins délicat et moins long à réaliser que la génoise.
Vous pouvez aussi les remplacer par 1 savoie ou 1 génoise tout prêts.

GÂTEAU À L'ANANAS AU CARAMEL

QUANTITÉS : 5 À 6 PERSONNES

INGRÉDIENTS

Pâte à cake :
– 100 g de beurre, 100 g de sucre
– 100 g de farine, 2 œufs
– 1 c. à café de levure chimique
– 1 pincée de sel
Parfums : extrait de vanille liquide ou 1 sachet de sucre vanillé, 1 c. à soupe de rhum, zeste de citron râpé

Garniture : 5 tranches d'ananas au sirop (1/2 boîte)
Caramel :
– 50 g de sucre
– 3 c. à soupe d'eau
– 2 gouttes de vinaigre ou de jus de citron

Préparation : 15 mn • Cuisson du caramel : à la casserole : 5 mn ; au micro-ondes : 3 à 4 mn à puissance maximum ; cuisson du gâteau : au four : 30 mn à th. 5-6 ou 180-200 °C ; au micro-ondes : 5 à 6 mn à puissance maximum • Matériel : 1 terrine, 1 verre mesureur, 1 cuillère en bois, 1 spatule en caoutchouc, 1 fourchette, 1 moule à manqué ou le couvercle de cocotte en verre à four (micro-ondes) • Allumer le four

PRÉPARATION DU CARAMEL

1) Faire fondre le sucre avec l'eau, le vinaigre ou le jus de citron. Faire cuire à feu vif.
2) Quand le caramel est blond, le verser dans le moule et napper.
3) Disposer les tranches d'ananas sur le caramel.

PRÉPARATION DE LA PÂTE

1) Travailler le beurre et le sucre jusqu'à ce que le mélange soit crémeux.
2) Ajouter les œufs entiers un à un, le rhum (facultatif), la vanille, le zeste de citron râpé (facultatif) et le sel.
3) Bien mélanger.
4) Ajouter la farine et la levure mélangées.
5) Verser la pâte dans le moule.

CUISSON

1) Faire cuire à four modéré.
2) Ne pas ouvrir le four avant 25 mn de cuisson.
3) Vérifier la cuisson avec la pointe d'un couteau. Si elle sort nette, le gâteau est cuit.

Service

Démouler aussitôt le gâteau sur le plat de service.
N. B. Si vous utilisez de la farine à gâteaux avec levure incorporée, supprimez la levure de la recette.
Pour varier la saveur du gâteau, vous pouvez ajouter une noix de beurre dans le caramel.
Si vous êtes pressée, vous pouvez seulement beurrer largement le moule à manqué.
Le gâteau à l'ananas peut se faire également au robot.

RECOMMANDATIONS
(voir Pâte à cake.)

Variantes

• **Gâteau aux poires au caramel**
1) Suivre la recette du gâteau à l'ananas.
2) Remplacer l'ananas par 2 poires épluchées et coupées en tranches.

• **Gâteau aux pommes au caramel**
1) Suivre la recette du gâteau à l'ananas.
2) Remplacer l'ananas par 2 pommes épluchées et coupées en rondelles.

• **Gâteau aux pruneaux au caramel**
1) Suivre la recette du gâteau à l'ananas.
2) Remplacer l'ananas par 200 g de pruneaux dénoyautés.

GÂTEAU À L'ORANGE

QUANTITÉS : **5 À 6** PERSONNES

INGRÉDIENTS

Pâte à cake :
– 100 g de beurre
– 100 g de sucre
– 100 g de farine
– 2 œufs
– 2 c. à café de levure chimique
– 1 pincée de sel
– 1 orange

Glaçage :
– 200 g de sucre glace
– 1 c. à café de liqueur d'orange
– 1 à 2 c. à soupe de jus d'orange
Décoration : fruits confits, écorces d'oranges confites, quartiers d'orange glacés, kiwi

Préparation : 30 mn • Cuisson : au four : 30 mn à th. 5-6 ou 180-200 °C ; au micro-ondes : 5 à 6 mn à puissance maximum • Matériel : 1 terrine, 1 verre mesureur, 1 cuillère en bois, 1 spatule en caoutchouc, 1 fourchette, 1 presse-citron, 1 moule à manqué, 1 grille

PRÉPARATION

1) Allumer le four.
2) Beurrer et fariner le moule.

PRÉPARATION DE LA PÂTE

1) Travailler le beurre et le sucre jusqu'à ce que le mélange soit crémeux.
2) Ajouter les œufs entiers un à un, la farine et la levure mélangées, le zeste d'orange râpé (peau orange), le jus de la moitié de l'orange et le sel.
3) Bien mélanger.
4) Verser la pâte dans le moule.

CUISSON

1) Faire cuire à four modéré.
2) Ne pas ouvrir le four avant 25 mn de cuisson.

3) Vérifier la cuisson avec la pointe d'un couteau. Si elle sort sèche, le gâteau est cuit.

4) Démouler aussitôt sur une grille.

GLAÇAGE

1) Verser le sucre glace dans un bol.

2) Ajouter la liqueur d'orange.

3) Mouiller prudemment avec le jus d'orange (1 à 2 c. à soupe), de façon à obtenir une pâte molle mais pas trop coulante.

4) Napper le dessus du gâteau avec l'aide d'une spatule mouillée (pelle à tarte). Le glaçage durcit en séchant.

Service

Servir le gâteau à l'orange décoré de fruits confits, d'écorces d'orange, de quartiers d'orange glacés au sucre, ou d'un kiwi coupé en rondelles.

N. B. Si vous utilisez de la farine à gâteaux avec levure incorporée, ne mettez que 1 c. à café de levure.

Ce gâteau peut se faire au robot.

RECOMMANDATIONS

(voir Pâte à cake.)

Variante

• **Gâteau au citron**

1) Suivre la recette du gâteau à l'orange.

2) Remplacer l'orange par un citron dilué dans un peu d'eau.

GÂTEAU AU YAOURT

QUANTITÉS : 5 À 6 PERSONNES

INGRÉDIENTS

– 1 pot de yaourt (125 g)
– 1 pot de sucre (120 g)
– 3 pots de farine (180 g)
– 1/2 pot d'huile ou de beurre (60 g)
– 2 œufs
– 1/2 sachet de levure chimique

– 1 pincée de sel
Parfums : extrait de vanille liquide ou 1 sachet de sucre vanillé, 1 c. à soupe de rhum, zeste râpé de citron ou d'orange

Préparation : 15 mn • Cuisson : 45 mn à th. 6 ou 200 °C • Matériel : 1 terrine, 1 cuillère en bois, 1 spatule en caoutchouc, 1 moule à quatre-quarts ou à manqué ou 1 moule à cake, 1 grille

PRÉPARATION

1) Allumer le four.

2) Beurrer et fariner le moule.

PRÉPARATION DE LA PÂTE

1) Dans la terrine, mélanger le yaourt, le sucre, les œufs entiers, le sel et les parfums.
2) Ajouter la farine et la levure mélangées.
3) Incorporer l'huile ou le beurre fondu et tourner jusqu'à l'obtention d'une pâte lisse.
4) Verser la pâte dans le moule.

CUISSON

5) Faire cuire à four modéré.
6) Ne pas ouvrir le four avant 35 mn de cuisson.
7) Vérifier la cuisson avec la pointe d'un couteau. Si elle sort nette, le gâteau est cuit.
8) Démouler aussitôt sur une grille.

Service

Servir le gâteau au yaourt refroidi seul ou avec de la confiture ou une crème pâtissière.
N. B. Si vous utilisez de la farine à gâteaux avec levure incorporée, ne mettez que 1 c. à café de levure.
Vous pouvez remplacer le yaourt par 125 g de fromage blanc ou deux petits-suisses.
Ce gâteau peut se faire au robot.

Variantes

• **Gâteau au yaourt aux amandes ou à la noix de coco**
1) Suivre la recette du gâteau au yaourt.
2) Remplacer 1 pot de farine par 1 pot de poudre d'amandes (60 g) ou 1 pot de noix de coco (40 g).

• **Gâteau au yaourt et aux carottes**
1) Suivre la recette du gâteau au yaourt.
2) Remplacer le sucre blanc par du sucre roux.
3) Ajouter 150 g de carottes râpées.
4) Parfumer avec le zeste de citron râpé ou une pincée de cannelle.

MOKA

QUANTITÉS : **6 PERSONNES**

INGRÉDIENTS

– 1 savoie ou 1 génoise (voir pâte à savoie ou pâte à génoise et doubler les proportions)
Crème au beurre au café :
– 200 g de beurre
– 200 g de sucre glace ou de sucre semoule
Décoration : 50 g d'amandes grillées,

– 2 jaunes d'œufs
Parfum : 1 c. à soupe d'essence de café ou de café soluble
Sirop :
– 10 cl d'eau
– 100 g de sucre
– 3 c. à soupe de rhum

Préparation du savoie ou de la génoise : 20 à 30 mn ; de la crème au beurre : 15 mn • Cuisson du savoie ou de la génoise : 35 à 40 mn à th. 5 ou 180 °C • Réfrigération : 2 h • Matériel pour la crème au beurre : 1 terrine, 1 spatule en bois, 1 fourchette ; pour le sirop : 1 casserole ; pour le décor : 1 poche à douille, 1 spatule (pelle à tarte)

PRÉPARATION

1) Allumer le four.
2) Beurrer et fariner le moule.

PRÉPARATION D'UN SAVOIE OU D'UNE GÉNOISE

PRÉPARATION DE LA CRÈME

1) Travailler les jaunes d'œufs avec le sucre jusqu'à ce que le mélange blanchisse.
2) Malaxer le beurre à la fourchette jusqu'à ce qu'il ait la consistance d'une pommade.
3) Ajouter le café soluble dilué dans un peu d'eau.

PRÉPARATION DU SIROP

1) Faire bouillir quelques instants l'eau et le sucre fondu.
2) Hors du feu, ajouter le rhum.

DRESSAGE DU MOKA

1) Couper le gâteau en deux disques égaux.
2) Imbiber le premier disque de sirop au rhum.
3) Étaler une couche de crème.
4) Recouvrir avec le deuxième disque.
5) L'imbiber de sirop.
6) Masquer tout le gâteau avec la crème à l'aide une spatule mouillée.
7) Garnir le pourtour d'amandes grillées hachées.
8) Décorer le dessus avec la poche à douille et un reste de crème au beurre (facultatif).
9) Mettre à rafraîchir au réfrigérateur 2 h.

Service

Servir le moka très frais.

N. B. Vous pouvez remplacer la crème au beurre par la crème au beurre au sirop (plus délicate à réaliser) ou une crème pâtissière au beurre.

Le savoie est moins délicat et moins long à réaliser que la génoise. Vous pouvez aussi les remplacer par un savoie ou une génoise tout prêts.

Pour le décor, si vous n'avez pas de poche à douille, vous pouvez imiter des crans à l'aide d'un couteau cranté.

PARIS-BREST

INGRÉDIENTS

Pâte à choux :
- 12,5 cl d'eau
- 50 g de margarine ou de beurre
- 75 g de farine à pâtisserie
- 2 œufs
- 1 pincée de sel

Crème pâtissière au beurre pralinée :
- 25 cl de lait

- 2 jaunes d'œufs
- 100 g de sucre
- 100 g de beurre
- 100 g de pralin
- 30 g de farine

Décoration : sucre glace

Préparation de la pâte à choux : 15 mn ; de la crème : 10 mn • Cuisson de la pâte à choux : 30 mn à th. 6 ou 200 °C ; de la crème : 5 mn • Matériel pour la pâte à choux : 1 petite casserole à fond épais, 1 verre mesureur, 1 spatule en bois, 1 couteau, 1 bol, 1 poche à douille circulaire (1,5 cm de diamètre), 1 tôle, 1 grille ; pour la crème : 1 terrine, 1 verre mesureur, 1 spatule en bois, 1 casserole, 1 fouet à main ou électrique, 1 poche à douille cannelée moyenne

PRÉPARATION

1) Allumer le four.
2) Beurrer et fariner une tôle froide.

PRÉPARATION DE LA PÂTE À CHOUX

Selon la recette.

DRESSAGE DE LA PÂTE

1) Tracer sur la tôle un cercle de 20 cm de diamètre.
2) À l'aide d'une poche à douille, disposer la pâte autour de ce cercle qui doit avoir 2 cm de hauteur et autant de largeur.

CUISSON

1) Il ne faut surtout pas ouvrir le four pendant la cuisson.
2) Attendre au moins 20 mn avant d'ouvrir car un coup d'air lors du gonflage rabattrait définitivement la couronne.
3) La couronne est cuite lorsqu'elle est dorée et légère.
4) Laisser refroidir sur une grille.

PRÉPARATION DE LA CRÈME

1) Faire chauffer le lait.
2) Travailler les jaunes d'œufs avec le sucre jusqu'à ce que le mélange blanchisse et devienne mousseux.
3) Ajouter la farine en pluie. Bien mélanger.

4) Verser le lait bouillant petit à petit sur le mélange.

5) Remettre le tout sur feu doux et porter doucement à ébullition en tournant sans cesse.

6) Quand la crème pâtissière est cuite, ajouter la moitié du beurre et mélanger au fouet.

7) Laisser refroidir la crème.

8) Ajouter le reste de beurre ramolli et le pralin.

9) Fouetter encore jusqu'à ce que la crème soit mousseuse.

10) Garniture du paris-brest

11) Couper la couronne aux deux tiers de la hauteur.

12) Remplir la couronne de crème avec la poche à douille cannelée.

13) Remettre le couvercle de la couronne.

Service

Servir frais et saupoudré de sucre glace.

N. B. Vous pouvez remplacer la farine de la crème pâtissière au beurre par 30 g de Maïzena.

SAVARIN RAPIDE

QUANTITÉS : **6 à 8** PERSONNES

INGRÉDIENTS

– 120 g de farine
– 60 g de sucre
– 3 œufs
– 3 c. à soupe de lait
– 1 sachet de levure chimique
– 1 pincée de sel
Sirop :
– 25 cl d'eau
– 125 g de sucre
– 3 à 4 c. à soupe de rhum ou 1 c. à soupe de kirsch

Garniture : 1 boîte de macédoine de fruits au sirop (4/4)
Décoration : crème Chantilly en bombe, quelques fruits confits (cerises, angélique) ou quelques cerises réservées de la macédoine de fruits, confiture d'abricots, gelée de pomme, de coing

Préparation : 15 mn • Cuisson des petits savarins : 10 à 12 mn à th. 6 ou 200 °C ; d'un gros savarin : 20 à 25 mn à th. 5-6 ou 180-200 °C.
• Matériel : 2 terrines, 1 verre mesureur, 1 cuillère en bois, 1 spatule en caoutchouc, 1 fouet électrique, 1 moule à savarin (en couronne) ou des moules à savarins individuels, 1 grand plat légèrement creux

PRÉPARATION

1) Allumer le four.

2) Beurrer largement et fariner le moule.

PRÉPARATION DE LA PÂTE

1) Travailler les jaunes d'œufs avec le sucre jusqu'à ce que le mélange devienne mousseux.

2) Ajouter le lait, la farine et la levure mélangées.
3) Bien mélanger.
4) Battre les blancs d'œufs en neige ferme avec une pincée de sel.
5) Les incorporer délicatement avec la spatule en caoutchouc en soulevant et en coupant la pâte. Ne pas tourner.
6) Verser la pâte dans le moule et enfourner aussitôt.

CUISSON
1) Ne pas ouvrir le four pendant la cuisson.
2) Vérifier la cuisson au bout de 20 mn avec la pointe d'un couteau. Si elle ressort nette, le savarin est cuit.
3) Démouler immédiatement sur un plat légèrement creux.

PRÉPARATION DU SIROP
1) Faire bouillir quelques instants l'eau et le sucre fondu.
2) Hors du feu, ajouter le rhum.
3) Remettre le savarin dans le moule.
4) L'imbiber avec le sirop bouillant.
5) Redémouler délicatement le savarin sur le plat creux.

GLAÇAGE
1) Napper le gâteau juste avant de servir avec de la gelée de fruits au choix.
2) Décorer avec les fruits confits, crème Chantilly en bombe.
3) Servir le savarin garni de macédoine de fruits.

N. B. Avec la même pâte, vous pouvez réaliser un baba en utilisant un moule à Savoie.

Vous pouvez remplacer la macédoine de fruits par de la crème Chantilly, de la crème saint-honoré, de la crème sabayon.

GÂTEAU AU CHOCOLAT

QUANTITÉS : 5 À 6 PERSONNES

INGRÉDIENTS

– 140 g de chocolat noir à dessert
– 100 g de beurre ou de margarine
– 140 g de sucre
– 100 g de farine
– 4 œufs
– 1 pincée de sel

Préparation : 20 mn • Cuisson : 45 mn à th. 5 ou 180 °C • Matériel : 1 terrine, 1 verre mesureur, 1 cuillère en bois, 1 spatule en caoutchouc, 1 fouet électrique, 1 petite casserole + 1 grande casserole (bain-marie) ou 1 cocotte (micro-ondes), 1 moule à quatre-quarts ou à manqué de 22 cm, 1 grille

PRÉPARATION

1) Allumer le four.
2) Beurrer et fariner le moule.

3) Faire fondre le beurre recouvert de chocolat au bain-marie (c'est-à-dire en interposant une casserole d'eau chaude) ou au micro-ondes, en cocotte, 1 mn à puissance maximum.
4) Attendre que le chocolat soit mou pour le tourner.
5) Ajouter hors du feu les jaunes d'œufs un à un, le sucre et la farine.
6) Bien mélanger le tout.
7) Battre les blancs d'œufs en neige ferme avec une pincée de sel.
8) Les incorporer délicatement avec la spatule en caoutchouc en soulevant et en coupant la pâte. (Ne pas tourner.)
9) Verser la pâte dans le moule.

CUISSON

1) Faire cuire aussitôt à four doux.
2) Ne pas ouvrir le four avant 30 mn de cuisson.
3) Vérifier la cuisson avec la pointe d'un couteau. Si elle ressort nette, retirer le gâteau du four et le démouler sur une grille.

Service

Servir le gâteau au chocolat seul ou avec une crème anglaise ou une crème pâtissière.

RECOMMANDATIONS

1) Il faut que le chocolat fonde doucement car s'il cuit trop fort, il se transforme en pâte granuleuse.
2) Il faut manier les blancs d'œufs avec précaution car ils sont responsables de la levée de la pâte. Pour cela, ils doivent être : très frais ; utilisés à la température ambiante ; ne pas contenir des traces de jaune ; incorporés avec délicatesse à la pâte en l'enrobant sans jamais tourner ; utilisés immédiatement après avoir été battus en neige pour ne pas retomber.
3) Le four doit être à la température désirée et le moule beurré.
4) Le four ne doit pas être ouvert pendant la cuisson car le moindre coup d'air fait retomber définitivement la pâte.

UTILISATIONS

Ce gâteau au chocolat peut être servi nature. Il peut être aussi :
– décoré : de crème Chantilly en bombe, de copeaux, de vermicelles au chocolat, de cerises confites, de noix, d'amandes grillées, de noisettes broyées, de pistaches, de noix de coco, de tranches d'orange, de meringues, de biscuits à la cuillère, macarons écrasés ;
– fourré : de confiture d'abricots, d'oranges, de crème pâtissière, au beurre, de chantilly, de mousse au chocolat, au café, de marrons ;
– glacé : au sucre glace (citron, orange, menthe), au chocolat.

Variante

Disposer 3 grosses poires épluchées entières, côté pointu vers le fond du moule.
Recouvrir de pâte.
Faire cuire 50 à 60 min.

TARTES, TOURTES

TARTE AU CITRON

QUANTITÉS : **6** PERSONNES

INGRÉDIENTS

Pâte brisée classique
(ou autre pâte au choix) :
– 200 g de farine
– 100 g de margarine ou de beurre
– 75 ml ou 7 c. à soupe d'eau
– 1/2 c. à café de sel
Crème au citron et au beurre :
– 3 citrons

– 200 g de sucre
– 2 œufs
– 50 g de beurre
Meringue :
– 2 blancs d'œufs
– 100 g de sucre
– 1 pincée de sel

Préparation de la pâte brisée classique : 20 mn ; de la crème : 5 mn ; de la meringue : 15 mn • Repos de la pâte brisée classique : 30 à 60 mn • Cuisson de la tarte garnie : 25 à 30 mn à th. 7 ou 220 °C ; de la meringue : 3 à 5 mn au gril • Matériel : 1 moule de 28 cm de diamètre ou 6 moules à tartelettes

PRÉPARATION DE LA PÂTE BRISÉE
SELON LA MÉTHODE DE VOTRE CHOIX

1) Pâte brisée classique (la plus longue et la plus délicate à réaliser).
2) Pâte brisée immédiate (facile, rapide, conseillée aux débutantes).
3) Pâte brisée au robot (facile, rapide).

PRÉPARATION DE LA CRÈME AU CITRON

1) Battre les œufs en omelette avec le sucre.
2) Ajouter le jus des citrons et le zeste râpé d'un citron (peau jaune).
3) Faire fondre le beurre et l'ajouter au mélange.

DRESSAGE DE LA PÂTE

1) Étaler la pâte à 3-4 mm d'épaisseur et en garnir un moule.
2) Verser la crème dessus.

CUISSON DE LA TARTE

La tarte est cuite lorsqu'elle est dorée.

RÉALISATION DE LA MERINGUE

1) Battre les blancs d'œufs avec le sucre et une pincée de sel au-dessus d'un bain-marie (interposer une casserole d'eau chaude à 60 °C entre la source de chaleur et le mélange).

2) Quand les blancs d'œufs sont fermes, étaler la meringue sur la tarte sans égaliser et faire des dessins avec une fourchette. On peut prendre également une poche à douille et réaliser des croisillons.

3) Remettre rapidement la tarte au four, sous le gril, et la laisser quelques minutes pour faire dorer la meringue.

Service

Servir la tarte au citron froide.

N. B. Vous pouvez faire la tarte au citron avec une pâte sablée encore plus fine.

Vous pouvez remplacer la crème au citron et au beurre par une crème pâtissière à la Maïzena et au citron (voir recette). Dans ce cas, la tarte est cuite à blanc (sans garniture) à four chaud à th. 8 ou 240 °C pendant 10 à 15 mn et la crème est ajoutée à la sortie du four.

Variante

• Tarte à l'orange

Remplacer les 3 citrons de la crème au citron par 2 oranges.

Ajouter à la garniture 2 oranges coupées en tranches et cuites dans un sirop (20 cl d'eau + 250 g de sucre) jusqu'à ce qu'elles soient translucides.

TARTE AU FLAN

QUANTITÉS : 6 PERSONNES

INGRÉDIENTS

Pâte brisée classique ou autre pâte au choix :
– 200 g de farine
– 100 g de margarine ou de beurre
– 7,5 cl ou 7 c. à soupe d'eau
– 1/2 c. à café de sel
Crème à flan :
– 50 cl de lait

– 3 œufs
– 80 g de sucre
– 80 g de farine
– 30 g de beurre (facultatif)
Parfums : 1 sachet de sucre vanillé, 1 zeste de citron râpé (peau jaune), 30 g de sucre pour caraméliser

Préparation de la pâte brisée classique : 20 mn • Repos de la pâte brisée classique : 30 à 60 mn • Cuisson : 40 à 45 mn à th. 6-7 ou 200-220 °C • Matériel : 1 moule à tarte de 28 cm de diamètre

PRÉPARATION DE LA PÂTE BRISÉE SELON LA MÉTHODE DE VOTRE CHOIX

1) Pâte brisée classique (la plus longue et la plus délicate à réaliser).

2) Pâte brisée immédiate (facile, rapide, conseillée aux débutantes).
3) Pâte brisée au robot (facile, rapide).

PRÉPARATION DU FLAN
1) Battre les œufs entiers avec le sucre et le sucre vanillé.
2) Ajouter la farine et le beurre fondu (facultatif). Bien mélanger.
3) Verser peu à peu le lait froid. Bien diluer.

DRESSAGE DE LA PÂTE
1) Étaler la pâte brisée à 3-4 mm d'épaisseur et en garnir un moule à tarte.
2) Verser la crème à flan dans la tarte.

CUISSON DE LA TARTE
Quand la surface du flan commence à prendre consistance (15 à 20 mn), la saupoudrer de sucre en poudre qui caramélisera à la cuisson.

Service
Laisser la tarte au flan refroidir avant de la servir.
N. B. Pour obtenir une tarte au flan plus savoureuse, vous pouvez remplacer la moitié du lait par 25 cl de crème fraîche.
Vous pouvez aussi remplacer la farine de la crème à flan par de la Maïzena.

Variantes
• **Tarte au flan à la noix de coco**
1) Suivre la recette de la tarte au flan.
2) Ajouter à la crème à flan 125 g de noix de coco râpée.
N. B. Vous pouvez remplacer le lait de la crème à flan par une boîte de 180 g de lait concentré sucré et supprimer le sucre.

• **Tarte au flan à la rhubarbe**
1) Suivre la recette de la tarte au flan.
2) Prendre 1 kg de rhubarbe (environ 1 botte).
3) Couper la rhubarbe en bâtonnets et la faire cuire à l'eau ou à la vapeur (5 à 10 mn environ).
4) La rhubarbe est cuite lorsqu'elle est devenue tendre, mais pas réduite en purée.
5) Égoutter les bâtonnets de rhubarbe et les disposer délicatement dans le fond de tarte cru.
6) Verser la préparation à flan dessus.

• **Tarte au flan au café**
1) Suivre la recette de la tarte au flan.
2) Parfumer la crème au flan avec 2 c. à café de café soluble dilué dans un peu d'eau. Varier la quantité selon les goûts. Décorer avec de la crème Chantilly en bombe.

• **Tarte au flan au chocolat**
1) Suivre la recette de la tarte au flan.
2) Ajouter à la crème au flan 100 g de chocolat à dessert fondu doucement au bain-marie (au-dessus d'une casserole d'eau chaude). Décorer avec de la crème Chantilly en bombe.

- **Tarte au flan au fromage blanc**
1) Suivre la recette de la tarte au flan.
2) Remplacer la crème à flan par le flan au fromage blanc : 500 g de fromage blanc ; 2 œufs ou 2 jaunes d'œufs ; 100 g de sucre ; 50 g de farine ; 50 g de raisins secs. Parfums : 2 c. à soupe de rhum, zeste râpé d'un citron
3) Faire gonfler les raisins secs avec le rhum et un peu d'eau chaude.
4) Battre les œufs avec le sucre.
5) Ajouter tous les autres ingrédients.

- **Tarte au flan aux fruits à noyau (à l'alsacienne)**
1) Suivre la recette de la tarte au flan.
2) Dénoyauter 500 g de fruits à noyau (abricots, cerises, pêches, prunes, mangue).
3) Couper les fruits par la moitié ou en quartiers et les disposer dans le plat à tarte.
4) Verser la crème à flan dessus.

N. B. Il est préférable de ne pas dénoyauter les cerises car les noyaux donnent un bon parfum.

- **Tarte au flan aux pruneaux**
1) Suivre la recette de la tarte au flan.
2) Dénoyauter 250 g de pruneaux souples.
3) Disposer les pruneaux dans le fond de tarte.
4) Verser la crème à flan dessus.

TARTE AU POTIRON À L'ORIENTALE

QUANTITÉS : **6** PERSONNES

INGRÉDIENTS

Pâte brisée ou autre pâte au choix :
- 200 g de farine
- 100 g de margarine ou de beurre
- 75 ml ou 7 c. à soupe d'eau
- 1/2 c. à café de sel

Garniture :
- 500 g de potiron
- 30 cl de lait
- 3 œufs
- 50 g de sucre
- 50 g de poudre d'amandes
- 1/2 citron ou orange

Parfums au choix : 1 clou de girofle écrasé, 1 pincée de gingembre ou 1 pincée de cannelle

Préparation de la pâte brisée classique : 30 mn ; de la garniture : 15 mn
• Repos de la pâte brisée classique : 30 à 60 min • Cuisson du potiron :
à la casserole + 1 verre d'eau : 20 mn ; à l'autocuiseur, à la vapeur : 15 mn à
partir du chuchotement de la soupape ; au micro-ondes : 10 mn à la cocotte
+ 1 verre d'eau ; de la tarte garnie : 40 à 45 mn à th. 6-7 ou 200-220 °C
• Matériel : 1 moule à tarte de 28 cm de diamètre ; pour la garniture : 1 mixeur
ou 1 moulin à légumes

PRÉPARATION DU POTIRON

1) L'éplucher. Éliminer les filaments. Couper la chair en petits cubes.

2) Le faire cuire selon la méthode de votre choix : à la casserole avec un verre d'eau ; à l'autocuiseur, à la vapeur. Mettre 2 cm d'eau chaude dans l'autocuiseur. Disposer le potiron dans le panier et cuire séparé de l'eau de cuisson. Lorsque la chair du potiron est devenue tendre, la passer au mixeur ou au moulin à légumes pour la réduire en purée et la laisser refroidir ; au micro-ondes à la cocotte avec un verre d'eau.

PRÉPARATION DE LA PÂTE BRISÉE
SELON LA MÉTHODE DE VOTRE CHOIX

1) Pâte brisée classique (la plus longue et la plus délicate à réaliser).
2) Pâte brisée immédiate (facile, rapide, conseillée aux débutantes).
3) Pâte brisée au robot (facile, rapide).

DRESSAGE DE LA PÂTE

Étaler la pâte à 3-4 mm d'épaisseur et en garnir le moule.

PRÉPARATION DE LA GARNITURE

1) Battre les œufs en omelette.
2) Ajouter petit à petit le lait froid, la purée de potiron, la poudre d'amandes, le zeste râpé de citron (peau jaune) ou d'orange (peau orange), les épices au choix.
3) Verser doucement le mélange sur le fond de tarte.

CUISSON DE LA TARTE

La tarte est cuite lorsque la surface est prise et dorée.

Service

Servir tiède ou froid.

Variante

• **Tarte aux carottes**
Suivre la recette de la tarte au potiron. Remplacer le potiron par 500 g de carottes cuites à l'eau ou à la vapeur (30 mn à la casserole ou 20 mn à l'autocuiseur).

TARTE AUX FRAISES
OU AUX FRAMBOISES

QUANTITÉS : **5 À 6** PERSONNES

INGRÉDIENTS

Pâte brisée classique :
– 200 g de farine
– 100 g de beurre ou de margarine
– 7,5 cl ou 7 c. à soupe d'eau
– 1/2 c. à café de sel
ou pâte sablée fine au choix :
– 250 g de farine

– 125 g de beurre ou de margarine
– 125 g de sucre
– 2 jaunes d'œufs
– 1 pincée de sel
Garniture : 500 g de fraises ou de framboises, 2 c. à soupe de gelée de groseille ou de framboise

Préparation de la pâte brisée classique : 20 mn ; ou de la pâte sablée fine : 15 mn

• *Repos de la pâte brisée classique ou de la pâte sablée fine : 30 mn* • *Cuisson de la pâte brisée à blanc (non garnie) : 10 à 15 mn à th. 8 ou 240 °C ; de la pâte sablée fine à blanc (non garnie) : 10 à 15 mn à th. 5 ou 180 °C* • *Matériel : 1 moule à tarte de 28 à 30 cm de diamètre ou 6 moules à tartelettes*

PRÉPARATION DE LA PÂTE BRISÉE CLASSIQUE
OU DE LA PÂTE SABLÉE FINE AU CHOIX

La pâte sablée est conseillée car elle est plus fine pour les fraises ou les framboises.

DRESSAGE DE LA PÂTE

1) Étaler la pâte sur 3-4 mm d'épaisseur et en garnir un moule à tarte ou à tartelettes.
2) Les moules à tartelettes sont conseillés pour la pâte sablée fine plus friable que la pâte brisée classique.
3) Les fraises ou les framboises sont des fruits fragiles qui ne peuvent pas cuire.
4) Il faut faire cuire la pâte à blanc (sans garniture). Pour éviter que la pâte brisée ou la pâte sablée ne se boursoufle à la cuisson, il faut la piquer à la fourchette, la couvrir d'une feuille d'aluminium et la garnir de noyaux de fruits, de haricots secs ou de petits cailloux.

CUISSON À FOUR CHAUD POUR LA PÂTE BRISÉE CLASSIQUE
CUISSON À FOUR MOYEN POUR LA PÂTE SABLÉE FINE

1) La pâte brisée ou la pâte sablée est cuite lorsqu'elle est dorée mais non brunie.
2) Laisser refroidir la pâte dans le moule avant de la démouler et de la garnir de fruits frais. (Les fraises sont lavées, égouttées avant d'être équeutées.)
3) Napper la tarte aux fraises avec de la gelée de fruits fondue à feu doux ou au micro-ondes.

Service

Servir sans attendre.
    N. B. Vous pouvez utiliser du nappage tout prêt au lieu de la gelée de fraise ou de framboise.

Variante

• **Tarte aux groseilles, raisins, pêches, kiwis**
1) Suivre la recette de la tarte aux fraises ou aux framboises.
2) Ces fruits sont aussi fragiles et ne peuvent pas cuire avec la pâte à tarte.
3) L'association des fraises ou framboises et kiwis donne un bel effet décoratif.

TARTE AUX POIRES BOURDALOUE

QUANTITÉS : **6** PERSONNES

INGRÉDIENTS

Pâte brisée classique ou autre
pâte au choix :
– 200 g de farine
– 100 g de margarine ou de beurre
– 7,5 cl ou 7 c. à soupe d'eau
– 1/2 c. à café de sel
Crème pâtissière :
– 50 cl de lait
– 3 jaunes d'œufs
– 75 g de sucre

– 30 g de farine
Parfum : 1 gousse de vanille ou
extrait de vanille liquide ou 1 sachet
de sucre vanillé
Garniture : 3 poires ou 1 boîte de
poires au sirop
Sirop :
– 25 cl d'eau
– 125 g de sucre

Préparation de la pâte brisée classique : 20 mn ; de la crème pâtissière : 15 mn •
Repos de la pâte brisée classique : 30 à 60 min • Cuisson de la tarte à blanc (non
garnie) : 10 à 15 mn à th. 8 ou 240 °C ; de la crème pâtissière : 5 mn à la casserole
ou au micro-ondes ; des poires au sirop : à la casserole : 20 à 30 mn ; à
l'autocuiseur : 10 à 15 mn à partir du chuchotement de la soupape ; au micro-
ondes : 6 à 8 mn • Matériel : 1 moule à tarte de 28 cm de diamètre

PRÉPARATION DE LA PÂTE BRISÉE
SELON LA MÉTHODE DE VOTRE CHOIX

1) Pâte brisée classique (la plus longue et la plus délicate à réaliser).
2) Pâte brisée immédiate (facile, rapide, conseillée aux débutantes).
3) Pâte brisée au robot (facile, rapide).

PRÉPARATION DE LA GARNITURE

1) Éplucher les poires entières.
2) Les faire cuire selon la méthode de votre choix.
3) Les poires doivent cuire à feu doux. Le temps de cuisson varie suivant la nature et la maturité des poires.
4) Les poires sont cuites lorsqu'elles sont tendres et transparentes.
5) Vérifier la cuisson en les piquant avec la pointe d'un couteau.

PRÉPARATION DE LA CRÈME PÂTISSIÈRE

1) Faire chauffer le lait vanillé.
2) Travailler les jaunes d'œufs avec le sucre jusqu'à ce que le mélange devienne mousseux.
3) Ajouter la farine en pluie.
4) Verser le lait bouillant petit à petit sur le mélange.
5) Remettre le tout sur feu doux et porter doucement à ébullition pendant 5 mn en tournant sans cesse.

DRESSAGE DE LA PÂTE

Étaler la pâte sur 3-4 mm d'épaisseur et en garnir un moule à tarte.

CUISSON DE LA TARTE NON GARNIE

1) Pour éviter que la pâte ne se boursoufle à la cuisson, il faut la piquer à la fourchette, la couvrir d'une feuille d'aluminium et la garnir de noyaux de fruits, de haricots secs ou de petits cailloux.

2) La tarte est cuite lorsqu'elle est dorée.

3) À la sortie du four, napper le fond de tarte de crème pâtissière.

4) Disposer les poires coupées par la moitié ou en quartiers.

5) Faire réduire le sirop de poire jusqu'au « perlé ». La goutte ne doit plus tomber de la cuillère. Verser alors sur la tarte.

Service

Servir la tarte aux poires bourdaloue froide.

N. B. Vous pouvez remplacer la moitié de la crème pâtissière par une crème d'amandes (voir recette) mélangée à la crème pâtissière cuite.

Vous pouvez aussi ajouter à la crème pâtissière cuite et refroidie 100 g de beurre en pommade.

Variantes

• **Tarte à l'ananas bourdaloue**

1) Suivre la recette de la tarte aux poires bourdaloue.

2) Remplacer les poires par 6 tranches d'ananas.

• **Tarte aux abricots bourdaloue**

1) Suivre la recette de la tarte aux poires bourdaloue.

2) Remplacer les poires par 500 g d'abricots frais ou au sirop en boîte.

• **Tarte aux cerises bourdaloue**

1) Suivre la recette de la tarte aux poires bourdaloue.

2) Remplacer les poires par 500 g de cerises fraîches ou au sirop en boîte.

• **Tarte aux pêches bourdaloue**

1) Suivre la recette de la tarte aux poires bourdaloue.

2) Remplacer les poires par 500 g de pêches fraîches ou au sirop en boîte.

TARTE AUX POMMES

QUANTITÉS : **6** PERSONNES

INGRÉDIENTS

Pâte brisée classique ou autre pâte brisée au choix :
– 200 g de farine
– 100 g de margarine ou de beurre
– 7,5 cl ou 7 c. à soupe d'eau
– 1/2 c. à café de sel

Garniture :
– 1 kg de pommes (reinettes) (5 ou 6)
– 100 g de sucre
– 2 c. à soupe de gelée de pomme, d'abricot, de groseille ou de coing

Préparation de la pâte brisée classique : 20 mn ; de la garniture : 15 mn
• Repos pâte brisée classique : 30 à 60 min • Cuisson de la tarte garnie :
25 à 30 mn à th. 7 ou 220 °C • Matériel : 1 moule à tarte de 28 cm de diamètre
ou 6 moules à tartelettes

PRÉPARATION DE LA PÂTE BRISÉE
SELON LA MÉTHODE DE VOTRE CHOIX

1) Pâte brisée classique (la plus longue et la plus délicate à réaliser).
2) Pâte brisée immédiate (facile, rapide, conseillée aux débutantes).
3) Pâte brisée au robot (facile, rapide).

PRÉPARATION DE LA GARNITURE

1) Éplucher les pommes.
2) Les couper en tranches fines et régulières.

DRESSAGE DE LA PÂTE

1) Étaler la pâte sur 3-4 mm d'épaisseur, en garnir un moule à tarte.
2) Ranger les tranches de pomme en les faisant chevaucher les unes sur les autres.
3) Saupoudrer de sucre.

CUISSON DE LA TARTE

1) La pâte à tarte est cuite lorsqu'elle est dorée.
2) À la sortie du four, napper la tarte de gelée de fruits fondue à feu doux ou au micro-ondes.

Service

Servir la tarte aux pommes tiède ou froide.

N. B. Vous pouvez remplacer la moitié des pommes de la garniture par 500 g de marmelade de pommes fraîches ou en boîte (1/2).

Variantes

• **Tarte à la rhubarbe**
1) Suivre la recette de la tarte aux pommes.
2) Remplacer les pommes par 1 kg de rhubarbe (1 botte).
3) Couper la rhubarbe en bâtonnets et la faire cuire avec 300 g de sucre 5 à 10 mn.
4) Quand la rhubarbe est cuite mais non pas réduite en purée, l'égoutter.
5) Pour absorber l'excès de jus de rhubarbe, on peut saupoudrer le fond de tarte, avant de le garnir, avec 1 c. à soupe de fécule de pommes de terre ou de Maïzena ou 2 c. à soupe de semoule de blé dur fine ou 2 c. à soupe de chapelure fine ou 1 biscuit à la cuillère écrasé.
6) Disposer les bâtonnets de rhubarbe sur le fond de tarte et faire cuire.
7) Faire réduire le sirop de rhubarbe jusqu'au « perlé ». La goutte de sirop ne doit plus tomber de la cuillère.
8) Lorsque la tarte est cuite, verser le sirop dessus.

• **Tarte aux abricots, cerises, prunes (reines-claudes, mirabelles)**
1) Suivre la recette de la tarte aux pommes. Remplacer les pommes par 500 g de fruits au choix. Ces fruits sont très juteux. Pour absorber l'excès de jus, on peut saupoudrer le fond de tarte avant cuisson avec 1 c. à soupe de fécule de pommes de terre ou de Maïzena ou 2 c. à soupe de semoule de blé dur fine ou 2 c. à soupe de chapelure fine ou 1 biscuit à la cuillère ou 1 macaron écrasé.
2) On peut aussi ajouter à la garniture 50 g de poudre d'amandes ou 50 g de sucre gélifiant pour confiture instantanée.
3) Garnir le fond de tarte de fruits dénoyautés et faire cuire comme la tarte aux pommes.

4) On peut aussi arroser la tarte avant cuisson avec 1 c. à soupe de liqueur de fruits, de rhum, de cognac, de kirsch.

• **Tarte aux poires, quetsches, mûres, myrtilles**
Suivre la recette de la tarte aux pommes. Ces fruits sont peu juteux et ne nécessitent pas de précaution spéciale.

TARTE DES DEMOISELLES TATIN
(tarte à l'envers)

QUANTITÉS : **6 PERSONNES**

INGRÉDIENTS

Pâte brisée classique ou autre pâte brisée au choix :
– 200 g de farine
– 100 g de margarine ou de beurre
– 7,5 cl ou 7 c. à soupe d'eau
– 1/2 c. à café de sel
Garniture :
– 1 kg de pommes (reinettes) (5 ou 6)

– 50 g de sucre
– 1 c. à café de cognac (facultatif)
Caramel :
– 50 g de sucre
– 3 c. à soupe d'eau
– 2 gouttes de vinaigre ou de jus de citron
– 40 g de beurre

Préparation de la pâte brisée classique : 40 mn ; de la garniture : 15 mn
• Repos de la pâte brisée classique : 30 à 60 mn • Cuisson de la tarte garnie : 25 à 30 mn à th. 7-8 ou 220-240 °C • Matériel : 1 moule à manqué, à gratin ou le couvercle d'une cocotte en verre à feu

PRÉPARATION DE LA PÂTE BRISÉE AU CHOIX

1) Pâte brisée classique (longue et délicate à réaliser).
2) Pâte brisée au robot (facile et rapide, conseillée aux débutantes).
   N. B. Éliminer toute pâte friable (comme la pâte brisée immédiate) qui ne peut s'étendre au rouleau à pâtisserie.

PRÉPARATION DU CARAMEL

1) Faire fondre le sucre avec l'eau, le vinaigre ou le jus de citron.
2) Ajouter le beurre.
3) Quand le caramel est doré, le verser dans le moule.

PRÉPARATION DE LA GARNITURE

1) Éplucher les pommes et les couper en tranches fines.
2) Les ranger régulièrement le côté bombé contre le moule car cette tarte est faite à l'envers.
3) Saupoudrer de sucre.
4) Arroser de cognac.

DRESSAGE DE LA PÂTE

1) Étaler la pâte sur 4 mm d'épaisseur.
2) Recouvrir les pommes avec cette pâte et border en faisant pénétrer la pâte jusqu'au fond du moule.

CUISSON DE LA TARTE

1) La tarte est cuite lorsqu'elle est dorée.
2) À la sortie du four, attendre quelques instants avant de retourner la tarte sur le plat de service.

Service

Servir encore tiède.

TARTE AUX PRUNEAUX

QUANTITÉS : 6 PERSONNES

INGRÉDIENTS

Pâte brisée classique ou autre pâte au choix :
– 200 g de farine
– 100 g de margarine ou de beurre
– 7,5 cl ou 7 c. à soupe d'eau
– 1/2 c. à café de sel

Garniture :
– 400 g de pruneaux
– 2 œufs
– 50 g de sucre
– 30 g de beurre
– 4 c. à soupe de confiture d'abricots
– 2 c. à soupe de liqueur d'orange

Préparation de la pâte brisée classique : 20 mn ; de la garniture : 15 mn
• Repos de la pâte brisée classique : 30 à 60 mn • Cuisson de la tarte garnie : 25 à 30 mn à th. 7 ou 220 °C • Matériel : 1 moule à tarte de 28 cm de diamètre

PRÉPARATION DE LA PÂTE BRISÉE
SELON LA MÉTHODE DE VOTRE CHOIX

1) Pâte brisée classique (la plus longue et la plus délicate à réaliser).
2) Pâte brisée immédiate (facile, rapide, conseillée aux débutantes).
3) Pâte brisée au robot (facile, rapide).

PRÉPARATION DE LA GARNITURE

1) Dénoyauter les pruneaux. S'ils sont souples, inutile de les faire tremper.
2) Battre les œufs en omelette avec le sucre.
3) Faire fondre le beurre et l'ajouter au mélange.

DRESSAGE DE LA PÂTE

1) Étaler la pâte sur 3-4 mm d'épaisseur et en garnir un moule.
2) Ranger les pruneaux bien serrés dans le fond de la tarte.
3) Verser le mélange dessus.

CUISSON DE LA TARTE

1) La tarte est cuite lorsqu'elle est dorée.
2) À la sortie du four, recouvrir la tarte de la confiture d'abricots, délayée avec la liqueur d'orange.

Service

Servir la tarte aux pruneaux froide.

BÛCHES DE NOËL

BÛCHE ROULÉE
À LA MOUSSE AU CHOCOLAT

QUANTITÉS : 8 À 10 PERSONNES

INGRÉDIENTS

Pâte à savoie :
– 4 œufs
–100 g de sucre semoule
– 50 g de farine
– 50 g de fécule de pommes de terre
– 30 g de beurre ou de margarine
– 1 pincée de sel

Mousse au chocolat :
– 100 g de chocolat noir à dessert
– 20 g de beurre
– 20 à 40 g de sucre
– 2 œufs
– 1 pincée de sel
Garniture : crème Chantilly en bombe

Préparation du biscuit et de la mousse : 30 mn • Cuisson du biscuit roulé : 15 mn à th. 5-6 ou 180-200 °C • Refroidissement du biscuit roulé : 1 h ; de la bûche garnie : 1 h • Matériel pour le biscuit roulé : 1 moule rectangulaire de 20 à 25 cm environ, 1 feuille d'aluminium, 1 torchon propre, 1 cuillère en bois, 1 spatule en caoutchouc, 1 fouet électrique, 1 verre mesureur, 2 terrines ; pour la mousse : 1 terrine, 1 cuillère en bois, 1 spatule en caoutchouc, 1 fouet électrique, 1 petite + 1 grande casserole (bain-marie) ou 1 cocotte (micro-ondes) • Allumer le four

PRÉPARATION DU BISCUIT

1) Garnir le moule de papier d'aluminium. Beurrer et fariner.

2) Dans une terrine, travailler les jaunes d'œufs avec le sucre jusqu'à ce que le mélange blanchisse.

3) Ajouter la matière grasse ramollie, puis la farine et la fécule en pluie. Bien mélanger.

4) Battre les blancs d'œufs en neige ferme avec la pincée de sel.
5) Les incorporer délicatement avec la spatule en caoutchouc en soulevant et en coupant la pâte. (Ne pas tourner.)
6) Étaler la pâte dans le moule et cuire immédiatement.

CUISSON

1) Dès que le biscuit est légèrement doré, le démouler sur un torchon mouillé et saupoudré de sucre en poudre.
2) Retirer délicatement le papier d'aluminium.
3) Rouler le gâteau dans le torchon et laisser refroidir.

PRÉPARATION DE LA MOUSSE
(SEULEMENT QUAND LE BISCUIT EST REFROIDI)

1) Faire fondre doucement le chocolat avec le beurre : au bain-marie en mettant la casserole au-dessus d'une casserole d'eau chaude ou au micro-ondes.
2) Incorporer les jaunes d'œufs puis le sucre.
3) Battre les blancs d'œufs en neige ferme avec une pincée de sel.
4) Les incorporer délicatement avec la spatule en caoutchouc au chocolat fondu.

GARNITURE

1) Quand le biscuit est bien refroidi, le démouler et le garnir de mousse au chocolat. (Réserver la moitié pour la garniture extérieure.)
2) Rouler de nouveau le biscuit et le poser sur une feuille d'aluminium.
3) Couper en biais chaque extrémité (garder les bouts pour faire les nœuds de la bûche).
4) Poser les nœuds.
5) Recouvrir avec le reste de mousse au chocolat.
6) Mettre la bûche à rafraîchir au réfrigérateur.

Service

Juste avant de servir, décorer avec un peu de crème Chantilly en bombe.

Variantes

• **Bûche roulée à la mousse aux marrons**
1) Suivre la recette de la bûche roulée à la mousse au chocolat. Remplacer la mousse au chocolat par la mousse à la crème de marrons, faite en mélangeant :
– 250 g de purée de marrons au naturel
– 30 g de sucre
– 30 g de beurre ramolli
– 2 jaunes d'œufs
– quelques gouttes d'extrait de vanille liquide
2) Ajouter 2 blancs d'œufs battus en neige ferme avec une pincée de sel.
3) Décorer au dernier moment avec de la crème Chantilly en bombe et quelques marrons glacés.

GLAÇAGES FACULTATIFS AU CHOIX

Glaçage au chocolat
– 100 g de chocolat noir à dessert
– 30 g de beurre ou de margarine
1) Faire fondre très doucement le chocolat avec la matière grasse : au bain-marie, c'est-à-dire en interposant entre la source de chaleur et la casserole de chocolat une casserole d'eau chaude ou au micro-ondes 1 à 2 mn à puissance maximum.
2) Étaler le glaçage sur la bûche à la place de la mousse aux marrons. Utiliser une spatule ou un couteau mouillé à l'eau froide.

Glaçage à la crème ganache
– 200 g de chocolat noir à dessert
– 25 cl de crème fraîche
– 3 c. à soupe de cacao non sucré (facultatif)
1) Porter à ébullition la crème.
2) Hors du feu, verser la crème bouillante sur le chocolat coupé en morceaux.
3) Travailler au fouet jusqu'à ce que la crème soit lisse.
4) Étaler la crème sur la bûche et mettre au réfrigérateur à rafraîchir.
5) Juste avant de servir, saupoudrer la bûche de poudre de cacao (facultatif).

• **Bûche roulée au chocolat à la crème au choix (crème au beurre, crème pâtissière au beurre ou mousse)**
1) Suivre la recette d'une bûche roulée au choix.
2) Ajouter à la pâte à savoie 30 g de cacao sucré ou non.

• **Bûche non roulée à la crème au choix (crème au beurre, crème pâtissière au beurre ou mousse)**
1) Suivre la recette d'une bûche roulée au choix. Ajouter à la pâte à savoie 1/2 sachet de levure chimique mélangé à la farine et à la fécule.
2) Verser la pâte dans un moule à cake beurré et fariné à la place du moule rectangulaire.
3) Faire cuire le biscuit 45 mn environ à th. 6 ou 200 °C.
4) Démouler tiède et laisser refroidir.
5) Arrondir les angles pour former une bûche.
6) Couper le biscuit horizontalement en trois tranches.
7) Tartiner chaque tranche de crème au choix.
8) Couvrir la bûche de crème restante.
9) Dessiner les sillons avec une fourchette.
10) Décorer avec les champignons, des fruits confits ou de la crème Chantilly en bombe.

• **Bûche-charlotte à la crème au choix (crème anglaise, bavarois, crème pâtissière, chantilly, crème au beurre ou mousse)**
1) Suivre la recette d'une charlotte au choix.
2) Garnir d'une crème au choix proposée pour les bûches roulées ou les charlottes.
3) Glacer et décorer comme une bûche roulée.

BÛCHE GLACÉE AU CHOCOLAT
(à faire la veille)

QUANTITÉS : 10 PERSONNES

INGRÉDIENTS

– 250 g de chocolat noir à dessert
– 250 g de beurre
– 1 grande boîte de crème à la vanille

Garniture : 2 champignons en meringue, sucre glace, 50 g d'amandes ou de noisettes effilées

Préparation : 15 mn • Cuisson du chocolat : au bain-marie : 5 mn ; au micro-ondes : 1 à 2 mn à puissance maximum • Réfrigération ou congélation : 12 h • Matériel : 1 couteau, 1 spatule en caoutchouc, 1 cuillère en bois, 1 grande casserole + 1 petite casserole (cuisson au bain-marie) ou 1 cocotte (micro-ondes), 1 moule à cake, 1 feuille d'aluminium

La veille

1) Recouvrir l'intérieur du moule à cake de papier d'aluminium.
2) Faire fondre très doucement le chocolat : au bain-marie, en interposant une grande casserole d'eau chaude entre la source de chaleur et la casserole de chocolat, ou au micro-ondes 1 à 2 mn à puissance maximum.
3) Lorsque le chocolat est mou, le retirer du feu.
4) Ajouter le beurre coupé en petits morceaux et mélanger jusqu'à l'obtention d'une pâte lisse.
5) Ajouter la crème à la vanille et de nouveau bien mélanger.
6) Mettre la bûche à glacer au réfrigérateur ou au congélateur.

Le jour

1) Juste avant de servir, démouler la glace sur un plat long.
2) Décorer avec des champignons en meringue, du sucre glace ou garnir d'amandes et de noisettes grillées.
N. B. Vous pouvez remplacer 125 g de beurre par 200 g de boudoirs ou de sablés.
Vous pouvez ajouter 50 g de raisins secs gonflés dans 1 c. à soupe de rhum ou de cognac.

BÛCHE GLACÉE AUX MARRONS
(à faire la veille)

QUANTITÉS : **10 PERSONNES**

INGRÉDIENTS

– 500 g de purée de marrons au naturel
– 100 g de sucre
– 100 g de beurre
– 100 g de chocolat noir à dessert
– 10 cl de crème fraîche (facultatif)

Parfum : extrait de vanille liquide ou 1 sachet de sucre vanillé
Garniture : 30 à 40 petites meringues plates ou macarons, poudre de chocolat, marrons glacés

Préparation : 15 mn • Cuisson du chocolat : au bain-marie : 5 mn ; au micro-ondes : 1 à 2 mn à puissance maximum • Réfrigération ou congélation : 12 h • Matériel : 1 terrine, 1 fourchette, 1 cuillère en bois, 1 spatule en caoutchouc, 1 verre mesureur, 1 grande casserole + 1 petite (cuisson au bain-marie) ou 1 cocotte (micro-ondes), 1 moule à cake, 1 feuille d'aluminium

La veille

1) Recouvrir l'intérieur du moule à cake de papier d'aluminium.
2) Faire fondre très doucement le chocolat : au bain-marie, en interposant une grande casserole d'eau chaude entre la source de chaleur et la casserole de chocolat, ou au micro-ondes 1 à 2 mn à puissance maximum.
3) Lorsque le chocolat est mou, le retirer du feu.
4) Ajouter le beurre coupé en petits morceaux et mélanger jusqu'à l'obtention d'une pâte lisse.
5) Ajouter la purée de marrons, le sucre, la crème fraîche légèrement fouettée (facultatif) et la vanille.
6) Bien mélanger.
7) Mettre la bûche à glacer au réfrigérateur ou au congélateur.

Le jour

1) Juste avant de servir, démouler la glace sur un plat long.
2) La couvrir de meringues ou de macarons, marrons glacés.
3) Saupoudrer de chocolat en poudre.
4) Cette bûche est délicieuse accompagnée d'une crème à la vanille.

COURONNE

GALETTES DES ROIS

GALETTE DES ROIS
À LA PÂTE FEUILLETÉE

QUANTITÉS : 5 À 6 PERSONNES

INGRÉDIENTS

– 450 g de pâte feuilletée surgelée   – 1 jaune d'œuf (pour dorer)

*Préparation : 30 mn • Décongélation de la pâte feuilletée : à l'air : 1 h 30 à 2 h ;
au micro-ondes : 3 à 4 mn • Cuisson de la galette : 20 mn à th. 8 ou 240 °C
• Matériel : 1 couteau, 1 assiette, 1 pinceau, 1 fève, 1 rouleau à pâtisserie, 1 planche
ou 1 feuille à pâtisserie, 1 tôle de four, 1 grille • Allumer le four*

PRÉPARATION DE LA PÂTE FEUILLETÉE DÉCONGELÉE

1) Étaler la pâte en lui donnant la forme d'un rectangle de 40 x 20 cm et 3 mm d'épaisseur.

2) Partager ce rectangle en deux parties égales.

3) Placer sur chacune d'elles une assiette et à l'aide d'un couteau découper deux disques égaux.

4) Déposer le premier disque sur une tôle mouillée.

5) Humecter le pourtour du disque avec un peu d'eau.

6) Poser dessus le second disque. Appuyer légèrement pour coller les bords.

7) Dorer la surface au jaune d'œuf dilué dans un peu d'eau.

8) À l'aide d'un couteau, tracer des croisillons.

9) Glisser la fève entre les deux disques de pâte.

CUISSON

1) Faire cuire à four chaud environ 20 mn.

2) La galette est cuite lorsqu'elle est dorée et gonflée.

3) La sortir du four et la déposer sur une grille.

4) Servir la galette nature ou accompagnée de confiture, de crème pâtissière ou de compote de fruits.

N. B. Vous pouvez aussi la fourrer de confiture, de compote ou de crème pâtissière.

GALETTE DES ROIS À LA FRANGIPANE

QUANTITÉS : 1 GALETTE

INGRÉDIENTS

Crème frangipane :
– 50 cl de lait
– 2 œufs + 1 jaune d'œuf
– 60 à 75 g de sucre

– 70 g de farine
– 30 g de beurre
– 50 g de poudre d'amandes

1) Suivre la recette de la galette des Rois à la pâte feuilletée et la laisser reposer.
2) Préparer la crème frangipane comme la crème pâtissière.
3) Mélanger les œufs et le sucre. Ajouter la farine et le beurre ramolli, puis le lait bouillant petit à petit.
4) Faire épaissir sur feu doux et laisser bouillir 5 mn en remuant sans cesse.
5) Quand la crème est cuite, incorporer la poudre d'amandes et laisser refroidir.
6) Avant de déposer le second disque sur le premier, fourrer la galette de crème frangipane refroidie. Faire cuire la galette.
N. B. Vous pouvez remplacer la crème frangipane par la crème d'amandes.

GALETTE DES ROIS SABLÉE

QUANTITÉS : 6 PERSONNES

INGRÉDIENTS

Pâte sablée :
– 250 g de farine
– 125 g de beurre ou de margarine
– 125 g de sucre
– 1 œuf + 1 jaune
– 1 c. à café de levure chimique

– 1 pincée de sel
– 1 jaune d'œuf (dorer)
Parfums : sucre vanillé, extrait de vanille liquide, zeste râpé de citron ou d'orange

Préparation : 15 mn • Repos de la pâte : 30 mn au réfrigérateur • Cuisson de la galette : 20 mn à th. 6 ou 200 °C • Matériel : 1 verre mesureur, 1 terrine, 1 bol, 1 rouleau à pâtisserie, 1 couteau, 1 fourchette, 1 sachet en plastique ou 1 feuille d'aluminium, 1 fève, 1 plat à tarte de 26 à 28 cm de diamètre

PRÉPARATION DE LA PÂTE SABLÉE

1) Mélanger la farine, la levure, le sucre, le sucre vanillé (facultatif) et le parfum (facultatif).
2) Ajouter la matière grasse en petits morceaux et l'écraser dans la farine avec une fourchette.

3) Sabler le mélange.
4) Faire un puits et y mettre les œufs battus en omelette. Les incorporer progressivement.
5) Pétrir rapidement la pâte et former une boule.
6) Laisser reposer la pâte enveloppée dans le plastique ou la feuille d'aluminium.
7) Allumer le four à la température indiquée.
8) Étaler la pâte directement dans le moule à tarte beurré et fariné.
9) Dorer au jaune d'œuf dilué avec un peu d'eau.
10) Tracer des croisillons avec un couteau.
11) Glisser une fève dans la pâte.

CUISSON

La galette est cuite lorsqu'elle est légèrement dorée.

Service

Servir la galette froide, nature ou accompagnée de confiture, de compote de fruits ou de crème pâtissière.

N. B. Vous pouvez augmenter la quantité de levure chimique jusqu'à 1/2 sachet. La galette aura davantage le goût et l'aspect d'un biscuit.

Vous pouvez aussi supprimer la levure et utiliser de la farine avec levure incorporée.

Variantes

• **Galette des Rois sablée aux amandes**
1) Suivre la recette de la galette des Rois sablée.
2) Ajouter à la pâte sablée 125 g de poudre d'amandes et 50 g de fruits confits.
N. B. Vous pouvez aussi séparer la pâte sablée en deux pâtons pour faire deux disques égaux et fourrer la galette non cuite avec une crème aux amandes.

• **Galette des Rois sablée aux pommes**
1) Préparer la pâte sablée selon la recette de la galette des Rois sablée.
2) Préparer la compote de pommes.

GARNITURE AUX POMMES

INGRÉDIENTS

– 4 pommes
– 50 g de sucre roux

– 1/2 citron
– 1 pincée de cannelle

Cuisson : à la casserole : 20 à 30 mn avec 1/2 verre d'eau ; à l'autocuiseur : 10 mn à partir du chuchotement de la soupape ; au micro-ondes : 5 à 6 mn à puissance maximum

1) Éplucher les pommes et les couper en quartiers. Les arroser de jus de citron.
2) Les faire cuire doucement avec le sucre et la cannelle selon la méthode de votre choix.
3) Quand les pommes sont cuites, les passer au mixeur ou au moulin à légumes grille fine.
4) Séparer la pâte sablée en deux pâtons égaux.

5) Étaler le premier pâton à la main directement dans le plat à tarte.
6) Verser dessus la compote de pommes.
7) Étaler le deuxième pâton au rouleau à pâtisserie.
8) Recouvrir la compote avec la pâte sablée. Dorer au jaune d'œuf.
9) Dessiner des croisillons et faire cuire.

• **Galette des Rois sablée aux pruneaux**
1) Suivre la recette de la galette des Rois sablée.
2) Ajouter à la pâte sablée 50 g d'écorces d'orange.
3) Préparer la garniture aux pruneaux.

GARNITURE AUX PRUNEAUX

INGRÉDIENTS

– 300 g de pruneaux
– 1 sachet de thé

– 25 cl d'eau
– 50 g de sucre

1) Préparer le thé. Faire bouillir l'eau. La verser sur le sachet de thé. Laisser infuser 3 mn.
2) Verser le thé bouillant sur les pruneaux dénoyautés.
3) Faire macérer les pruneaux dans le thé 1 h à l'air ou 2 mn au micro-ondes.
4) Mixer les pruneaux. Ajouter le sucre.
5) Séparer la pâte sablée en deux pâtons égaux.
6) Étaler le premier pâton à la main directement dans le plat à tarte.
7) Verser dessus la garniture aux pruneaux.
8) Étaler le second pâton au rouleau à pâtisserie.
9) Recouvrir la garniture aux pruneaux avec la pâte sablée. Dorer au jaune d'œuf.
10) Dessiner des croisillons et faire cuire.

BEIGNETS ET CRÊPES

BEIGNETS AUX POMMES

QUANTITÉS : 4 À 5 PERSONNES

INGRÉDIENTS

Pâte à frire :
- 250 g de farine
- 2 œufs
- 2 c. à soupe d'huile
- 20 cl de bière ou d'eau
- 1 petite c. à café de sel

Parfums : 2 c. à soupe de rhum, 1 c. à soupe de calvados, de cognac, de liqueur d'orange, de fleur d'oranger, 1 zeste de citron râpé, vanille (au choix)
Garniture : 4 à 5 pommes (reinettes de préférence), 1 c. à soupe de sucre

Préparation : 15 mn • Repos de la pâte : 1 à 2 h • Préchauffage du bain de friture : 15 mn environ • Cuisson : 5 mn environ par fournée • Matériel : 1 terrine, 1 verre mesureur, 1 cuillère en bois, 1 écumoire, 1 bassine à frire ou 1 friteuse électrique, papier absorbant, 1 vide-pomme

PRÉPARATION DE LA PÂTE
SELON LA RECETTE DE LA PÂTE À FRIRE

1) Faire un puits dans la farine et y verser les œufs entiers, l'huile, le sel, le zeste de citron râpé (facultatif). Bien mélanger.
2) Ajouter petit à petit l'eau ou la bière jusqu'à ce que la pâte soit lisse mais plus épaisse que la pâte à crêpe.
3) Laisser reposer la pâte.

PRÉPARATION DES POMMES

1) Les éplucher. Retirer le cœur et les pépins à l'aide d'un vide-pomme.
2) Les couper en rondelles de 1/2 cm d'épaisseur.
3) Les faire macérer 1 h dans le rhum ou le cognac avec le sucre en poudre.

*Tarte au citron
(recette p. 380)* ▶

CUISSON

1) Lorsque la pâte est reposée, brancher la friteuse électrique contenant l'huile ou la Végétaline ou faire chauffer la bassine à frire avec le panier.

2) Dès que la matière grasse est chaude, tremper 5 ou 6 tranches de pomme dans la pâte à frire et les laisser tomber délicatement dans la friture.

3) Quand les beignets sont dorés, les retourner avec l'écumoire et les laisser cuire quelques minutes.

4) Égoutter quelques secondes les beignets, puis les déposer sur un papier absorbant.

Service

Les servir aussitôt, saupoudrés de sucre glace ou de sucre semoule.

N. B. On peut réaliser des beignets aux pommes en utilisant les variantes de pâte à frire.

Variantes

Vous pouvez remplacer les pommes par des quartiers de poire, d'orange, d'ananas, des rondelles de banane, de kiwi, des fraises, des fruits à noyau dénoyautés (abricots, cerises, pêches, prunes), des fleurs d'acacia, des cubes de mangue…

PETS-DE-NONNE

QUANTITÉS : 20 PETS-DE-NONNE ENVIRON

INGRÉDIENTS

Pâte à choux :
– 150 g de farine à pâtisserie
– 100 g de beurre ou de margarine
– 4 œufs

– 25 cl d'eau
– 1 pincée de sel
Garniture : sucre

Préparation : 30 mn • Préchauffage du bain de friture : 15 mn à 160 °C • Cuisson : 5 mn par fournée environ • Matériel pour la pâte à choux : 1 petite casserole, 1 verre mesureur, 1 spatule en bois, 1 couteau, 1 bol, 1 bassine à frire ou 1 friteuse électrique, papier absorbant, 1 écumoire, 2 cuillères à café

PRÉPARATION DE LA PÂTE À CHOUX

1) Faire chauffer ensemble l'eau, la matière grasse et le sel.

2) Au premier bouillon, retirer du feu.

3) Jeter d'un seul coup la farine tamisée.

4) Tourner vivement de façon à obtenir une boule qui se détache de la casserole.

5) Quand la pâte est tiède, ajouter les œufs entiers un à un en réservant une partie du quatrième œuf.

6) Vérifier la consistance de la pâte qui ne doit pas s'affaisser.

◄ *Tarte aux pommes*
(recette p. 387)

7) La pâte à choux est prête à être utilisée.

8) Préchauffage du bain de friture

CUISSON

1) À l'aide de deux cuillères à café, faire tomber dans la friture chaude des noix de pâte.

2) Dès que les pets-de-nonne sont gonflés, augmenter la chaleur (180 °C).

3) Ils sont cuits quand ils sont dorés.

Service

Les égoutter sur du papier absorbant et les servir tièdes saupoudrés de sucre.

N. B. Vous pouvez remplacer l'eau par du lait, les pets-de-nonne seront encore plus moelleux.

CRÊPES SUZETTE

QUANTITÉS : **25** CRÊPES

INGRÉDIENTS

Pâte à crêpe classique :
– 250 g de farine
– 3 œufs
– 2 c. à soupe d'huile ou 50 g de beurre
– 50 cl de lait environ
– 2 c. à soupe de sucre (facultatif)
– 1 pincée de sel
Parfum : extrait de vanille liquide ou en poudre ou 1 sachet de sucre vanillé

Crème à l'orange :
– 100 g de sucre
– 100 g de beurre
– 2 c. à soupe de liqueur d'orange
– zeste râpé d'une orange
Flambage :
– 1 orange
– 2 c. à soupe de liqueur d'orange

Préparation : 30 mn • Repos de la pâte à crêpe : 1 à 2 h • Cuisson des crêpes : 2 mn environ par crêpe • Matériel pour la pâte à crêpe : 1 terrine, 1 verre mesureur, 1 cuillère en bois, 1 poêle antiadhésive, 1 louche, 1 spatule ; pour la crème : 1 terrine, 1 cuillère en bois, 1 râpe, 1 presse-orange, 1 cuillère à soupe, 1 petite casserole

PRÉPARATION DE LA PÂTE À CRÊPE SELON LA RECETTE DE BASE

1) Faire un puits dans la farine et y verser les œufs entiers, l'huile ou le beurre fondu, le sucre (facultatif), le parfum et le sel.

2) Mélanger et ajouter le lait petit à petit jusqu'à ce que la pâte soit lisse.

3) Laisser reposer.

PRÉPARATION DE LA CRÈME À L'ORANGE

1) Travailler ensemble le beurre et le sucre jusqu'à l'obtention d'une pommade.
2) Ajouter le zeste râpé d'une orange (peau orange) et la liqueur d'orange. Bien mélanger.

CUISSON

1) Faire cuire les crêpes et les fourrer de crème à l'orange.
2) Faire réduire de moitié le jus d'orange et arroser les crêpes avec.

Service

Faire chauffer la liqueur, flamber les crêpes et les servir.

N. B. Vous pouvez ajouter à la pâte à crêpe reposée les blancs d'œufs battus en neige ferme.

PETITS GÂTEAUX, PETITS-FOURS

CHAUSSONS AUX POMMES

QUANTITÉS : 6 PETITS CHAUSSONS OU 2 GRANDS

INGRÉDIENTS

Pâte brisée classique ou autre pâte au choix :
– 300 g de farine
– 150 g de margarine ou de beurre
– 5 cl d'eau
– 1 œuf

– 1/2 c. à café de sel
Garniture :
– 3 ou 4 pommes
– 60 g de sucre
Dorage : 1 œuf

Préparation de la pâte brisée classique : 20 mn ; de la garniture : 5 mn
• Repos de la pâte brisée classique : 30 à 60 mn • Cuisson des chaussons :
25 à 30 mn à th.

7 ou 220 °C • Matériel : 1 rouleau à pâtisserie, 1 planche ou
1 feuille à pâtisserie, 1 fourchette, 1 pinceau, 1 tôle, 1 feuille d'aluminium

PRÉPARATION DE LA PÂTE BRISÉE SELON LA MÉTHODE DE VOTRE CHOIX

1) Pâte brisée classique (la plus longue et la plus délicate à réaliser).
2) Pâte brisée au robot (facile, rapide).

PRÉPARATION DE LA GARNITURE

1) Éplucher les pommes et les couper en petits dés.
2) Dressage de la pâte.
3) Étaler la pâte sur 3-4 mm d'épaisseur au rouleau à pâtisserie.
4) Découper en six rondelles de 15 cm de diamètre ou deux cercles de 25 cm de diamètre.
5) Garnir de pommes les rondelles ou les cercles sur la moitié.
6) Saupoudrer de sucre.

7) Replier en deux.

8) Souder les bords avec un peu d'eau en appuyant avec une fourchette ou en pinçant avec les doigts.

9) Dorer au jaune d'œuf dilué avec un peu d'eau.

10) Disposer les chaussons sur la tôle recouverte d'aluminium et farinée.

CUISSON DES CHAUSSONS

1) Ils sont cuits lorsqu'ils sont dorés.

2) Servir tièdes ou froids.

   N. B. Vous pouvez parfumer la garniture avec un alcool au choix : cognac, rhum, calvados.

Variantes

• **Chaussons aux abricots**
Suivre la recette des chaussons aux pommes. Remplacer les pommes par 6 ou 12 abricots dénoyautés.

• **Chaussons aux poires**
Suivre la recette des chaussons aux pommes. Remplacer les pommes par 3 ou 4 poires.

• **Chaussons aux pruneaux**
Suivre la recette des chaussons aux pommes. Remplacer les pommes par 18 pruneaux dénoyautés. Ajouter à la garniture 1 c. à soupe de confiture d'abricots ou d'oranges par chausson et un peu de liqueur d'orange.

CHOUX À LA CRÈME

QUANTITÉS : **6** (GROS) OU **8** (PETITS) CHOUX

INGRÉDIENTS

Pâte à choux :
– 12,5 cl d'eau
– 50 g de margarine ou de beurre
– 75 g de farine à pâtisserie
– 2 œufs
– 1 pincée de sel
Crème pâtissière :
– 3 jaunes d'œufs
– 60 à 75 g de sucre
– 50 g de farine

– 50 cl de lait
Parfums : 1 gousse de vanille ou
1 sachet de sucre vanillé, 1 c. à soupe
de kirsch, de cognac, de liqueur de
fruits ou de rhum (facultatif).
Glaçage :
– 200 g de sucre glace
– 1 c. à café de kirsch, de cognac ou
de rhum
– 1 c. à soupe d'eau environ

Préparation de la pâte à choux : 15 mn ; de la crème : 15 mn • Cuisson de la crème : 5 mn ; des petits choux : 20 mn à th. 7 ou 220 °C ; des gros choux : 30 à 35 mn à th. 6 ou 200 °C • Matériel pour la pâte à choux : 1 petite casserole à fond épais, 1 verre mesureur, 1 spatule en bois, 1 couteau, 1 bol, 2 cuillères à café ou 1 douille à pâtisserie (1 cm de diamètre), 1 passoire, 1 grille, 1 tôle ; pour la crème : 1 terrine, 1 verre mesureur, 1 spatule en bois, 1 casserole à fond épais, 1 spatule en caoutchouc

1) Allumer le four.
2) Couvrir la tôle d'une feuille d'aluminium.
3) Beurrer et fariner la feuille d'aluminium.

PRÉPARATION DE LA PÂTE (VOIR PÂTE À CHOUX)

DRESSAGE ET CUISSON (VOIR PÂTE À CHOUX)

PRÉPARATION DE LA CRÈME PÂTISSIÈRE

1) Faire chauffer le lait vanillé.
2) Travailler les jaunes d'œufs avec le sucre jusqu'à ce que le mélange blanchisse.
3) Ajouter la farine en pluie. Bien mélanger.
4) Verser le lait bouillant petit à petit sur le mélange.
5) Remettre le tout sur feu doux et porter doucement à ébullition pendant 5 mn en tournant sans cesse.
6) Attendre que la crème soit tiède pour la parfumer avec un alcool (facultatif).

GARNITURE

1) Quand les choux sont refroidis, les fendre sur le côté (horizontalement) avec une paire de ciseaux pour les fourrer avec la crème pâtissière.
2) Si on utilise la poche à douille, on peut les remplir sans les fendre.

GLAÇAGE (FACULTATIF)

1) Les choux peuvent être présentés tels quels, saupoudrés de sucre glace ou subir un glaçage.
2) Dans un bol, mettre le sucre glace et mouiller avec l'alcool au choix (facultatif).
3) Ajouter prudemment l'eau de façon à obtenir une pâte molle mais pas trop coulante.
4) Étendre cette pâte blanche sur les choux. En séchant, elle durcit.

N. B. Si vous n'avez pas le temps de faire les choux, vous pouvez acheter des choux tout prêts sucrés non garnis et faire vous-même la crème. Il faut cependant les garnir 2 h à l'avance si vous ne voulez pas les servir trop secs.

Variantes

1) Vous pouvez faire la crème pâtissière à la Maïzena.
2) Vous pouvez aussi remplacer la crème pâtissière par une crème saint-honoré, pralinée ou chantilly.
3) Vous pouvez ajouter à la crème des fraises ou des framboises.

CROISSANTS

QUANTITÉS : 15 (GROS) OU 30 (PETITS) CROISSANTS

INGRÉDIENTS

– 400 g de pâte feuilletée surgelée
Dorage : 1 œuf

Préparation de la pâte feuilletée : 15 mn • Décongélation de la pâte feuilletée :

à l'air : 1 h 30 à 2 h ; au micro-ondes : 3 à 4 mn • Cuisson : 15 à 20 mn à th. 8 ou 240 °C • Matériel : 1 couteau, 1 rouleau à pâtisserie, 1 planche ou 1 feuille à pâtisserie, 1 tôle, 1 grille, 1 pinceau

PRÉPARATION

1) Allumer le four.
2) Mouiller la tôle du four à l'eau froide.

PRÉPARATION DE LA PÂTE FEUILLETÉE DÉCONGELÉE

1) Étendre la pâte feuilletée sur 3 ou 4 mm d'épaisseur avec le rouleau.
2) Couper la pâte en bandes de 16 cm de large (gros croissants) et 7 cm de large (petits croissants).
3) Dans la bande, découper des triangles de 10 cm de base (gros croissants) et 7 cm de base (petits croissants).
4) Rouler les triangles sur eux-mêmes en partant de la base.
5) Coller la pointe du triangle avec un peu d'œuf.
6) Disposer les croissants sur la tôle en les cintrant légèrement pour leur donner la forme de croissant de lune.

DORAGE

Dorer les croissants à l'œuf battu avec un pinceau.

CUISSON

1) Cuire à four chaud.
2) Lorsque les croissants sont gonflés et dorés, les sortir et les déposer sur une grille.

Service

Servir les croissants encore tièdes.

N. B. Si vous faites de petits croissants, vous pouvez utiliser de la pâte demi-feuilletée plus facile et plus rapide à réaliser que la pâte feuilletée classique.

Variante

• **Croissants aux amandes ou aux noisettes**
1) Suivre la recette des croissants.
2) Avant de rouler les triangles de pâte, les badigeonner de gelée d'abricot, et étaler une couche de crème d'amandes ou de noisettes.

Crème d'amandes ou de noisettes :

– 1 œuf
– 50 g de beurre
– 60 g de sucre
– 60 g de poudre d'amandes ou de noisettes
1) Travailler le beurre et le sucre en pommade.
2) Ajouter la poudre d'amandes ou de noisettes et l'œuf.
3) Bien mélanger.

DOUILLONS AUX POMMES

QUANTITÉS : 6 PERSONNES

INGRÉDIENTS

Pâte brisée classique ou autre pâte au choix :
– 300 g de farine
– 150 g de margarine ou de beurre
– 10 cl d'eau
– 1/2 c. à café de sel

Garniture :
– 6 pommes
– 60 g de sucre
– 60 g de gelée de groseille, de framboise ou d'abricot
– 1 jaune d'œuf (pour dorer)

Préparation de la pâte brisée classique : 20 mn ; de la garniture : 5 mn
• Repos de la pâte brisée classique : 30 à 60 mn • Cuisson : 25 à 30 mn à
th. 7 ou 220 °C • Matériel : 1 rouleau à pâtisserie, 1 tôle à pâtisserie, 1 feuille
d'aluminium, 1 vide-pomme

PRÉPARATION DE LA PÂTE BRISÉE SELON LA MÉTHODE DE VOTRE CHOIX

1) Pâte brisée classique (la plus longue et la plus délicate à réaliser).
2) Pâte brisée au robot (facile, rapide).

PRÉPARATION DE LA GARNITURE

1) Éplucher les pommes.
2) Évider le cœur à l'aide d'un vide-pomme.

DRESSAGE DE LA PÂTE

1) Étaler la pâte sur 2-4 mm d'épaisseur.
2) Découper des rondelles ou des carrés suffisamment grands pour envelopper complètement les pommes.
3) Poser les pommes sur les rondelles.
4) Verser 1 c. à café de gelée de fruits dans le cœur et un peu d'alcool au choix (facultatif).
5) Saupoudrer de sucre, de cannelle.
6) Enfermer les pommes avec la pâte.
7) Dorer au jaune d'œuf dilué dans un peu d'eau.
8) Disposer les douillons sur la tôle recouverte d'aluminium et farinée.

CUISSON DES DOUILLONS À FOUR ASSEZ CHAUD

1) Ils sont cuits lorsqu'ils sont dorés.
2) Servir tièdes ou froids.

Variante

• **Douillons aux poires**
Suivre la recette des douillons aux pommes. Remplacer les pommes par des poires. Vous pouvez ajouter à la garniture 125 g de poudre d'amandes et 1 jaune d'œuf.

MADELEINES

QUANTITÉS : **24** MADELEINES

INGRÉDIENTS

– 2 œufs
– 150 g de sucre
– 150 g de farine
– 125 g de beurre
– 1 c. à café de levure chimique

Parfums au choix : extrait de vanille liquide ou 1 sachet de sucre vanillé, 1 zeste râpé de citron, 1 c. à café de fleur d'oranger

Préparation : 15 mn • Repos de la pâte : 1 h à 30 mn au minimum au réfrigérateur • Cuisson : 10 à 15 mn à th. 6 ou 200 °C • Matériel : 1 terrine, 1 verre mesureur, 1 spatule en caoutchouc, 1 fouet électrique, 2 cuillères à soupe, 1 moule à madeleines (12 pièces), 1 grille, 1 passoire

PRÉPARATION DE LA PÂTE

1) Faire fondre doucement le beurre et le laisser tiédir.
2) Fouetter longuement les œufs et le sucre au fouet électrique jusqu'à ce que le mélange soit mousseux.
3) Ajouter la farine et la levure mélangées avec la passoire et le parfum au choix.
4) Bien mélanger.
5) Ajouter le beurre fondu et refroidi.
6) Laisser reposer au réfrigérateur.
7) Allumer le four.
8) Beurrer largement et fariner chaque alvéole du moule.
9) À l'aide de deux cuillères à soupe, remplir aux deux tiers les alvéoles.

CUISSON

1) Faire cuire à four modéré.
2) Dès que les madeleines sont dorées, elles sont cuites.
3) Les démouler délicatement sur une grille.

Service

Servir les madeleines seules ou accompagnées de confiture, de crème pâtissière, de crème anglaise, de mousse au chocolat.

N. B. Si vous utilisez de la farine à gâteaux avec levure incorporée, supprimez la levure de la recette.

RECOMMANDATIONS

La réussite de cette pâte se fait sans difficulté si vous : fouettez longuement les œufs et le sucre au fouet électrique (5 mn) ; ajoutez le beurre fondu mais refroidi ; laissez reposer la pâte au réfrigérateur. Le mieux est de la préparer la veille et de la mettre dans le bas du réfrigérateur toute la nuit.

Variantes

Vous pouvez faire des madeleines avec des pâtes différentes :
1) pâte à quatre-quarts (avec les blancs battus en neige ou avec les œufs entiers et 1 c. à café de levure chimique) (facultatif) ;
2) pâte à cake (le résultat est plus compact).
Pour la recette donnée, vous pouvez diminuer le beurre à 60 g et le remplacer par 3 c. à soupe de lait.

PALMIERS

QUANTITÉS : 12 PALMIERS ENVIRON

INGRÉDIENTS

– 200 g de pâte feuilletée surgelée   **Garniture :** 100 g de sucre

Préparation : 15 mn • Décongélation de la pâte feuilletée : à l'air : 1 h 30 à 2 h ; au micro-ondes : 3 à 4 mn • Cuisson : 20 mn à th. 7-8 ou 220-240 °C • Matériel : 1 couteau, 1 rouleau à pâtisserie, 1 planche ou 1 feuille à pâtisserie, 1 palette, 1 tôle, 1 grille

1) Allumer le four.
2) Mouiller la tôle froide.

PRÉPARATION DE LA PÂTE DÉCONGELÉE

1) Étaler la pâte au rouleau sur 1 cm d'épaisseur en forme de carré de 20 x 20 cm.
2) Saupoudrer de sucre.
3) Replier les deux bords jusqu'au centre.
4) Resaupoudrer de sucre.
5) Replier une deuxième fois jusqu'au centre.

PRÉPARATION DES PALMIERS

1) Débiter des tranches de 1 cm d'épaisseur.
2) Déposer les palmiers à plat sur la tôle en veillant à laisser un écartement suffisant pour le volume du feuilletage.

CUISSON

1) Faire cuire à four assez chaud.
2) Dès que les palmiers sont dorés, les sortir du four et les mettre sur une grille.

Service

Laisser refroidir les palmiers avant de les servir.

ROCHERS À LA NOIX DE COCO

QUANTITÉS : 10 ROCHERS

INGRÉDIENTS

– 1 blanc d'œuf
– 100 g de noix de coco

– 100 g de sucre
– 1 pincée de sel

Préparation : 10 mn • Cuisson : 15 mn à th. 5 ou 180°C • Matériel : 2 bols, 1 verre mesureur, 1 cuillère en bois, 2 cuillères à soupe, 1 spatule en caoutchouc, 1 pinceau, 1 fouet électrique, 1 tôle, 1 feuille d'aluminium, 1 grille

1) Allumer le four.
2) Couvrir la tôle d'une feuille d'aluminium.
3) À l'aide d'un pinceau, huiler la feuille d'aluminium.

PRÉPARATION DE LA PÂTE

1) Mélanger le sucre et la noix de coco.
2) Battre le blanc en neige ferme avec une pincée de sel.
3) Sur le blanc battu en neige, verser en pluie le mélange sucre-noix de coco.
4) L'incorporer délicatement avec la spatule en caoutchouc sans tourner la pâte.
5) À l'aide de deux cuillères, former des petits tas coniques espacés.

CUISSON

1) Faire cuire à four modéré.
2) Dès que les rochers sont légèrement dorés, ils sont cuits.
3) Les déposer sur une grille.

Service

Servir les rochers à la noix de coco refroidis.

RECOMMANDATION

Pour réussir les rochers, il faut que la pâte reste très ferme.

SABLÉS À L'ANCIENNE
(sablés milanais)

QUANTITÉS : **30** SABLÉS

INGRÉDIENTS

– 200 g de farine
– 120 g de sucre
– 80 g de beurre
– 1 œuf
– 1 c. à soupe de crème de lait (ou crème fraîche)

– 1 c. à café de levure chimique
– 1 pincée de sel
Parfums : extrait de vanille liquide ou 1 sachet de sucre vanillé, 1 zeste de citron râpé (peau jaune)

Préparation : 30 mn • Repos de la pâte : 12 h (une nuit) ou 1 h minimum • Cuisson : 15 mn environ à th. 5-6 ou 180-200 °C • Matériel : 1 terrine, 1 fourchette, 1 spatule en bois, 1 planche ou 1 feuille à pâtisserie, 1 rouleau à pâtisserie, 1 tôle à four, 1 verre mesureur, 1 passoire, 1 palette, 1 grille, 1 pinceau, 1 emporte-pièce ou 1 verre, 1 feuille d'aluminium

PRÉPARATION DE LA PÂTE

1) Travailler le beurre et le sucre jusqu'à ce que le mélange devienne mousseux.
2) Ajouter l'œuf, la crème, le parfum (facultatif) et le sel.

3) Bien mélanger.
4) Ajouter la farine et la levure mélangées en pluie.
5) Pétrir rapidement la pâte pour former une boule.
6) Couvrir la boule d'un linge (ou d'un sac en plastique) et la laisser reposer au frais ou dans le bas du réfrigérateur.
7) Couvrir la tôle d'une feuille d'aluminium.
8) Beurrer et fariner la feuille d'aluminium.
9) Allumer le four.
10) Étaler la pâte avec le rouleau à pâtisserie en une mince couche (1/2 cm d'épaisseur).
11) Découper des ronds avec l'emporte-pièce ou le verre.
12) Les déposer sur la tôle à four.
13) À l'aide d'un pinceau, les dorer avec un peu de lait.

CUISSON

1) Faire cuire à four modéré.
2) Lorsque les sablés sont dorés, les retirer du four délicatement avec une palette et les déposer sur une grille.

Service

Attendre que les sablés soient refroidis pour les déguster.

N. B. Vous pouvez aussi, pour faciliter la confection des sablés, mettre la pâte en forme de rouleau de 5 à 6 cm de diamètre. La laisser reposer enveloppée au réfrigérateur et la débiter en rondelles de 4 à 5 mm d'épaisseur, puis ajuster la forme avec l'emporte-pièce.

TUILES OU CIGARETTES

QUANTITÉS : **30** TUILES ENVIRON

INGRÉDIENTS

– 1 blanc d'œuf
– 30 g de sucre
– 30 g de farine
– 30 g de beurre
– 1 pincée de sel

Parfums : extrait de vanille liquide ou 1 sachet de sucre vanillé, 1 zeste râpé de citron (peau jaune)
Garniture : 30 g d'amandes hachées ou 50 g de raisins secs (facultatif)

Préparation : 5 mn • Cuisson : 4 à 5 mn par fournée à th. 7 ou 220 °C
• Matériel : 1 bol, 1 verre mesureur, 1 cuillère à café, 1 cuillère en bois, 1 pelle à gâteau, 1 tôle de four, 1 moule à savarin (en couronne)

Allumer le four.
Beurrer et fariner la tôle froide.

PRÉPARATION DE LA PÂTE

1) Mélanger sans battre le blanc d'œuf et le sucre.

2) Ajouter la farine, le beurre fondu et le sel.
3) Sur la tôle, déposer 4 ou 5 c. à café de pâte en les espaçant et en les étendant avec le dos de la cuillère en couche mince.
4) Parsemer d'amandes hachées ou de quelques raisins secs.

CUISSON

1) Faire cuire à four chaud quelques minutes.
2) Dès que les tuiles sont dorées sur le pourtour, les détacher avec la pelle à gâteau.
3) Aussitôt, pour obtenir :
– des tuiles, les déposer simplement dans le moule à savarin ;
– des cigarettes, les rouler sur un manche de cuillère en bois.

RECOMMANDATIONS

1) Une surveillance très précise est nécessaire pour la cuisson.
2) Prenez un compte-minutes pour être prête à chaque fournée (3-5 mn environ) et n'entreprenez aucun travail absorbant entre les fournées de cuisson.
3) Ne mettez pas plus de 5-6 tuiles à cuire ensemble, car si l'on veut rouler les tuiles en cigarettes, cela doit se faire très vite les tuiles durcissant aussitôt à l'air.
4) Il faut savoir que dans ce travail délicat, il ne faut pas craindre de se brûler les doigts !
5) Il faut refroidir la tôle sur l'envers en la passant à l'eau froide (sous le robinet) à chaque fournée et la beurrer de nouveau pour éviter que les tuiles ne collent.

Variante

• **Tuiles à la crème**
Ingrédients : 1 blanc d'œuf, 50 g de sucre, 50 g de farine, 50 g de crème fraîche, 1 pincée de sel.
Mélanger le blanc, le sucre, la farine, le sel et ajouter la crème.

CRÈMES, FLANS, ENTREMETS AU PAIN

CRÈME ANGLAISE

QUANTITÉS : **6 PERSONNES**

INGRÉDIENTS

– 50 cl de lait
– 4 jaunes d'œufs
– 60 à 75 g de sucre
Parfums : 1 gousse de vanille, extrait de vanille liquide ou 1 sachet de sucre vanillé, zeste de citron ou d'orange râpé, 1 c. à soupe de kirsch,

cognac, liqueur de fruits, 1 c. à soupe rase de café soluble, 100 g de chocolat noir à dessert (voir crème anglaise au chocolat), caramel (voir crème anglaise au caramel)

Préparation : 5 mn • Cuisson : à la casserole ou au micro-ondes à puissance maximum : 5 mn environ à 90 °C environ sans bouillir • Matériel : 1 terrine, 1 verre mesureur, 1 spatule en bois, 1 casserole ou 1 moule à soufflé (micro-ondes)

PRÉPARATION

1) Faire chauffer le lait avec la vanille.
2) Travailler les jaunes d'œufs avec le sucre jusqu'à ce que le mélange blanchisse et devienne mousseux.
3) Verser le lait bouillant petit à petit sur le mélange.

CUISSON

1) Faire épaissir la crème selon la méthode de votre choix : soit à la casserole à feu très doux en tournant sans cesse. Ne pas laisser bouillir car elle tournerait ; soit au micro-ondes en la fouettant toutes les 15 secondes pour l'empêcher d'attacher.

2) La crème est cuite quand elle nappe la spatule.
3) Verser la crème dans une jatte et la laisser refroidir à température ambiante en la tournant de temps en temps.

Service

Servir la crème anglaise accompagnée de savoie, génoise, gâteau au chocolat, ou de biscuits, sablés, tuiles, meringues.

RECOMMANDATIONS

La réussite de la crème anglaise est assez délicate, aussi est-il important de suivre les recommandations suivantes.
1) Pour la cuisson à la casserole : choisir une casserole à fond épais qui permet une cuisson douce ; régler la température à feu doux pour que la crème puisse épaissir sans bouillir ; vérifier constamment si la crème nappe la spatule. La mousse alors disparaît de la surface de la crème et celle-ci rend un son « mat ». Mais attention ! elle reste très fluide quand elle est chaude et n'épaissit vraiment qu'au refroidissement.
2) Pour la cuisson au micro-ondes : il faut fouetter la crème toutes les 15 secondes pour qu'elle reste lisse ; il faut aussi ajouter 2 jaunes d'œufs à la recette pour que la crème soit suffisamment onctueuse.
3) Pour le refroidissement : il faut éviter après la cuisson les brusques changements de température : la crème doit refroidir doucement ; il faut la tourner de temps en temps jusqu'à ce qu'elle soit tiède.

Pour le rattrapage :

Si malgré toutes les précautions la crème « tourne » et présente des grumeaux, vous pouvez la rattraper en la fouettant immédiatement avec un fouet électrique ou un mixeur.
1) Pour éviter tout risque de grumeaux : vous pouvez toujours ajouter aux jaunes d'œufs 1 c. à café de fécule de pommes de terre ou de Maïzena. La crème peut alors bouillir sans danger mais le résultat est moins fin !
2) Pour parfumer la crème : il faut attendre qu'elle soit refroidie pour la parfumer avec un alcool.

UTILISATIONS

1) Accompagne des gâteaux, savoie, génoise, biscuits, sablés, tuiles, cigarettes, entremets au chocolat, au caramel, aux marrons, au riz, aux pommes.
2) Sert de base dans les œufs à la neige, l'île flottante, la bavaroise, la glace à la vanille, les charlottes.

Variantes

Les proportions de la crème anglaise peuvent varier : on peut augmenter sans inconvénient la quantité de jaunes d'œufs jusqu'à 6 œufs pour 50 cl de lait. Plus la quantité de jaunes d'œufs augmente, plus la crème devient onctueuse et fine. Aussi cette proportion est-elle courante dans les recettes anciennes ; la quantité de sucre peut aussi varier selon les goûts : de 50 à 75 g pour 50 cl.

• Crème anglaise au caramel
Suivre la recette de la crème anglaise. Ajouter une dose de caramel instantané ou de caramel fait suivant la méthode suivante :

Ingrédients : 50 g de sucre, 3 c. à soupe d'eau, 2 gouttes de vinaigre ou de jus de citron

Cuisson : à la casserole : 10 mn ; au micro-ondes : 4 mn environ

1) Faire fondre le sucre, l'eau et le vinaigre ou le jus de citron avant de faire cuire.

2) Dès que le caramel est blond, le retirer du feu et l'éteindre avec 1/4 de verre d'eau chaude.

3) Ajouter le caramel à la crème anglaise.

• **Crème anglaise au chocolat**
Suivre la recette de la crème anglaise en prenant soin de faire fondre dans le lait 100 g de chocolat noir à dessert (riche en cacao).
N. B. On peut diminuer la quantité de sucre ou même la supprimer complètement.

• **Crème anglaise surprise**
Coller 10 biscuits à la cuillère avec 1/2 pot de gelée de groseille.
Verser la crème anglaise encore chaude sur les biscuits. Servir frais.

ŒUFS À LA NEIGE

QUANTITÉS : 6 PERSONNES

INGRÉDIENTS

Crème anglaise :
– 50 cl de lait
– 4 jaunes d'œufs
– 60 à 75 g de sucre
Parfum : 1 gousse de vanille, extrait de vanille liquide ou 1 sachet de sucre vanillé
Blancs en neige :
– 4 blancs d'œufs

– 60 g de sucre en poudre ou de sucre glace (1 c. à soupe par blanc d'œuf)
– 1 sachet de sucre vanillé
– quelques gouttes de jus de citron
– 1 pincée de sel
Garniture : caramel, amandes grillées, noisettes, pistaches, nougatine broyées

Préparation de la crème anglaise : 5 mn ; des blancs en neige : 5 mn
• Cuisson de la crème anglaise : à la casserole ou au micro-ondes : 5 mn environ sans bouillir ; cuisson des blancs en neige : à la casserole couverte : 3 mn (hors du feu) ; au micro-ondes : 40 secondes à 1 mn à puissance douce (50%) • Matériel : pour la crème : 1 terrine, 1 verre mesureur, 1 spatule en bois, 1 casserole ou 1 moule à soufflé (micro-ondes) ; pour les blancs : 1 saladier, 2 cuillères à soupe, 1 écumoire, 1 fouet électrique, 2 grandes casseroles + couvercle ou 1 plat à tarte ou 1 feuille à pâtisserie (micro-ondes), papier absorbant

PRÉPARATION DE LA CRÈME

1) Travailler les jaunes d'œufs avec le sucre jusqu'à ce que le mélange devienne mousseux.

2) Ajouter le lait bouillant (parfumé à la vanille) petit à petit sur le mélange.

3) Faire épaissir la crème sans bouillir en tournant sans cesse.
4) La crème est cuite lorsqu'elle nappe la spatule.
5) Laisser refroidir doucement la crème à température ambiante en tournant de temps en temps.

PRÉPARATION DES BLANCS

1) Battre les blancs en neige très ferme avec la moitié du sucre, quelques gouttes de jus de citron, une pincée de sel.
2) Ajouter le reste de sucre et le sucre vanillé en continuant de battre quelques instants.
3) Mouler les blancs en forme d'œufs à l'aide de deux cuillères à soupe.

CUISSON DES BLANCS

Faire cuire les blancs selon la méthode de votre choix :
À la casserole : faire bouillir de l'eau légèrement citronnée ou du lait (le lait de la crème peut être utilisé puis complété ensuite) ; retirer le liquide du feu ; verser aussitôt les blancs moulés en forme d'œufs. Couvrir. Laisser cuire 3 mn ; égoutter les blancs sur du papier absorbant avant de les déposer sur la crème anglaise.
Au micro-ondes : disposer les blancs moulés en forme d'œufs par cinq ou six sur le plat à tarte ou une feuille à pâtisserie ; faire cuire 40 secondes à 1 mn à puissance douce (50 %) ; égoutter les blancs sur du papier absorbant avant de les déposer sur la crème anglaise.

Service

Servir les œufs à la neige nature, nappés de caramel ou saupoudrés d'amandes grillées, noisettes, pistaches, nougatine broyées.
Ils peuvent être accompagnés de savoie, génoise, biscuits, tuiles, meringues.
N. B. Si vous couvrez les blancs en neige de caramel, il faut le faire au dernier moment car le caramel ramollit.

RECOMMANDATIONS

1) Pour la cuisson de la crème anglaise, voir les recommandations de la cuisson de la crème anglaise.
2) Pour la cuisson des blancs d'œufs à la casserole, prévoir le liquide bouillant (eau ou lait) avant de battre les blancs d'œufs en neige, car il est impératif de ne pas les faire attendre ; pour la cuisson au micro-ondes, il ne faut pas prolonger la cuisson car les blancs deviennent vite caoutchouteux.

ÎLE FLOTTANTE

INGRÉDIENTS

Crème anglaise :
- 50 cl de lait
- 4 jaunes d'œufs
- 60 à 75 g de sucre
Parfum : 1 gousse de vanille, extrait de vanille liquide ou 1 sachet de sucre vanillé
Île flottante :
- 4 à 6 blancs d'œufs

- 60 à 120 g de sucre en poudre ou de sucre glace (1 c. à soupe par blanc d'œuf)
- 1 sachet de sucre vanillé
- quelques gouttes de jus de citron
- 1 pincée de sel
Garniture : 50 g d'amandes grillées, noisettes, pistaches, nougatine, pralines roses broyées

Préparation de la crème anglaise : 5 mn ; de l'île : 5 mn • Cuisson de la crème anglaise : à la casserole ou au micro-ondes : 5 mn environ sans bouillir ; cuisson de l'île : 30 à 40 mn à th. 4-5 ou 160-180 °C • Matériel : pour la crème : 1 terrine, 1 verre mesureur, 1 spatule en bois, 1 casserole ou 1 moule à soufflé (micro-ondes) ; pour l'île : 1 saladier, 1 spatule en caoutchouc, 1 fouet électrique, 1 moule à charlotte ou à soufflé

PRÉPARATION

1) Allumer le four
2) Beurrer le moule et le saupoudrer de sucre.

PRÉPARATION DE LA CRÈME

1) Travailler les jaunes d'œufs avec le sucre jusqu'à ce que le mélange devienne mousseux.
2) Ajouter le lait bouillant (parfumé à la vanille) petit à petit sur le mélange.
3) Faire épaissir la crème sans bouillir en tournant sans cesse.
4) La crème est cuite lorsqu'elle nappe la spatule.
5) Laisser refroidir doucement la crème à température ambiante en tournant de temps en temps.

PRÉPARATION DE L'ÎLE

1) Battre les blancs en neige très ferme avec la moitié du sucre, quelques gouttes de jus de citron, une pincée de sel.
2) Ajouter le reste de sucre et le sucre vanillé en continuant de battre quelques instants.
3) Incorporer délicatement la garniture au choix en soulevant la préparation avec une spatule en caoutchouc. Ne pas tourner les blancs.

CUISSON

1) Faire cuire l'île au bain-marie (mettre 2 cm d'eau chaude dans la tôle creuse du four).
2) Ne pas ouvrir le four pendant la cuisson.
3) Vérifier la cuisson au bout de 30 mn avec la pointe d'un couteau. Si elle sort nette, l'île est cuite.
4) Laisser refroidir avant de démouler dans un plat creux.

Service

Servir l'île flottante entourée de crème anglaise.
Elle peut s'accompagner de savoie, génoise, biscuits, tuiles, meringues.
N. B. Pour l'île flottante aux amandes grillées, noisettes, pistaches, nougatine, vous pouvez caraméliser le moule au lieu de le beurrer et de le saupoudrer de sucre (voir recette du caramel).

Variante

• Île flottante aux pommes : **6** PERSONNES

INGRÉDIENTS

Garniture : 500 g de pommes (reinettes de préférence), 50 g de sucre, 20 g de beurre, 1/2 citron
Caramel : 50 g de sucre, 3 c. à soupe d'eau, quelques gouttes de jus de citron ou de vinaigre
Décoration : 2 pommes (golden), 1/2 citron

SUIVRE LA RECETTE DE L'ÎLE FLOTTANTE.

1) Préparation de la garniture : éplucher et couper les pommes en morceaux. Les arroser de jus de citron pour éviter leur noircissement. Les faire cuire avec le sucre et le beurre 5 mn à la poêle ou au micro-ondes. Dès que les pommes sont translucides, arrêter la cuisson. Ajouter la garniture de pommes aux blancs battus en neige très ferme selon la recette.
2) Décoration : juste avant de servir l'île flottante, éplucher 2 pommes. Les couper en tranches assez fines. Les arroser de jus de citron. Les dresser en couronne sur l'île flottante cuite et démoulée.
3) Préparation du caramel : faire fondre le sucre avec l'eau et quelques gouttes de vinaigre ou de jus de citron.
4) Cuisson du caramel : faire cuire 5 mn environ à la casserole ou au micro-ondes. Dès qu'il est blond, en arroser les tranches de pomme.

BAVAROIS À LA CRÈME ANGLAISE

QUANTITÉS : **6** PERSONNES

INGRÉDIENTS

Crème anglaise :
– 25 cl de lait
– 4 jaunes d'œufs
– 120 g de sucre
– 6 feuilles de gélatine (12 g)
Parfums : 1 gousse de vanille, extrait de vanille liquide ou 1 sachet de sucre vanille, 1 c. à soupe de kirsch, cognac, liqueur de fruits (orange, fraise, framboise,) zeste de citron ou d'orange râpé
Crème Chantilly : 25 cl de crème fraîche, 1 glaçon
Décoration : crème Chantilly en bombe

Préparation : 30 mn • Cuisson de la crème anglaise : à la casserole ou au micro-ondes : 5 mn environ sans bouillir • Réfrigération : 12 h (la veille)

• *Matériel : pour la crème : 1 terrine, 1 verre mesureur, 1 spatule en bois, 1 bol, 1 casserole ou 1 moule à soufflé (micro-ondes) ; pour la crème Chantilly : 1 saladier, 1 fouet à main ; pour le bavarois : 1 moule à bavarois ou 1 moule à charlotte à fond amovible (Tupperware)*

Huiler le moule.

PRÉPARATION DE LA CRÈME ANGLAISE

1) Faire fondre la gélatine dans 2 c. à soupe d'eau tiède.
2) Travailler les jaunes d'œufs avec le sucre jusqu'à ce que le mélange devienne mousseux.
3) Ajouter le lait bouillant (parfumé à la vanille) petit à petit sur le mélange.
4) Faire épaissir la crème sans bouillir en tournant.
5) La crème est cuite lorsqu'elle nappe la spatule.
6) Ajouter sans attendre la gélatine fondue.
7) Lorsque la crème est tiède, parfumer avec l'alcool de votre choix (facultatif).

PRÉPARATION DE LA CRÈME CHANTILLY

1) Fouetter la crème fraîche avec un glaçon.
2) Quand le volume de la crème a doublé et que le fouet laisse une marque, arrêter aussitôt de fouetter.
3) Ajouter la crème fouettée à la crème anglaise refroidie mais non encore prise en gelée.
4) Verser la préparation dans le moule.
5) Mettre à prendre au réfrigérateur.
6) Quand la crème est prise, la démouler. Tremper si nécessaire le moule quelques secondes dans l'eau bouillante.

Service

Servir le bavarois décoré de crème Chantilly en bombe.
N. B. Pour éviter de démouler le bavarois, vous pouvez le servir directement dans des coupes. La gélatine n'est plus alors indispensable. Le bavarois prend le nom de crème bavaroise !

Variantes

• **Bavarois à la noix de coco**
Faire bouillir le lait avec 80 g de noix de coco râpée. Laisser infuser 5 mn hors du feu. Passer le lait et faire la crème anglaise comme indiqué dans la recette. Lorsque la crème est tiède, la parfumer avec 1 c. à soupe de rhum. Au moment de servir le bavarois, décorer avec 50 g d'amandes grillées.

• **Bavarois au café**
Ajouter 1 c. à soupe de café soluble dilué avec un peu d'eau à la crème anglaise (varier la quantité selon les goûts).

• **Bavarois au chocolat**
Faire fondre dans le lait 100 g de chocolat noir à dessert (riche en cacao).

• **Bavarois aux fruits au sirop**
Ajouter à la crème anglaise cuite 500 g de fruits au sirop (ananas, abricots, poires, prunes, cerises, pêches) égouttés et réduits en purée au mixeur ou à la Moulinette. Parfumer avec la liqueur de votre choix.

• **Bavarois aux fruits frais**
Ajouter à la crème anglaise cuite 100 g de sucre et 500 g de fruits (fraises, framboises, melon, banane, kiwi, mangue, fruit de la Passion) réduits en purée au mixeur ou à la Moulinette.

• **Bavarois aux marrons**
1) Ajouter 250 g de crème de marrons en boîte.
2) Décorer le bavarois avec des marrons glacés et de la crème Chantilly en bombe.
N. B. Vous pouvez parfumer la crème anglaise tiède avec 1 c. à soupe de rhum.

CRÈME CATALANE
(crème brûlée)

QUANTITÉS : **6** PERSONNES

INGRÉDIENTS

– 50 cl de crème fraîche liquide (fleurette)
– 4 jaunes d'œufs + 1 œuf
– 80 g de sucre
– 80 à 100 g de sucre roux

Parfums : 1 gousse de vanille, extrait de vanille liquide ou 1 sachet de sucre vanillé, 100 g de noisettes broyées, cannelle

Préparation : 15 mn • Cuisson : au four : 30 à 40 mn à th. 4-5 ou 160-180 °C (au bain-marie) ; au gril : quelques instants • Réfrigération : 2 h • Matériel : 1 terrine, 1 verre mesureur, 1 cuillère en bois, 1 fouet à main, 1 plat à four ou 6 ramequins, 1 tôle creuse de four

PRÉPARATION

1) Allumer le four.
2) Beurrer le moule.

PRÉPARATION DE LA CRÈME

1) Fouetter les jaunes et l'œuf avec le sucre blanc jusqu'à ce que le mélange devienne mousseux.
2) Ajouter la vanille (si on utilise une gousse de vanille, la fendre et en récupérer les graines).
3) Ajouter la crème fraîche et continuer de fouetter.
4) Verser la préparation dans le moule.

CUISSON

1) Faire cuire au bain-marie (mettre 2 cm d'eau chaude dans la tôle creuse du four).
2) Vérifier la cuisson avec la pointe d'un couteau. Si elle sort sèche, la crème est cuite.
3) Laisser refroidir la crème et la mettre à rafraîchir au réfrigérateur.

Service

1) Juste avant de servir, saupoudrer la crème de sucre roux.
2) Passer sous le gril quelques instants pour caraméliser. Surveiller pour que le caramel ne brûle pas.
3) Servir aussitôt.
N. B. Vous pouvez supprimer l'œuf entier et remplacer la moitié de la crème par du lait.

Service

Hors du feu, ajouter le parfum au choix et servir tiède ou frais (selon les goûts) pour accompagner des fruits frais ou au sirop, ou un savarin.

RECOMMANDATIONS

La réussite du sabayon est assez délicate, c'est pourquoi il est important d'utiliser un bain-marie pour assurer une cuisson douce sans atteindre l'ébullition. Si vous avez peur de ne pas le réussir, vous pouvez toujours ajouter aux jaunes d'œufs 1 c. à café de fécule de pommes de terre ou de Maïzena. La crème épaissit plus facilement. Éviter tout de même de la laisser bouillir !

UTILISATIONS

Le sabayon se servait jadis chaud en saucière comme une sauce pour accompagner des entremets tièdes (pudding, gâteau de riz, de semoule) ou un savarin. En Italie, dont il est originaire, il est servi comme un café ou un chocolat dans une tasse ou un verre.
Actuellement, la tendance est de le servir plutôt froid dans des coupes pour napper des fruits frais (fraises, framboises, oranges, groseilles, pêches, bananes, mangues) ou des fruits au sirop (abricots, pêches, poires, cerises).

CRÈME PÂTISSIÈRE

QUANTITÉS : 6 PERSONNES

INGRÉDIENTS

– 50 cl de lait
– 3 jaunes d'œufs
– 60 à 75 g de sucre
– 40 g de farine à pâtisserie (type 45).
Parfums : 1 gousse de vanille, extrait de vanille liquide ou 1 sachet de sucre vanillé, 1 zeste de citron ou d'orange râpé,

1 c. à soupe de kirsch, cognac, liqueur de fruits, 1 c. à soupe de café soluble, 100 g de chocolat noir à dessert (voir crème pâtissière au chocolat), caramel (voir crème pâtissière au caramel)

Préparation : 5 mn • Cuisson : à la casserole ou au micro-ondes : 5 mn d'ébullition • Matériel : 1 terrine, 1 verre mesureur, 1 spatule en bois, 1 casserole ou 1 moule à soufflé (micro-ondes)

PRÉPARATION

1) Faire chauffer le lait avec la vanille.
2) Travailler les jaunes d'œufs avec le sucre jusqu'à ce que le mélange blanchisse et devienne mousseux.
3) Ajouter la farine en pluie. Bien mélanger.
4) Verser le lait bouillant petit à petit sur le mélange.

CUISSON

1) Faire épaissir la crème à la casserole en portant doucement à ébullition et en tournant sans cesse, ou au micro-ondes en fouettant toutes les minutes pour qu'elle reste lisse.
2) Verser la crème dans une jatte et la laisser refroidir.

Service

Servir la crème pâtissière accompagnée de savoie, génoise, gâteau au chocolat ou de biscuits sablés, tuiles, meringues.

N. B. Suivant sa destination, la crème pâtissière doit être plus ou moins épaisse.
Pour 50 cl de lait :
– 60 à 70 g de farine = crème pâtissière très épaisse (crème frangipane) ;
– 50 g de farine = crème pâtissière épaisse (pour fourrer les gâteaux, choux) ;
– 40 g de farine = crème pâtissière à napper (dégustation) ;
– 30 g de farine = crème pâtissière légère (crème saint-honoré).
Si vous faites cuire la crème pâtissière au micro-ondes, il faut :
– augmenter de 10 g les proportions de farine car la crème obtenue est toujours plus liquide ;
– tourner la crème toutes les minutes.

RECOMMANDATIONS

1) Pour éviter les grumeaux : à la casserole : il faut porter la crème très doucement à ébullition en tournant sans cesse jusqu'à ce qu'elle épaississe ; au micro-ondes : il faut fouetter la crème toutes les minutes pour qu'elle reste lisse.
2) Pour parfumer la crème avec un alcool, il faut attendre qu'elle soit refroidie.
3) Pour éviter la croûte qui a tendance à se former au refroidissement, il faut saupoudrer la crème chaude avec un peu de sucre glace.

UTILISATIONS

1) Accompagne des gâteaux, biscuits, sablés, tuiles, cigarettes.
2) Sert à fourrer des savoies, génoises, biscuits roulés, crêpes, choux à la crème, éclairs, mille-feuilles, cornets à la crème, tartes, charlottes.

Variantes

La composition de la crème pâtissière peut varier.
On peut remplacer :

– 1 jaune d'œuf par 1 œuf entier, mais la crème devient plus ferme et moins fine ;
– la farine par moitié ou entièrement par de la Maïzena et diminuer le nombre d'œufs (voir la recette de la crème pâtissière à la Maïzena).

• **Crème pâtissière au beurre**

Quantités pour garnir un gâteau pour 6 personnes

INGRÉDIENTS

– 25 cl de lait	**Parfums :** gousse de vanille ou
– 2 jaunes d'œufs	extrait de vanille liquide,ou 1 sachet
– 100 g de sucre	de sucre vanillé, 100 g de noix,
– 100 g de beurre	noisettes, pistaches broyées, 100 g de
– 30 g de farine	pralin, 100 g de chocolat noir,
	1 c. à café de café soluble, 50 g de
	poudre d'amandes, noisettes

1) Suivre la recette de la crème pâtissière.
2) Quand la crème pâtissière est cuite, ajouter la moitié du beurre et mélanger au fouet.
3) Laisser refroidir la crème et ajouter le reste de beurre ramolli.
4) Fouetter encore au fouet à la main ou au fouet électrique jusqu'à ce que la crème soit mousseuse.
   N. B. On peut ajouter 1 œuf entier à la crème.
   On peut également remplacer la farine par 1 c. à soupe rase de Maïzena, fécule ou crème de riz.

UTILISATIONS

Sert à fourrer un gâteau : savoie, génoise, bûche, paris-brest (crème au pralin) ou une charlotte, une galette.

• **Crème pâtissière au caramel**
Suivre la recette de la crème pâtissière. Ajouter une dose de caramel instantané ou de caramel fait selon la méthode suivante.

Quantités pour 6 personnes

INGRÉDIENTS

Caramel : 50 g de sucre, 3 c. à soupe d'eau, 2 gouttes de vinaigre ou de jus de citron

Cuisson : à la casserole : 10 mn ; au micro-ondes : 4 mn environ

1) Faire fondre le sucre, l'eau et le vinaigre ou le jus de citron avant de faire cuire.
2) Dès que le caramel est blond, le retirer du feu et l'éteindre avec 1/4 de verre d'eau chaude.
3) Ajouter le caramel à la crème pâtissière.

• **Crème pâtissière au chocolat**
Suivre la recette de la crème pâtissière en prenant soin de faire fondre dans le lait 100 g de chocolat noir à dessert (riche en cacao).
   N. B. On peut diminuer la quantité de sucre ou même le supprimer complète-ment selon les goûts.

Île flottante
(recette p. 418) ▶

CRÈME PÂTISSIÈRE À LA MAÏZENA

QUANTITÉS : 6 PERSONNES

INGRÉDIENTS

– 50 cl de lait
– 2 jaunes d'œufs
– 60 à 75 g de sucre
– 40 g de Maïzena
(4 c. à soupe rases)
Parfums : 1 gousse de vanille, extrait de vanille liquide ou 1 sachet de sucre vanillé, 1 zeste de citron ou d'orange râpé, 1 c. à soupe de kirsch, cognac, liqueur de fruits, 1 c. à soupe rase de café soluble, 100 g de chocolat noir à dessert (voir crème pâtissière au chocolat), caramel (voir crème pâtissière au caramel)

Préparation : 5 mn • Cuisson : à la casserole ou au micro-ondes : jusqu'à l'ébullition • Matériel : 1 terrine, 1 verre mesureur, 1 spatule en bois, 1 casserole ou 1 moule à soufflé (micro-ondes)

PRÉPARATION

1) Mélanger le sucre, la Maïzena, les jaunes d'œufs.
2) Délayer petit à petit avec le lait froid.
3) Ajouter la vanille.

CUISSON

1) Faire épaissir la crème à la casserole en portant doucement à ébullition quelques secondes et en remuant sans cesse, ou au micro-ondes en fouettant toutes les minutes pour qu'elle reste lisse.
2) Verser la crème dans une jatte et la laisser refroidir avant de la parfumer avec un alcool (facultatif).

Service

Servir la crème pâtissière à la Maïzena accompagnée de savoie, génoise, gâteau au chocolat, de biscuits, tuiles, meringues.
N. B. Si vous faites cuire la crème au micro-ondes, il faut augmenter de 10 g (1 c. à soupe) la Maïzena, car la crème obtenue est toujours plus fluide.
Vous pouvez mettre les œufs entiers dans la crème.

Variantes

Toutes les variantes de la crème pâtissière peuvent se faire avec la Maïzena.

• **Crème pâtissière à la Maïzena, au citron, orange, pamplemousse**
1) Suivre la recette de la crème pâtissière à la Maïzena.
2) Remplacer le lait par 40 cl de liquide (eau ou vin blanc sec) : pour la crème au citron : le jus de 2 citrons + 20 cl d'eau ou de vin blanc ; pour la crème à l'orange : le jus de 2 oranges + 1 citron + 20 cl d'eau ou de vin blanc ; pour la crème au pamplemousse : le jus de 1 pamplemousse + 1 orange + 1/2 citron + 20 cl d'eau ou de vin blanc.

◄ *Crème brûlée*
(recette p. 421)

N. B. Vous pouvez ajouter à la crème cuite les blancs d'œufs battus en neige ferme, une crème Chantilly ou 30 g de beurre (pour diminuer l'acidité).

Utilisations : ces crèmes pâtissières au citron, orange, pamplemousse sont souvent utilisées pour fourrer des gâteaux, confectionner des charlottes. Elles peuvent être aussi servies bien froides en coupe.

CRÈME GANACHE

QUANTITÉS POUR 1 GÂTEAU

INGRÉDIENTS

– 200 g de chocolat noir à dessert – 25 cl de crème fraîche (non stérilisée U.H.T.)

Préparation : 15 mn • Cuisson de la crème fraîche : jusqu'à l'ébullition • Refroidissement : 1 h environ • Matériel : 1 terrine, 1 casserole, 1 fouet à main et 1 fouet électrique

PRÉPARATION

1) Couper le chocolat en morceaux et le mettre dans la terrine.
2) Porter à ébullition la crème fraîche.
3) Hors du feu, verser la crème bouillante sur le chocolat coupé en morceaux.
4) Travailler au fouet à main jusqu'à ce que la crème soit lisse.
5) Laisser refroidir jusqu'à presque totale solidification.
6) Avant d'utiliser la crème, la battre au fouet électrique jusqu'à ce qu'elle devienne lisse et légère.

UTILISATIONS

1) La crème ganache est utilisée comme la crème au beurre à laquelle on peut l'associer.
2) Elle sert à garnir ou napper des gâteaux, biscuits roulés, charlottes, tartes, choux, meringues, ou à confectionner des bonbons et des truffes au chocolat.

CRÈME AU BEURRE

QUANTITÉS POUR GARNIR UN GÂTEAU POUR 5 À 6 PERSONNES

INGRÉDIENTS

– 200 g de beurre
– 200 g de sucre glace ou de sucre en poudre
– 2 jaunes d'œufs
Parfums : extrait de vanille liquide ou 1 sachet de sucre vanillé,
1 c. à café de cognac, kirsch, liqueur de fruits (orange, framboise, cassis),
1 c. à café de café soluble (voir crème au beurre au café), 100 g de chocolat noir à dessert (voir crème au beurre au chocolat)

Préparation : 15 mn • Pas de cuisson • Matériel : 1 terrine, 1 spatule en bois, 1 fourchette

PRÉPARATION

1) Travailler les jaunes d'œufs avec le sucre jusqu'à ce que le mélange blanchisse.

2) Malaxer le beurre avec une fourchette jusqu'à ce qu'il ait la consistance d'une pommade.

3) Ajouter peu à peu le beurre ramolli. Bien mélanger.

4) Parfumer la crème au choix.

5) La crème au beurre est prête à être utilisée.

UTILISATIONS

La crème au beurre n'est jamais utilisée seule.

1) Elle sert à fourrer des gâteaux : savoie, génoise (si la crème est parfumée au café, le gâteau prend le nom de moka), le biscuit roulé qui selon la décoration peut servir de bûche de Noël, ou encore une charlotte, un paris-brest (la crème est alors parfumée avec du pralin).

2) Elle peut également servir de base pour la fabrication de gâteaux faits à partir de petits-beurre.

Variantes

• **Crème au beurre au café (crème moka)**

Ajouter à la crème au beurre 1 c. à soupe d'essence de café ou 1 c. à soupe de café soluble dilué. Varier la quantité selon les goûts.

• **Crème au beurre au chocolat**

Ajouter à la crème au beurre 100 g de chocolat noir à dessert (riche en cacao) fondu doucement.

• **Crème au beurre pralinée**

INGRÉDIENTS

Pralin : 100 g instantané ou fait maison : 100 g de sucre, 3 c. à soupe d'eau, 2 gouttes de vinaigre ou de jus de citron, 100 g d'amandes hachées

Ajouter à la crème au beurre 100 g de pralin instantané ou réalisé selon la recette suivante :

1) Huiler une assiette plate ou la tôle d'un four.

2) Mettre dans une casserole le sucre, l'eau et le vinaigre ou le jus de citron.

3) Porter ensuite à feu vif.

4) Lorsque le caramel est blond, verser les amandes hachées.

5) Mélanger avec une cuillère en bois et laisser cuire jusqu'à ce que le caramel prenne couleur.

6) Verser sur l'assiette huilée.

7) Laisser refroidir le caramel avant de le casser et de le passer à la Moulinette ou au hachoir électrique pour le réduire en poudre.

UTILISATIONS

Garnit le paris-brest.

CRÈME CHANTILLY

QUANTITÉS : 6 PERSONNES

INGRÉDIENTS

– 25 cl de crème fraîche fluide
(fleurette)
– 40 à 50 g de sucre glace ou en
poudre

– 1 blanc d'œuf (facultatif)
– 1 glaçon
Parfum : extrait de vanille liquide ou
1 sachet de sucre vanillé

Préparation : 10 mn • Réfrigération : la crème doit être gardée 2 h au réfrigérateur avant d'être utilisée • Matériel : 2 terrines, 1 verre mesureur, 1 fouet à main, 1 fouet électrique, 1 spatule en caoutchouc

PRÉPARATION

1) Battre au fouet à main la crème fraîche et un glaçon jusqu'à ce que la crème ait doublé de volume. Quand le fouet marque, arrêter aussitôt de fouetter car la crème se transformerait en beurre.

2) Ajouter en pluie le sucre glace ou en poudre et le sucre vanillé. Ne pas mélanger.

3) Battre le blanc d'œuf en neige ferme avec une pincée de sel.

4) L'incorporer délicatement à la crème avec une spatule en caoutchouc en soulevant la crème. Ne pas tourner.

5) La crème est prête à être utilisée.

N. B. La présence d'un blanc d'œuf battu en neige dans la crème Chantilly la rend beaucoup plus légère.

RECOMMANDATIONS

1) Pour réussir la crème Chantilly il faut que la crème utilisée soit très fraîche et de préférence fluide. C'est la crème fleurette qui convient donc le mieux. Mais si on est obligé d'utiliser de la crème épaisse, il faut la liquéfier légèrement avec du lait avant de l'employer.

2) La crème et le matériel (fouet, terrine) doivent aussi être bien froids.

3) Il ne faut surtout pas utiliser un fouet électrique car la crème passe trop vite à l'état de beurre. Si cela vous arrivait, même avec un fouet à main, conservez le beurre pour faire une crème au beurre.

UTILISATIONS

1) La crème Chantilly est présente dans de nombreux entremets et gâteaux : glaces, mousses, choux à la crème, savarin, charlotte, paris-brest, saint-honoré, bavaroise, biscuit roulé.

2) Elle peut accompagner tous les fruits frais au sirop.

3) Elle est très utilisée dans des douilles à pâtisserie pour la décoration.

N. B. Pour les décorations de gâteaux, bûches de Noël, charlottes, on peut utiliser de la crème Chantilly en bombe mais elle ne tient pas plus d'un quart d'heure et son goût est moins fin. Elle ne peut en aucun cas servir pour fourrer un gâteau.

CRÈME RENVERSÉE

QUANTITÉS : 6 PERSONNES

INGRÉDIENTS

– 50 cl de lait
– 60 à 75 g de sucre
– 3 œufs
Parfum : 1 gousse de vanille, extrait de vanille liquide ou 1 sachet de sucre vanillé

Caramel : 50 g de sucre, 3 c. à soupe d'eau, 2 gouttes de vinaigre ou de jus de citron

Préparation : 15 mn • Cuisson du caramel : à la casserole : 5 mn environ ; au micro-ondes : 3 à 4 mn à puissance maximum • cuisson de la crème : au four : 30 à 40 mn à th. 4-5 ou 160-180 °C au bain-marie ; à l'autocuiseur : 8 à 10 mn à partir du chuchotement de la soupape ; au micro-ondes : 10 à 12 mn à puissance douce (40 %) • Matériel : pour le caramel : 1 casserole ou directement dans le moule de cuisson pour le micro-ondes ; pour la crème : 1 terrine, 1 verre mesureur, 1 cuillère en bois, 1 casserole, 1 fourchette, 1 moule à soufflé ou à charlotte de 14 cm de diamètre ou 6 ramequins, 1 tôle creuse de four

Allumer le four si nécessaire.

PRÉPARATION DU CARAMEL

1) Faire fondre le sucre avec l'eau, le vinaigre ou le jus de citron.
2) Faire cuire selon la méthode de votre choix.
3) Quand le caramel est blond, napper le fond et les côtés du moule en le faisant tourner sur lui-même.

PRÉPARATION DE LA CRÈME

1) Faire bouillir le lait avec le sucre, la vanille et le retirer du feu.
2) Battre les œufs en omelette.
3) Ajouter le lait bouillant petit à petit en fouettant sans arrêt.
4) Verser la crème dans le moule caramélisé.

CUISSON

Faire cuire la crème selon la méthode de votre choix (elle ne doit pas bouillir sinon elle se décompose : soit au four au bain-marie en mettant de l'eau chaude dans la tôle creuse du four ; soit à l'autocuiseur en y mettant 2 cm d'eau chaude. Il faut couvrir le moule avec une assiette et le déposer dans le panier avant de fermer l'autocuiseur. Laisser cuire doucement. La soupape ne doit pas tourner. La crème est cuite quand la pointe d'un couteau en sort nette ; soit au micro-ondes directement dans le moule à puissance douce (40 %). La crème est cuite lorsque le tour du moule est pris et que le centre commence à prendre.

Service

Laisser refroidir la crème avant de la démouler dans un plat creux.

N. B. Pour la cuisson au micro-ondes, il faut utiliser 6 œufs pour 50 cl de lait, sinon la crème reste trop fluide pour être démoulée.

Variantes

• **Crème renversée à la noix de coco**
Suivre la recette de la crème renversée. Ajouter à la crème 125 g de noix de coco râpée. Décorer la crème renversée avec des rondelles de kiwi ou des lamelles de mangue.
N. B. Vous pouvez supprimer le sucre de la crème si vous utilisez 1 boîte de lait concentré sucré (180 g).

• **Crème renversée au café**
Suivre la recette de la crème renversée. Parfumer la crème avec 2 c. à café de café soluble. Varier la quantité selon les goûts.

• **Crème renversée au chocolat**
Suivre la recette de la crème renversée. Ajouter 100 g de chocolat noir à dessert à fondre avec le lait.

• **Crème renversée aux poires**
Suivre la recette de la crème renversée. Dans le moule caramélisé, disposer 2 poires au sirop (fraîches ou en boîte) coupées en deux. Verser la crème sur les poires et faire cuire.

• **Crème renversée aux pommes**
Suivre la recette de la crème renversée. Faire la crème avec les proportions suivantes : 25 cl de lait, 2 œufs + 2 jaunes, 100 g de sucre. Ajouter 500 g de compote de pommes fraîches faite avec 500 g (5 pommes) de reinettes ou boskoop et 1 pincée de cannelle, ou utiliser une compote toute faite en boîte.
Cuisson de la compote : à la casserole : 20 à 30 mn + 1 verre d'eau + couvercle ; à l'autocuiseur : 10 mn + 1/2 verre d'eau à partir du chuchotement de la soupape ; au micro-ondes : 6 à 8 mn à puissance maximum. Lorsque les pommes sont transparentes, les passer au mixeur ou au moulin à légumes grille fine.

ŒUFS AU LAIT

QUANTITÉS : 6 PERSONNES

INGRÉDIENTS

– 50 cl de lait
– 60 à 75 g de sucre
– 2 à 3 œufs

Parfum : 1 gousse de vanille, extrait de vanille ou 1 sachet de sucre vanillé

Préparation : 15 mn • Cuisson de la crème : au four : 30 à 40 mn à th.5-6 ou 180-200 °C au bain-marie ; à l'autocuiseur : 8 à 10 mn à partir du chuchotement de la soupape ; au micro-ondes : 10 à 12 mn à puissance douce (40 %) • Matériel : 1 terrine, 1 verre mesureur, 1 cuillère en bois, 1 casserole, 1 fourchette, 1 moule à soufflé ou à charlotte de 14 cm de diamètre ou 6 ramequins, 1 tôle creuse du four

Allumer le four et beurrer le moule.

PRÉPARATION DE LA CRÈME

1) Faire bouillir le lait avec le sucre, la vanille et le retirer du feu.
2) Battre les œufs en omelette.
3) Ajouter le lait bouillant petit à petit en fouettant sans arrêt.
4) Verser la crème dans le moule.

CUISSON

Faire cuire la crème selon la méthode de votre choix (elle ne doit pas bouillir sinon elle se décompose) : soit au four, au bain-marie en mettant de l'eau chaude dans la tôle creuse du four ; soit à l'autocuiseur en y mettant 2 cm d'eau chaude. Il faut couvrir le moule avec une assiette et le déposer dans le panier avant de fermer l'autocuiseur. Laisser cuire doucement, la soupape ne doit pas tourner. La crème est cuite lorsque la pointe d'un couteau en sort nette ; soit au micro-ondes directement dans le moule à puissance douce (40 %). La crème est cuite lorsque le tour du moule est pris et que le centre commence à prendre.

Service

Laisser refroidir et servir les œufs au lait dans le plat.

N. B. Si les œufs au lait cuisent au micro-ondes, il faut utiliser 3 œufs car le flan reste trop fluide.

Variantes

Suivre les mêmes variantes que pour la crème renversée.

FLAN AU CITRON

QUANTITÉS : 5 OU 6 PERSONNES

INGRÉDIENTS

– 50 cl de lait
– 4 œufs
– 60 à 75 g de sucre
– 60 g de farine

– 30 g de beurre fondu (facultatif)
Parfums : 1 sachet de sucre vanillé ou extrait de vanille liquide, zeste de citron râpé (peau jaune)

Préparation : 10 mn • Cuisson : au four : 45 mn à th. 5-6 ou 180-200 °C ; à l'autocuiseur : 20 mn à partir du chuchotement de la soupape ; au micro-ondes : 12 à 15mn à puissance moyenne (50 %) • Matériel : 1 terrine, 1 verre mesureur, 1 fourchette, 1 cuillère en bois ; pour la cuisson au four : 1 plat creux ; pour la cuisson à l'autocuiseur : 1 moule à soufflé ou à charlotte ; pour la cuisson au micro-ondes : 1 moule à soufflé

PRÉPARATION

1) Battre les œufs entiers avec le sucre, le sucre vanillé et le zeste de citron râpé (peau jaune).
2) Ajouter la farine et le beurre fondu (facultatif).
3) Verser peu à peu le lait froid. Bien diluer.

CUISSON

1) Faire cuire le flan selon la méthode de votre choix : soit au four ; soit à l'autocuiseur en mettant 2 cm d'eau chaude. Il faut couvrir le moule avec une assiette et le déposer dans le panier avant de fermer l'autocuiseur. Laisser cuire doucement. La soupape ne doit pas tourner. Le flan est cuit lorsque la pointe d'un couteau en sort nette ; soit au micro-ondes à puissance moyenne (50 %), éventuellement 2 à 3 mn à puissance maximum.
2) Le flan est cuit lorsque le pourtour est pris et que le centre commence à prendre.

Service

Servir le flan au citron froid ou tiède mais non glacé.

Variantes

La composition du flan peut varier selon les goûts et l'utilisation :
On compte pour 50 cl de lait :
– 3 à 4 œufs
– 50 à 80 g de sucre
– 60 à 80 g de farine
– 15 à 30 g de beurre (facultatif)
On peut ajouter 1 c. à café de levure chimique à la farine ou utiliser de la farine à pâtisserie avec levure incorporée.
On peut battre les blancs en neige ferme et les incorporer délicatement à la préparation.
Il faut alors cuire le flan à four doux à th. 4-5 ou 160-180 °C.

• **Flan à l'ananas**
Suivre la recette du flan au citron en supprimant le zeste de citron. Prendre une boîte d'ananas au sirop. Égoutter les tranches et les disposer dans le plat de cuisson. Recouvrir avec la préparation.

• **Flan à la noix de coco**
1) Suivre la recette du flan au citron en supprimant le zeste de citron. Préparer un caramel avec 50 g de sucre, 3 c. à soupe d'eau, 2 gouttes de vinaigre ou de jus de citron. Faire cuire le caramel 5 mn à la casserole ou 4 mn au micro-ondes. Quand il est blond, caraméliser le moule de cuisson.
2) Ajouter à la préparation 125 g de noix de coco râpée.
3) Verser la préparation dans le moule caramélisé.
   N. B. Vous pouvez remplacer le lait du flan par une boîte de lait concentré sucré (180 g) en supprimant le sucre de la recette.

• Flan à la rhubarbe

Suivre la recette du flan au citron en supprimant le zeste de citron. Prendre 1 kg de rhubarbe (environ 1 botte). Couper la rhubarbe en bâtonnets et la faire cuire à l'eau ou à la vapeur (5 à 10 mn environ). La rhubarbe est cuite lorsqu'elle est devenue tendre mais non réduite en purée. Égoutter les bâtonnets de rhubarbe et les disposer délicatement dans le plat de cuisson beurré. Recouvrir de la préparation.

• Flan au café

Suivre la recette du flan au citron en supprimant le zeste de citron. Parfumer la préparation avec 2 c. à café de café soluble. Varier la quantité selon les goûts.

• Flan au chocolat

Suivre la recette du flan au citron en supprimant le zeste de citron. Ajouter à la farine 100 g de chocolat à dessert fondu doucement au bain-marie (au-dessus d'une casserole d'eau chaude) ou au micro-ondes 1 à 2 mn à puissance maximum.

• Flan aux fruits à noyau (abricots, cerises, pêches, prunes)

1) Suivre la recette du flan au citron en supprimant le zeste de citron.
2) Dénoyauter 500 g de fruits à noyau (abricots, cerises, pêches, prunes, mangue). Couper les fruits par la moitié ou en quartiers et les disposer dans le plat de cuisson beurré. Recouvrir de la préparation.

N. B. Il est préférable de ne pas dénoyauter les cerises car les noyaux donnent un bon parfum.

• Flan aux poires ou aux pommes

Suivre la recette du flan au citron. Peler 500 g de poires ou de pommes. Les couper en tranches fines et les disposer dans le plat de cuisson beurré. Recouvrir de la préparation au citron.

• Flan aux pruneaux

Suivre la recette du flan au citron en supprimant le zeste de citron. Dénoyauter 250 g de pruneaux souples. Disposer les pruneaux dans le plat de cuisson beurré. Recouvrir de la préparation.

N. B. Si les pruneaux sont secs, il faut les faire tremper dans de l'eau chaude ou mieux du thé.

FAR AUX PRUNEAUX (BRETON)

QUANTITÉS : 5 À 6 PERSONNES

INGRÉDIENTS

– 50 cl de lait
– 3 œufs
– 100 g de sucre
– 100 g de farine
– 30 g de beurre fondu (facultatif)

Parfum : 1 sachet de sucre vanillé ou extrait de vanille liquide
Garniture : 250 g de pruneaux ou 100 g de raisins secs

Préparation : 15 mn • Cuisson : au four : 50 à 60 mn à th. 7 ou 220 °C le

premier quart d'heure, ensuite à th. 5-6 ou 180-200 °C • Matériel : 1 terrine,
1 verre mesureur, 1 fourchette, 1 cuillère en bois, 1 plat creux à four

PRÉPARATION

1) Battre les œufs entiers avec le sucre et le sucre vanillé.
2) Ajouter la farine : bien mélanger.
3) Ajouter le beurre fondu (facultatif).
4) Verser peu à peu le lait froid. Bien diluer.
5) Beurrer largement le plat à four.
6) Disposer dans le plat les pruneaux dénoyautés.

CUISSON

1) Recouvrir les pruneaux avec la préparation.
2) Faire cuire à four chaud le premier quart d'heure, puis le reste du temps à four moyen.

Service

Servir le far aux pruneaux chaud, tiède ou froid, saupoudré de sucre ou de sucre glace.

Variante

• **Far aux pruneaux à la Maïzena**

Quantités pour 5 à 6 personnes

INGRÉDIENTS

– 50 cl de lait
– 2 œufs
– 100 g de sucre
– 60 g de farine

– 40 g de Maïzena (4 c. à soupe rases)
– 1 c. à café de levure chimique
– 1 sachet de sucre vanillé
– 1 c. à soupe de rhum

Suivre la recette du far aux pruneaux. Mélanger la farine, la Maïzena et la levure chimique. Ajouter le rhum en dernier. La quantité varie suivant les goûts.

CLAFOUTIS AUX CERISES
ALSACIEN

QUANTITÉS : **5 À 6 PERSONNES**

INGRÉDIENTS

– 20 cl de lait
– 3 œufs
– 100 g de sucre
– 120 g de farine
– 30 g de beurre fondu (facultatif)

Parfum : 1 sachet de sucre vanillé ou extrait de vanille liquide
Garniture : 500 g de cerises (noires de préférence)

Préparation : 15 mn • Cuisson : au four : 30 mn à th. 7 ou 220 °C ;
au micro-ondes : 8 à 10 mn à puissance moyenne (50 %), puis 3 à 4 mn

à puissance maximum + 5 mn au gril • *Matériel : 1 terrine, 1 verre mesureur, 1 fourchette, 1 cuillère en bois, 1 plat creux à four, 1 plat à tarte en verre*

PRÉPARATION

1) Battre les œufs entiers avec le sucre et le sucre vanillé.
2) Ajouter la farine. Bien mélanger.
3) Ajouter le beurre fondu (facultatif).
4) Verser peu à peu le lait froid sur le mélange.
5) Beurrer le moule de cuisson et y disposer les cerises.
6) Recouvrir de la préparation du clafoutis.

CUISSON

1) Faire cuire selon la méthode de votre choix : soit au four chaud. Le clafoutis est cuit lorsque la surface est bien prise et ferme ; soit au micro-ondes 8 à 10 mn à puissance moyenne (50 %), puis 3 à 4 mn à puissance maximum.
2) Le clafoutis est cuit lorsque le pourtour est pris et que le centre commence à prendre.
3) Pour le colorer davantage, le saupoudrer de sucre blanc ou roux et le passer 5 mn sous le gril.

Service

Servir le clafoutis tiède ou froid et saupoudré de sucre.

N. B. Si vous préférez un clafoutis moins compact, vous pouvez utiliser de la farine à pâtisserie avec levure incorporée ou ajouter 1 c. à café de levure chimique à la farine.

Variantes

Avec la recette du clafoutis, on peut réaliser toutes les variantes du flan au citron.

PAIN PERDU AUX ABRICOTS

QUANTITÉS : 3 PERSONNES

INGRÉDIENTS

– 6 tranches de pain de mie rassis
– 25 cl de lait
– 1 à 2 œufs
– 50 g de sucre
– huile ou margarine

Parfums : 1 sachet de sucre vanillé, 1 pincée de cannelle (facultatif), 1 c. à café de kirsch, rhum (facultatif)
Garniture : 1 boîte d'abricots au sirop (1/2)

Préparation : 15 mn • *Cuisson : 5 mn par fournée à la poêle* • *Matériel : 1 terrine, 1 verre mesureur, 1 fourchette, 1 assiette creuse, 1 poêle (antiadhésive), 1 palette*

PRÉPARATION

1) Faire chauffer le lait avec le sucre vanillé.
2) Battre les œufs en omelette.
3) Verser dessus le lait bouillant peu à peu.

4) Ranger deux tranches de pain de mie dans une assiette creuse.
5) Les imbiber rapidement de la préparation.

CUISSON

1) Faire dorer aussitôt les tranches à la poêle chaude mais non fumante.
2) Quand les tranches sont dorées d'un côté, les retourner délicatement avec une palette pour qu'elles dorent de l'autre côté.
3) Lorsque les tranches sont bien dorées, les ranger sur un plat chaud.
4) Les saupoudrer de sucre.
5) Disposer sur chaque tranche une moitié d'abricot.

PRÉPARATION DU SIROP

1) Faire réduire le sirop avec 50 g de sucre jusqu'à ce que la goutte de sirop ne tombe plus.
2) Parfumer avec un alcool au choix.
3) Napper les fruits de sirop.

Service

Servir le pain perdu chaud pour accompagner le goûter.

N. B. Il faut tremper rapidement les tranches de pain pour qu'elles ne se brisent pas. Vous pouvez utiliser du pain ordinaire rassis.

Variantes

Vous pouvez, pour varier la recette, utiliser d'autres fruits au sirop que l'abricot : ananas, pêches, poires, prunes, cerises.

• Boudoirs perdus aux amandes, noix, noisettes
Suivre la recette du pain perdu aux abricots en supprimant les abricots. Préparer le mélange œufs-lait. Ajouter 10 g d'amandes, noix, noisettes hachées. Tremper les biscuits dans la préparation. Les faire dorer à la poêle et les saupoudrer de sucre glace.

RIZ AU LAIT

QUANTITÉS : **6** PERSONNES

INGRÉDIENTS

– 1 l de lait (5 fois le volume du riz)
– 200 g de riz (compter 30 g de riz environ par personne)
– 120 à 150 g de sucre
Parfums : 1 gousse de vanille, extrait de vanille liquide ou 2 sachets de sucre vanillé, zeste râpé de citron ou d'orange, 125 g de chocolat noir à dessert (voir riz au lait au chocolat), cannelle

*Préparation : 5 mn • Cuisson du riz : à la casserole : 30 mn ;
à l'autocuiseur : 10 mn • Matériel : 1 casserole antiadhésive
ou 1 autocuiseur, 1 passoire, 1 verre mesureur, 1 fourchette en bois*

PRÉPARATION

1) Faire chauffer le lait avec une gousse de vanille ou un autre parfum.

2) Laver le riz à l'eau courante froide dans une passoire jusqu'à ce que l'eau devienne claire.

CUISSON

1) Quand le lait bout, y verser le riz en pluie.

2) Laisser cuire à feu doux selon la méthode de votre choix : soit en casserole couverte, soit à l'autocuiseur en surveillant que la soupape ne tourne pas.

3) Cinq minutes avant la fin de la cuisson, verser le sucre en poudre en remuant légèrement avec une fourchette en bois pour l'incorporer.

4) Le riz est cuit quand le lait est absorbé.

Service

Le riz se sert tiède ou froid, nature ou accompagné de fruits au sirop (pruneaux, poires, pêches, abricots, ananas, fraises, framboises) ; compotes de fruits (pommes, poires, pêches) ; confitures (groseilles, framboises, oranges, rhubarbe) ; crème anglaise ; coulis (fraises, framboises, groseilles, abricots, pêches, poires) ; sauce au chocolat, menthe.

RECOMMANDATIONS

1) Il est indispensable de lire le mode d'emploi du riz utilisé, car certains riz traités pour être incollables ne doivent pas être lavés à l'eau froide avant leur utilisation.

2) Il est déconseillé de sucrer au départ de la cuisson, car cela empêche le riz de gonfler, et de cuire à découvert car le lait s'évapore.

3) Souvent, le riz cuit 2 mn à l'eau bouillante avant d'être mis dans le lait. Le goût est moins savoureux. À vous de juger.

Variantes

• Riz au lait à l'orange et au chocolat

1) Lorsque le riz est cuit, ajouter 100 g d'écorces hachées d'orange ou de citron confits.

2) Verser la préparation dans un moule à charlotte à fond amovible (Tupperware) ou un saladier en plastique alimentaire et mettre à refroidir au congélateur.

3) Démouler le riz au lait et le napper d'une sauce au chocolat chaud, faite avec 200 g de chocolat noir à dessert, 2 c. à soupe d'eau et 6 c. à soupe de liqueur d'orange. Faire fondre très doucement le chocolat avec l'eau, soit au bain-marie (en interposant une casserole d'eau chaude entre la source de chaleur et la casserole au chocolat) soit au micro-ondes 1 à 2 mn à puissance maximum. Hors du feu, ajouter la liqueur d'orange et napper aussitôt le riz au lait et le servir.

N. B. Vous pouvez remplacer la liqueur d'orange par de l'eau ou du lait.

• Riz au lait au chocolat

Suivre la recette du riz au lait en faisant chauffer le lait avec 125 g de chocolat noir à dessert ou 4 à 5 c. à soupe de chocolat en poudre.

GÂTEAU DE RIZ D'AMÉLIE

QUANTITÉS : **6 PERSONNES**

INGRÉDIENTS

Riz au lait :
– 1 l de lait
– 200 g de riz
– 120 à 150 g de sucre
– 2 œufs
Parfums : 1 gousse de vanille, extrait de vanille liquide ou 2 sachets de sucre vanillé, zeste râpé d'un demi-citron

Compote de pommes :
– 4 belles pommes
– 50 g de sucre
– 20 g de beurre ou de margarine
– 50 g de raisins secs
– 2 c. à soupe de rhum
– 1 pincée de cannelle
Caramel : 50 g de sucre, 3 c. à soupe d'eau, 2 gouttes de vinaigre ou de jus de citron

Préparation : 30 mn • Cuisson du caramel : à la casserole : 10 mn environ ; au micro-ondes : 3 à 4 mn à puissance maximum ; cuisson du riz au lait : à la casserole : 30 mn ; à l'autocuiseur : 10 mn à partir du chuchotement de la soupape ; cuisson de la compote de pommes : à la poêle : 10 mn environ ; au micro-ondes : 6 à 8 mn à puissance maximum ; cuisson du gâteau de riz : 45 mn à th. 5-6 ou 180-200 °C • Matériel : pour le riz au lait : 1 casserole antiadhésive ou 1 autocuiseur, 1 passoire, 1 verre mesureur ; pour le caramel : 1 casserole ou 1 cocotte (micro-ondes) ; pour la compote : 1 couteau économe, 1 couteau, 1 poêle ou 1 cocotte (micro-ondes) ; pour le gâteau de riz : 1 plat à gratin ou à four

PRÉPARATION DU CARAMEL

1) Faire fondre le sucre avec l'eau, le vinaigre ou le jus de citron.
2) Faire blondir le caramel selon la méthode de votre choix.
3) Caraméliser le moule.

PRÉPARATION DU RIZ AU LAIT

1) Faire chauffer le lait avec la vanille et le zeste râpé de citron (peau jaune).
2) Selon le mode d'emploi, laver le riz à l'eau froide dans la passoire.
3) Quand le lait bout, y verser le riz en pluie.
4) Laisser cuire à feu doux selon la méthode de votre choix.
5) Lorsque le riz est cuit, ajouter hors du feu le sucre et les œufs battus en omelette.

PRÉPARATION DE LA COMPOTE DE POMMES

1) Faire gonfler les raisins secs avec 2 c. à soupe d'eau chaude et le rhum.
2) Éplucher les pommes, les couper en tranches fines et les arroser de jus de citron.
3) Les faire cuire selon la méthode de votre choix avec le sucre, le beurre, les raisins secs, la cannelle.
4) Les pommes sont cuites lorsqu'elles sont devenues transparentes.

PRÉPARATION DU GÂTEAU DE RIZ

Étaler dans le plat à four ou à gratin caramélisé une couche de riz au lait, une couche de compote de pommes, une couche de riz au lait.

CUISSON DU GÂTEAU DE RIZ

Faire cuire le gâteau de riz jusqu'à ce qu'il soit doré.

Service

Servir nature, tiède ou froid, mais non réfrigéré.

N. B. Vous pouvez remplacer les pommes par une demi-boîte de compote de pommes. La saveur est moins fine.

SEMOULE AUX POIRES

QUANTITÉS : 4 À 5 PERSONNES

INGRÉDIENTS

– 50 cl de lait
– 80 g de semoule moyenne
– 60 à 75 g de sucre
– 1 œuf
– 50 g de raisins secs (facultatif)
– 1/2 citron

Parfums : 1 gousse de vanille, extrait de vanille liquide ou 1 sachet de sucre vanillé, zeste râpé de citron
Garniture : 4 ou 5 poires cuites au sirop
Sirop : 25 cl d'eau, 125 g de sucre

Préparation : 5 mn • Cuisson de la semoule : à la casserole : 10 min ; au micro-ondes : 4 à 5 mn ; cuisson des poires : à la casserole : 20 à 30 mn ; à l'autocuiseur : 10 à 15 mn à partir du chuchotement de la soupape ; au micro-ondes : 6 à 8 mn à puissance maximum • Matériel : pour la semoule : 1 verre mesureur, 1 casserole antiadhésive, 1 cuillère en bois ; pour les poires : 1 casserole ou 1 autocuiseur ou 1 cocotte avec couvercle (micro-ondes)

PRÉPARATION DE LA SEMOULE

1) Faire bouillir le lait avec la vanille et le zeste râpé de citron (peau jaune).
2) Dans le lait bouillant, jeter en pluie la semoule.
3) Faire cuire, selon la méthode de votre choix, à la casserole en tournant sans cesse ou au micro-ondes en tournant toutes les minutes.
4) Lorsque la semoule est épaisse, la retirer du feu.
5) Ajouter le sucre, l'œuf battu en omelette, les raisins secs.
6) Bien mélanger.
7) Verser dans un plat creux.

PRÉPARATION DES POIRES

1) Éplucher les poires entières.
2) Les faire cuire au sirop selon la méthode de votre choix.
3) Le temps de cuisson varie suivant la nature et la maturité des poires.
4) Vérifier la cuisson avec une pointe de couteau.

PRÉSENTATION

1) Décorer le plat de semoule avec les poires coupées en quatre.
2) Faire réduire le sirop jusqu'à ce que la goutte ne tombe plus de la cuillère.
3) Napper les poires avec le sirop.

Service

Servir frais.
N. B. Si vous voulez rendre ce dessert plus léger, vous pouvez séparer le blanc du jaune d'œuf et l'incorporer battu en neige ferme à la semoule cuite.
Si vous préférez un grain plus fin, vous pouvez utiliser de la semoule fine.

Variantes

• **Semoule au chocolat**
Faire chauffer le lait avec 125 g de chocolat noir à dessert ou 4 à 5 c. à soupe de chocolat en poudre. Supprimer le zeste râpé de citron.

• **Semoule aux fruits au sirop** (abricots, ananas, cerises, pêches, prunes, poires)
Remplacer les poires par des fruits au sirop en boîte.

• **Semoule aux pruneaux**
Remplacer les poires par 250 g de pruneaux cuits au sirop ou macérés dans du thé (faire bouillir 50 cl d'eau. Verser l'eau bouillante sur un sachet de thé. Laisser infuser 3 à 5 mn et verser sur les pruneaux).

CHARLOTTE À LA MARQUISE
AU CHOCOLAT

QUANTITÉS : **6** À **8** PERSONNES

INGRÉDIENTS

Marquise au chocolat :
– 3 œufs
– 100 g de chocolat noir à dessert
– 50 à 100 g de sucre
– 100 g de beurre
Sirop :
– 25 cl d'eau

– 100 g de sucre
– 3 c. à soupe de cognac, de liqueur d'orange ou de rhum
Garniture : 30 biscuits à la cuillère
Décoration : 50 g de chocolat râpé, d'amandes grillées, de crème Chantilly en bombe

Préparation : 30 mn • Cuisson du chocolat : à la casserole (au bain-marie) : 5 mn ; au micro-ondes : 1 à 2 mn à puissance maximum • Réfrigération : 12 h (la veille) ou 2 h au minimum • Matériel : 1 moule à charlotte à fond amovible (Tupperware) ou 1 saladier en plastique alimentaire avec couvercle hermétique

PRÉPARATION DU SIROP

1) Faire bouillir l'eau et le sucre quelques instants.
2) Hors du feu, aromatiser avec l'alcool de votre choix.

PRÉPARATION DE LA GARNITURE

Tremper les biscuits un à un dans le sirop et tapisser le moule à charlotte.

PRÉPARATION DE LA MARQUISE AU CHOCOLAT

1) Travailler les jaunes d'œufs avec le sucre jusqu'à ce que le mélange blanchisse.

2) Faire fondre doucement le chocolat et le beurre : au bain-marie, en interposant une casserole d'eau chaude entre la source de chaleur et la casserole au chocolat ou au micro-ondes 1 à 2 mn.

3) Ajouter le chocolat fondu au mélange jaunes-sucre.

4) Battre les blancs en neige ferme avec une pincée de sel.

5) Les incorporer délicatement à la marquise avec une spatule en caoutchouc en soulevant la mousse. Ne pas tourner.

6) Verser la marquise dans le moule à charlotte.

7) Finir par une couche de biscuits trempés.

8) Fermer la charlotte en chassant l'air. Si vous désirez déguster la charlotte au bout de 2 h, faites dix fois le vide d'air pour imbiber plus rapidement les biscuits. Sinon, laissez-la toute la nuit au réfrigérateur.

DÉCORATION

1) Quand la charlotte est prise, la démouler.

2) Décorer avec le chocolat râpé, les amandes grillées et la crème Chantilly.

Service

Servir aussitôt.

Variantes

1) Vous pouvez remplacer la marquise au chocolat par une crème pâtissière au chocolat toute prête en boîte, une crème pâtissière au beurre et au chocolat, une crème au beurre au chocolat, un flan maison ou instantané (voir Flan au chocolat) ou une crème bavaroise au chocolat (voir Bavarois au chocolat).

2) Vous pouvez remplacer les biscuits à la cuillère par des boudoirs (le résultat est moins raffiné), une génoise coupée en tranches, des langues-de-chat (300 g), des macarons (300 g) ou des madeleines (30).

3) Vous pouvez aussi mouiller les biscuits avec 25 cl de jus obtenu avec du jus de fruits (orange), du café très fort ou du lait mélangé à du caramel (50 g de sucre, 3 c. à soupe d'eau et quelques gouttes de vinaigre).

4) Vous pouvez napper la charlotte à la marquise avec un glaçage au chocolat.

Glaçage au chocolat

– 100 g de chocolat noir à dessert
– 20 g de beurre

1) Faire fondre doucement le chocolat avec le beurre au bain-marie (en interposant une casserole d'eau chaude entre la source de chaleur et la casserole au chocolat) ou au micro-ondes 1 mn.

2) Napper la charlotte avec une pelle à gâteau mouillée.

• **Pavé aux petits-beurre**
1) Tremper les petits-beurre dans le café fort.
2) Disposer sur un plat 1 couche de petits-beurre trempés et 1 couche de crème au beurre.
3) Mettre au réfrigérateur à prendre.
4) Au moment de servir, saupoudrer de chocolat ou de cacao en poudre et servir aussitôt.

CHARLOTTE AUX FRAISES

QUANTITÉS : **6 À 8** PERSONNES

INGRÉDIENTS

Crème pâtissière :
– 25 cl de lait
– 2 jaunes d'œufs
– 40 g de sucre
– 20 g de farine (2 c. à soupe rases)
Parfum : 1 gousse de vanille ou extrait de vanille liquide ou 1 sachet de sucre vanillé

Sirop :
– 25 cl d'eau
– 100 g de sucre
– 3 c. à soupe de cognac, de rhum ou de kirsch (véritable)
Garniture : 300 g de fraises, sucre, 30 biscuits à la cuillère
Décoration : quelques fraises entières, crème Chantilly en bombe

Préparation : 30 mn • Cuisson de la crème pâtissière : 5 mn • Réfrigération : 12 h (la veille) ou 2 h au minimum • Matériel : 1 moule à charlotte à fond amovible (Tupperware) ou 1 saladier en plastique alimentaire avec couvercle hermétique

PRÉPARATION DE LA CRÈME PÂTISSIÈRE

1) Travailler les jaunes d'œufs avec le sucre jusqu'à ce que le mélange blanchisse.
2) Ajouter la farine. Bien mélanger.
3) Verser petit à petit le lait bouillant et parfumé à la vanille.
4) Porter à ébullition 5 mn en tournant sans cesse.

PRÉPARATION DU SIROP

1) Faire fondre le sucre dans l'eau. Porter à ébullition 1 mn.
2) Hors du feu, aromatiser avec l'alcool de votre choix.

PRÉPARATION DE LA GARNITURE

1) Laver les fraises, les équeuter et les couper en deux.
2) Tremper les biscuits un à un dans le sirop et tapisser le moule à charlotte.
3) Mettre en alternant 1 couche de crème pâtissière, 1 couche de fraises (saupoudrer de sucre) et 1 couche de biscuits.
4) Finir par les biscuits.

5) Fermer la charlotte en chassant l'air. Si vous désirez déguster la charlotte au bout de 2 h, faites dix fois le vide d'air pour imbiber plus rapidement les biscuits. Sinon, laissez-la toute la nuit au réfrigérateur.

DÉCORATION
1) Quand la charlotte est prise, la démouler et la garnir avec des fraises.
2) Décorer avec la crème Chantilly en bombe.

Service
Servir aussitôt.

Variantes
1) Vous pouvez remplacer la crème pâtissière par : une crème pâtissière toute prête en boîte ; un flan maison ou instantané (voir recette Flan au citron) ; un flan au fromage blanc (voir recette Flan au fromage blanc) ;
– 250 g de fromage blanc battu et 30 à 40 g de sucre ; une crème pâtissière à la Maïzena (voir recette Crème pâtissière à la Maïzena) ; 250 g de crème Chantilly (ou moitié crème Chantilly et moitié crème pâtissière) ;
– une crème bavaroise (voir recette Bavarois à la crème anglaise).
2) Vous pouvez remplacer les biscuits à la cuillère par des boudoirs (le résultat est moins raffiné), une génoise coupée en tranches, un biscuit roulé à la confiture de groseilles, de framboises, d'oranges, d'abricots et coupé en tranches ou des langues-de-chat (300 g).
3) Vous pouvez aussi mouiller les biscuits avec 25 cl de jus obtenu avec du jus de fruits (orange, citron, groseille), du sirop de fruits en boîte (abricots, ananas, pêches, prunes, poires, fruits exotiques), de l'eau diluée avec 3 c. à soupe de sirop de fruits en bouteille.

• Charlotte à la noix de coco
1) Supprimer les fraises.
2) Ajouter hors du feu 50 g de noix de coco râpée à la crème pâtissière.
3) Aromatiser le sirop avec 3 c. à soupe de rhum.

• Charlotte aux bananes
1) Remplacer les fraises par 3 ou 4 bananes réduites en purée.
2) Aromatiser le sirop avec 3 c. à soupe de rhum.
3) Décorer avec des rondelles de banane, des fruits confits ou des rondelles de kiwi.

• Charlotte aux framboises
Remplacer les fraises par 300 g de framboises.

• Charlotte aux fruits au sirop (ananas, abricots, pêches, poires, prunes, mangues, fruits de la Passion)
1) Remplacer les fraises par une boîte (4/4) de fruits au sirop.
2) Utiliser le sirop pour tremper les biscuits.

• Charlotte aux kiwis
1) Remplacer les fraises par 3 kiwis.
2) Décorer avec des rondelles de kiwi, des fraises entières et de la crème Chantilly.

• Charlotte aux marrons
1) Remplacer les fraises par 500 g de crème de marrons.

2) Aromatiser le sirop avec 3 c. à soupe de rhum.

3) Décorer avec des marrons glacés et de la crème Chantilly.

• **Charlotte aux pruneaux**

1) Remplacer les fraises par 300 g de pruneaux. (S'ils sont souples, inutile de les faire tremper.)

2) Dénoyauter et couper les pruneaux en petits morceaux.

3) À la place du sirop, on peut faire un thé fort, sucré et aromatisé comme le sirop.

MOUSSES

MOUSSE À L'ORANGE

QUANTITÉS : 3 À 4 PERSONNES

INGRÉDIENTS

– 2 œufs
– 50 à 100 g de sucre
– 2 oranges
– 1 pincée de sel
Parfums : 1 c. à soupe de liqueur
d'orange, de cognac, ou de rhum,
zeste râpé d'orange ou de citron
Décoration : écorces d'orange
confites ou des quartiers d'orange

Préparation : 15 mn • Cuisson : faire épaissir sans bouillir : à la casserole (au bain-marie) : 5 mn ; au micro-ondes : 15 secondes à puissance maximum • Réfrigération : 2 à 3 h • Matériel : 1 terrine, 1 verre mesureur, 1 fouet électrique, 1 cuillère en bois, 1 spatule en caoutchouc, 1 petite + 1 grande casserole (bain-marie) ou 1 saladier (micro-ondes), 1 grande coupe ou des coupes individuelles

PRÉPARATION

Mélanger les jaunes d'œufs, le sucre, le zeste râpé d'orange (peau orange) et le jus d'orange.

CUISSON

1) Faire épaissir sans bouillir à la casserole au bain-marie, en interposant une casserole d'eau chaude entre la source de chaleur et le mélange ou au micro-ondes.
2) Laisser refroidir. Ajouter l'alcool de votre choix (facultatif).
3) Battre les blancs en neige ferme avec une pincée de sel.
4) Les incorporer délicatement avec la spatule en caoutchouc en soulevant la crème. Ne pas tourner.
5) Verser la mousse dans le plat de service.

Service

1) Mettre la mousse à prendre au réfrigérateur.
2) Quand la mousse est prise, la servir décorée d'écorces d'orange confites ou des quartiers d'orange, accompagnée de tuiles, de sablés ou de meringues.

N. B. Cette mousse peut être présentée dans des écorces d'orange évidées et réfrigérées séparées de la mousse à l'orange.

Si vous préférez une mousse à l'orange plus acide, vous pouvez ajouter le zeste râpé et le jus d'un demi-citron.

Si vous voulez une mousse à l'orange plus veloutée, vous pouvez ajouter aussi 12,5 cl de crème fraîche fouettée en chantilly avant d'incorporer les blancs d'œufs battus en neige.

UTILISATIONS

La mousse à l'orange peut être utilisée pour accompagner des gâteaux : savoie, génoise, sablés, tuiles, cigarettes, meringues ou fourrer des gâteaux : savoie, génoise, biscuit roulé, charlotte.

Variantes

• **Mousse à la pomme**
Remplacer les 2 oranges par 20 cl de jus de pomme non sucré.

• **Mousse au citron**
1) Remplacer les oranges par 2 citrons. Ne mettre que le zeste d'un citron.
2) La mousse au citron étant plus acide que la mousse à l'orange, il est préférable de mettre le maximum de sucre (100 g), d'ajouter 12,5 cl de crème fraîche fouettée en chantilly, avant d'incorporer les blancs d'œufs battus en neige.
3) Vous pouvez aussi décorer la mousse de crème Chantilly.

• **Mousse au fruit de la Passion**
Remplacer les oranges par 20 cl de jus de fruit de la Passion non sucré.

• **Mousse au pamplemousse**
1) Remplacer les oranges par un pamplemousse rose.
2) La mousse au pamplemousse étant moins sucrée que la mousse à l'orange, il est préférable de mettre le maximum de sucre (100 g) et d'ajouter 12,5 cl de crème fraîche fouettée en chantilly avant d'incorporer les blancs d'œufs battus en neige.
N. B. Si vous utilisez un pamplemousse blanc, plus acide, ajoutez à la pulpe 1 c. à dessert de sirop de grenadine.

MOUSSE AU CHOCOLAT

QUANTITÉS : 3 À 4 PERSONNES

INGRÉDIENTS

– 100 g de chocolat noir à dessert
– 20 à 40 g de sucre
– 20 g de beurre (facultatif)
– 2 œufs
– 1 pincée de sel

Parfums : 1 c. à soupe de rhum, cognac, de kirsch ou de liqueur d'orange
Décoration : crème Chantilly en bombe, amandes grillées, noisettes

Préparation : 15 mn • Cuisson du chocolat : à la casserole (au bain-marie) :

5 mn ; au micro-ondes : 1 à 2 mn à puissance maximum • Réfrigération :
2 à 3 h • Matériel : 1 terrine, 1 cuillère en bois, 1 spatule en caoutchouc,
1 fouet électrique, 1 verre mesureur, 1 petite + 1 grande casserole ou 1 cocotte
(micro-ondes), 1 coupe ou des petits pots à crème

PRÉPARATION DU CHOCOLAT

1) Faire fondre doucement le chocolat avec le beurre au bain-marie, en mettant la casserole au-dessus d'une casserole d'eau chaude, ou dans une cocotte au micro-ondes 1 mn à puissance maximum.
2) Hors du feu, incorporer les jaunes d'œufs, le sucre et l'alcool de votre choix.
3) Battre les blancs d'œufs en neige ferme avec une pincée de sel.
4) Les incorporer délicatement avec la spatule en caoutchouc en soulevant la préparation (ne pas tourner).
5) Verser la mousse au chocolat dans une coupe ou des petits pots.
6) Mettre la mousse à prendre au réfrigérateur.

Service

Quand la mousse est prise, la servir seule ou accompagnée de crème anglaise, de macarons, de meringues, de tuiles ou de sablés. Décorer avec la crème Chantilly, amandes grillées ou des noisettes.

N. B. Vous pouvez remplacer le chocolat noir par du chocolat blanc ou au lait.
Vous pouvez faire la mousse au chocolat en n'utilisant que les blancs d'œufs.

UTILISATIONS

La mousse au chocolat peut être utilisée pour accompagner des gâteaux : savoie, génoise, sablés, tuiles, cigarettes, meringues, macarons ou fourrer des gâteaux : savoie, génoise, biscuit roulé, charlotte.

Variantes

• **Marquise au chocolat**
Suivre la recette de la mousse au chocolat avec les quantités suivantes : 3 œufs, 100 g de chocolat noir, 100 g de sucre, 100 g de beurre.

• **Mousse au chocolat et à l'orange**
1) Parfumer avec le zeste d'une orange râpé (peau orange) et 2 c. à café de liqueur d'orange.
2) Servir la mousse au chocolat et à l'orange décorée d'écorces d'orange confites.

N. B. Vous pouvez aussi la présenter dans les écorces d'orange évidées et réfrigérées séparées de la mousse au chocolat.

• **Mousse au chocolat et à la menthe**
1) Au moment de servir, décorer la mousse au chocolat avec des feuilles de menthe fraîche.
2) Si vous n'avez pas de sirop de menthe, vous pouvez le remplacer par 1 sachet de tisane à la menthe. Faire bouillir 10 cl ou 1 verre d'eau. Verser l'eau bouillante sur le sachet et laisser infuser 2 mn avant d'utiliser pour faire fondre le chocolat. Lorsque le chocolat est fondu, jeter l'excédent de tisane et ajouter le beurre (facultatif).

• **Mousse au chocolat et au café (mousse brésilienne)**
1) Suivre la recette de la mousse au chocolat.
2) Ajouter 1 c. à café de café soluble dissous dans l'alcool au choix ou dans 1 c. à soupe d'eau chaude.

MOUSSE AUX MARRONS

QUANTITÉS : **3 À 4** PERSONNES

INGRÉDIENTS

– 250 g de purée de marrons au naturel
– 2 œufs
– 50 g de sucre
– 1 pincée de sel
Parfum : extrait de vanille liquide ou 1 sachet de sucre vanillé

Crème Chantilly :
– 10 cl de crème fraîche
– 1 glaçon
Décoration : crème Chantilly en bombe et quelques marrons glacés

Préparation : 15 mn • Réfrigération : 2 à 3 h • Matériel : 2 terrines, 1 verre mesureur, 1 spatule en caoutchouc, 1 cuillère en bois, 1 fouet à main, 1 fouet électrique, 1 coupe ou des coupes individuelles

PRÉPARATION DE LA MOUSSE

Mélanger la purée de marrons, les jaunes d'œufs, le sucre et le parfum.

PRÉPARATION DE LA CRÈME FOUETTÉE

1) Fouetter la crème fraîche avec un glaçon au fouet à main.
2) Quand le volume de la crème a doublé et que le fouet marque, arrêter de fouetter.
3) Battre les blancs d'œufs en neige ferme avec une pincée de sel.
4) Incorporer délicatement à la purée de marrons la crème fouettée, puis les blancs d'œufs battus en soulevant la préparation. (Ne pas tourner.)
5) Verser la mousse aux marrons dans une coupe ou des coupes individuelles.
6) Mettre la mousse à prendre au réfrigérateur.

Service

1) Quand la mousse est prise, la décorer de crème Chantilly en bombe et de marrons glacés.
2) Servir la mousse seule ou accompagnée de meringues, de macarons, de tuiles ou de sablés.

N. B. Vous pouvez également réaliser la mousse aux marrons avec seulement les blancs d'œufs battus en neige ou même sans œuf.

Vous pouvez remplacer la crème Chantilly par 3 petits-suisses ou 150 g de fromage blanc.

Variante

• **Mousse aux marrons et aux macarons**
Suivre la recette de la mousse aux marrons en ajoutant 50 g de macarons réduits en miettes au mixeur ou au rouleau à pâtisserie.

Clafoutis
(recette p. 434) ▶

DESSERTS AUX FRUITS

BANANES CUITES AU JUS DE FRUITS

QUANTITÉS : 4 PERSONNES

INGRÉDIENTS

– 4 bananes pas trop mûres
– 10 cl de jus d'orange, framboise, groseille ou cassis
– 50 g de raisins secs

Parfums : 2 c. à soupe de rhum, 1 sachet de sucre vanillé

Préparation : 5 mn • Cuisson des bananes : à la poêle : 5 mn environ ; au micro-ondes : 3 à 4 mn à puissance moyenne (50 %) • Matériel : 1 poêle antiadhésive ou 1 cocotte ovale avec couvercle (micro-ondes), 1 spatule en bois, 1 couteau, 1 plat de service allongé

PRÉPARATION DES BANANES

1) Les éplucher et les arroser de jus de fruits.
2) Ajouter les raisins secs et le sucre vanillé.

CUISSON

Faire cuire les bananes selon la méthode de votre choix : à la casserole à feu doux ou au micro-ondes.

Service

1) Dès que les bananes sont transparentes, les arroser de rhum bouillant.
2) Les flamber et les servir aussitôt.
3) Les bananes cuites au jus de fruits sont délicieuses accompagnées de riz au lait.

Variante

• **Bananes cuites au vin rouge**
1) Remplacer le jus de fruits par du vin rouge.
2) Parfumer avec une pincée de cannelle et un clou de girofle.

◀ *Pain perdu*
(recette p. 435)

COMPOTE DE POMMES
OU DE POIRES

QUANTITÉS : 6 PERSONNES

INGRÉDIENTS

– 1 kg de pommes ou de poires
– 50 à 100 g de sucre
– 1/2 citron
Parfums au choix : extrait de vanille liquide, ou 1 sachet de sucre vanillé, 1 pincée de cannelle, 1 pincée de gingembre ou 20 g de gingembre frais râpé, zeste d'orange ou de citron râpé

Préparation : 15 mn • Cuisson compote : à la casserole : 20 à 30 mn ; à l'autocuiseur : 10 à 20 mn à partir du chuchotement de la soupape ; au micro-ondes : 6 à 8 mn à puissance maximum • Matériel : 1 couteau économe, 1 casserole, 1 autocuiseur ou 1 cocotte avec couvercle (micro-ondes), 1 moulin à légumes grille fine ou 1 mixeur

PRÉPARATION DES POMMES OU DES POIRES

1) Les éplucher, les couper en quartiers et les arroser de jus de citron (pour éviter qu'elles noircissent).
2) Ajouter le sucre à volonté et le parfum au choix.

CUISSON

1) Faire cuire les fruits à la casserole couverte à feu doux avec un verre d'eau, à l'autocuiseur avec un verre d'eau ou au micro-ondes avec un demi-verre d'eau (facultatif).
2) Les pommes ou les poires sont cuites lorsqu'elles sont transparentes.
3) Les passer au moulin à légumes ou au mixeur.

Service

Servir la compote, tiède ou froide, accompagnée de riz ou de semoule au lait.

UTILISATION

La compote de pommes ou de poires peut être utilisée à la confection de nombreux desserts :
1) Entremets : riz, semoule au lait, riz aux pommes meringué, compote de pommes ou poires meringuée, charlotte aux pommes, aux poires ;
2) Garniture : tarte, chaussons.

COMPOTE DE RHUBARBE AUX FRAISES

QUANTITÉS : **4 PERSONNES**

INGRÉDIENTS

– 500 g de rhubarbe
– 250 g de fraises
– 50 g de sucre

Décoration : réserver quelques fraises entières

Préparation : 10 mn • Cuisson de la rhubarbe : à la casserole : 10 mn + 10 mn ; au micro-ondes : 7 à 9 mn + 5 mn à puissance maximum • Réfrigération : 1 à 2 h • Matériel : 1 verre mesureur, 1 casserole ou 1 cocotte (micro-ondes), 1 égouttoir, 4 coupes

PRÉPARATION DE LA RHUBARBE

1) L'éplucher si nécessaire.
2) La couper en tronçons.
3) Précuire la rhubarbe à la casserole avec un demi-verre d'eau ou au micro-ondes sans eau.
4) Égoutter. Ajouter le sucre. Couvrir.

CUISSON

Faire cuire la rhubarbe selon la méthode de votre choix.

PRÉPARATION DES FRAISES

1) Les laver et les équeuter (en réserver quelques-unes pour la décoration).
2) Passer tous les fruits au mixeur.
3) Répartir la compote dans les coupes.
4) Mettre les coupes à rafraîchir au réfrigérateur.

Service

Décorer les coupes avec les fraises réservées et servir.

Variantes

• **Compote de rhubarbe à l'ananas**
Remplacer les fraises par 2 tranches d'ananas pour la compote et 1 tranche d'ananas pour la décoration de chaque coupe.

• **Compote de rhubarbe à la poire**
Remplacer les fraises par 2 poires.

• **Compote de rhubarbe à l'orange**
1) Remplacer les fraises par 2 oranges épluchées en morceaux pour la compote.
2) Décorer avec des rondelles de kiwi.

• **Compote de rhubarbe meringuée**
1) Préparer la meringue. Battre 2 blancs d'œufs en neige ferme avec 1 pincée de sel en incorporant 2 c. à café de Maïzena et 2 c. à soupe de sucre en poudre.
2) Étaler la meringue sur la compote.
3) Faire dorer à four chaud à th. 8 ou 240 °C ou quelques instants sous le gril.

CROUSTILLANT AUX POMMES
CRUMBLE ANGLAIS

QUANTITÉS : 4 À 5 PERSONNES

INGRÉDIENTS

- 500 g de pommes
- 30 g de raisins secs
- 50 g de sucre roux
- 20 g de beurre
- 1 c. à soupe de rhum
- 1 citron

Parfums : 1 sachet de sucre vanillé, 30 g de gingembre frais râpé

ou 1 pincée de gingembre en poudre, cannelle

Pâte à croustillant :
- 100 g de farine
- 100 g de sucre roux
- 100 g de beurre
- 1 pincée de sel

Préparation : 20 mn • Cuisson des pommes : à la poêle : 10 à 15 mn ; au micro-ondes : 5 mn à puissance maximum ; cuisson du croustillant : 20 à 25 mn à th. 6-7 ou 200-220 °C • Matériel pour les pommes : 1 couteau économe, 1 couteau, 1 poêle ou 1 cocotte (micro-ondes), 1 bol, 1 plat à four ; pour la pâte : 1 terrine, 1 fourchette

1) Allumer le four.
2) Mettre les raisins secs à macérer avec le rhum et 1 c. à soupe d'eau chaude.

PRÉPARATION DES POMMES

1) Éplucher les pommes, les couper en tranches fines. Les arroser de jus de citron.
2) Les faire cuire selon la méthode de votre choix avec le sucre, le beurre, les raisins secs macérés et le parfum au choix (facultatif).
3) Les pommes sont cuites lorsqu'elles sont transparentes.
4) Verser les pommes dans le plat à four beurré.

PRÉPARATION DE LA PÂTE À CROUSTILLANT

1) Travailler le beurre en pommade.
2) Ajouter le sucre roux. Bien mélanger.
3) Incorporer la farine en émiettant le tout du bout des doigts, de façon à obtenir un sable grossier.
4) Recouvrir les pommes de la pâte à croustillant.

CUISSON

1) Faire cuire à four assez chaud.
2) Le croustillant aux pommes est cuit lorsqu'il est doré.

Service

1) Servir le croustillant aux pommes chaud ou tiède dans le plat de cuisson.

2) Ce dessert d'origine anglaise se sert généralement accompagné de crème fraîche.

N. B. Vous pouvez suivre la même recette avec d'autres fruits : pêches, prunes, poires ou mélanger les fruits : pommes-mûres, rhubarbe précuite avec des fraises, framboises.

Variantes

Il y a de nombreuses variantes de pâte à croustillant.
1) Vous pouvez utiliser de la farine avec levure incorporée ou ajouter 1 c. à café de levure chimique à la farine.
2) Vous pouvez remplacer la moitié de la farine par des flocons d'avoine, des biscuits (sablés, macarons, biscuits à la cuillère), de la poudre d'amandes, de la noix de coco râpée ou des noisettes.
3) Vous pouvez aussi ajouter 1 jaune d'œuf à la pâte.

FRAISES EN VACHERIN

QUANTITÉS : **3 à 4** PERSONNES

INGRÉDIENTS

Crème au fromage blanc :
– 250 g de fromage blanc
– 50 g de sucre
– 1 œuf
– 1 sachet de sucre vanillé
– 1 pincée de sel

Garniture :
– 200 g de fraises
– 3 ou 4 grosses meringues
Décoration : 6 à 8 fraises entières

Préparation : 15 mn • Réfrigération : 1 h • Matériel : 2 saladiers, 1 verre mesureur, 1 spatule en caoutchouc, 1 cuillère à soupe, 1 fouet électrique, 3 ou 4 coupes

PRÉPARATION DE LA CRÈME

1) Mélanger le fromage blanc avec le jaune d'œuf, le sucre et le sucre vanillé.
2) Battre le blanc en neige ferme avec 1 pincée de sel.
3) L'incorporer délicatement avec la spatule en caoutchouc en soulevant le fromage blanc.
4) Ne pas tourner.

PRÉPARATION DES FRAISES

1) Les laver et les équeuter. Réserver les fraises entières pour la décoration.
2) Couper les fraises restantes en morceaux.

PRÉPARATION DES COUPES

1) Verser le fromage blanc dans les coupes.
2) Disposer les fraises sur le fromage blanc.

3) Mettre les coupes à rafraîchir au réfrigérateur.

Service

1) Juste avant de servir, poser une meringue sur chaque coupe.
2) Décorer chaque coupe avec deux fraises entières.
    N. B. Vous pouvez remplacer les fraises par des framboises, des fruits au sirop (abricots, pêches) et utiliser un peu de sirop de fruits.
Vous pouvez remplacer aussi le fromage blanc par de la crème Chantilly.
Vous pouvez arroser les meringues avec du caramel. Ne pas le faire à l'avance car le caramel ramollit.

PÊCHES AU COULIS DE GROSEILLES
(pêches cardinal)

QUANTITÉS : 4 PERSONNES

INGRÉDIENTS

– 4 pêches jaunes
– 40 g de sucre
– 10 cl d'eau
Coulis de groseilles :
– 250 g de groseilles fraîches

ou surgelées
– sirop = jus de cuisson des pêches
Décoration : amandes grillées, crème Chantilly en bombe

Préparation : 10 mn • Cuisson du sirop : à la casserole : 5 mn ; au micro-ondes : 3 à 4 mn à puissance maximum ; cuisson des groseilles : à la casserole : 5 mn ; au micro-ondes : 2 mn à puissance maximum ; cuisson des pêches : à la casserole : 5 mn ; au micro-ondes : 3 à 4 mn à puissance maximum • Réfrigération : 1 h • Matériel : 1 casserole ou 1 cocotte (micro-ondes), 1 passoire fine, 1 pilon, 1 terrine, 4 coupes

PRÉPARATION DU COULIS DE GROSEILLES

1) Faire éclater les groseilles avec un demi-verre d'eau selon la méthode de votre choix.
2) Écraser les groseilles au pilon.
3) Les passer à travers une passoire fine et recueillir le jus.

CUISSON DES PÊCHES

1) Les passer 1 mn à l'eau bouillante ou au micro-ondes pour les peler.
2) Les faire cuire avec le sucre et l'eau selon la méthode de votre choix.
3) Ajouter le jus de groseille au sirop.
4) Mettre à rafraîchir au réfrigérateur.

Service

Servir les pêches dans des coupes nappées de coulis de groseilles, décorées d'amandes grillées et de crème Chantilly.
    N. B. Vous pouvez remplacer l'eau de cuisson par du vin blanc moelleux, du jus de fruits (orange) et le coulis de groseilles par du coulis de framboises ou de cassis.

POIRES AU CHOCOLAT

QUANTITÉS : 4 PERSONNES

INGRÉDIENTS

- 4 belles poires
- 20 g de sucre
- 1 sachet de sucre vanillé
- 1 citron

Sauce au chocolat :
- 150 g de chocolat noir à dessert
- 20 g de beurre
- 10 cl de crème fraîche
- 1 c. à soupe de liqueur d'orange

Garniture : 40 g d'amandes grillées

Préparation : 15 mn • Cuisson des poires : à la cocotte : 10 à 15 mn avec 1/2 verre d'eau ; au micro-ondes : 6 à 8 mn à puissance maximum ; cuisson du chocolat : à la casserole (au bain-marie) : 5 mn ; au micro-ondes : 1 à 2 mn à puissance maximum • Matériel pour les poires : 1 couteau économe, 1 couteau ; pour la sauce au chocolat : 1 petite casserole + 1 grande casserole (bain-marie) ou 1 cocotte (micro-ondes), 1 cuillère en bois

PRÉPARATION DES POIRES

1) Les peler (conserver la queue) et les arroser au fur et à mesure avec le jus de citron (pour éviter qu'elles noircissent à l'air).
2) Les disposer dans une cocotte avec le sucre et le sucre vanillé.
3) Les faire cuire selon la méthode de votre choix.
4) Lorsque les poires sont tendres, les retirer du feu.
5) Les mettre à rafraîchir au réfrigérateur.

PRÉPARATION DE LA SAUCE AU CHOCOLAT

1) Faire fondre le chocolat avec le beurre à la casserole au bain-marie, en interposant une casserole d'eau chaude entre la casserole du chocolat et la source de chaleur ou au micro-ondes.
2) Mélanger quand le chocolat est mou.
3) Hors du feu, ajouter la crème fraîche et la liqueur d'orange.
4) Napper les poires glacées avec la sauce au chocolat chaude.
5) Saupoudrer d'amandes grillées.

Service

Servir aussitôt les poires au chocolat.

UTILISATIONS

Vous pouvez servir les poires au chocolat glacées avec une boule de glace à la vanille et de la crème Chantilly (voir recette Poires Belle-Hélène), ou un sorbet aux poires, à l'orange, au citron, à la banane, au pamplemousse.

POMMES OU POIRES AU CARAMEL

QUANTITÉS : 4 PERSONNES

INGRÉDIENTS

– 4 pommes ou poires
– 1 citron
Caramel :
– 50 g de sucre
– 2 c. à soupe d'eau chaude

– 2 gouttes de vinaigre ou de jus de citron
Parfums : 1 gousse de vanille, 2 c. à café de cognac, de kirsch ou de rhum

Préparation : 20 mn • Cuisson du caramel : à la casserole : 5 à 10 mn ; au micro-ondes : 3 à 4 mn à puissance maximum ; cuisson des pommes ou des poires : à la cocotte : 30 à 40 mn ; à l'autocuiseur : 10 à 20 mn à partir du chuchotement de la soupape ; au micro-ondes : 6 à 8 mn à puissance maximum • Réfrigération : 1 à 2 h • Matériel : 1 couteau économe, 1 vide-pomme, 1 couteau, 1 presse-citron, 1 cuillère en bois, 1 cocotte

PRÉPARATION DU CARAMEL

1) Faire fondre le sucre avec l'eau chaude et le vinaigre ou le jus de citron.
2) Faire cuire le caramel selon la méthode de votre choix.
3) Dès que le caramel est blond, le retirer du feu.
4) L'arroser avec précaution avec un demi-verre d'eau bouillante.
5) Refaire chauffer un instant si nécessaire pour le diluer. Remuer.

PRÉPARATION DES FRUITS

1) Peler les pommes ou les poires (conserver les queues des poires).
2) Les arroser au fur et à mesure de jus de citron (pour éviter qu'elles noircissent à l'air).
3) Évider les pommes de préférence avec le vide-pomme.

CUISSON

1) Faire cuire les pommes ou les poires selon la méthode de votre choix avec le caramel et la gousse de vanille.
2) Les fruits sont cuits lorsqu'ils sont tendres.
3) Mettre à rafraîchir au réfrigérateur.
4) Parfumer avec un alcool au choix (facultatif).

Service

Servir les pommes ou les poires au caramel seules ou accompagnées de petits gâteaux secs, de riz ou de semoule au lait.

SALADE DE FRUITS D'ÉTÉ

QUANTITÉS : 6 À 8 PERSONNES

INGRÉDIENTS

– 1 petit melon ou 500 g de pastèque
– 3 pêches
– 6 abricots ou 6 prunes
– 250 à 300 g de fraises,
de framboises ou de cerises
– 2 oranges
– 50 à 100 g de sucre (facultatif)

– 25 cl de jus d'orange, de cassis,
de raisin ou de groseille
Parfums : 1 c. à soupe de kirsch,
de cognac ou de rhum, 1 c. à café
de liqueur de fruits (orange, cassis,
groseille, prune)

Préparation : 20 mn • Réfrigération : 1 à 2 h • Matériel : 1 couteau économe, 1 couteau, 1 saladier ou des coupes (transparentes)

PRÉPARATION DES FRUITS

1) Ouvrir le melon en deux, éliminer les pépins, les filaments, l'écorce et couper la chair en dés.
2) Peler les pêches en les trempant au préalable quelques secondes dans l'eau bouillante ou en les mettant 1 mn au micro-ondes à puissance maximum.
3) Dénoyauter les abricots ou les prunes et les couper en quatre.
4) Laver les fraises et les équeuter.
5) Laver les cerises, les équeuter et laisser les noyaux.
6) Laisser les framboises telles quelles.
7) Arroser les fruits avec le jus de fruits au choix.
8) Sucrer selon les goûts (facultatif).
9) Ajouter l'alcool au choix (facultatif).
10) Mettre à rafraîchir au réfrigérateur.

Service

Servir la salade de fruits d'été fraîche, accompagnée ou non de petits gâteaux secs.

GLACES, PARFAITS, SORBETS, VACHERINS

GLACE À LA VANILLE

QUANTITÉS : **6 À 8 PERSONNES**

INGRÉDIENTS

Crème anglaise :
– 50 cl de lait
– 4 à 5 jaunes d'œufs
– 75 à 100 g de sucre
– 2 c. à café de Maïzena ou de fécule
de pommes de terre

Parfums : 1 gousse de vanille, extrait
de vanille liquide ou 2 sachets de
sucre vanillé, 1 c. à café (maximum)
de kirsch, cognac ou liqueur de fruits

*Préparation : 5 min • Cuisson : à la casserole ou au micro-ondes à puissance
maximum : chauffer 5 min à 90 °C environ sans bouillir • Temps de prise de la
glace : avec turbine à glace : 20 min environ ; avec sorbetière : 1 h 30
à 2 h au réfrigérateur ou au congélateur ; sans sorbetière : 3 à 4 h au
réfrigérateur ou au congélateur • Matériel : 1 terrine, 1 verre mesureur,
1 spatule en bois, 1 casserole ou 1 moule à soufflé (micro-ondes)*

PRÉPARATION DE LA CRÈME ANGLAISE

1) Faire chauffer le lait avec la vanille.
2) Travailler les jaunes d'œufs avec le sucre jusqu'à ce que le mélange blanchisse.
3) Ajouter la Maïzena ou la fécule. Fouetter.
4) Verser le lait bouillant petit à petit sur le mélange.
5) Remettre sur le feu et faire épaissir la crème sans bouillir.
6) Laisser refroidir la crème au bain-marie froid (sur une cuvette d'eau froide)
en la tournant de temps en temps.
7) Parfumer la crème refroidie avec un alcool au choix (facultatif).
8) Mettre la crème à glacer selon la méthode de votre choix.
9) Pour la méthode sans sorbetière, voir « recommandation ».

Service

1) Démouler la glace au dernier moment. Si nécessaire, plonger quelques instants le moule dans l'eau bouillante.

2) Servir la glace à la vanille nature avec des gaufrettes, tuiles, cigarettes, salade de fruits.

N. B. La présence de Maïzena ou de fécule permet d'éviter à la crème de « tourner » à l'ébullition même légère, et à la glace de former des cristaux.

RECOMMANDATIONS

1) La glace à la crème anglaise faite avec une turbine à glace ou sorbetière permet de réaliser un produit aussi moelleux que celui offert par les professionnels.

2) La glace à la crème anglaise faite sans turbine à glace ou sans sorbetière présente toujours des cristaux. Pour éviter cela, il est indispensable : d'ajouter 25 à 50 cl de crème fraîche fouettée en chantilly avec un glaçon ; d'utiliser du sucre gélifiant (pour confiture instantanée) ou 5 feuilles de gélatine qui évite les cristaux ; de fouetter la glace lorsqu'elle commence à prendre (1 h environ) pour qu'elle redevienne lisse.

3) Si vous parfumez la crème anglaise avec un alcool, ne dépassez pas la quantité proposée dans la recette car la glace ne prendrait pas (l'alcool étant un antigel).

4) Si vous faites cuire la crème anglaise au micro-ondes, il faut mettre 6 jaunes d'œufs pour 50 cl de lait afin qu'elle soit suffisamment onctueuse et la fouetter toutes les 15 secondes pour qu'elle reste lisse.

Variantes

• **Glace à la noix de coco**
Faire bouillir le lait avec 100 g de noix de coco râpée. Laisser infuser 5 mn hors du feu. Passer le lait et faire la crème anglaise comme dans la recette. Lorsque la crème est tiède, la parfumer avec 1 c. à soupe de rhum. Décorer la glace à la noix de coco avec 50 g d'amandes grillées.

• **Glace au café**
Ajouter 1 c. à soupe de café soluble dilué avec un peu d'eau à la crème anglaise (varier la quantité selon les goûts).

• **Glace au caramel**
Ajouter 1 dose de caramel instantané ou de caramel fait avec 50 g de sucre, 3 c. à soupe d'eau, 2 gouttes de vinaigre ou de jus de citron. Faire fondre le sucre, l'eau et le vinaigre ou le jus de citron avant de faire cuire 10 mn à la casserole ou 4 min environ à puissance maximum au micro-ondes. Dès que le caramel est blond, le retirer du feu et l'éteindre avec un quart de verre d'eau chaude. Ajouter le caramel à la crème anglaise.

• **Glace au chocolat**
Faire fondre dans le lait 100 g de chocolat noir à dessert (riche en cacao). Décorer la glace au chocolat avec 50 g d'amandes grillées, noix, noisettes broyées.

• **Glace au citron ou à l'orange**
Parfumer la crème avec le zeste râpé (peau jaune ou orange) d'un citron ou d'une orange. Décorer avec des écorces d'orange confites.

• **Glace aux amandes, noix, noisettes, pistaches, pralin**
Ajouter à la crème anglaise 50 g d'amandes (grillées), noix, noisettes, pistaches, pralin broyés.

• **Glace aux fruits (frais, surgelés ou au sirop)**
Suivre la recette de la glace à la vanille. Ajouter à la crème anglaise 300 g de fruits frais (fraises, framboises, melon, myrtilles, mûres, cassis, pêches, bananes, kiwis, mangues, fruits de la Passion) ou au sirop (ananas, abricots, cerises, poires, prunes, pêches), réduits en purée au mixeur ou à la Moulinette.

• **Glace aux fruits confits (plombière ou tutti-frutti)**
Ajouter à la crème anglaise 50 g de fruits confits hachés finement et parfumer avec 1 c. à café de kirsch.
N. B. Pour la glace en sorbetière, ajouter les fruits confits lorsque les batteurs de la sorbetière sont relevés.

• **Glace aux marrons**
Ajouter à la crème anglaise cuite 250 g de crème de marrons en boîte. Parfumer la crème anglaise tiède avec 1 c. à soupe de rhum (facultatif). Décorer avec des marrons glacés.

• **Glace aux raisins secs**
Ajouter à la crème anglaise 50 g de raisins secs hachés finement et macérés dans 1 c. à soupe de rhum tiède.
N. B. Pour la glace en sorbetière, ajouter les raisins secs lorsque les batteurs de la sorbetière sont relevés.

PÊCHES MELBA

QUANTITÉS : **4 PERSONNES**

INGRÉDIENTS

– 50 cl de glace à la vanille (voir glace à la crème anglaise à la vanille)
– 4 demi-pêches au sirop (fraîches, surgelées ou en boîte)

Décoration : crème Chantilly en bombe, quelques framboises, fraises

Préparation : 15 mn • Matériel : 4 coupes (refroidies au réfrigérateur)

PRÉPARATION

1) Verser la glace à la vanille dans les coupes refroidies.
2) Déposer dessus la demi-pêche égouttée.
3) Décorer avec la crème Chantilly, quelques framboises ou fraises.
4) Servir aussitôt.

POIRES BELLE-HÉLÈNE

QUANTITÉS : 4 PERSONNES

INGRÉDIENTS

– 50 cl de glace à la vanille
(voir glace à la crème anglaise
à la vanille)
– 4 poires au sirop
(fraîches, surgelées ou en boîte)

Sauce au chocolat :
– 150 g de chocolat noir à dessert
– 10 cl de crème fraîche
– 20 g de beurre
Décoration : crème Chantilly en
bombe

*Préparation : 10 mn • Cuisson du chocolat : à la casserole au bain-marie :
5 mn ; au micro-ondes : 1 à 2 mn à puissance maximum • Matériel : 1 petite
casserole + 1 grande casserole (bain-marie) ou 1 cocotte (micro-ondes),
1 cuillère en bois, 4 coupes (refroidies au réfrigérateur)*

PRÉPARATION DE LA SAUCE AU CHOCOLAT

1) Faire fondre le beurre recouvert de chocolat et de crème, soit à la casserole
au bain-marie, c'est-à-dire en interposant une casserole d'eau chaude entre la
casserole du chocolat et la source de chaleur, soit au micro-ondes.
2) Mélanger quand le chocolat est devenu mou.
3) Réserver la sauce au chocolat au chaud (bain-marie).

Service

1) Verser la glace à la vanille dans les coupes refroidies.
2) Déposer dessus une poire égouttée.
3) Décorer avec la crème Chantilly.
4) Servir aussitôt.

PROFITEROLES GLACÉES
AU CHOCOLAT

QUANTITÉS : 4 PERSONNES

INGRÉDIENTS

– 16 petits choux
– 50 cl de glace à la vanille (voir glace
à la crème anglaise à la vanille)
Sauce au chocolat :
– 150 g de chocolat noir à dessert
– 10 cl de crème fraîche
– 20 g de beurre

Parfums : 1 c. à café de kirsch,
liqueur d'orange, cognac ou 1 c. à
soupe de rhum
Décoration : crème Chantilly en
bombe, 50 g d'amandes effilées
grillées

*Préparation : 15 mn • Cuisson du chocolat : à la casserole au bain-marie : 5 mn ;
au micro-ondes : 1 à 2 mn à puissance maximum • Matériel : 1 petite casserole
+ 1 grande casserole (bain-marie) ou 1 cocotte (micro-ondes), 1 cuillère en bois,
4 coupes refroidies au réfrigérateur, 1 cuillère à café, 1 paire de ciseaux.*

PRÉPARATION DE LA SAUCE AU CHOCOLAT

1) Faire fondre le beurre recouvert de chocolat et de crème, soit à la casserole au bain-marie, c'est-à-dire en interposant une casserole d'eau chaude entre la casserole du chocolat et la source de chaleur, soit au micro-ondes.
2) Mélanger quand le chocolat est devenu mou.
3) Réserver la sauce au chocolat au chaud (bain-marie).
4) Garnissage des choux.
5) Fendre les choux sur le côté avec des ciseaux.
6) Garnir les choux de glace à l'aide d'une cuillère à café.
7) Dresser les choux en pyramide dans la coupe.
8) Verser le chocolat chaud sur les choux.

Service

1) Décorer avec la crème Chantilly en bombe et quelques amandes grillées.
2) Servir aussitôt.

GLACE AU YAOURT AU CITRON

QUANTITÉS : **6** PERSONNES

INGRÉDIENTS

– 4 yaourts nature
– 150 g de sucre glace
– 2 citrons

Parfums : extrait de vanille liquide ou 1 sachet de sucre vanillé, 1 c. à café de cognac ou de liqueur de fruits
Décoration : feuilles de menthe, verveine, crème Chantilly en bombe

Préparation : 10 mn • Temps de prise de la glace : avec turbine à glace : 20 mn environ ; avec une sorbetière : 1 h 30 à 2 h au réfrigérateur ou au congélateur ; sans sorbetière : 3 à 4 h ou 12 h au réfrigérateur ou au congélateur • Matériel : 1 terrine, 1 verre mesureur, 1 cuillère en bois, 1 râpe, 1 presse-citron

PRÉPARATION DE LA GLACE

1) Râper le zeste d'un citron (peau jaune) et extraire le jus des citrons.
2) Mélanger les yaourts, le jus de citron, le zeste râpé, le parfum et l'alcool au choix (facultatif).
3) Mettre la préparation à glacer selon la méthode de votre choix.
4) Pour la méthode sans sorbetière ni turbine à glace, voir « recommandations ».

Service

Servir la glace au yaourt au citron avec des gaufrettes, tuiles, cigarettes.
N. B. Vous pouvez remplacer les yaourts par 8 petits-suisses (plus gras).

RECOMMANDATIONS

1) La glace au yaourt au citron faite avec turbine à glace ou sorbetière ne présente pas de difficultés.

2) La glace au yaourt au citron sans sorbetière présente toujours des cristaux désagréables. Pour éviter cela, il est indispensable : d'ajouter 10 cl de crème fraîche fouettée en chantilly avec un glaçon ; d'ajouter 1 blanc d'œuf battu en neige ferme ; ou d'utiliser du sucre gélifiant (pour confiture instantanée) ou 3 feuilles de gélatine fondues dans un peu d'eau tiède ; de fouetter la glace lorsqu'elle commence à prendre (1 h environ) pour qu'elle redevienne lisse.

Variantes

Vous pouvez remplacer les citrons par 2 oranges ; 1 pamplemousse ; 250 g de purée de fruits frais, surgelés ou au sirop ; des fruits frais ou surgelés (fraises, framboises, abricots, cerises, poires, prunes, pêches, melon, myrtilles, mûres, cassis, groseilles, kiwis, mangues, fruits de la Passion, litchis) ; fruits au sirop (ananas, abricots, cerises, poires, prunes, pêches).

PARFAIT AUX FRUITS

QUANTITÉS : **5 à 6** PERSONNES

INGRÉDIENTS

– 250 g de purée de fruits frais, surgelés ou au sirop (abricots, ananas, avocats, fraises, framboises, pêches, cerises, groseilles, poires, fruits de la Passion, kiwis, bananes)
– 125 g de sucre glace

Parfums : 1 c. à café de cognac, kirsch ou liqueur de fruits
Crème Chantilly :
– 12,5 cl de crème fraîche
– 1 glaçon

Préparation : 10 mn • Temps de prise de la glace : avec turbine à glace : 20 mn environ ; avec sorbetière : 1 h 30 à 2 h au réfrigérateur ou au congélateur ; sans sorbetière : 3 à 4 h ou 12 h (la veille) dans le freezer au réfrigérateur ou au congélateur • Matériel : 2 terrines, 1 verre mesureur, 1 fouet à main, 1 mixeur ou 1 Moulinette, 1 passoire

PRÉPARATION DE LA PURÉE DE FRUITS

1) Réduire en purée les fruits en les passant au mixeur ou à la Moulinette.
2) Les passer dans une passoire si nécessaire pour éliminer les pépins.

PRÉPARATION DE LA CRÈME FOUETTÉE

1) Fouetter la crème fraîche avec un glaçon au fouet à main.
2) Quand le volume de la crème a doublé et que le fouet marque, arrêter de fouetter.
3) Ajouter délicatement à la crème fouettée, le sucre glace, la purée de fruits, l'alcool au choix (facultatif).
4) Mettre le parfait à glacer selon la méthode de votre choix.
5) Pour la méthode sans sorbetière, voir « recommandations ».

Service

1) Démouler le parfait au dernier moment. Si nécessaire, plonger quelques instants le moule dans l'eau bouillante.
2) Servir le parfait aux fruits avec des gaufrettes, tuiles, cigarettes, meringues.

RECOMMANDATIONS

1) Un parfait réalisé avec turbine à glace ou sorbetière ne présente aucune difficulté.

2) Un parfait réalisé sans turbine à glace ou sans sorbetière présente toujours des cristaux désagréables. Pour éviter cela, il est indispensable d'utiliser du sucre gélifiant (sucre pour confiture instantanée) ou 3 feuilles de gélatine dissoutes dans un peu d'eau tiède.

3) Si vous parfumez le parfait avec un alcool, ne dépassez pas la quantité proposée dans la recette car la glace ne prendrait pas (l'alcool étant un antigel).

Variantes

1) Vous pouvez ajouter 2 jaunes d'œufs à la purée de fruits, la glace obtenue est plus onctueuse.

2) Vous pouvez également remplacer la crème fraîche par 125 g de fromage blanc ou 2 petits-suisses.

SORBET À L'ORANGE

QUANTITÉS : 4 PERSONNES

INGRÉDIENTS

– 12,5 cl de jus d'orange (4 oranges environ)
– 12,5 cl d'eau
– 125 g de sucre
– 1 citron

Parfums : 1 c. à café de liqueur d'orange ou de cognac
Punch :
– 2 oranges
– 3 c. à soupe de rhum

Préparation : 10 mn • Cuisson du sirop : à la casserole ou au micro-ondes : 2 mn à ébullition • Temps de prise de la glace : avec turbine à glace : 20 mn environ ; avec sorbetière : 1 h 30 à 2 h au réfrigérateur ou au congélateur ; sans sorbetière : 3 à 4 h ou 12 h (la veille) au réfrigérateur ou au congélateur • Matériel : 2 saladiers, 1 verre mesureur, 1 couteau, 1 mixeur ou 1 Moulinette, 4 coupes ou 4 écorces d'oranges évidées, 1 casserole ou 1 bol (micro-ondes), 1 presse-citron, 1 saucière

PRÉPARATION DU JUS DE FRUITS

1) Évider les oranges et le citron.
2) Passer la pulpe et le jus au mixeur ou à la Moulinette.

PRÉPARATION DU SIROP

1) Faire fondre le sucre dans l'eau et porter 2 mn à ébullition.
2) Laisser refroidir.
3) Mélanger le jus de fruits, le sirop et l'alcool au choix (facultatif).
4) Mettre le sorbet à glacer selon la méthode de votre choix.
5) Pour la méthode sans sorbetière ni turbine à glace, voir « recommandations ».

PRÉPARATION DU PUNCH

1) Presser le jus des deux oranges.
2) Ajouter le rhum et verser en saucière.

Service

1) Servir les sorbets dans des coupes ou dans les écorces d'oranges évidées et préalablement refroidies au réfrigérateur.
2) Accompagner le sorbet du punch à l'orange en saucière.

RECOMMANDATIONS

1) Un sorbet réalisé avec turbine à glace ou sorbetière ne présente aucune difficulté.
2) Un sorbet réalisé sans turbine à glace ou sans sorbetière présente toujours des cristaux désagréables. Pour éviter cela, il est indispensable d'utiliser du sucre gélifiant (sucre pour confiture instantanée) ou 3 feuilles de gélatine dissoutes dans un peu d'eau tiède, et de fouetter le sorbet lorsqu'il est pris pour le rendre lisse. Il faut le remettre ensuite 2 à 3 h à glacer.
3) Si vous parfumez le sorbet avec un alcool, ne dépassez pas la quantité proposée dans la recette car la glace ne prendrait pas (l'alcool étant un antigel).

Variantes

• **Sorbet à l'avocat**
Remplacer les oranges par 2 avocats bien mûrs (250 g). Parfumer avec 1 c. à soupe de rhum. Décorer avec des pistaches, noisettes ou des amandes effilées.

• **Sorbet à la banane**
Suivre la recette du sorbet à l'orange. Remplacer les oranges par 2 bananes. Parfumer avec 1 c. à soupe de rhum. Décorer de cerises confites.

• **Sorbet à la liqueur (cassis, framboise, fraise)**
Suivre la recette du sorbet à l'orange. Remplacer les oranges par 5 cl de liqueur. Conserver le jus d'un demi-citron. Faire un sirop avec les proportions suivantes : 45 cl d'eau et 175 g de sucre. Laisser refroidir avant d'ajouter la liqueur.

• **Sorbet au champagne**
Suivre la recette du sorbet à l'orange. Remplacer les oranges par une demi-bouteille de champagne brut. Conserver le jus d'un demi-citron et supprimer le parfum à l'alcool.

• **Sorbet au citron (jaune ou vert)**
Suivre la recette du sorbet à l'orange. Remplacer les oranges par 6 citrons. On peut ajouter 10 cl de crème fraîche fouettée en chantilly pour diminuer l'acidité.

• **Sorbet au pamplemousse (rose ou jaune)**
Remplacer les oranges par 2 pamplemousses. Décorer avec des feuilles de menthe.

• **Sorbets aux fruits (frais, surgelés ou au sirop)**
1) Supprimer le citron si les fruits sont déjà acides.

2) Remplacer les oranges par 250 g de fruits réduits en purée au mixeur ou à la Moulinette : fruits frais ou surgelés : fraises, framboises, abricots, cerises, poires, prunes, pêches, melon, myrtilles, mûres, cassis, groseilles ; fruits exotiques : kiwis, mangues, fruits de la Passion, litchis ; fruits au sirop : ananas, abricots, cerises, poires, prunes, pêches.

VACHERIN GLACÉ AU CAFÉ

QUANTITÉS : 4 À 5 PERSONNES

INGRÉDIENTS

– 3 meringues (150 g)
– 4 œufs
– 40 g de sucre glace
– 20 cl de crème fraîche
– 1 pincée de sel

Parfum : 1 c. à soupe rase de café soluble
Décoration : amandes grillées, 1 meringue, grains de café en sucre

Préparation : 15 mn • Réfrigération ou congélation : 12 h (la veille) ou 3 h au minimum • Matériel : 2 terrines, 1 verre mesureur, 1 cuillère en bois, 1 assiette creuse, 1 spatule en caoutchouc, 1 fouet électrique, 1 moule à charlotte ou en couronne à fond amovible (Tupperware) ou 1 moule à cake

PRÉPARATION DE LA MOUSSE AU CAFÉ

1) Dans l'assiette creuse, écraser grossièrement les meringues.
2) Faire fondre la poudre de café dans 1 c. à soupe d'eau.
3) Ajouter le café fondu à la crème fraîche.
4) Mélanger les jaunes d'œufs avec la moitié du sucre glace.
5) Ajouter la crème fraîche et les meringues écrasées.

PRÉPARATION DE LA MERINGUE CUITE

1) Battre les blancs d'œufs en neige très ferme avec le sucre et une pincée de sel sur un bain-marie à 60 °C (en interposant entre la source de chaleur et le mélange une casserole d'eau chaude mais non bouillante).
2) Incorporer délicatement la meringue cuite à la mousse au café en soulevant la préparation avec la spatule en caoutchouc.
3) Verser dans le moule et faire prendre au réfrigérateur ou dans le congélateur.

Service

1) Démouler le vacherin glacé au café au dernier moment. Si nécessaire, plonger quelques instants le moule dans l'eau bouillante.
2) Décorer avec des amandes grillées ou une meringue écrasée ou des grains de café en sucre.

N. B. Vous pouvez remplacer les meringues par des macarons et même des biscuits à la cuillère.

Vous pouvez aussi ne pas mélanger la mousse au café avec les meringues mais les disposer en couches en alternant une couche de mousse au café, une couche de meringues, une couche de mousse au café. Finir par une couche de mousse.

Variantes

• **Vacherin glacé au chocolat**

1) Suivre la recette du vacherin glacé au café en supprimant le café soluble.

2) Ajouter à la mousse avant la meringue cuite 100 g de chocolat noir à dessert.

3) Faire fondre le chocolat au bain-marie (en mettant la casserole au chocolat au-dessus d'une casserole d'eau chaude) ou au micro-ondes 1 mn à puissance maximum.

• **Vacherin glacé au pralin**

1) Suivre la recette du vacherin glacé au café en supprimant le café soluble.

2) Ajouter à la mousse avant la meringue cuite 100 g de pralin en poudre.

3) Décorer le vacherin au pralin avec quelques pralines roses.

• **Vacherin glacé aux marrons**

1) Suivre la recette du vacherin glacé au café en supprimant le café.

2) Ajouter à la mousse avant la meringue cuite 250 g de purée de marrons au naturel.

3) Sucrer à volonté et parfumer avec 1 c. à soupe de rhum (facultatif), un sachet de sucre vanillé ou quelques gouttes d'extrait de vanille liquide.

4) Décorer avec quelques marrons glacés.

COULIS, SAUCES SUCRÉES, GLAÇAGES

COULIS AUX FRUITS

QUANTITÉS : 5 À 6 PERSONNES

INGRÉDIENTS

– 300 g de fruits frais ou surgelés
(framboises, fraises, groseilles, cassis,
mûres, myrtilles, cerises)
– 150 g de sucre

– 1/2 verre d'eau
Parfums : 1 c. à soupe de cognac ou
de liqueur de fruits (framboise, fraise,
cerise, orange), kirsch

*Préparation : 15 mn • Cuisson : jusqu'à l'ébullition • Matériel : 1 casserole,
1 passoire ou 1 Moulinette grille fine*

PRÉPARATION

1) Faire chauffer les fruits avec l'eau et le sucre jusqu'à l'ébullition.
2) Passer le jus à travers une passoire ou une Moulinette grille fine.
3) Ajouter l'alcool au choix (facultatif).

Service

Servir le coulis aux fruits pour accompagner une glace à la vanille, un soufflé
glacé ou une charlotte aux fruits.

*N. B. Le coulis de fraises ou de framboises fraîches peut se faire sans cuisson,
son goût n'en sera que meilleur. Vous pouvez ajouter un peu de jus de citron au
coulis.*

SAUCE À L'ORANGE

QUANTITÉS : 3 PERSONNES

INGRÉDIENTS

– 20 cl de jus d'orange (2 oranges)
– 100 g de sucre glace
– 1 c. à café de Maïzena

Parfums : 1 c. à café de liqueur d'orange, de cognac, de rhum, zeste d'orange

Préparation : 5 mn • Cuisson à la casserole : jusqu'à l'ébullition ; au micro-ondes : 2 à 3 mn à puissance maximum • Matériel : 1 bol, 1 presse-citron, 1 cuillère en bois, 1 casserole ou 1 cocotte (micro-ondes)

PRÉPARATION DE LA SAUCE

1) Mélanger le sucre glace et la Maïzena.
2) Ajouter petit à petit le jus d'orange et l'alcool au choix (facultatif).
3) Bien remuer pour dissoudre le mélange. Ajouter le zeste d'orange en grandes lanières (facultatif).

CUISSON

Faire cuire à la casserole, à feu doux en remuant sans cesse jusqu'à l'ébullition ou au micro-ondes en tournant toutes les 30 secondes.

Service

Servir la sauce à l'orange pour accompagner en saucière ou napper un flan, une charlotte, une tarte, un gâteau ou un sorbet.
    N. B. Vous pouvez épaissir la sauce à l'orange avec de la marmelade d'oranges à la place de la Maïzena.

UTILISATIONS

La sauce à l'orange peut être utilisée pour accompagner ou napper de nombreux desserts, spécialement à base d'orange, fruits divers, chocolat : flans, charlottes au citron, au chocolat, tartes au citron, aux fruits, gâteaux au chocolat, à l'orange, sorbets à la fraise, aux framboises.

Variantes

• **Sauce au citron**
1) Suivre la recette de la sauce à l'orange.
2) Remplacer les oranges par deux citrons. Compléter le jus de citron par de l'eau de façon à obtenir 20 cl de liquide.

• **Sauce au pamplemousse**
1) Suivre la recette de la sauce à l'orange.
2) Remplacer les oranges par un pamplemousse plus un demi-citron. Compléter le jus de pamplemousse par du jus d'orange ou de l'eau de façon à obtenir 20 cl de liquide.

• **Sauce à l'orange et à la menthe**

1) Porter à ébullition 20 cl de jus d'orange avec 100 g de sucre et 10 feuilles de menthe.

2) Ajouter dans le liquide bouillant 1 c. à café de Maïzena ou de fécule de pommes de terre délayée dans 2 c. à soupe d'eau froide. Tourner sans cesse jusqu'à l'ébullition.

3) Mixer la sauce avant de servir frais.

N. B. Si vous n'avez pas de feuilles de menthe fraîche, vous pouvez suivre la recette de la sauce à l'orange et ajouter après cuisson 1 c. à café d'essence de menthe.

UTILISATIONS

Desserts à base d'orange, de chocolat ou de café.

SAUCE AU CHOCOLAT

QUANTITÉS : 3 PERSONNES

INGRÉDIENTS

– 150 g de chocolat noir à dessert   **Parfums :** 1 c. à soupe de rhum ou
– 10 cl de lait   1 c. à café de kirsch, de cognac, de liqueur d'orange, d'extrait de vanille liquide, 1 c. à café de café soluble

Préparation : 5 mn • Cuisson du chocolat : à la casserole (bain-marie) : 5 mn ; au micro-ondes : 1 à 2 mn à puissance maximum • Matériel : 1 petite casserole + 1 grande casserole (bain-marie) ou 1 cocotte (micro-ondes), 1 cuillère en bois

PRÉPARATION DE LA SAUCE

1) Faire fondre le chocolat avec le lait, la vanille, le café (facultatif), à la casserole au bain-marie, c'est-à-dire en interposant une casserole d'eau chaude entre la casserole du chocolat et la source de chaleur ou au micro-ondes.

2) Mélanger quand le chocolat est mou.

3) Hors du feu, parfumer avec un alcool au choix (facultatif).

4) Réserver la sauce au chocolat au chaud (bain-marie).

Service

Servir la sauce au chocolat pour accompagner une fondue de fruits, une glace à la vanille, des poires Belle-Hélène, une glace au café.

N. B. Si la sauce est trop épaisse, vous pouvez ajouter un peu de lait tiède.

Vous pouvez mettre moitié lait, moitié crème fraîche ou tout crème fraîche.

Vous pouvez ajouter 20 g de beurre à la cuisson du chocolat en le glissant sous le chocolat.

GLAÇAGE AU SUCRE GLACE

QUANTITÉS POUR 1 GÂTEAU

INGRÉDIENTS

– 200 g de sucre glace
– 1 c. à soupe d'eau environ

Parfums : 1 c. à café de kirsch, de cognac, d'extrait de vanille liquide

Préparation : 5 mn • Matériel : 1 bol, 1 cuillère en bois, 1 cuillère à soupe, 1 cuillère à café, 1 spatule (pelle à gâteau) ou 1 couteau

PRÉPARATION

1) Verser le sucre glace dans un bol. Parfumer avec l'alcool au choix.
2) Ajouter prudemment l'eau de façon à obtenir une pâte molle mais pas trop coulante.
3) Étaler cette pâte blanche à l'aide d'une spatule mouillée à l'eau froide.
4) Laisser durcir avant de servir.

Variantes

• Glaçage au sucre glace à l'orange
1) Parfumer avec 1 c. à café de liqueur d'orange, de rhum ou de cognac (facultatif).
2) Mouiller avec le jus d'orange à la place de l'eau.

• Glaçage au sucre glace au café
1) Parfumer avec 1 c. à café de rhum ou de cognac (facultatif).
2) Mouiller avec 1 c. à café de café soluble dilué dans 1 c. à soupe d'eau.

• Glaçage au sucre glace au citron
1) Parfumer avec 1 c. à café de cognac ou de rhum (facultatif), extrait de vanille liquide.
2) Mouiller avec le jus de citron à la place de l'eau.

GLAÇAGE AU CHOCOLAT

QUANTITÉS POUR 1 GÂTEAU

INGRÉDIENTS

– 100 g de chocolat noir à dessert
– 30 g de beurre ou de margarine

Préparation : 5 mn • Cuisson du chocolat : à la casserole (au bain-marie) : 5 mn environ ; au micro-ondes : 1 à 2 mn à puissance maximum • Matériel : 1 petite casserole + 1 grande casserole (bain-marie) ou 1 cocotte (micro-ondes), 1 cuillère en bois, 1 spatule (pelle à tarte) ou 1 couteau

PRÉPARATION

1) Mettre dans le récipient de cuisson la matière grasse recouverte du chocolat (inutile de le casser en morceaux).

2) Faire fondre très doucement à la casserole au bain-marie, en interposant entre la source de chaleur et la casserole de chocolat une casserole d'eau chaude ou au micro-ondes.
3) Attendre que le chocolat soit mou pour le remuer.
4) Bien mélanger jusqu'à l'obtention d'une pâte lisse.
5) Étaler immédiatement le glaçage avec la spatule ou le couteau mouillé à l'eau froide en partant du centre du gâteau.

CUISSON DU CHOCOLAT

La cuisson du chocolat est très délicate car il ne doit JAMAIS bouillir et ne jamais subir de brusques changements de température.
Sinon, il devient granuleux, perd son moelleux et devient terne.
Il est donc impératif de le faire fondre très doucement, de ne pas le remuer tant qu'il n'est pas totalement mou, sinon il gardera des morceaux durs, désagréables sous la dent.
Dès qu'il est fondu, il faut l'utiliser ou le garder quelques minutes sur une surface tiède (bain-marie, c'est-à-dire au-dessus d'une casserole d'eau chaude) ou une plaque électrique à la température la plus basse (n° 1).

MÉTHODES POUR FAIRE FONDRE CORRECTEMENT LE CHOCOLAT

Plusieurs méthodes peuvent être utilisées.

1) Le couvrir d'eau chaude mais non bouillante et attendre quelques minutes qu'il soit devenu mou, puis éliminer l'eau complètement à l'aide de papier absorbant.
2) Le faire fondre à la casserole au bain-marie, c'est-à-dire en interposant une casserole d'eau chaude entre la casserole du chocolat et la source de chaleur.
3) Le faire fondre au micro-ondes avec 1 c. à soupe d'eau 1 à 2 mn à puissance maximum.

Différents chocolats

1) Le chocolat noir à dessert riche en cacao (environ 50 %) est onctueux, a un goût fin et est d'emploi facile.
Il convient aussi bien aux gâteaux qu'aux recettes de confiserie courantes.
2) Le chocolat noir ou au lait de couverture.
Son emploi est très délicat et est réservé en principe aux confiseurs.
Il convient spécialement à l'enrobage des bonbons au chocolat.

CARAMEL

INGRÉDIENTS

– 50 g de sucre cristallisé
– 3 c. à soupe d'eau chaude

– quelques gouttes de vinaigre
ou de jus de citron

*Préparation : 5 mn • Cuisson à la casserole : 5 à 10 mn ; au micro-ondes :
3 à 4 mn à puissance maximum • Matériel : 1 casserole ou 1 bol (micro-ondes)*

PRÉPARATION

Faire fondre le sucre avec l'eau chaude, le vinaigre ou le jus de citron (ces derniers évitent la cristallisation du sucre).

CUISSON

1) Faire cuire à la casserole à feu vif (ne pas tourner car cela risque de faire cristalliser le sirop) ou au micro-ondes à puissance maximum.
2) Dès que le caramel est blond, le retirer du feu.
3) Utiliser le caramel immédiatement car il durcit très vite, mais avec précaution car il brûle profondément.

UTILISATIONS

Le caramel peut être utilisé pour :
1) Faire des bonbons : sucre d'orge, caramels si vous avez un moule approprié. Verser le caramel dans un moule en métal ou en feuille d'aluminium huilé et laisser refroidir avant de le casser en morceaux.
2) Caraméliser un moule à charlotte (crème renversée, riz, semoule au lait, pudding), à tarte (la tarte à l'envers ou Tatin) ou à gâteau (gâteau à l'ananas).
3) Caraméliser des blancs en neige : les œufs à la neige.
4) Caraméliser des fruits : pommes crues, poires, oranges, pour décorer une charlotte.
5) Coller des gâteaux : choux (croquembouche), meringues (vacherin).
6) Glaçage de fruits crus (oranges, clémentines) ou de choux, fruits déguisés.

Variante

• **Caramel éteint ou liquide**
Dès qu'il est cuit, ajouter avec précaution un demi-verre d'eau bouillante et laisser fondre.

UTILISATIONS

Parfumer des entremets (crèmes, charlottes, glaces, mousses) ou des fruits (pommes, poires, bananes, rhubarbe).

INDEX

TABLE DES MATIÈRES

Photographies :

Didier Bénaouda : pages 32 bis, 56 bis, 112 bis, 144 bis, 224 bis, 225 bis, 257 bis, 393 bis, 448 bis et 449 bis.
Marcel Erhrard : pages 33 bis, 57 bis, 88 bis, 89 bis, 113 bis, 280 bis, 368 bis, 424 bis et 425 bis.
Claude Herlédan : page 256 bis, 281 bis et 4e de couverture.
Aline Perier : 144 bis, 168 bis, 169 bis, 200 bis, 201 bis, 312 bis, 313 bis, 336 bis, 337 bis, 369 bis, 392 bis et 4e de couverture.
Bruno Rebillard : photo de couverture.

Composé par Nord Compo
à Villeneuve-d'Ascq

© 1996-2004 - Editions Ouest-France, Edilarge, Rennes
ISBN 2 7373 3586 8 - Dépôt légal : octobre 2004
N° d'éditeur : 4793 03 10 03 06
Achevé d'imprimer par Hérissey, Evreux (27) - N° 101399.